44185

COURS

D'ÉCONOMIE POLITIQUE

R

OUVRAGES DU MÊME AUTEUR :

SOUS PRESSE :

Cours d'économie politique. T. II. De la circulation et de la consommation des
richesses.

Bruxelles. — Typ. A. LACROIX, VERBOECKHOVEN et Cⁱᵉ, rue Royale, 3, impasse du Parc.

COURS

D'ÉCONOMIE POLITIQUE

PAR

M. G. DE MOLINARI

Professeur au Musée de l'industrie, Directeur de l'ÉCONOMISTE BELGE, etc.

—

DEUXIÈME ÉDITION

REVUE ET AUGMENTÉE

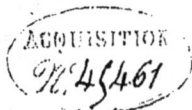

TOME I

LA PRODUCTION ET LA DISTRIBUTION DES RICHESSES

BRUXELLES ET LEIPZIG
A. LACROIX, VERBOECKHOVEN ET Cⁱᵉ, ÉDITEURS
RUE ROYALE, 5, IMPASSE DU PARC

PARIS
GUILLAUMIN ET Cⁱᵉ, ÉDITEURS
RUE RICHELIEU, 14

—

1863

PRÉFACE DE LA SECONDE ÉDITION.

L'un des maîtres respectés de la science économique, M. Charles Dunoyer, a eu l'obligeance de rendre
compte de la première édition de ce livre, à l'Académie
des sciences morales et politiques (1). Il l'a fait non
seulement avec la bienveillance qui lui est habituelle
mais encore en donnant à l'auteur des marques particulières d'intérêt et de sympathie. Je n'ai pas besoin de
dire combien ces témoignages d'affectueuse estime d'un
des hommes qui honorent le plus la science ont de
prix à mes yeux, et je suis heureux de pouvoir en
exprimer toute ma reconnaissance au savant auteur de
La liberté du travail.

Cependant, M. Charles Dunoyer n'a point dissimulé
les défauts du livre dont il avait à rendre compte, et sa
critique pour être bienveillante n'a pas manqué d'une

---

(1) Voir à l'Appendice.

certaine sévérité. Il m'a reproché surtout d'avoir mêlé
à l'exposition des vérités reconnues de la science celle
d'une loi nouvelle, loi dont il ne conteste pas l'existence, d'une manière absolue, mais dont la démonstration lui paraît insuffisante, et à laquelle il n'attribue
point la portée que ce livre lui assigne, je veux parler
de la loi d'équilibre qui agit incessamment pour faire
régner l'ordre dans la production et la justice dans la
distribution de la richesse.

Que la démonstration de cette loi soit insuffisante, je
l'accorde volontiers. J'aurais dû certainement la rendre
plus complète et plus claire, puisqu'elle n'a pas réussi
à porter la conviction dans l'esprit de mon bienveillant
critique; mais j'ai fait ce que j'ai pu, et si le résultat
n'a pas entièrement répondu à mes efforts, je crois
cependant avoir appuyé mes propositions sur des faits
assez patents et sur des observations assez concluantes
pour qu'on ne puisse les reléguer au rang des simples
hypothèses. Ces faits et ces observations qui portent,
comme on sait, sur la progression géométrique des
prix engendrée par la progression arithmétique des
quantités et sur les conséquences extrêmement importantes de ce phénomène, au double point de vue de la
production et de la distribution des richesses, n'ont
point été contestés ou infirmés, et je ne crois point
qu'ils puissent l'être; en sorte que si ma démonstration
a le défaut d'être insuffisante, on ne saurait lui reprocher, je pense, d'être fausse.

Maintenant, cette démonstration pouvais-je la faire
d'une manière isolée, dans un traité particulier, sans la
mêler à un exposé général de la science, comme l'aurait
souhaité M. Charles Dunoyer? Je ne le crois pas. De
quoi s'agissait-il en effet? Il s'agissait de démontrer,
d'une part, que l'ordre tend à s'établir naturellement,
sous une impulsion irrésistible, dans la production;
d'une autre part, que la même loi qui fait régner
l'ordre dans la production, engendre aussi la justice
dans la répartition. Ne devais-je pas, en conséquence,
exposer comment la richesse se produit et comment
elle se répartit, autrement dit, écrire un traité général
d'économie politique, en essayant de déterminer la
place qu'occupe et le rôle que joue dans l'ensemble des
faits économiques la loi que je me proposais de mettre en
lumière? Déjà au surplus, j'avais, à diverses reprises,
fait cette démonstration isolée et spéciale, à laquelle
j'aurais dû me borner selon mon savant critique, et c'est
précisément parce qu'elle n'était point et ne pouvait
guère être bien saisie, en dehors de l'ensemble des
vérités auxquelles elle venait s'ajouter, que je me suis
décidé à écrire ce *Cours d'économie politique.*

Il ne me reste plus qu'une simple observation à faire
sur le compte rendu d'ailleurs si bienveillant de
l'illustre et savant auteur de *La liberté du travail.*
M. Charles Dunoyer me reproche d'avoir soutenu « que
le niveau vers lequel gravite le prix des services de
toute espèce est le même... » et encore « que la liberté

tend à niveler le prix des services et à rendre égale la condition des travailleurs. » Il se peut que je me sois servi mal à propos du mot égalité, mais l'ensemble de mon livre atteste suffisamment que ce mot doit être pris dans le sens de proportionnalité, et je regrette que mon respectable critique ait pu me prendre, un seul instant, pour un partisan de l'égalité des salaires.

J'ai à m'excuser enfin de n'avoir pas publié jusqu'à présent les parties complémentaires de ce Cours, ainsi que j'en avais fait la promesse dans ma première édition. Mais je crois pouvoir invoquer à cet égard le bénéfice des circonstances atténuantes. Engagé dans des travaux qui me laissent trop peu de loisirs pour me permettre d'apporter aux recherches et aux spéculations purement scientifiques l'attention suivie qu'elles réclament, je me suis trouvé dans l'impossibilité de m'acquitter convenablement de ma promesse. Plus d'une fois même, j'ai regretté de l'avoir faite, et si je m'occupe maintenant de la remplir, c'est, avant tout, pour que les acheteurs de mon premier volume cessent de m'accuser de manquer à mes engagements envers eux. Puissent-ils ne pas me reprocher plus tard d'avoir cédé à ce scrupule de probité commerciale?

A Monsieur

CHARLES DE BROUCKERE,

BOURGMESTRE DE BRUXELLES,

ANCIEN PRÉSIDENT DE L'ASSOCIATION BELGE POUR LA LIBERTÉ DES ÉCHANGES

ANCIEN MINISTRE (1).

———◦◦◦———

Monsieur,

Permettez-moi de vous dédier, à vous qui avez été le promoteur le plus actif et le plus dévoué de l'enseignement de l'économie politique en Belgique, le résumé d'un Cours entrepris

---

(1) L'homme éminent à qui cette dédicace était adressée, a été enlevé à la science le 20 avril 1860. M. Charles de Brouckere avait mis une activité et un dévouement rares au service de la propagande des vérités économiques, et il s'était montré un des premiers et des plus énergiques promoteurs des réformes douanières en Belgique.

sous vos auspices. Commencé à l'Athénée royal de Paris, en 1847, ce Cours avait été brusquement interrompu par la révolution de février. Grâce à votre appui bienveillant, j'ai pu le recommencer au Musée de l'industrie belge, où j'espère, — et mon espoir se fonde sur l'attachement sincère et profond que les gouvernants aussi bien que les gouvernés professent chez nous pour les libertés constitutionnelles, — où j'espère, dis-je, qu'aucune révolution ne m'empêchera de le poursuivre et de le mener à bonne fin.

A quoi bon, me dira-t-on peut-être, un nouveau Cours d'économie politique? Ne possédons-nous pas déjà bien assez de traités généraux de cette science? N'avons-nous pas le magnifique ouvrage d'Adam Smith sur la richesse des nations, le Traité et le Cours complet de J.-B. Say, les Traités de MM. Charles Dunoyer, Mac Culloch, John Stuart Mill, les Cours de Rossi et de M. Michel Chevalier, les *Harmonies économiques* de Frédéric Bastiat, le Traité élémentaire, tout à la fois si concis et si complet, de M. Joseph Garnier, sans parler d'un grand nombre d'Abrégés, parmi lesquels les *Principes généraux d'économie politique*, de M. Charles de Brouckere, méritent d'être cités en première ligne? Pourquoi refaire ce qui a été fait si souvent et bien fait?

Si mon Cours ne contenait rien de plus que les Traités existants; s'il n'en était que la reproduction pure et simple, je m'abstiendrais bien certainement de le publier, car une compilation de ce genre, venant après le magnifique *Diction-*

naire de l'économie politique de **M. Guillaumin**, demeurerait sans utilité.

Mais il m'a semblé que tous les ouvrages d'économie politique publiés jusqu'aujourd'hui présentaient une lacune importante, je veux parler de l'absence d'une démonstration suffisamment claire de la loi générale qui, en établissant un juste et nécessaire équilibre entre les différentes branches de la production comme aussi entre les rémunérations des agents productifs, fait régner l'ordre dans le monde économique.

Cette lacune, il serait injuste de la reprocher aux maîtres de la science. A l'époque où l'économie politique a pris naissance, ils avaient à faire prévaloir, avant tout, la liberté de l'industrie, alors à son berceau, sur les vieux errements du régime réglementaire. Ils avaient à démontrer combien les priviléges des corporations et des castes, l'abus des monopoles et des restrictions ralentissaient l'essor de la production ; combien les masses laborieuses avaient à souffrir, dans leur dignité et dans leur bien-être, des entraves opposées au libre développement de leur activité. Cette tâche, les fondateurs de la science économique et leurs successeurs l'ont admirablement remplie. Sans doute, ils n'ont pu réussir à briser complétement les liens qui enchaînaient jadis l'industrie. Nos sociétés renferment encore de trop nombreux vestiges de régime réglementaire. Nulle part, la liberté du travail et des échanges n'a conquis pleinement sa place au soleil. Cependant, grâce aux efforts persévérants de ses promoteurs, grâce à la diffusion de plus en plus abondante

des lumières économiques, elle fait chaque jour un pas en
avant, et le moment n'est pas éloigné peut-être où la liberté
deviendra la loi universelle des transactions humaines.

Malheureusement, cette liberté industrielle, que les économistes ont tant contribué à faire prévaloir, malgré les efforts
désespérés des détenteurs des vieux priviléges, elle a rencontré, de nos jours, des adversaires au sein même des classes
dont l'intérêt avait été invoqué pour l'établir. Une réaction anti-
libérale et néo-réglementaire, à laquelle on a appliqué la dénomination générique de « socialisme, » s'est opérée parmi les
masses laborieuses.

Cette réaction a imposé une nouvelle tâche aux économistes.
Tandis que les fondateurs de la science n'avaient à combattre
que les bénéficiaires des abus de l'ancien régime, réclamant,
dans des vues égoïstes, le maintien de leurs priviléges, nous
avons à lutter aujourd'hui non seulement contre les successeurs
beaucoup trop nombreux de ces privilégiés, mais encore contre
les socialistes qui jettent l'anathème sur la liberté industrielle,
en invoquant l'intérêt des masses et en demandant « l'organisation du travail. »

Il suffisait aux premiers économistes de démontrer combien
étaient nuisibles à l'intérêt général les monopoles et les restrictions de l'ancien régime ; combien étaient absurdes les préjugés
et les sophismes sur lesquels on se fondait pour les maintenir.
Il leur suffisait, en un mot, de « démolir » le vieux régime
réglementaire. Cela ne suffit plus aujourd'hui, puisqu'on affirme

que l'expérience de la liberté industrielle a décidément échoué, et que la société n'a été débarrassée de la servitude que pour tomber dans l'anarchie. Il faut justifier la liberté des accusations auxquelles elle est en butte. Les socialistes l'accusent d'être *anarchique*; ils prétendent qu'aucun principe régulateur n'existe dans la production abandonnée à elle-même. Il faut démontrer que ce principe régulateur existe, et que l'anarchie, dont les fauteurs du socialisme ont fait un tableau si assombri, provient de l'inobservation des conditions naturelles de l'ordre.

Telle est la nouvelle tâche que les circonstances ont imposée aux économistes, et que j'ai essayé de remplir dans la mesure de mes forces. J'ai essayé de démontrer que ce monde économique, où le socialisme n'aperçoit aucun principe régulateur, est gouverné par une loi d'équilibre qui agit incessamment et avec une irrésistible puissance pour maintenir une proportion nécessaire entre les différentes branches et les différents agents de la production. J'ai essayé de démontrer que, sous l'impulsion de cette loi, l'ORDRE s'établit de lui-même dans le monde économique, comme il s'établit dans le monde physique, en vertu de la loi de la gravitation.

Cette démonstration est l'objet principal de l'ouvrage que je publie aujourd'hui. J'avais déjà entrepris de la faire dans deux publications antérieures (1), mais sans parvenir à lui donner

---

(1) *Études économiques. De l'organisation de la liberté industrielle*, 1846.—

toute la clarté nécessaire. J'ignore si j'ai mieux réussi dans le présent ouvrage; mais, en tous cas, je croirai avoir atteint mon but si j'ai indiqué la voie aux amis de la science.

Combien ne serait-il pas souhaitable, en effet, que l'on pût démontrer, de manière à se faire comprendre de tous, que la production, abandonnée à elle-même, n'est pas fatalement vouée à l'anarchie; qu'elle contient en elle un principe régulateur d'une efficacité souveraine? Cela étant bien établi, bien rendu évident à toutes les intelligences, qui donc oserait encore proposer d'emprisonner la société dans une organisation artificielle? Le socialisme ne se trouverait-il pas frappé à mort? Les esprits distingués et les cœurs généreux qu'il a égarés à la poursuite de la vaine utopie d'une reconstruction sociale, ne se hâteraient-ils point de regagner le terrain solide de la réalité? Ces dissidents de l'économie politique ne se joindraient-ils pas à nous pour rechercher à quelles conditions la Providence maintient l'ordre dans le monde économique, à quelles conditions aussi elle y distribue le bien-être? Les causes réelles des maux qui affligent la société seraient alors mieux étudiées et elles disparaîtraient plus tôt grâce à l'entente commune des amis du progrès.

Les soirées de la rue Saint-Lazare. Entretiens sur les lois économiques, 1849. — *Observations sur la formation des prix*. Journal des Économistes, n° de juin 1851. Reproduites dans les *Questions d'Économie politique et de droit public*, t. Ier, p. 35.

Ce cours sera divisé en quatre parties :

La première et la seconde, que je publie aujourd'hui, concernent *la production et la distribution des richesses.*

La troisième et la quatrième traiteront *de la circulation et de la consommation.*

Telle est, Monsieur, la tâche que je me suis proposée. Peut-être ai-je trop présumé de mes forces, en l'entreprenant; mais je compte sur l'indulgence du public et sur l'appui bienveillant des amis de la science, parmi lesquels vous occupez une place si distinguée.

Bruxelles, octobre 1854.

G. DE MOLINARI.

INTRODUCTION.

Économie politique vient du grec et signifie arrangement
intérieur de la cité ou de l'État (1). Montchrestien de Watte-
ville, écrivain du xviiᵉ siècle, paraît avoir employé, le premier,
cette dénomination sans y attacher toutefois un sens bien pré-

---

(1) « Bien que le terme d'économie politique soit tout à fait moderne, dit
M. Joseph Garnier, les deux mots qui le composent sont très anciens. Les
Grecs disaient *Oiconomia* et les Latins *Æconomia*, de *oicos*, maison, *nomos*,
loi, ou de *nemo*, j'administre, pour signifier la loi et l'administration de la
maison. Les plus illustres disciples de Socrate ont traité ce sujet dans leurs
œuvres. On a attribué à Aristote, qui vivait trois siècles avant notre ère, un
écrit intitulé : *Oiconomicos*, l'*Économique*, contenant des réflexions sur l'économie domestique, en deux livres, dont le second cependant paraît apocryphe.

« Ce philosophe entendait par l'*Oiconomia*, l'administration de la famille

cis. D'autres dénominations ont été successivement proposées, parmi lesquelles nous citerons *économie sociale, chrématistique*, etc., mais économie politique a décidément prévalu.

Les économistes ne sont pas encore complétement d'accord sur la définition de la science, non plus que sur les limites qu'il convient de lui assigner.

Selon Adam Smith, « l'économie politique, considérée comme une branche de la science d'un homme d'État ou d'un législateur, se propose deux objets distincts : 1° de procurer au peuple un bon revenu ou une subsistance abondante, ou, pour mieux dire, de le mettre en état de se les procurer lui-même ; et 2° de pourvoir à ce que l'État ou la communauté ait un revenu suffisant pour les charges publiques. Elle se propose d'enrichir en même temps le peuple et le souverain. »

Selon J.-B. Say, l'économie politique est la science qui s'occupe « de la manière dont se forment, se distribuent et se consomment les richesses. »

Selon M. de Sismondi, « le bien-être physique de l'homme, autant qu'il peut être l'ouvrage de son gouvernement, est l'objet de l'économie politique. »

---

sous le rapport moral comme sous le rapport matériel, c'est à dire l'économie domestique comme nous la définissons aujourd'hui, plus la direction intellectuelle et morale de la famille. Xénophon, qui écrivait avant lui, a également laissé des *Économiques*.

» Le mot politique est encore plus ancien. Les Grecs disaient : *Politikos, politike, politikon*, de polis, ville, cité, ensemble de citoyens, et les Romains : *Politicus, politica, politicum*, dans le sens de civique, de politique, de relatif à la chose publique. » (JOSEPH GARNIER. *De l'origine et de la filiation du mot économie politique.*)

Selon M. Storch, « l'économie politique est la science des lois naturelles qui déterminent la prospérité des nations, c'est à dire, leur richesse et leur civilisation. »

Sans vouloir discuter le mérite de ces définitions et de beaucoup d'autres qui ont été successivement proposées, je me bornerai à paraphraser la dénomination même de la science économique, et je dirai :

L'économie politique est la science qui décrit l'organisation de la société. Comment la société se constitue, fonctionne, prospère ou dépérit, par quel mécanisme la subsistance arrive à chacun de ses membres, dans quelles conditions et avec l'auxiliaire de quels agents se produit cette subsistance qui se compose d'éléments si divers et qui est destinée à pourvoir à tant de besoins différents, quelles lois naturelles président à sa distribution entre tous ceux qui concourent à la produire, tel est l'objet de l'économie politique. C'est la description du mécanisme de la société, en deux mots, une anatomie et une physiologie sociales.

Alors même que cette science du mécanisme de la société demeurerait à l'état purement spéculatif, alors même qu'elle ne serait susceptible d'aucune application, elle offrirait encore une étude des plus intéressantes. Si nous n'accordons pas toujours une attention suffisante aux phénomènes qu'elle décrit, cela vient, selon toute apparence, de ce qu'on n'observe guère les choses qu'on a constamment sous les yeux ; mais ces phénomènes, qui nous paraissent si simples et, comme on dit, si naturels, nous sembleraient véritablement merveilleux si nous n'y étions point accoutumés. Supposons, par exemple, qu'au sein de l'immensité se trouve un globe où chacun pourvoie isolément à ses besoins, et qu'un des habitants de ce monde inconnu vienne nous visiter. Quel ne serait point l'étonnement de ce nouveau Micromégas à l'aspect de la division du travail qui caractérise nos sociétés civilisées? Il verrait des hommes passer leur vie, celui-ci à poser des têtes à des épingles, celui-là à surveiller l'étirage d'un fil de laine ou de coton, un troisième à appliquer des couleurs sur des étoffes, un quatrième à griffonner des caractères sur des chiffons de papier, etc., etc. Ces hommes qui ne font rien ou presque rien de ce qui est nécessaire à la satisfaction de leurs propres besoins, il les verrait, en même temps, plus ou moins bien nourris, vêtus, logés, entretenus. Il se demanderait avec étonnement comment ces êtres singuliers s'y prennent pour se procurer les choses nécessaires à leur subsistance et à leur entretien. Son étonnement ne ferait probablement que s'accroître lorsqu'il les verrait échanger qui des aliments, qui des habits, qui une maison, contre de petites pièces de métal, jaunes ou blanches, ou même contre de simples morceaux de papier maculé. Comment, se dirait-il, des êtres pourvus de raison, peuvent-ils consentir à donner des aliments, des vêtements, une maison en échange de ces petites pièces de métal ou de ces morceaux de papier? Comment se fait-il qu'ils aient généralement l'air satisfait en concluant ces marchés bizarres et incompréhensibles? Quels avantages peuvent-ils en retirer? Après qu'on lui aurait donné quelques notions élémentaires sur la nature des échanges et sur les instruments à l'aide desquels ils s'opèrent, il se demanderait encore quelle règle préside à ces transactions dont la division du travail est la source : pour peu que cet habitant d'un autre monde eût la notion de la justice, il se préoccuperait vivement de savoir si l'équité règne dans l'économie des sociétés humaines; si chacun des hommes qui contribuent à la production reçoit, en récompense de son concours, une part équitable de produits ; s'il y a des lois naturelles qui déterminent la répartition de la richesse ou si cette répartition est abandonnée au hasard. Questions pleines d'intérêt, auxquelles nous n'accordons pas toujours, nous autres, l'attention qu'elles méritent, parce que nous sommes accoutumés à la division du travail, aux échanges, à la monnaie, aux fluctuations de l'offre et de la demande, mais qui ne pourraient manquer d'intéresser au plus haut point des êtres qui n'auraient jamais eu sous les yeux le spectacle de ces phénomènes économiques.

L'étude de l'économie politique présenterait donc un vif intérêt, quand même cette science demeurerait pour nous à l'état purement spéculatif; quand même nous n'en pourrions faire aucune application utile; quand même la société, dirigée par une volonté supérieure, échapperait complétement à l'action de l'homme et roulerait, comme le globe qui lui sert de support, dans une orbite immuable. Mais il n'en est pas ainsi. S'il est hors du pouvoir de l'homme de changer les conditions naturelles d'existence de la société; — et l'économie politique démontre, en effet, que cela n'est pas en son pouvoir; — il peut, en revanche, exercer sur son développement une influence considérable; il peut, en observant ou en méconnaissant les lois auxquelles son existence est soumise, la rendre prospère ou misérable, augmenter son bien-être ou la plonger dans un abîme de maux. L'économie politique est, en conséquence, susceptible de recevoir des applications nombreuses et fécondes. On peut s'en servir pour rechercher quelles sont les conditions les plus favorables au développement de la société; on peut s'en servir aussi pour découvrir les moyens de la préserver des maux auxquels elle est sujette, ou, quand ces maux l'ont atteinte, de l'en débarrasser. C'est ainsi que l'anatomie et la physiologie, sciences dont l'objet est de décrire l'organisation naturelle du corps humain, servent de bases à l'hygiène et à la médecine, l'une destinée à prévenir les maladies du corps, l'autre à les guérir.

L'économie politique pourrait, de même, servir de base à une *hygiène sociale* ayant pour objet de prévenir, par des règles volontaires ou imposées, toute infraction aux conditions néces- saires d'existence ou de développement de la société. Elle pour- rait encore servir de base à un autre art, analogue à l'art médi- cal, qui aurait pour objet de guérir ou de soulager les maux que la société endure soit par la faute de ses membres, soit par le fait de circonstances indépendantes de leur volonté. Comme l'hygiène et la médecine, ces deux arts politiques existent, du reste, depuis l'origine même des sociétés; seulement, comme l'hygiène et la médecine encore, ils sont demeurés jusqu'à nos jours réunis, confondus et réduits à un pur empirisme. La politique ou l'art de gouverner les nations n'est pas autre chose, et elle a pour agents des hommes d'État et des administrateurs dont la pratique, pour être salutaire, doit s'appuyer exclusive- ment sur les vérités que l'économie politique enseigne.

Malheureusement, de même que l'ignorance de l'anatomie et de la physiologie a donné naissance à de nombreuses et funestes erreurs sur les moyens de prévenir ou de guérir les maladies auxquelles le corps humain est sujet, l'ignorance ou la connaissance imparfaite de l'économie politique a laissé s'in- troduire dans le gouvernement des sociétés les errements les plus vicieux et les plus nuisibles. Comme le corps humain, le corps social souffre non seulement des maladies et des accidents auxquels il est naturellement exposé, mais encore de la mauvaise hygiène et des drogues malfaisantes qu'on lui prescrit en vue de le maintenir en santé ou de le guérir.

D'après ce que je viens de dire, on peut apprécier aisément toute l'utilité de l'étude de l'économie politique. Cependant, chose qui fait assurément peu d'honneur au siècle où nous vivons, cette utilité a été contestée. On a nié les services que l'économie politique a déjà rendus à la société, depuis l'époque, encore si rapprochée, de sa naissance, et l'on a soulevé contre elle, particulièrement au nom de la religion et de la morale, les accusations les plus graves. Je répondrai d'abord à ces accusations plus ou moins sincères, et je tâcherai de démontrer qu'à tous les points de vue les hommes ne peuvent que gagner à connaître le mécanisme de la société.

Je me placerai premièrement au point de vue élevé de la religion, parce que c'est en invoquant les croyances religieuses qu'on a porté à l'économie politique les coups les plus redoutables. Il y a quelques années, un orateur célèbre, M. Donoso Cortès, lançait, du haut de la tribune espagnole, un fougueux réquisitoire contre l'économie politique qu'il accusait de détourner les âmes vers des objets indignes de leur sublime essence et de troubler la société en présentant aux hommes un idéal de bonheur qui ne saurait être réalisé sur la terre. M. Donoso Cortès considérait l'économie politique comme une science essentiellement hostile à la religion aussi bien qu'à la morale, et j'ai le regret de dire que beaucoup d'esprits religieux partagent encore à cet égard les préjugés de l'orateur espagnol.

Cependant, pour peu que l'on se donne la peine d'étudier l'économie politique, on ne tarde pas à s'apercevoir que rien n'est fondé dans les accusations de M. Donoso Cortès. L'économie politique apparaît, au contraire, comme une science essentiellement religieuse en ce qu'elle donne, plus qu'aucune autre peut-être, une idée sublime du suprême ordonnateur des choses. Permettez-moi de faire, à ce sujet, un simple rapprochement. Il y a deux ou trois siècles, on se méfiait de l'astronomie, on ne voulait pas entendre parler du système de Copernic et l'on condamnait Galilée, comme ayant porté atteinte aux vérités religieuses, parce qu'il soutenait « l'hérésie » de la rotation de la terre. Or, je le demande, l'astronomie, au point où l'ont portée les travaux des Kepler, des Copernic, des Galilée, des Newton, ne nous donne-t-elle pas de la puissance divine une idée plus vaste et plus haute que celle qui ressortait des croyances erronées et des hypothèses plus ou moins saugrenues des astronomes de l'antiquité? Les anciens n'avaient, vous le savez, aucune idée précise de l'éloignement ni de la dimension des étoiles, ils croyaient que la voûte du ciel était solide, et les plus hardis supposaient que le soleil était une masse de fer chaud, grande comme le Péloponèse. Leur hardiesse scientifique n'allait pas au delà. Eh bien! quand les astronomes modernes ont reculé les limites du ciel, quand ils ont découvert, dans ses profondeurs jusqu'alors inexplorées, des millions de mondes inconnus; quand ils ont reconnu les lois en vertu desquelles ces mondes se meuvent dans un ordre éternel, n'ont-ils pas contribué à donner une idée plus sublime de l'intelligence qui préside à l'arrangement de l'univers? N'ont-ils pas agrandi l'idée de Dieu? N'ont-ils pas, du même coup, rabaissé l'orgueil humain, en réduisant à de plus humbles proportions la place que l'homme occupe dans la création? La terre a cessé d'apparaître comme le centre de l'univers; elle n'a plus figuré qu'à un rang inférieur dans l'échelle des mondes, et l'homme a dû renoncer à l'orgueilleuse satisfaction de se croire l'un des personnages les plus importants de la création. Dieu est devenu plus grand et l'homme plus petit. Au point de vue religieux, était-ce un mal?

Si l'astronomie a mis sous les yeux de l'homme, un tableau plus grandiose de la puissance divine, l'économie politique, à son tour, me semble destinée à lui donner une idée meilleure de la justice et de la bonté de la Providence. Avant que les doctrines économiques se fussent répandues dans le monde, comment l'organisation sociale était-elle comprise? De quelle manière pensait-on que chacun pouvait prospérer, s'enrichir? On était généralement convaincu que l'antagonisme présidait aux relations des hommes. Dans l'antiquité, on avait coutume de dire : *homo homini lupus*, l'homme est le loup de l'homme. Plus tard, Montaigne répétait avec ses contemporains : *le prouffict de l'un fait le dommage de l'autre;* et cette maxime apparaissait comme un axiome emprunté à la sagesse expérimentale des nations. On ne croyait pas que l'auteur des choses se fût mêlé de l'organisation de la société. On croyait qu'il l'avait abandonnée à je ne sais quel hasard malfaisant, et l'on considérait le monde comme une espèce de bagne où la force et la ruse dominaient nécessairement, fatalement, quand le bâton du garde-chiourme n'y venait point mettre le holà. On pensait que les jouissances des uns étaient inévitablement achetées au prix des souffrances des autres, et l'on ne voyait parmi les hommes que des spoliateurs et des spoliés, des fripons et des dupes, des bourreaux et des victimes. Voilà ce qu'on pensait de la société quand les économistes ont commencé à en étudier le mécanisme. Eh bien! qu'ont-ils fait ces économistes, dont quelques esprits prévenus repoussent les doctrines au nom de la religion? Ils se sont efforcés de démontrer que la Providence n'a pas abandonné l'humanité aux impulsions aveugles du hasard. Ils se sont efforcés de démontrer que la société a ses lois providentielles, lois harmonieuses qui y font régner la justice comme les lois de la gravitation font régner l'ordre dans l'univers physique. Ils se sont efforcés de démontrer que l'antagonisme n'est point la loi suprême des relations sociales; mais que le monde est soumis, au contraire, à une inévitable loi de solidarité; qu'aucun homme ne peut souffrir sans que sa souffrance rejaillisse, se répercute parmi ses semblables, comme aussi que nul ne peut prospérer, sans que sa prospérité profite à d'autres hommes. Telle est la loi que les économistes ont entrepris de substituer au vieil antagonisme de l'antiquité païenne. N'est-ce pas, je le demande, une loi plus morale, plus religieuse, plus chrétienne? Ne nous donne-t-elle pas une idée meilleure de la Providence? Ne doit-elle pas contribuer à nous la faire aimer davantage? Si, en étudiant les œuvres des Kepler et des Newton, on voit s'agrandir la puissance divine, en observant, dans les livres des Smith, des Malthus, des Ricardo, des J.-B. Say, ou mieux encore, dans la société même, les lois harmonieuses de l'économie sociale, ne doit-on pas se faire une idée plus sublime de la justice et de la bonté de l'éternel ordonnateur des choses?

Voilà quels sont, au point de vue religieux, les résultats de l'étude de l'économie politique. Voilà comment l'économie politique conduit à l'irréligion.

Le reproche que l'on adresse aux économistes, de flatter les appétits matériels de l'homme, est-il mieux fondé?

Ce reproche peut être adressé, non sans raison, à certaines écoles socialistes, mais il ne saurait s'appliquer à l'économie politique. Car si les économistes constatent que les hommes ont à satisfaire des appétits matériels, ce qu'on ne saurait nier, je

pense, aucun d'eux n'a jamais enseigné que la prédominance
dût appartenir à ces besoins inférieurs de notre nature. Aucun
d'eux n'a engagé les hommes à s'occuper uniquement du soin
de se nourrir, de se vêtir et de se loger. Aucun d'eux ne leur
a conseillé de se faire un dieu de leur ventre. Tous ont tenu
soigneusement compte des besoins moraux, et ils ont rangé au
nombre des richesses, les choses qui pourvoient à la satisfaction
de ce genre de besoins. Les produits immatériels, tels que
l'enseignement et le culte, ont été considérés par eux comme
des richesses, au même titre que les produits composés de
matière. Seulement, les économistes n'ont pas pensé qu'il fût
raisonnable de jeter l'anathème sur ceux-ci, non plus que sur
les besoins auxquels ils pourvoient. Tout en reconnaissant que
l'homme est pourvu d'une âme ils se sont dit qu'il possède un
corps aussi, un corps qu'il est tenu de conserver en bon état,
dans l'intérêt même de l'âme à laquelle ce corps sert d'étui.

L'économie politique est si peu en désaccord avec la saine
morale qu'une de ses plus belles démonstrations, celle qui concerne la formation des capitaux, repose précisément sur l'intervention des facultés morales de l'homme. En effet, les capitaux
sont les fruits du travail et de l'épargne, et qu'est-ce que l'épargne, sinon un sacrifice qu'impose l'esprit de prévoyance et qui
ne peut être accompli qu'avec l'auxiliaire d'une force morale
assez grande pour résister aux sollicitations pressantes des
appétits purement matériels? Lorsque cette force morale fait
défaut ou qu'elle n'est point suffisamment développée, les capitaux ne se forment point, et la production, dont ils sont les
agents indispensables, demeure stationnaire. Les travaux qui
ont pour objet de cultiver et de perfectionner le moral de
l'homme n'ont donc pas moins d'importance aux yeux de l'éco-

nomiste, que ceux qui le rendent aptes à exercer une profession ou un métier. Le prêtre, l'instituteur, et avant eux, la mère et le père de famille qui comprennent et remplissent leurs devoirs envers les êtres dont ils sont les tuteurs naturels, contribuent à former, en développant le moral des jeunes générations, le plus puissant des véhicules de la multiplication des richesses. C'est ainsi que l'économie politique est en désaccord avec la morale.

L'économie politique peut être encore considérée comme un instrument efficace de conservation sociale. Je viens de dire qu'avant que les notions économiques eussent commencé à se répandre, la croyance à l'antagonisme des intérêts était universelle. On était convaincu que ce que l'un gagnait, l'autre devait inévitablement le perdre; d'où l'on était amené à conclure que le riche n'avait pu faire fortune qu'au dépens du pauvre, et que la richesse accumulée dans certaines mains était un vol fait au reste de la communauté. Cette fausse notion du mécanisme de la société ne conduisait-elle pas droit au socialisme?

S'il était vrai, en effet, que la société se trouvât abandonnée aux impulsions aveugles du hasard; s'il était vrai que la force et la ruse fussent dans le monde les souveraines dispensatrices du bien-être, il y aurait lieu, assurément, « d'organiser » une société ainsi livrée à l'anarchie. Il y aurait lieu de faire régner l'ordre à la place de ce désordre, la justice à la place de cette iniquité. Si la Providence avait omis d'organiser la société, il faudrait bien qu'un homme se chargeât d'accomplir une œuvre si nécessaire. Il faudrait qu'un homme se fît Providence.

Or il n'y a pas au monde, remarquons-le bien, d'œuvre plus attrayante que celle-là; il n'y en a pas qui puisse davantage séduire notre amour-propre et flatter notre orgueil. On parle souvent de la satisfaction orgueilleuse qu'éprouve le maître d'un grand empire en voyant tant de créatures humaines obéir à ses lois et se courber sur son passage. Mais cette satisfaction, si étendue qu'on la suppose, peut-elle se comparer à celle d'un homme qui rebâtit à sa guise, sur un modèle tiré de sa propre imagination, la société toute entière? d'un homme qui peut se tenir à lui-même ce langage superbe : « La société est un foyer d'anarchie. La Providence n'a pas voulu l'organiser ou peut-être même ne l'a-t-elle pas pu ! et depuis l'origine du monde ce grand problème de l'organisation du travail est demeuré l'énigme du sphinx qu'aucun législateur n'a su deviner. Eh bien ! ce problème, moi je l'ai résolu; cette énigme, moi je l'ai devinée. J'ai donné à la société une base nouvelle. Je l'ai organisée de telle sorte qu'elle ne peut manquer désormais de goûter une félicité parfaite. J'ai réussi par la seule force de mon génie à mener à bonne fin cette œuvre gigantesque. Il ne reste plus qu'à appliquer mon plan pour transformer notre vallée de misère en un Eldorado ou un pays de Cocagne. »

L'homme qui croit avoir accompli une telle œuvre, doit se regarder assurément comme un génie extraordinaire. Il doit s'estimer bien supérieur à tous les hommes qui ont paru avant lui sur la terre et presque l'égal de Dieu lui-même. N'a-t-il pas, en effet, complété, perfectionné l'œuvre de Dieu? Aussi, tous les utopistes sont-ils possédés d'un orgueil incommensurable. Fourier, par exemple, n'hésitait pas à affirmer que tous les philosophes et tous les législateurs, sans parler des économistes, que l'humanité avait commis la folie de prendre pour guides, l'avaient misérablement égarée; que l'on n'avait rien de mieux à faire que d'oublier au plus vite leurs lois ou leurs préceptes, et de jeter au feu les 400,000 volumes remplis d'erreurs et de mensonges dont ils avaient meublé les bibliothèques; en remplaçant, bien entendu, ces livres inutiles ou malfaisants par ses propres livres. Fourier déclarait encore, naïvement, qu'il se considérait comme supérieur à Christophe Colomb, et il avait pris pour emblème une couronne impériale, convaincu que l'humanité reconnaissante le proclamerait un jour empereur des génies.

Voilà jusqu'où a été poussé le délire des réorganisateurs de la société. L'orgueil s'est gonflé comme une verrue monstrueuse sur ces intelligences quelquefois si remarquables, et il les a rendues difformes et repoussantes. On me dira : ces hommes sont fous ! Je le veux bien ; mais d'où provient leur folie, et comment se fait-il que cette folie soit contagieuse ? Leur folie provient de ce qu'ils pensent que la société étant naturellement « anarchique, » il y a lieu de l'organiser. Cette folie est conta- gieuse, parce que la foule partage leur erreur ; parce que la foule est imbue de la croyance que la société se trouve livrée à un aveugle antagonisme ; parce que la foule croit, comme Montaigne, que le profit de l'un fait le dommage de l'autre, et que les riches n'ont pu s'enrichir qu'aux dépens des pauvres.

Mais cette ignorance de l'organisation naturelle de la société, cette ignorance présente un danger sérieux. Supposons que les masses fanatisées par l'utopie réussissent à faire tomber un jour entre leurs mains le gouvernement des nations ; supposons qu'elles usent de leur puissance pour mettre en vigueur des sys- tèmes qui blessent les conditions essentielles d'existence de la société. Qu'en résultera-t-il ? C'est que la société se trouvera profondément atteinte dans sa prospérité, dans son bien-être. C'est qu'elle courra les mêmes risques, c'est qu'elle endurera les mêmes souffrances qu'un malade qui aurait confié le soin de sa santé à un marchand de vulnéraire. Je sais bien que la société possède une vitalité assez énergique pour résister aux drogues les plus malfaisantes; je sais bien que la société ne saurait périr, mais elle peut cruellement souffrir et demeurer longtemps comme si elle était atteinte d'une langueur mortelle.

Remarquons encore ce qui arrive au sein d'une société que menacent les désastreuses expérimentations de l'utopie appuyée sur l'ignorance. Il arrive que les sources de la prospérité publique se tarissent par avance. Il arrive que la peur du mal devient presque aussi ruineuse que le mal même. Alors, les intérêts qui se savent menacés s'exaspèrent après s'être alarmés, et on les voit se résoudre parfois aux sacrifices les plus durs pour se débarrasser du fantôme qui les obsède. Pour se préserver du socialisme, on subit le despotisme.

Voilà pourquoi il est bon d'enseigner l'économie politique. C'est le seul moyen d'écarter ces terreurs qui servent de prétexte au despotisme, et peut-être, — disons-tout, — qui le justifient. Lorsque les masses connaîtront mieux les conditions d'existence de la société, on cessera de craindre qu'elles n'usent de leur puissance pour y porter atteinte. Elles en deviendront, au contraire, les meilleures gardiennes. On pourra confier alors à leurs lumières ce dépôt sacré des intérêts généraux de la société dont leur ignorance et leur crédulité compromettraient aujourd'hui l'existence. On pourra leur accorder des droits dont il serait imprudent de les gratifier au moment où nous sommes. Alors aussi la société deviendra véritablement inexpugnable, car elle disposera, pour se défendre, de toutes les forces qu'elle recèle dans son sein.

Ainsi donc, l'économie politique est une science essentiellement religieuse, en ce qu'elle manifeste plus qu'aucune autre l'intelligence et la bonté de la Providence dans le gouvernement supérieur des affaires humaines; l'économie politique est une

science essentiellement morale, en ce qu'elle démontre que ce
qui est utile s'accorde toujours, en définitive, avec ce qui est
juste ; l'économie politique est une science essentiellement conservatrice, en ce qu'elle dévoile l'inanité et la folie des théories
qui tendent à bouleverser l'organisation sociale, en vue de
réaliser un type imaginaire. Mais l'influence bienfaisante de
l'économie politique ne s'arrête pas là. L'économie politique ne
vient pas seulement en aide à la religion, à la morale et à la
politique conservatrice des sociétés, elle agit encore directement pour améliorer la situation de l'espèce humaine. Voici de
quelle manière :

Quand on considère la société, on demeure frappé des inégalités qu'elle recèle dans son sein, des richesses et des misères
qui s'y trouvent juxtaposées, des alternatives de prospérité et
de décadence qui s'y présentent : tantôt le corps social apparaît
florissant de santé et de bien-être; tantôt il semble près de
succomber sous le faix des maux qui l'accablent. Eh bien, que
fait l'économie politique? Elle remonte, par ses patientes analyses, aux sources du bien-être et du mal-être du corps social ;
elle divulgue les causes de la prospérité et de la décadence des
nations. Elle examine l'influence des institutions et des lois sur
la condition des masses et elle étudie, au même point de vue,
les passions humaines. Elle signale aux nations les réformes
qu'elles peuvent introduire utilement dans leurs institutions et
elle encourage les hommes à refréner leurs passions, à corriger
leurs vices, en mettant en lumière les répercussions funestes
mais trop souvent inaperçues des passions et des vices de chacun sur la condition de tous.

Ainsi, pour citer quelques exemples, l'étude des lois de la
production et la distribution des richesses démontre que les

barrières artificielles dont l'ignorance et la cupidité se sont ser-
vies pour séparer les peuples, les monopoles, les priviléges, les
gros impôts sont nuisibles aux intérêts du plus grand nombre ;
qu'ils retardent la diffusion du bien-être et les progrès de la
civilisation. Que les notions économiques se vulgarisent davantage ; que toutes les intelligences viennent à être pleinement
édifiées sur les effets des barrières douanières, des monopoles,
des priviléges et des gros impôts, et l'opinion aura bientôt fait
justice de ces obstacles qui se dressent sur la route du progrès.

Ainsi encore, l'étude des lois économiques démontre que les
intérêts des peuples sont solidaires; que chacun est intéressé à
la prospérité de tous. Que cette vérité vienne à être universellement répandue, que chaque nation acquière la conviction
qu'en faisant tort aux autres elle se fait tort à elle-même, et la
guerre, cette destruction systématique des hommes et des capitaux, ne deviendra-t-elle pas, pour ainsi dire, impossible?
N'aura-t-elle point pour adversaire la formidable coalition des
intérêts auxquels elle porte atteinte et qui sauront désormais
à quel point elle leur est funeste?

Ainsi, enfin, l'économie politique fait voir quelle influence
néfaste la satisfaction désordonnée de certains appétits exerce
sur la condition de l'espèce humaine. Elle enseigne, par
exemple, qu'en se multipliant sans prévoyance, en s'abandonnant à l'instinct qui les pousse à se reproduire, sans avoir égard
à l'étendue de l'arène ouverte à leur activité, les hommes se
précipitent dans un abîme de maux. Elle enseigne qu'aucun
progrès ne saurait améliorer efficacement le sort d'un peuple
qui n'apporte aucune règle, aucun frein à sa reproduction, et
que l'imprévoyance est un crime que la Providence punit de
mort. Que cette connaissance des suites fatales de la satisfac-

tion immodérée d'une de nos passions les plus véhémentes
vienne à se vulgariser, et les masses, désormais instruites des
calamités auxquelles elles s'exposent en obéissant aveuglément
à un appétit brutal, ne se montreront-elles pas plus disposées à
écouter les conseils de la prévoyance en matière de population?
Les gouvernements, à leur tour, oseront-ils encore accorder des
primes à l'imprévoyance, en multipliant sans mesure les secours
de la charité publique?

L'économie politique peut donc exercer une influence considérable sur l'amélioration progressive du sort du plus grand
nombre, en engageant les hommes à conformer leurs institutions et leurs actes aux lois immuables auxquelles leur existence est soumise, lois dont l'essence même est l'utilité et la
justice. Que ses vérités deviennent pour tous les peuples des
articles de foi, et les obstacles dont l'ignorance, la cupidité, la
fausse gloire, les passions inférieures de l'âme humaine ont
semé la route du progrès, s'aplaniront peu à peu, la condition
des masses s'améliorera chaque jour d'une manière plus sensible, enfin l'humanité marchera d'un pas plus rapide et plus
assuré vers l'idéal de progrès, vers le *summum* de civilisation
qu'il est dans sa destinée d'atteindre.

PREMIÈRE PARTIE

DE LA PRODUCTION DES RICHESSES

PREMIÈRE LEÇON.

LES BESOINS ET LES MOYENS DE PRODUCTION.

L'homme considéré au point de vue économique. — Ses besoins. — Analyse des principaux besoins. — Éléments dont l'homme dispose pour les satisfaire. — Définition de la production; — du produit; — de la richesse; — des agents productifs; — du travail; — des capitaux fixes et circulants; — des agents naturels appropriés; — non appropriés. — Que le concours de ces agents est nécessaire dans toutes les opérations de la production. — Formule. — Des résultats de la production. — Du produit brut et du produit net. — De l'épargne et de son rôle dans la production.

Avant d'étudier l'organisation de la société, il est essentiel de jeter un coup d'œil sur l'homme. L'homme c'est la matière vivante dont se compose la société; c'est, pour ainsi dire, la molécule sociale. Analysons donc l'homme, considéré à ce point de vue; recherchons quelle est sa nature et quels sont les mobiles de son activité.

L'homme nous apparaît comme un composé de matière, d'intelligence et de sentiment. Ce sont les trois éléments constitutifs de son être. Or, ces éléments qui se trouvent associés, combinés dans la créature humaine, en vertu de lois qui nous

sont inconnues, doivent être incessamment entretenus et renouvelés, sinon l'homme souffre et périt.

De là, la notion du BESOIN. L'homme a des besoins qui
répondent aux trois éléments constitutifs de son être. Il a des
besoins physiques, intellectuels, et moraux.

La vie, soit physique, soit intellectuelle, soit morale s'entretient en nous par la satisfaction de nos besoins. Les aliments
que nous leur donnons sont l'huile de notre lampe. Nous
sommes tenus de nous procurer ces aliments essentiels à la vie,
sous peine de périr ou de vivre seulement d'une manière incomplète.

On peut soumettre à une analyse détaillée les divers besoins
de l'homme. Mais un travail de ce genre serait sans utilité pour
nous. Il n'est pas nécessaire que nous examinions avec détail
chacun des appétits qui sollicitent l'homme et auxquels il est
obligé de pourvoir, sous peine de souffrir et de périr. Un simple
coup d'œil jeté sur l'ensemble de ces appétits inhérents à la
nature humaine nous suffira.

Les besoins physiques concernent l'existence matérielle de
l'homme. Le besoin d'alimentation est le plus urgent de tous.
Notre corps est ainsi fait que nous sommes obligés de lui fournir une alimentation quotidienne; chaque individu, selon sa
complexion, selon le milieu où il se trouve placé, a besoin
d'absorber régulièrement une quantité plus ou moins considérable de substances alimentaires. Après le besoin de s'alimenter
vient celui de se préserver d'une multitude de causes de destruction qui menacent incessamment la frêle machine humaine.
Nous avons d'abord à nous protéger contre les intempéries des
saisons, contre l'excès du froid, de la chaleur, de l'humidité.
Nous sommes obligés, en conséquence, de nous vêtir et de nous

loger. Nous avons encore à nous défendre contre une multitude
d'êtres nuisibles, depuis le scorpion jusqu'à l'homme lui-même.
Je ne veux pas dire certes que l'homme soit naturellement
l'ennemi de l'homme. Non! je veux dire seulement que les
hommes, dans leur ignorance, se sont considérés comme des
ennemis, et qu'ils se sont traités comme ces fils de Cadmus
dont parle Ovide : à peine nés, ils se sont entretués.

Se nourrir, se vêtir, s'abriter, se défendre, voilà donc quels
sont les premiers besoins auxquels l'homme doit pourvoir.

Après les besoins physiques, viennent les besoins intellectuels
et moraux.

Quoique ceux-ci occupent une place considérable dans l'existence humaine, ils ne sont pas revêtus d'un caractère d'urgence
aussi marqué que les besoins physiques. A la rigueur, on peut
vivre sans leur donner satisfaction. On peut se borner à satisfaire ses besoins physiques, à boire, à manger, à se préserver
des éléments et des animaux destructeurs, etc., mais il ne faut
pas s'y tromper : quand on se borne à cela, on n'a qu'une vie
incomplète, tronquée. On ne vit ni par l'intelligence ni par le
sentiment. On n'est pas un homme, on est une simple brute.

L'intelligence a ses besoins comme le corps; elle a son
activité, sa vie propre, et cette activité, cette vie ne se maintiennent qu'à l'aide d'une assimilation continue d'aliments
conformes à sa nature. L'intelligence a soif de connaissances :
elle a besoin de recevoir incessamment des impressions nouvelles, de les accumuler, de les associer ou de les combiner. Et
de même que chaque palais a ses aliments préférés, chaque
intelligence a ses affinités propres. Mais de quelque façon que
se manifestent les appétits intellectuels, ils exigent impérieuse-
ment satisfaction. C'est une vérité d'observation que l'intelli-

gence veut être alimentée, sinon elle dépérit, elle s'atrophie et
l'homme n'a plus alors qu'une vie imparfaite.

Les besoins moraux sont, avec ceux de l'intelligence, les
signes qui distinguent l'homme de la brute. Ils sont plus ou
moins développés selon les peuples et selon les individus, mais
aucune créature humaine n'en est complétement dépourvue.
Or, ces besoins de l'âme exigent une satisfaction, un apaisement comme les autres. L'homme éprouve, par exemple, le
besoin de fonder une famille ; je ne parle pas du besoin purement physique de la reproduction qui lui est commun avec les
espèces inférieures de l'animalité, mais le besoin d'aimer des
êtres issus de son sang. L'amour de la famille est un de ces
besoins moraux, et c'est peut-être le plus impérieux de tous.
Ce besoin, l'homme le satisfait en mettant au monde des
enfants qu'il élève et soutient jusqu'à ce qu'ils soient en état de
s'entretenir eux-mêmes. Après le sentiment de la famille, il y
en a un autre qui nous porte à aimer non seulement les êtres
semblables à nous, mais encore les créatures inférieures et
jusqu'aux choses inanimées. Quand ce sentiment s'applique
indistinctement à nos semblables, nous l'appelons bienveillance, amour de l'humanité, je dirais encore fraternité, si l'on
n'avait pas tant abusé du mot. Quand il s'applique à des êtres
dont la nature est particulièrement sympathique à la nôtre, il
prend le nom d'amitié. L'amour de la patrie est une manifes-
tation *sui generis* du sentiment dont je parle. Nous aimons
notre patrie parce que, grâce à la communauté du langage,
aux affinités du caractère, au rapprochement des intérêts, nous
éprouvons pour nos compatriotes une sympathie particulière.
Nous aimons encore notre patrie, parce que nous avons des
affinités mystérieuses avec le sol, avec le climat, avec les cir-

constances naturelles qui caractérisent les lieux qui nous ont vus naître. Et ces affinités diverses agissent avec tant d'énergie sur certains hommes, qu'ils éprouvent, loin de leur pays, un malaise étrange, une tristesse profonde, à ce point qu'ils finissent quelquefois par en mourir. Ils meurent de la nostalgie.

L'homme est encore doué du sentiment du beau, possédé de l'amour de l'idéal. Il est affamé d'ordre, d'harmonie, et pour satisfaire ce goût sublime, il embellit sa demeure, il se pare lui-même, il s'efforce d'imprimer à toutes ses œuvres un cachet d'élégance et de grandeur. Il emploie l'architecture, la sculpture, la peinture, la musique, la poésie à satisfaire ce noble appétit qui lui procure de si vives et de si pures jouissances.

Enfin, l'homme est naturellement religieux. Il éprouve le besoin d'aimer, de vénérer un être supérieur. Il éprouve le besoin d'aimer Dieu. Et ce besoin moral est presque aussi général et aussi intense que le plus général et le plus intense de ses besoins physiques. Le sentiment religieux se retrouve à toutes les époques de l'histoire et dans toutes les régions du globe. Partout aussi il a reçu une satisfaction plus ou moins élevée et épurée, selon l'élévation de la nature morale et le degré de civilisation des peuples. Partout, même chez les peuples réduits à la condition la plus abjecte, on a élevé des autels à la Divinité.

En résumé donc, nous avons des besoins physiques, intellectuels et moraux, inhérents à notre nature et dépendants du milieu où nous vivons. Lorsque nous ne donnons point satisfaction à ces besoins qui nous sollicitent; lorsque nous ne leur fournissons point les aliments qui leur sont nécessaires, — aliments matériels, intellectuels et moraux, — nous souffrons et nous finissons par périr. Lorsque nous les apaisons, nous éprouvons, au contraire, une jouissance.

Maintenant, il s'agit de savoir de quels éléments nous pouvons disposer pour satisfaire à nos besoins.

Le globe que nous habitons, l'immensité dont nous avons la perspective, la société au sein de laquelle nous vivons, renferment tous les éléments nécessaires à la satisfaction de nos appétits matériels, intellectuels et moraux.

S'agit-il de nos besoins physiques? Des variétés infinies de quadrupèdes, d'oiseaux, de poissons et d'insectes ; des végétaux non moins nombreux et divers peuvent nous servir d'aliments. Des substances minérales de toute sorte, des plantes textiles et tinctoriales, des animaux couverts de fourrures, nous fournissent tous les éléments nécessaires pour nous préserver des atteintes des forces brutes de la nature ou pour nous défendre contre les agressions des animaux nuisibles. S'agit-il de nos besoins intellectuels? Le spectacle du monde où nous vivons, les phénomènes qui s'y produisent, notre nature si diverse et si compliquée, nos relations avec nos semblables et avec le reste de la création, les procédés nécessaires pour nous faire subsister et pour améliorer notre sort, voilà de quoi satisfaire amplement tous les appétits de notre intelligence. S'agit-il de nos besoins moraux? Depuis le lieu même de notre naissance, depuis la plaine, le coteau ou la vallée dont l'aspect a frappé nos premiers regards, jusqu'à l'auteur inconnu des choses, nous voyons se dérouler sous nos yeux une immense série de créations brutes ou animées sur lesquelles nous pouvons assouvir ce besoin d'aimer qui est l'essence morale de notre être.

Mais le plus grand nombre de ces éléments de satisfaction qu'une Providence bienveillante nous a prodigués, doivent être

appropriés à notre usage et mis à notre portée. Ainsi la terre
nous offre dans son sein ou à sa surface toutes les substances
végétales et animales nécessaires à notre alimentation, mais il
faut que nous sachions nous en emparer et, au besoin, les multiplier. Il faut atteindre la bête fauve dans les forêts, le poisson
dans les eaux, l'oiseau dans les airs; soumettre les plantes à
une culture régulière; préparer la peau et le poil des animaux;
tisser et colorer les étoffes, puis les transformer en vêtements;
il faut abattre les arbres, extraire les pierres et les métaux des
carrières et des mines pour construire des habitations où l'on
soit à l'abri des intempéries et où les affections de la famille
trouvent un point de réunion, un foyer. Il faut encore détruire
les animaux et les plantes nuisibles; opposer une digue au fleuve
qui déborde, dessécher et assainir les terres marécageuses; établir des voies de communication, à l'aide desquelles nous puis-
sions nouer et entretenir des relations avec nos semblables, ou,
au besoin, nous défendre contre eux, etc., etc.

L'ensemble des opérations ayant pour objet d'approprier à la
satisfaction de nos besoins les choses qui nous sont nécessaires,
se nomme la PRODUCTION.

Le résultat de la production, c'est le PRODUIT; l'ensemble des
produits, c'est la RICHESSE.

Toute production, quelle que soit sa nature, exige le concours
d'un certain nombre d'AGENTS PRODUCTIFS.

Ces agents productifs ont été partagés en quatre catégories.

I. Les forces ou facultés physiques, intellectuelles et morales
de l'homme. C'est le TRAVAIL.

II. Les éléments ou les instruments de production que
l'homme a accumulés soit sur le sol, soit en lui-même, tels que
les bâtiments d'exploitation, les machines, les matières pre-

mières, les avances nécessaires à l'entretien des travailleurs, les connaissances et les procédés techniques nécessaires à la production. C'est le CAPITAL.

On divise encore le capital, en *capital fixe* et en *capital circulant*. Le premier se compose d'agents qui concourent successivement à un certain nombre d'opérations de la production. Le second se compose d'agents qu'il faut renouveler entièrement à chaque opération.

III. Les fonds de terre, les gisements minéraux, les courants d'eau et les autres agents naturels que l'homme a découverts et préparés pour la production. Ce sont les AGENTS NATURELS APPROPRIÉS.

IV. Enfin les éléments et les forces que la nature met au service de la production, sans qu'il soit nécessaire de leur faire subir aucune préparation, tels que l'air, la lumière du soleil, l'eau de l'océan, etc. Ce sont les AGENTS NATURELS NON APPROPRIÉS.

De ces quatre catégories d'agents productifs, les trois premières seules doivent occuper l'attention de l'économiste, la quatrième étant mise gratuitement au service de la production.

Si l'on observe la multitude des ramifications de la production, on s'aperçoit qu'elles exigent toutes, indistinctement, le concours des agents productifs qui viennent d'être énumérés; mais, en même temps, que les proportions dans lesquelles elles exigent ce concours varient d'une manière presque infinie : tantôt il leur faut plus de travail, tantôt plus de capital fixe ou circulant, tantôt plus d'agents naturels appropriés ou non appropriés.

Considérons, par exemple, à ce point de vue, l'industrie qui pourvoit au besoin de l'alimentation, l'industrie agricole, ou, pour simplifier, l'une de ses branches, celle qui s'occupe de la production du blé.

Que faut-il pour produire du blé?

Il faut :

1° Des hommes pourvus de la vigueur et des aptitudes nécessaires pour défricher et labourer la terre, recueillir le grain, etc., c'est à dire du *travail;*

2° Une surface plus ou moins étendue de terre propre à la production du blé, c'est à dire un *agent naturel approprié;*

3° Des avances et des approvisionnements de toute sorte pour entretenir le personnel appliqué à la production du blé, et lui permettre de se renouveler ; des bâtiments d'exploitation, du bétail, des outils et des machines, des connaissances et des procédés techniques, des engrais, des semences, etc., en un mot, une certaine quantité de *capital fixe* et de *capital circulant;*

4° Des agents naturels non appropriés, tels que l'air, l'eau du ciel, la lumière du soleil, etc.

Tels sont les agents dont le concours est nécessaire à la production du blé. Que l'un ou l'autre fasse défaut, et cette production ne pourra s'opérer.

Or, — et c'est là une observation d'une importance capitale, — ces agents productifs sont exigés, requis dans une certaine proportion déterminée par la nature même de la production.

Supposons qu'il s'agisse de produire un million d'hectolitres de blé, il faudra un certain nombre de travailleurs, de bêtes de trait, d'instruments aratoires, une certaine quantité d'engrais et de semences, une certaine étendue de terre, une certaine quantité de chaleur et de pluie. Si la proportion nécessaire de ces agents productifs n'est point observée, si certains agents

surabondent relativement aux autres, le surplus demeurera inutile, s'il n'est pas nuisible. S'il y a, par exemple, plus de bras
que cela n'est nécessaire, un certain nombre de ces bras
demeureront sans emploi ; s'il y a plus de terres, de charrues
ou de bêtes de trait, l'excédant ne pourra, de même, être
utilisé.

Il y a, comme on voit, une *proportion naturelle et nécessaire*
entre les agents dont la production exige le concours. Cette
proportion est-elle la même dans toutes les branches de la production ? Non. Loin de là, elle diffère dans chacune. Vous
retrouverez, dans chacune des branches de la production, des
agents productifs, appartenant aux quatre catégories mention-
nées plus haut, mais ils y seront dans des proportions différentes. Choisissons un second exemple pour rendre cette
démonstration plus claire. Examinons quels agents productifs
sont nécessaires pour faire fonctionner l'industrie de la locomotion à la vapeur. Il faut des travailleurs pourvus d'aptitudes
et de connaissances spéciales ; il faut des bâtiments, des
machines, des locomotives, des waggons, etc. ; il faut une
bande de terre nivelée et revêtue de rails ; il faut encore des
avances et des matières premières de diverses sortes pour
entretenir et faire fonctionner le personnel et le matériel d'exploitation. Vous reconnaîtrez au premier coup d'œil que ces
agents productifs ont entre eux une proportion naturelle et
nécessaire ; vous reconnaîtrez aussi que cette proportion diffère
essentiellement de celle qui est exigée dans la production agricole ou dans toute autre. Il faut proportionnellement plus de
capital et moins de terre dans l'industrie de la locomotion qu'il
n'en faut dans l'industrie agricole.

Examinez, au même point de vue, les différentes branches

de la production, et vous vous convaincrez, d'une part, que chacune exige, dans des proportions déterminées, la coopération du travail, des capitaux fixes et circulants, des agents naturels appropriés et non appropriés; d'une autre part, que ces proportions naturelles et nécessaires se diversifient à l'infini selon la nature de la production.

Au moins demeurent-elles toujours les mêmes dans chaque branche de la production?

Non. Elles se modifient incessamment sous l'influence du progrès industriel.

Dans les premiers âges des sociétés, la production n'emploie qu'une faible proportion de capitaux fixes ou circulants, mais elle exige, en revanche, beaucoup de travailleurs et beaucoup de terres. Plus tard, on voit la proportion des capitaux fixes et circulants empiéter successivement sur celle du travail et des agents naturels appropriés. Considérez, par exemple, l'industrie alimentaire, dans ses différentes périodes de développement, et vous serez frappé des modifications qui se sont opérées dans la proportion de ses agents productifs. Lorsque l'homme vit en recueillant des fruits, des racines ou des mollusques, l'industrie alimentaire n'exige le concours d'aucun capital fixe. A la rigueur même, le sauvage, qui subsiste au moyen de cette industrie grossière, peut se passer d'un capital circulant. Mais qu'il se livre à la chasse ou à la pêche, et aussitôt il lui faudra un capital fixe, consistant en armes de chasse ou en engins de pêche, plus un capital circulant, consistant dans les approvisionnements nécessaires à sa subsistance jusqu'à ce qu'il ait atteint le gibier ou le poisson. Qu'à la chasse ou à la pêche il substitue l'agriculture, et il lui faudra une proportion bien plus considérable encore de capitaux fixes et circulants. Il aura

besoin d'instruments aratoires et de bêtes de somme pour
défricher le sol, de magasins pour conserver le grain, de clôtures et de fossés pour défendre sa terre et la dessécher, d'engrais pour la fertiliser, *capital fixe;* il aura besoin encore d'une
certaine quantité de semences et d'une forte avance de subsistances pour lui et ses coopérateurs, jusqu'à ce que le blé qu'il
a semé puisse être recueilli et utilisé, *capital circulant.* Il lui
faudra, en dernière analyse, plus d'instruments et de provisions
que lorsqu'il vivait de la cueillette des fruits, de la chasse ou
de la pêche; en revanche, il n'aura plus besoin de consacrer, à
la production de ses aliments, une proportion aussi considérable de travail et de terre. A mesure que l'agriculture se per-
fectionnera, elle exigera moins de travail et de terre, plus de
capitaux fixes et circulants. L'agriculture britannique, la plus
avancée que l'on connaisse, emploie beaucoup moins de travail
et de terre que l'agriculture française, mais la proportion relative de ses capitaux fixes et circulants est infiniment plus forte.
Considérez enfin les industries qui s'occupent de la production
de vos vêtements, et vous ne serez pas moins frappé des chan-
gements successifs qui se sont opérés dans la proportion de
leurs agents productifs. Avant l'introduction de la machine à
filer, par exemple, les industries qui façonnent le coton, la
laine et le lin, exigeaient beaucoup de travail et peu de capital
fixe; aujourd'hui, au contraire, elles exigent proportionnellement plus de capital et moins de travail. Ainsi des autres.

En résumé :

Il y a une proportion naturelle et nécessaire entre les agents
dont la production exige le concours; cette proportion n'est pas la
même dans les différentes branches de la production, et elle varie
encore dans chacune sous l'influence du progrès.

Nous venons de voir que la production s'accomplit à l'aide
d'agents productifs de diverses sortes, associés, combinés dans
des proportions déterminées. Jetons maintenant un coup d'œil
sur ses opérations.

Toute production implique la destruction ou la consommation *totale* de certains agents productifs, *partielle* de certains
autres. Voyez ce qui se passe à cet égard dans la production
agricole. Lorsqu'une certaine quantité de blé est produite et
recueillie, les hommes, les instruments aratoires, les bêtes de
somme et la terre qui ont servi à la produire, sont plus ou
moins usés, détériorés; en outre, leurs frais d'entretien, plus
la semence, sont entièrement consommés. Il en est de même
dans l'industrie de la locomotion. Lorsqu'un certain nombre de
voyageurs et une certaine quantité de marchandises ont été
transportés, le personnel et le matériel qui ont servi à effectuer ce transport, ont subi une détérioration, une *usure* plus
ou moins considérable; d'un autre côté, les approvisionnements divers qui ont servi à alimenter et à entretenir les
hommes, les matières premières qui ont servi à faire mouvoir
les machines et à les maintenir en bon état, ont été entièrement consommés. Que l'on analyse les opérations de toutes les
autres entreprises de la production et l'on observera le même
phénomène. On trouvera que toute production implique la destruction *totale* de certains agents productifs, la destruction *partielle* de certains autres.

Cela posé, la production peut donner trois résultats différents.

I. Le résultat de la production où le *produit* peut ne point
suffire pour remplacer la portion des agents productifs qui a
été détruite ou consommée en totalité, pour réparer et renou-

veler à la longue celle qui a été détruite en partie. Alors on dit
de la production qu'elle ne couvre pas ses frais, qu'elle est en
perte. Si cette situation se prolonge, que doit-il arriver? Inévitablement que la production finira par s'arrêter, en conséquence de l'anéantissement successif des agents productifs.

II. Le résultat de la production peut suffire exactement
pour entretenir et renouveler les agents productifs, ou ce qui
revient au même, pour couvrir les *frais de production*. Dans ce
cas, la production peut se poursuivre, mais elle ne peut s'accroître.

III. Le résultat de la production peut dépasser ce qui est
nécessaire pour entretenir et renouveler les agents productifs.
Dans ce cas, on dit des producteurs qu'ils réalisent un *profit* ou
un *bénéfice*, et la production peut, non seulement se poursuivre,
mais encore s'accroître.

Le résultat général de la production, soit que celle-ci donne
une perte ou un bénéfice, soit encore qu'elle ne donne ni perte
ni bénéfice, porte le nom de *produit brut*.

Lorsque la production donne un excédant, cet excédant c'est
à dire la portion du produit brut qui dépasse les frais de production et qui est communément désignée sous le nom de
profit ou de bénéfice, porte encore le nom de *produit net*.

C'est seulement lorsque la production donne un produit net
qu'elle peut s'accroître. Voyons de quelle manière elle s'accroît.

Supposons qu'une entreprise de production ne donne qu'un
produit brut exactement suffisant pour entretenir et renouveler
son personnel et son matériel, que se passera-t-il? S'il s'agit,
par exemple, d'une entreprise agricole, une partie du produit
brut devra être consacrée à l'entretien et au renouvellement
des travailleurs, une autre partie à l'entretien et au renouvelle-

ment des forces productives du sol, une troisième partie à l'entretien et au renouvellement du capital fixe et circulant, outils, bétail, semences, bâtiments d'exploitation. Comme il n'y aura rien en sus de ces frais de production, comme le produit brut ne suffira que juste pour maintenir la production en état, les producteurs ne pourront rien mettre en réserve, et si toutes les industries se trouvent dans la même situation, la société demeurera stationnaire.

Supposons, au contraire, qu'il y ait un produit net, que se passera-t-il? Quel emploi pourra-t-on donner à ce produit net? Les producteurs, ou, ce qui est synonyme, les détenteurs des agents productifs, entre lesquels il se partagera, pourront l'employer de deux manières. Ils pourront :

1° L'employer à se procurer un supplément de jouissances, le consacrer à des dépenses de luxe, ou, ce qui revient au même, à une *consommation improductive;*

2° L'employer à augmenter la production, en lui donnant la forme d'un supplément d'agents productifs, ou, ce qui revient encore au même, le consacrer à une *consommation reproductive.*

La production ne peut se développer à moins qu'une partie du produit net ne soit régulièrement appliquée à une consommation reproductive. Rappelons-nous, en effet, que la production exige le concours d'agents productifs divers, dans des proportions déterminées. Si l'on veut donc l'augmenter, que faut-il faire préalablement? Il faut créer les agents productifs nécessaires au supplément que l'on veut y ajouter. Si l'on veut produire, par exemple, un supplément de subsistances et de vêtements, il faut préalablement se procurer un certain nombre de travailleurs, d'outils, de machines, de bâtiments, une certaine quantité de matières premières, une certaine étendue de terre, le tout dans des proportions déterminées par la nature des industries dont il s'agit d'augmenter la production. Il faut consacrer le produit net ou une portion du produit net à cet usage, sinon le supplément de production ne pourra être créé faute des instruments nécessaires.

C'est donc une *accumulation* d'agents productifs qu'il faut faire, si l'on veut augmenter la production. Il faut former et réunir pour chaque entreprise nouvelle qu'on veut créer ou pour les entreprises existantes qu'on veut développer, une certaine quantité d'instruments et de matériaux, en même temps qu'un certain nombre de travailleurs. Or, cette accumulation d'agents productifs ne peut être opérée que par l'intervention de l'*épargne*.

Ordinairement, on n'entend par *épargner* que l'action de mettre sous la forme de capitaux fixes et circulants, une portion du produit net annuel de la société. Il est bien évident cependant que mettre un supplément de travailleurs et de terres au service de la production, dans la proportion nécessaire, c'est encore épargner. Épargner doit se dire de toute accumulation d'agents productifs, formée en vue d'une augmentation de la production.

S'il n'y avait point d'épargne, si l'on n'accumulait point de nouveaux agents productifs, dans la proportion nécessaire, la production ne pourrait s'accroître. Cela est de toute évidence. Pourtant la nécessité d'épargner pour augmenter la production, a été niée. On a prétendu qu'il suffisait d'augmenter la consommation pour développer par là même la production, et l'on a dressé des autels aux prodigues qui gaspillent la richesse, comme s'ils contribuaient à l'accroître. On n'a pas vu que les prodigues, c'est à dire les hommes qui emploient une partie du produit net de la société à satisfaire leurs besoins immédiats ne pourraient obtenir cette satisfaction, si une autre portion du produit net n'était épargnée pour produire les choses qu'ils consomment. On n'a pas vu, et la méprise est singulière, que tout supplément de consommation doit être nécessairement précédé d'un supplément d'épargne.

Maintenant, il ne suffit pas d'épargner pour augmenter la production, il faut encore bien employer son épargne.

Bien employer son épargne, c'est s'en servir pour former des agents productifs dans la proportion nécessaire. Quand cette proportion n'est pas observée, l'épargne devient inutile, parfois même nuisible. Si l'on consacre, par exemple, une portion trop considérable du produit net à augmenter le nombre des travailleurs par rapport à la quantité des matières premières, au nombre des terres, des bâtiments, des machines, etc., nécessaires à la production, il est évident que l'excédant du matériel humain ainsi accumulé ne pourra être utilisé. De même, si l'on construit trop de bâtiments ou trop de machines, si l'on approprie trop de terres à la production, par rapport à la quantité de travail dont on peut disposer, l'excédant demeurera encore sans emploi.

Ainsi donc la production ne peut s'accroître qu'autant qu'elle donne un *produit brut* qui dépasse la somme nécessaire pour entretenir et renouveler ses agents productifs, que l'excédant ou *produit net* est épargné en partie, et que l'épargne est mise sous la forme d'agents productifs, dans la proportion voulue.

Que si l'on considère l'espèce humaine depuis son origine, on trouvera qu'elle s'est progressivement développée et enrichie; que le nombre des hommes s'est multiplié, que la somme

des capitaux fixes êt circulants s'est accrue, et qu'une surface
de plus en plus étendue du globe terrestre a été appliquée à la
production. Que prouve ce fait? Que, depuis son origine, l'humanité, prise dans son ensemble, a obtenu au delà de ce qui
lui était rigoureusement nécessaire pour entretenir et renouveler les agents et les éléments de la production; qu'elle a réalisé
incessamment, malgré des désastres sans nombre, un surplus
ou produit net, que ce surplus ou produit net elle l'a épargné
en partie; qu'elle a employé son épargne à mettre au service de
la production un supplément de subsistances et de matières
premières, à élever et à former un supplément de travailleurs,
à construire un supplément de bâtiments, de machines, d'outils, à défricher un supplément de terres, le tout dans la
proportion nécessaire.

C'est ainsi que s'est accumulé, de siècle en siècle, l'immense
matériel dont l'humanité se sert actuellement pour produire.

DEUXIÈME LEÇON

LA SPÉCIALISATION DES INDUSTRIES ET L'ÉCHANGE

Causes naturelles qui déterminent la spécialisation des industries et des fonctions productives; — diversité et inégalité de la répartition des facultés
productives parmi les hommes; — diversité et inégalité de la distribution
des agents naturels de la production; — nécessité de l'intervention des
machines et des connaissances professionnelles. — Développement historique du phénomène de la division du travail. — Point où elle est parvenue
dans quelques-unes des branches de l'activité humaine, l'industrie cotonnière, l'imprimerie, l'horlogerie, etc. — Analyse de ses avantages d'après
Adam Smith, Babbage et Ch. Lehardy de Beaulieu. — Que la spécialisation des fonctions est le caractère de tout organisme supérieur. — Qu'elle
implique l'ÉCHANGE. — Qu'elle s'opère en raison de l'étendue de la sphère
de l'échange. — Extension progressive de la sphère de l'échange et ses
conséquences.

La réunion ou la combinaison, dans certaines proportions
déterminées, des agents productifs que nous avons désignés
sous les dénominations de travail, de capital et d'agents naturels appropriés, tel est le premier caractère essentiel de la production.

Le second consiste dans la spécialisation des industries et
des fonctions productives, ou, pour nous servir de l'expression
qu'Adam Smith a fait prévaloir, dans *la division du travail.*

Comme l'association des agents productifs, la spécialisation
des industries et des fonctions productives est commandée par
la nature même des choses.

Si nous jetons, en effet, un coup d'œil sur l'homme et sur le
milieu où il se trouve placé, nous serons frappés du phénomène
que voici. Nous remarquerons que les facultés ou les aptitudes
des hommes sont essentiellement diverses et inégales; d'où il
résulte que chaque individu est plus propre à exécuter certaines opérations de la production, moins propre à exécuter
certaines autres. Nous remarquerons encore que chacune des
régions du globe ne renferme point tous les éléments nécessaires à tous les genres de production; que quelques-uns de ces
éléments abondent dans certains endroits et manquent complétement dans d'autres : d'où il résulte encore que certains produits peuvent être obtenus, ici facilement, là difficilement, ou
même qu'il y a impossibilité de les obtenir (1).

---

(1) « Pour subvenir aux nécessités de son existence, écrivions-nous ailleurs, l'homme dispose d'une portion de la création, et il est armé de facultés
à l'aide desquelles il peut extraire du milieu où il vit tous les éléments de sa
subsistance matérielle et morale. La terre avec ses innombrables variétés de
minéraux, de végétaux et d'animaux, ses océans, ses montagnes, son humus
fertile, l'atmosphère qui l'environne, les effluves de chaleur et de lumière qui
alimentent la vie à sa surface, voilà le fonds abondant que la Providence a
mis au service de l'humanité. Mais ni les éléments divers qui composent ce
fonds naturel de subsistance, ni les facultés dont l'homme dispose pour les
utiliser, n'ont été distribués d'une manière égale et uniforme. Chacune des
régions du globe a sa constitution géologique particulière : ici s'étendent

En présence de cette inégalité et de cette diversité de la distribution des éléments naturels de la production, qu'arriverait-il si chacun s'efforçait de produire isolément, dans le coin de terre où la Providence l'a placé, les choses nécessaires à la satisfaction de ses besoins? Il arriverait que nous ne pourrions obtenir que le plus petit nombre de ces choses; que nous ne pourrions nous procurer qu'un *minimum* de jouissances.

Cela arriverait d'abord parce que chaque homme n'est pas pourvu de toutes les facultés nécessaires pour produire toutes choses, et que chaque coin de terre ne contient pas tous les éléments minéraux, végétaux et animaux, sans parler des fluides, dont la coopération est requise dans l'ensemble des branches de la production.

---

d'immenses couches de charbon, de fer, de plomb, de cuivre; là gisent l'or, l'argent, le platine et les pierres précieuses. Même diversité dans la distribution des espèces végétales et animales : le soleil qui échauffe et qui éclaire inégalement la terre, qui prodigue dans certaines zones la chaleur et la lumière, tandis qu'il abandonne les autres à la frigidité et à l'ombre, marque à chaque espèce les limites qu'elle ne peut franchir. Même diversité encore dans la répartition des facultés humaines. Un court examen suffit pour démontrer que tous les peuples n'ont pas été pourvus des mêmes aptitudes ; que les Français, les Anglais, les Italiens, les Allemands, les Russes, les Chinois, les Indous, les nègres, etc., ont leur génie particulier, provenant, soit de la race, soit des circonstances naturelles du sol ou du climat; que les forces physiques, intellectuelles et morales de l'homme varient selon les races, les peuples et les familles; qu'il n'y a pas dans le monde deux individus dont les capacités soient égales et les aptitudes semblables. Diversité et inégalité des éléments de la production dans les différentes régions du globe; diversité et inégalité non moins prononcées des aptitudes parmi les hommes; tel est donc le spectacle que nous présente la création. " (*Dictionnaire de l'économie politique*, art. *Liberté du commerce*.)

Cela arriverait ensuite parce que la production, ainsi isolée, morcelée, ne comporterait point le développement d'une puissance productive suffisante pour surmonter les obstacles que la nature oppose à la satisfaction des besoins de l'homme; parce qu'un homme obligé d'appliquer successivement ses facultés à la production de la multitude de choses nécessaires à l'apaisement de ses besoins si nombreux et si divers ne pourrait acquérir assez de connaissances et d'habileté, enfin parce qu'il ne pourrait mettre en œuvre des machines assez puissantes pour exécuter aussi économiquement que possible chacune des opérations de la production.

On trouve en Afrique, en Australie et dans les archipels de la mer du Sud, des peuplades sauvages, au sein desquelles la division du travail existe à peine; mais leur puissance productive se trouvant par là même extrêmement limitée, ces peuplades demeurent plongées dans la misère la plus profonde.

Aussi, dès les premiers âges de l'humanité, voit-on apparaître avec le phénomène de l'association ou de la combinaison des agents productifs, celui de la spécialisation des industries et de la division du travail. Des hommes réunissent, associent, combinent leurs forces physiques, intellectuelles et morales, en même temps que les capitaux qu'ils ont accumulés, et les agents naturels qu'ils ont découverts et préparés pour la production. Ils se constituent par groupes plus ou moins nombreux et disposant d'un matériel de production plus ou moins considérable. Chacun de ces groupes n'exerce qu'un petit nombre d'industries. A la longue même, on ne retrouve plus qu'une seule industrie et parfois une simple fraction d'industrie par groupe. Que si l'on considère encore isolément chacune de ces industries spécialisées, on y observe comme une particularité

essentielle le phénomène de la séparation des fonctions productives.

Essayons de nous faire une idée du développement historique
de ces phénomènes.

Des hommes ont été jetés par la Providence sur un point de
notre globe. S'ils veulent vivre isolés, ils pourront, sans doute,
recueillir quelques aliments grossiers, se couvrir de la peau
des bêtes qu'ils auront tuées et se construire un abri imparfait;
mais s'ils veulent varier leur alimentation et l'assurer davantage; s'ils veulent se procurer des vêtements plus commodes et
plus beaux, s'ils veulent encore se loger d'une manière plus
confortable, ils seront obligés de réunir les éléments de production dont chacun d'eux dispose. En outre, il est certains
besoins physiques et moraux, l'amour, l'amitié, le besoin de
communiquer sa pensée, etc., etc., que l'homme ne peut satisfaire dans l'isolement. Enfin, la nécessité de se défendre contre
les bêtes féroces, et souvent, hélas! aussi contre ses semblables,
le pousse, d'une manière irrésistible, à se rapprocher des autres
hommes et à vivre en communauté avec eux. Sous l'influence de
ces nécessités diverses, on voit se former des familles, des tribus,
des nations, en un mot, des associations plus ou moins étendues.

La spécialisation des occupations naît d'une manière naturelle et spontanée de ce rapprochement des créatures humaines.
Dans la famille d'abord : plus robuste et plus courageux que sa
compagne, l'homme se charge d'aller poursuivre, dans les bois
ou sur les eaux, la proie nécessaire à l'alimentation commune.
La femme prépare les aliments et vaque aux autres travaux
intérieurs de l'habitation. Parmi les enfants, les plus faibles
assistent la mère; les plus forts accompagnent le père. Voilà la
division du travail à l'état rudimentaire.

Cependant, les familles éparses sur d'immenses territoires éprouvent bientôt le besoin de se rapprocher et de s'entr'aider. Les chasseurs ont remarqué, par exemple, qu'en se réunissant en troupes pour poursuivre certains animaux, ils peuvent en atteindre un plus grand nombre, toute proportion gardée, qu'en chassant isolément. Ils ont ressenti en même temps la nécessité de constituer des communautés pour se protéger contre des individus plus forts qu'eux et qui abusent de cet avantage. Les voilà donc groupés, associés, non plus seulement en familles, mais encore en peuplades, en tribus, en nations. Ils font, en commun, des expéditions de chasse ou de guerre. Qu'on les observe à ce point de développement, et l'on verra que la division du travail a fait parmi eux un pas de plus. On rencontre, au sein de la tribu ou de la peuplade, des hommes peu propres à supporter les fatigues de la chasse ou de la guerre, mais qui possèdent une certaine habileté de main ou une certaine supériorité d'intelligence. Ceux-ci n'assistent point aux expéditions; ils demeurent dans les habitations avec les femmes : les uns fabriquent des armes ou des outils; les autres sont médecins, prêtres, juges. Une certaine division du travail s'établit aussi parmi les hommes qui vont à la chasse ou à la guerre. L'un d'entre eux a le coup d'œil plus sûr, l'esprit plus délié, l'intelligence plus vaste que le commun de ses compagnons. Il sait mieux suivre le gibier à la piste et déjouer ses ruses, ou bien encore découvrir l'ennemi, lui tendre des embûches et échapper aux siennes. On le charge, en conséquence, de diriger les expéditions. Il soumet la troupe, dont le gouvernement lui a été confié dans l'intérêt commun, à une certaine organisation, à une discipline. Il répartit entre ses compagnons le travail à exécuter, selon les exigences du moment et selon les aptitudes particulières qu'il reconnaît à chacun. Il charge celui-ci, qui a la vue perçante, qui est prudent et rusé, d'aller reconnaître la piste du gibier, ou bien d'observer les mouvements de l'ennemi; celui-là, qui est remarquable par son adresse, il l'emploie spécialement comme archer; cet autre, qui se distingue par sa force herculéenne, il le réserve pour les combats corps à corps. La troupe se soumet docilement aux ordres du chef, parce qu'elle a compris la nécessité de cette combinaison des efforts et de cette division du travail; parce que l'expérience a appris aux chasseurs et aux guerriers qu'en chassant et en faisant la guerre sans combinaison, sans ordre, sans division du travail, le résultat obtenu était moindre pour chacun.

C'est ainsi qu'obéissant à leur intérêt bien entendu, les hommes associent leurs forces et répartissent entre eux le travail à exécuter. Cette association des forces productives et cette division du travail qui rendent la production plus abondante et plus facile, apparaissent dès l'origine de l'humanité et elles vont se développant sans cesse. Si nous portons nos regards sur la société actuelle, nous trouverons qu'elles s'y sont étendues et diversifiées presque à l'infini. Nous observerons que la production s'opère de nos jours dans des milliers d'ateliers spéciaux établis à l'aide de l'association des forces productives, organisés et dirigés conformément au principe de la division du travail.

Voici d'abord l'atelier agricole. Quelques hommes rassemblés sur un morceau de terre, s'occupent de produire du blé. Ils préparent le sol pour la production, à l'aide de la pioche, de la houe, de la bêche ou de la charrue, puis ils l'ensemencent. Grâce à la force productive de la terre, le blé semé devient plante, et cette plante porte un épi chargé de grains de blé.

Des batteurs en grange séparent ces grains de la paille, des meuniers les réduisent en farine, et des boulangers transforment la farine en pain. Ce sont autant d'industries séparées, auxquelles il conviendrait d'en joindre encore plusieurs autres, l'industrie des transports, par exemple, qui s'occupent de la production et de la préparation d'un de nos aliments. Dans chacune de ces industries, il y a association des forces productives d'un certain nombre d'hommes, et, généralement aussi, division du travail. Quand l'atelier agricole n'est point établi sur une échelle trop réduite, le propriétaire ou le fermier s'occupe seulement de la surveillance des opérations de la culture, des achats et des ventes, de la comptabilité, en un mot, de la direction de l'entreprise. Dans les ateliers agricoles quelque peu étendus, ces fonctions mêmes sont séparées et spécialisées.

Examinez comment sont produits et mis à la portée des consommateurs la plupart des autres aliments qui composent la nourriture de l'homme, la viande, le poisson, le café, le vin, et vous verrez que chacune de ces substances alimentaires se trouve communément produite dans un atelier spécial, où les éléments nécessaires à sa production sont associés, combinés, où le travail est plus ou moins divisé.

Dans la plupart des industries qui s'occupent de la production de nos vêtements, l'association des forces productives et la division du travail sont plus étendues encore. Prenons pour exemple l'industrie du coton. Le coton est produit dans des plantations où l'on s'occupe uniquement de sa culture. Mis en ballots, il est transporté dans des manufactures où on le transforme en fil et en étoffes. Dans ces manufactures, l'association des forces productives et la division du travail apparaissent, pour ainsi dire, à leur *maximum* de développement. La manufacture reçoit son mouvement d'une machine à vapeur, et ce mouvement se communique à toute la série des mécanismes qui servent à travailler le coton : d'abord, le coton est battu et dépouillé de ses impuretés ; ensuite il est transformé en un long ruban, puis tordu en un gros boudin. Le gros boudin est étiré en un boudin plus mince et celui-ci est placé sur la *mule jenny* ou sur le *self acting* où il est filé. Chacune de ces opérations est exécutée au moyen d'une machine particulière, et chacune de ces machines est dirigée ou surveillée par un ou plusieurs travailleurs qui ne font pas autre chose. Après avoir été filé, le coton est placé le plus souvent sur un métier à tisser et transformé en étoffe : tantôt l'étoffe est livrée en écru aux marchands qui se chargent de la mettre à la portée des consommateurs, tantôt elle est blanchie ou teinte. Nouvelles opérations auxquelles président encore l'association des forces productives et la division du travail.

Les industries qui s'occupent de l'habitation de l'homme présentent un spectacle analogue. Le carrier, le maçon, le charpentier, le serrurier, le fabricant de meubles, le tapissier, etc., exercent des industries bien distinctes, mais qui concourent, chacune dans sa spécialité, à préparer aux différents membres de la société, des logements plus ou moins commodes et élégants.

Viennent enfin les industries qui s'occupent des besoins intellectuels et moraux de l'homme, ainsi que celles qui pourvoient à sa sécurité. Dans cette catégorie, se rangent l'enseignement, la littérature et les beaux-arts, le culte, le gouvernement ou la police. La division du travail apparaît dans ces industries aussi bien que les autres. Ainsi, par exemple, les hommes ont besoin d'accumuler leurs connaissances, de les conserver et de les communiquer. Des inventions ingénieuses ont successivement pourvu, d'une manière de plus en plus complète, à la satisfaction de ce besoin. On a inventé d'abord l'écriture, ensuite l'imprimerie, et l'on a accumulé les connais-sances ou les simples nouvelles dans des livres ou dans des journaux. Ces derniers, qui renferment les nouvelles du jour accompagnées de commentaires, ont pris, depuis un demi-siècle, une extension considérable. Les établissements de la presse quotidienne sont maintenant de vastes manufactures qui présentent au plus haut degré le spectacle de la division du travail. Dans un journal de quelque importance, apparaît d'abord un nombreux personnel de rédacteurs, ayant chacun sa spécialité. Celui-ci s'occupe des événements politiques; celui-là rapporte et commente les faits économiques; cet autre rassemble les *faits divers;* un quatrième rend compte des séances de la législature ou des tribunaux. Le journal a encore un directeur dont l'occupation principale consiste à rassembler, à revoir et à coordonner les travaux des rédacteurs. Voilà pour la rédaction seulement. Mais la rédaction ne fournit que les manuscrits nécessaires à la composition du journal. Ces manuscrits doivent être réunis et imprimés sur des feuilles que l'on puisse lire aisément et se passer de main en main. Ceci est l'œuvre d'une deuxième classe de travailleurs. Le travail de l'imprimerie n'est pas moins divisé que celui de la rédaction. Il y a dans l'imprimerie, des compositeurs, des correcteurs, des metteurs en pages, des pressiers, etc. La feuille imprimée est remise entre les mains des plieuses, d'où elle passe dans celles des porteurs de journaux ou des facteurs de l'administration des postes, qui la transportent au domicile de l'abonné. Le journal possède encore une administration dans laquelle figu-

rent un directeur, des commis chargés ceux-là de tenir les
comptes, ceux-ci les registres des abonnements ou de recevoir
les annonces, un caissier, des garçons de bureau, etc., etc.,
chacun remplissant une fonction spéciale et concourant, dans
une mesure plus ou moins étendue, à l'accomplissement de
l'œuvre commune.

Dans l'industrie élevée qui pourvoit à la satisfaction des
besoins religieux de l'âme humaine, même division du travail.
L'église qui est l'atelier où s'opère ce genre de production,
l'église est desservie par des prêtres officiants, des prédicateurs,
des confesseurs, des chantres, des bedeaux, des enfants de
chœur. Quelques-uns de ces ouvriers du culte remplissent, à la
vérité, plusieurs fonctions à la fois. Le même prêtre dit la
messe, prêche et confesse. Cependant, dans les établissements
religieux de quelque importance, la division du travail est
poussée aussi loin que possible : certains prêtres sont, par
exemple, spécialement confesseurs, d'autres spécialement prédicateurs.

Enfin, dans l'industrie qui pourvoit à la sécurité publique,
dans l'industrie du gouvernement, les forces productives se
trouvent ordinairement rassemblées par masses considérables
et les travaux divisés à l'infini. Il y a des administrateurs, des
juges, des agents de police, des soldats, qui contribuent, chacun dans la mesure de ses aptitudes et de ses forces, à la
production de la sécurité.

Le monde offre ainsi le spectacle d'une multitude d'industries appliquées à satisfaire les besoins physiques, intellectuels
et moraux de l'homme. Chacune de ces industries s'exerce,
communément du moins, dans des ateliers spéciaux où se
trouvent groupés des travailleurs plus ou moins nombreux qui

combinent, en vue de l'œuvre commune, les forces productives dont ils disposent et qui exécutent chacun une opération particulière. Ce n'est que dans les industries les moins avancées que l'on voit le même travailleur remplir plusieurs fonctions ou exécuter les diverses parties d'une opération un peu compliquée.

C'est dans l'industrie proprement dite que la division du travail a été poussée au plus haut degré. Dans l'horlogerie, par exemple, elle paraît avoir atteint sa limite extrême.

Un comité de la chambre des communes a constaté à la suite d'une enquête, dit M. Ch. Babbage, que l'on compte dans l'horlogerie cent deux opérations distinctes, dont chacune exige un apprentissage spécial; que l'apprenti n'apprend rien au delà de ce qui forme l'attribution particulière de son maître, et qu'à l'expiration de son engagement il serait parfaitement incapable, à moins d'une étude ultérieure, de travailler dans une autre branche du même art. L'horloger proprement dit, dont la besogne consiste à réunir les pièces séparées de l'ouvrage, serait peut-être le seul qui pût s'utiliser dans un autre département que le sien; et il n'est pas compris dans le nombre des cent deux personnes susmentionnées (1).

Il serait impossible d'évaluer les avantages que l'humanité retire de la spécialisation des industries et des fonctions productives; mais ces avantages sont évidemment des plus considérables. Adam Smith, qui a aperçu le premier toute la portée du phénomène de la division du travail, estime que, dans la fabrication des épingles, la différence de productivité entre le

---

(1) CHARLES BABBAGE, *Science économique des manufactures*, traduction d'Isoard.

travail isolé et le travail divisé peut s'élever d'un à quatre mille (1).
Cette estimation n'a rien d'exagéré. Si chacun se mettait à pro-

---

(1) On sait que le chapitre de la division du travail ouvre l'admirable livre
de la *Richesse des nations*. En se divisant davantage, remarque Adam Smith,
le travail devient plus productif, c'est à dire qu'une quantité donnée de forces
productives et d'éléments de production peut créer, dans un intervalle déterminé, une plus grande quantité de choses utiles. La raison en est, ajoute-t-il,
que la division du travail occasionne 1° un accroissement d'habileté dans chaque
individu ; 2° l'épargne du temps qu'on perd communément en passant d'une
occupation à une autre ; 3° elle facilite l'invention de machines qui abrégent
le travail et qui mettent un seul homme en état de faire l'ouvrage de plusieurs.

« La division du travail réduisant la besogne de chaque homme à une seule
opération, et dont il fait son unique occupation pendant toute sa vie, il faut
nécessairement qu'il acquière beaucoup d'adresse, et ce surcroît d'adresse et
d'habileté ne peut manquer de produire une augmentation proportionnelle
dans la quantité du travail qu'il peut expédier. Qu'un forgeron, accoutumé à
manier le marteau et non à fabriquer des clous, soit obligé, dans une occasion
particulière, de faire l'office d'un cloutier, je suis assuré qu'à peine en
pourra-t-il expédier deux ou trois cents dans un jour, et encore seront-ils
mauvais. S'il a l'habitude d'en faire, mais que ce ne soit pas son unique ou sa
principale occupation, quelque diligence qu'il y apporte, il n'en fera pas plus
de huit cents ou mille par jour. Or, j'ai vu de jeunes garçons au dessous de
vingt ans, qui n'avaient jamais exercé d'autres métiers, faire chacun plus de
deux mille trois cents clous en un jour. Cependant l'opération n'est pas des
plus simples. La même personne fait mouvoir les soufflets, attise ou raccom-
mode le feu quand il en est besoin, chauffe le fer et forge chaque partie du
clou. Les opérations dans lesquelles se subdivise la fabrication d'une épingle
ou d'un bouton de métal sont toutes beaucoup plus simples, et la dextérité de
la personne dont toute la vie s'y consume est ordinairement beaucoup plus
grande. Elles se font avec une rapidité dont on ne croirait pas que la main de
l'homme soit capable si on ne l'avait vu.

« Le second avantage qui résulte de la division du travail est l'épargne du

duire isolément toutes les choses qui lui sont nécessaires, la production générale baisserait assurément au moins dans la

---

temps qu'on perd communément en passant d'une espèce d'ouvrage à une autre. Cet avantage est beaucoup plus grand qu'on ne le croirait d'abord. La perte du temps est moindre quand on n'est pas obligé de changer de lieu ; mais elle ne laisse pas d'être encore considérable. Quand un homme quitte un ouvrage pour en prendre un autre, il n'est pas communément fort ardent et fort zélé. Il n'est point à ce qu'il fait, il s'y prend mollement et, pendant quelque temps, il tâtonne plutôt qu'il ne travaille. De là vient que les ouvriers de la campagne qui sont obligés de changer d'ouvrage et d'outils à toutes les demi-heures, et qui passent à vingt opérations manuelles différentes presque tous les jours de leur vie, contractent nécessairement une habitude d'indolence et de paresse qui les rend incapables de toute application vigoureuse, même dans les occasions les plus pressantes. On voit quelle réduction il y a dans la quantité d'ouvrage par cette seule cause, indépendamment du manque d'adresse et de dextérité.

« Troisièmement, il n'est personne qui ne sente combien l'usage des machines abrége et facilite le travail. Il est inutile d'en donner des exemples. J'observerai seulement que leur invention semble être originairement due à la division du travail. L'attention entièrement tournée vers un seul objet découvre plus tôt des moyens courts et faciles d'y parvenir que si elle était partagée. Or, une suite de la division du travail est de fixer naturellement l'attention de chaque individu sur un seul objet fort simple. On doit s'attendre naturellement que parmi ceux qui sont employés à une branche particulière de travail il s'en trouvera qui chercheront quelques expédients pour faire leur ouvrage avec plus de facilité et en même temps avec plus de célérité. Aussi les machines employées dans les manufactures où le travail se subdivise le plus sont en grande partie de l'invention de simples ouvriers, qui, bornés à une seule opération nullement compliquée, se sont avisés de chercher des méthodes pour en venir plus promptement à bout. Quiconque a fréquenté ces sortes de manufactures doit y avoir vu souvent de fort jolies machines dont la découverte a été faite par des artisans dans la vue de faciliter et de hâter l'exécution de leur ouvrage.

proportion d'un à quatre mille. Que de choses dont la production deviendrait impossible! Combien de temps ne faudrait-il

Lors des premières pompes à feu, il y avait un petit garçon constamment occupé à ouvrir et à fermer alternativement la communication entre le fourneau et le cylindre, selon que le piston montait ou descendait. Un de ces petits garçons, qui était bien aise de jouer avec ses camarades, observa qu'en attachant une corde à l'anse de la soupape qui ouvrait cette communication et à une autre partie de la machine, la soupape ouvrirait et fermerait sans qu'il s'en mêlât et lui laisserait par conséquent tout le temps de se divertir. Une des choses qui ont le plus perfectionné cette machine fut ainsi la découverte d'un petit polisson qui voulait s'épargner de la peine.

« Cependant tout ce que les machines ont acquis de perfection ne vient pas de ceux qui avaient besoin d'elles. Plusieurs tiennent la leur du génie des inventeurs et quelques-unes la tiennent de ceux qu'on appelle philosophes ou théoriciens, gens qui n'ont rien à faire, mais qui observent tout, et qui, par cette raison, sont souvent capables de combiner ensemble les forces ou puissances des objets les plus éloignés et les plus dissemblables. Il en est de la philosophie ou spéculation comme de tous les autres arts. Les progrès de la société en font l'occupation ou l'emploi d'une classe particulière de citoyens. Elle se subdivise de même en plusieurs branches, dont chacune a ses philosophes qui la cultivent, et cette subdivision y occasionne, comme ailleurs, le double avantage d'une plus grande habileté et de l'épargne du temps. Chaque individu acquiert plus de connaissances dans la branche à laquelle il s'attache; en total, il se fait plus de travail et la masse ou quantité de science augmente merveilleusement. » (ADAM SMITH, *la Richesse des nations*, liv. Iᵉʳ, chap. Iᵉʳ.)

La division du travail présente un quatrième avantage que M. Ch. Babbage a particulièrement fait ressortir, c'est la possibilité d'employer les ouvriers selon leurs aptitudes et selon leurs forces. « Si chaque homme était obligé de produire lui-même toutes les choses nécessaires à sa consommation, il exécuterait bien certaines opérations conformes à ses aptitudes naturelles, mais il en est un bien plus grand nombre qu'il exécuterait mal ou même qu'il ne saurait pas exécuter. La division du travail permet à chacun de s'occuper

point, par exemple, à un producteur isolé pour se fabriquer une
montre? Il serait obligé d'abord d'extraire du sol et de préparer

---

spécialement de la branche d'industrie qui convient le mieux à ses aptitudes.
Elle permet encore de proportionner les forces employées à l'effort à accomplir. Dans une manufacture où le travail est très divisé, on peut utiliser pour
les emplois inférieurs des femmes et des enfants, et réserver les ouvriers
habiles pour les besognes qui présentent le plus de difficultés. Ainsi, pour
citer un exemple qu'Adam Smith a rendu populaire, dans la fabrication des
épingles, il y a certaines opérations, telles que l'étirage du fils et l'épointage,
qui exigent une certaine force ou une certaine habileté. Ces opérations sont
confiées à des hommes qui gagnent de bons salaires. D'autres, telles que le
posage des têtes et la mise en papier, exigent moins de force ou de dextérité.
On les abandonne à des femmes ou à des enfants. Si ces diverses opérations
étaient exécutées par le même individu, celui-ci devrait savoir exécuter les
plus difficiles comme les plus faciles, en sorte que les unes reviendraient, toute
proportion gardée, aussi cher que les autres. » (CH. BABBAGE, *Science
économique des manufactures*, traduction d'Isoard.)

Un cinquième avantage de la division du travail, c'est de rendre possible
l'emploi *constant* du même outillage, autrement dit, du même capital.

« Que l'on se figure, dit M. Ch. Lehardy de Beaulieu, un artisan qui fasse
à la fois les métiers de charron, de charpentier, de menuisier, d'ébéniste et de
tourneur, quoique ces métiers se ressemblent en quelques points, il ne lui en
faudra pas moins cinq ateliers, cinq approvisionnements de matériaux, cinq
séries d'instruments et d'outils, dont quatre chômeront pendant qu'il se ser-
vira de la cinquième. Ce sont donc quatre capitaux sur cinq qui resteront
toujours inactifs, tandis que, s'il ne faisait qu'un seul métier, son capital
entier serait toujours occupé (*). »

Le même écrivain a ajouté quelques exemples saisissants à ceux dont on se
sert ordinairement pour *illustrer* les avantages de la division du travail.

« Supposons, dit-il, un mathématicien robuste d'esprit, mais faible de corps;

(*) CH. LEHARDY DE BEAULIEU, *Traité élémentaire d'économie politique*, chap. III, p. 32.

les matières premières qui entrent dans la composition des produits de l'horlogerie, de l'or ou de l'argent, du cuivre, du
fer, etc. Il serait obligé ensuite de façonner ces matières premières qu'il aurait extraites du sol et préparées à grand'peine;
ce qui le mettrait dans la nécessité de faire l'apprentissage des
métiers de fondeur, de fabricant de ressorts, de verrier et d'une
vingtaine d'autres; après quoi, il aurait encore à exécuter les
cent deux opérations comprises dans l'art de l'horlogerie. La
vie d'un homme suffirait à peine pour la fabrication d'une seule
montre, et Dieu sait comment elle marcherait cette montre
dont toutes les pièces auraient été façonnées par le même
ouvrier !

Ainsi donc, sollicités par des besoins de toute sorte, besoin

---

si le travail n'est pas divisé, il sera souvent obligé d'abandonner son calcul
pour travailler à son entretien matériel, à la culture de la terre, par exemple,
travail auquel son défaut de forces le rend impropre ; et, pendant ce temps, ses
meilleures facultés seront mal utilisées. Supposons, d'autre part, un vigoureux
campagnard, obligé de quitter le labour ou la récolte pour se livrer à des combinaisons mathématiques auxquelles son éducation ne l'a pas initié ; il ne produira pas non plus toute l'utilité dont il est susceptible. Mais que le mathématicien et le paysan s'entendent pour se partager ces deux genres de travail,
suivant leurs aptitudes respectives, et aussitôt le résultat de leurs efforts sera
doublé, puisque chacun d'eux aura accompli le travail pour lequel il était le
plus fort et le plus habile.

« En même temps, le mathématicien, toujours occupé de combinaisons et
de calculs et le laboureur toujours attaché au travail des champs, se perfec-
tionnent par l'usage incessant de leur faculté de prédilection, et lui font
atteindre son plus haut degré de puissance.

« ... Un grand nombre d'exemples, ajoute M. Ch. Lehardy de Beaulieu,
peuvent servir à montrer combien on peut acquérir d'adresse, de promptitude

de se nourrir, de se vêtir, de se loger, de protéger leur vie et
leurs propriétés contre toute agression, besoin d'alimenter leur
esprit et leur âme, les hommes se rapprochent. Ils réunissent
et combinent, dans les proportions requises, les agents productifs dont ils disposent. En même temps que l'association ou la
combinaison des agents productifs apparaît le phénomène de la
division du travail. Dès leur naissance, les industries se
séparent et se spécialisent, pourvoyant chacune ou concourant
à pourvoir à une portion des nombreux besoins de l'homme,
celle-ci à l'alimentation, celle-là au vêtement, cette autre à la
sécurité, etc. Les hommes se casent, chacun selon ses aptitudes, dans ces industries séparées, divisées, où chacun remplit
une fonction particulière. Celui-ci laboure la terre et y enfouit

---

et de précision dans un travail souvent répété. Nous nous bornerons à en
citer deux.

« Un homme sachant calculer, mais peu habitué à faire des additions,
mettra un temps fort long à faire la somme d'une colonne de chiffres, même
peu étendue, et il devra recommencer au moins trois fois pour avoir la certitude de ne pas s'être trompé ; tandis qu'un agent comptable habitué à cet exercice ajoute ensemble plusieurs chiffres d'un seul coup d'œil et achève son
addition en un instant, sans se tromper et sans devoir la recommencer pour la
vérifier.

« Un batteur d'acier étire facilement une barre de ce métal, parfaitement
droite et carrée, sous un marteau mû par la vapeur et qui bat 400 coups par
minute, tandis qu'un forgeron adroit, mais qui n'est pas habitué à ce genre de
travail, ne pourra ni retourner, ni avancer, ni reculer la barre d'acier sur
l'enclume pendant les intervalles très courts qui séparent deux coups consécu-
tifs du marteau ; alors celui-ci frappera toujours la barre à la même place et
l'écrasera. » (Ch. Lehardy de Beaulieu, *Traité élémentaire d'économie
politique,* p. 27 et 31.)

la semence ; celui-là transporte le grain ; un troisième le moud ; un quatrième le pétrit et en fait du pain. Un autre cultive du coton que des mains étrangères façonnent. Un autre encore veille à ce que ces divers coopérateurs de la production ne soient point troublés dans leur travail, ni dans la légitime possession des fruits qu'ils en ont retirés. Ainsi rapprochés, réunis, et se distribuant, selon leurs aptitudes, les fonctions nécessaires à la satisfaction des besoins de chacun, les hommes produisent infiniment plus de choses utiles, en échange de la même quantité de travail, que s'ils demeuraient dans l'isolement (1).

(1) Que l'on puisse mesurer l'état de civilisation, c'est à dire de développement moral et intellectuel, d'une part, de puissance et de richesse matérielle, de l'autre, auquel une société est parvenue, en constatant simplement le point jusqu'où la spécialisation des industries et la division du travail y ont été poussées, dans les différentes branches de l'activité sociale, c'est une vérité sur laquelle il est devenu aujourd'hui superflu d'appuyer ; un fait moins remarqué, et que signale M. Frédéric Passy dans ses élégantes *Leçons d'économie politique*, c'est que la spécialisation des fonctions et la division du travail fonctionnel ne caractérisent pas seulement le progrès de l'organisme social, mais encore celui de tout organisme.

« Écoutez ce que dit un savant naturaliste, étudiant non plus l'homme, mais les animaux. Partout dans la création, il va vous signaler la loi que nous signalons dans l'humanité, partout il va vous montrer que la division du travail est le cachet de la perfection et la condition du développement.

« Tant que l'industrie humaine est à l'état de première enfance, dit M. de Quatrefages (*Souvenirs d'un naturaliste*), le même homme ensemence son champ avec la bêche qu'il s'est forgée ; il récolte et fait rouir le chanvre, le tille et le file. Puis il construit un métier informe, se fabrique une navette grossière et tisse tant bien que mal la toile qui devra le vêtir. Plus tard, il trouve à se pourvoir d'instruments plus parfaits chez un voisin qui passe sa vie à ne faire que des instruments aratoires ou des navettes. Plus tard encore, il vend son fil au tisserand, qui n'a jamais manié ni le marteau du forgeron, ni la pioche du cultivateur, ni la scie du menuisier.

La spécialisation des industries et des fonctions productives implique L'ÉCHANGE. Si un homme passe sa vie à fabriquer des têtes d'épingles, un autre à filer ou à tisser du coton, un troisième à cultiver du blé, ils devront se procurer par l'échange de ces produits tout ce qui est nécessaire à la satisfaction de leurs besoins, car on ne se nourrit pas avec des têtes d'épingles ou des fils de coton et l'on ne s'habille pas avec des grains de blé. L'échange est le complément naturel de la spécialisation des industries, et plus le travail est divisé au sein d'une société, plus les échanges doivent y être multipliés.

On a dit de l'homme qu'il est de tous les êtres le seul qui

A mesure que chaque phase du travail est confiée à des mains uniquement consacrées à elle seule, *à mesure que le travail se divise,* le produit final devient de plus en plus parfait. Eh bien! il en est de même chez les animaux. Pour assurer la nutrition et la reproduction, c'est à dire la conservation de l'individu et de l'espèce, bien des fonctions secondaires sont nécessairement mises en jeu. Pour que leur accomplissement soit à la fois facile et entier, il faut que chacune d'elles dispose d'un organe ou instrument physiologique spécial. En d'autres termes, il faut que *le travail fonctionnel soit divisé autant que possible.* Tel est le caractère général des types les plus élevés, par exemple de la plupart des mammifères. Au contraire, dans les types inférieurs, deux ou plusieurs fonctions sont attribuées au même organe; et enfin dans les éponges, les amèbes, ces derniers représentants du règne animal, toutes les fonctions sont confondues dans une masse organisée, vivante, où l'on ne distingue plus qu'une pulpe homogène résultant de la fusion complète de tous les éléments organiques. Il suit de là qu'un animal, qu'une organisation se dégrade *toutes les fois que la division du travail fonctionnel tend à diminuer.* »

Ce qui est vrai des animaux, conclut M. Frédéric Passy, est vrai des sociétés. Une société *se dégrade toutes les fois que la division du travail fonctionnel tend à diminuer dans son sein.*

Elle s'élève et s'accroît, au contraire, quand cette division augmente; et c'est, en effet, en divisant et ramifiant les voies déjà ouvertes qu'on avance dans toutes les carrières. Les sciences se partagent sans cesse sans se renier; l'industrie fait de même, et chaque division nouvelle est un organe nouveau, un sens nouveau, une fonction nouvelle acquis à l'humanité. FRÉDÉRIC PASSY, *Leçons d'économie politique,* t. Ier, p. 243 (2e édition).

fasse des échanges et l'on en a conclu qu'il a, de plus que les autres, un certain penchant à « troquer » ou à « brocanter. » L'intervention de ce penchant particulier ne nous semble point indispensable pour expliquer le phénomène de l'échange. Pourquoi les animaux ne concluent-ils pas d'échanges? Parce que leurs besoins sont extrêmement limités. Parce qu'ils ne se trouvent guère sollicités, pour la plupart, que par les besoins physiques de l'alimentation et de la reproduction, et que les aliments qui conviennent spécialement à chaque espèce sont en fort petit nombre. Supposons que les hommes fussent dans le même cas ; supposons qu'ils fussent sollicités seulement par les besoins de l'alimentation et de la reproduction, supposons encore que leur nourriture habituelle se composât simplement de blé, les verrait-on conclure des échanges? Qu'échangeraient-ils? Du blé contre du blé? Mais à quoi pourrait leur servir un troc de cette espèce? C'est la diversité de leurs besoins et l'impossibilité de les satisfaire au moyen de la production isolée, qui, dès l'origine, leur a suggéré l'idée de recourir à l'échange. Il n'est pas nécessaire de faire intervenir pour cela, un penchant particulier, sous le nom de penchant à troquer ou à brocanter.

Chez les animaux qui vivent en communauté, tels que les fourmis, les abeilles, les castors, etc., on voit apparaître avec une association de forces et une division du travail rudimentaires, un commencement d'échanges. Parmi les abeilles, quelques-unes ont spécialement pour fonction de reproduire l'espèce, et les abeilles ouvrières se chargent de pourvoir à l'alimentation de ces abeilles-mères. Un phénomène analogue peut être observé chez les fourmis; un certain nombre de ces laborieuses ouvrières s'occupent des travaux de construction,

d'aménagement ou de réparation de l'habitation commune,
tandis que d'autres vont chercher la subsistance au dehors.
N'est-ce point la division du travail et l'échange à l'état rudimentaire, tels, par exemple, qu'ils pourraient se pratiquer entre
le chasseur et le maçon, si l'homme n'avait d'autres besoins
que ceux de l'alimentation et du logement?

Quoi qu'il en soit, le phénomène de la division du travail et
celui de l'échange ont entre eux la corrélation la plus intime.
Si le travail n'est point divisé, il n'y aura pas d'échanges. D'un
autre côté, si les échanges ne sont point possibles, ou si quelque
obstacle naturel ou artificiel vient les restreindre, il n'y aura
point de division du travail, ou il y en aura moins.

C'est l'étendue de la sphère de l'échange qui détermine
l'extension que peut prendre la division du travail. Complétons
à cet égard les observations d'Adam Smith par celles de
J.-B. Say :

« Dix ouvriers peuvent fabriquer quarante-huit mille épingles dans
un jour; mais ce ne peut être que là où il se consomme chaque jour un
pareil nombre d'épingles; car, pour que la division s'étende jusque-là,
il faut qu'un seul ouvrier ne s'occupe absolument que du soin d'en
aiguiser les pointes, pendant que chacun des autres ouvriers s'occupe
d'une autre partie de la fabrication. Si l'on n'avait besoin dans le pays
que de vingt-quatre mille épingles par jour, il faudrait donc qu'il perdît
une partie de sa journée, ou qu'il changeât d'occupation; dès lors la
division du travail ne serait plus aussi grande.

« Par cette raison, elle ne peut être poussée à son dernier terme que
lorsque les produits sont susceptibles d'être transportés au loin, pour
étendre le nombre de leurs consommateurs, ou lorsqu'elle s'exerce dans
une grande ville qui offre, par elle-même, une grande consommation.
C'est par la même raison que plusieurs sortes de travaux, qui doivent

être consommés en même temps que produits, sont exécutés par une même main dans les lieux où la population est bornée.

« Dans une petite ville, dans un village, c'est souvent le même homme qui fait l'office de barbier, de chirurgien, de médecin et d'apothicaire ; tandis que dans une grande ville, non seulement ces occupations sont exercées par des mains différentes, mais l'une d'entre elles, celle de chirurgien, par exemple, se subdivise en plusieurs autres, et c'est là seulement qu'on trouve des dentistes, des oculistes, des accoucheurs, lesquels, n'exerçant qu'une seule partie d'un art étendu, y deviennent beaucoup plus habiles qu'ils ne pourraient jamais l'être sans cette circonstance.

« Il en est de même relativement à l'industrie commerciale. Voyez un épicier de village : la consommation bornée de ses denrées l'oblige à être en même temps marchand de merceries, marchand de papier, cabaretier, que sais-je? écrivain public peut-être, tandis que, dans les grandes villes, la vente, non pas des seules épiceries, mais même d'une seule drogue, suffit pour faire un commerce. A Amsterdam, à Londres, à Paris, il y a des boutiques où l'on ne vend autre chose que du thé ou des huiles ou des vinaigres; aussi chacune de ces boutiques est bien mieux assortie dans ces diverses denrées que les boutiques où l'on vend en même temps un grand nombre d'objets différents.

« C'est ainsi que, dans un pays riche et populeux, le voiturier, le marchand en gros, en demi-gros, en détail, exercent différentes parties de l'industrie commerciale, et qu'ils y portent et plus de perfection et plus d'économie. Plus d'économie, bien qu'ils gagnent tous; et si les explications qui en ont été données ne suffisaient pas, l'expérience nous fournirait son témoignage irrécusable; car c'est dans les lieux où toutes les branches de l'industrie commerciale sont divisées entre plus de mains, que le consommateur achète à meilleur marché. A quantités égales, on n'obtient pas dans un village une denrée venant de la même distance à un aussi bon prix que dans une grande ville ou dans une foire,

« Le peu de consommation des bourgs et villages, non seulement oblige les marchands à y cumuler plusieurs occupations, mais elle est même insuffisante pour que la vente de certaines denrées y soit constamment ouverte. Il y en a qu'on n'y trouve que les jours de marché ou de foire; il s'en achète ce jour-là seul tout ce qui s'en consomme dans la semaine ou même dans l'année. Les autres jours, le marchand va faire ailleurs son commerce, ou bien s'occupe d'autre chose. Dans un pays très riche et très populeux, les consommations sont assez fortes pour que le débit d'un genre de marchandise occupe une profession pendant tous les jours de la semaine. Les foires et les marchés appartiennent à un état encore peu avancé des relations commerciales; mais ce genre de relations vaut encore mieux que rien (1). »

A l'origine des sociétés, la sphère des échanges est extrêmement limitée, soit à cause de l'obstacle des distances, obstacle qui n'a pu encore être surmonté d'une manière économique, soit à cause de l'état de guerre dans lequel vivent les peuples. Les denrées qui renferment beaucoup de valeur sous un petit volume seules peuvent être transportées à distance. Aussi sont-elles les premières dont la production se perfectionne. La production agricole, au contraire, est demeurée partout en arrière, quoiqu'elle fournisse les denrées les plus nécessaires à la vie. Cela tient à ce que la sphère où s'échangent ses produits est naturellement fort limitée. L'agriculture ne progresse guère que dans les endroits où elle possède à sa portée immédiate de vastes foyers de consommation, dans le voisinage des grandes villes par exemple.

Mais les progrès de la locomotion, en entamant peu à peu

---

(1) J.-B. SAY, *Traité d'économie politique*, liv. Ier, chap. VIII.

l'obstacle des distances, agrandissent la sphère des échanges même pour les denrées les plus lourdes et les plus encombrantes. De nos jours, les substances alimentaires les plus communes, les matériaux les plus grossiers sont transportés beaucoup plus loin que ne pouvaient l'être jadis les métaux précieux, les parfums et les étoffes de luxe. Le résultat de cette extension successive de la sphère des échanges est facile à apprécier. Si, comme l'observation l'atteste, les différents peuples de la terre sont pourvus d'aptitudes particulières, si chaque région du globe a ses productions spéciales, à mesure que s'étendra la sphère des échanges, on verra chaque peuple s'adonner de préférence aux industries qui conviennent le mieux à ses aptitudes, ainsi qu'à la nature de son sol et de son climat ; on verra la division du travail s'étendre de plus en plus parmi les nations. Chaque industrie se placera dans les meilleures conditions de production, et le résultat final sera que toutes les choses nécessaires à la satisfaction des besoins de l'homme pourront être obtenues avec un *maximum* d'abondance et en échange d'un *minimum* de peine.

TROISIÈME LEÇON

LA VALEUR ET LE PRIX

Que l'échange des choses s'opère en raison de leur valeur. — Éléments constitutifs de la valeur. — L'utilité. — La rareté. — Que ces deux éléments se combinent à des degrés divers pour constituer la valeur. — Que la valeur existe dans l'état d'isolement, mais seulement comme une notion confuse. — Qu'elle se manifeste et se détermine dans l'échange. — En quoi consiste le prix. — Comment il se fixe. — Loi des quantités et des prix. — Du prix courant et du prix naturel. — Que le prix courant tend incessamment à se confondre avec le prix naturel. — Résumé de la double loi qui préside à la formation des prix.

A quelle qualité des choses a-t-on égard lorsqu'on les échange?

Est-ce à leur volume? Non à coup sûr. Un diamant de moyenne dimension est un objet bien peu volumineux, et pourtant on ne l'échangerait point contre une meule de foin. Un paysan qui venait d'acheter pour une trentaine de francs une grosse montre d'argent voulait avoir par-dessus le marché une toute petite montre d'or. L'horloger l'éconduisit en éclatant de rire. Pourquoi? Parce que les choses ne s'échangent point en raison de leur volume.

Est-ce à la matérialité des choses que l'on a égard dans l'échange? Est-il nécessaire qu'une chose soit composée de matière pour être échangée? Pas davantage. Quand vous allez au spectacle, par exemple, vous donnez de la monnaie, une chose matérielle, en échange de l'audition purement immatérielle d'une comédie, d'un drame, d'un opéra, d'un vaudeville. Vous n'avez donc pas égard à la matérialité des choses en concluant un échange.

A quoi avez-vous égard? Vous avez égard à la VALEUR des choses. Vous échangez les choses en raison de leur valeur, quelles que soient, du reste, leur forme, leur apparence et la substance dont elles sont composées.

Qu'est-ce donc que la valeur?

Pour bien définir la valeur, il faut l'analyser, la décomposer. Car la valeur n'est pas un corps simple, comme on dirait en chimie, la valeur est un corps composé. La valeur se compose de deux éléments bien distincts, l'*utilité* et la *rareté*.

L'utilité, c'est la propriété qu'ont les choses de satisfaire nos besoins ou de contribuer à les satisfaire. Quand les éléments que nous fournit la nature ne sont pas entièrement pourvus de cette propriété; quand il faut les découvrir, modifier leur composition et leur forme, les transporter d'un lieu à un autre, pour les rendre propres à notre consommation, on crée de l'utilité. La production n'est autre chose qu'une création d'utilité et la consommation une destruction d'utilité.

Toute consommation d'utilité implique une satisfaction donnée à nos besoins, partant une *jouissance*.

La rareté n'a pas besoin d'être définie. Bornons-nous à dire seulement qu'elle implique toujours des difficultés à vaincre, des obstacles à surmonter. Plus une chose est rare, et plus il est difficile de se la procurer, plus il faut surmonter d'obstacles pour la mettre à la disposition de ceux qui en ont besoin. Ces difficultés, ces obstacles que nous oppose la nature, lorsque nous puisons dans son sein les choses qui nous sont nécessaires, nous les combattons en mettant en œuvre les agents productifs dont nous disposons. De même que toute production implique une utilité créée, elle implique aussi une difficulté vaincue.

Or, à son tour, toute difficulté vaincue implique une *peine*.

Seule, l'utilité ne suffit pas pour constituer la valeur, car il y a des choses pourvues d'une grande utilité, qui n'ont aucune valeur ; mais il n'y a pas dans le monde une seule chose pourvue de valeur, qui n'ait de l'utilité.

Seule, la rareté ne suffit pas pour constituer la valeur. Car une chose peut être infiniment rare et n'avoir aucune valeur, si elle n'est propre à satisfaire aucun besoin, si elle n'unit point, dans une certaine mesure, l'utilité à la rareté ; mais il n'y a pas non plus dans le monde une seule chose pourvue de valeur qui ne soit plus ou moins rare, qui n'implique en conséquence une difficulté vaincue, une production effectuée.

C'est donc la réunion de deux éléments d'une nature fort différente, l'utilité et la rareté, qui constitue la valeur.

Reprenons avec un peu plus de détail l'examen de ces deux éléments constitutifs de la valeur.

Je viens de dire que l'utilité ne suffit pas seule pour constituer la valeur. L'air, par exemple, a une immense utilité ; il est pour nous le plus indispensable des aliments ; cependant il n'a aucune valeur. Pourquoi ? Parce que nous pouvons nous en procurer, sans avoir à surmonter aucune difficulté, toute la quantité dont nous avons besoin. Il en est de même de la lumière du soleil pendant que cet astre éclaire notre hémisphère. Mais que le soleil vienne à se coucher, que cette fontaine de lumière, comme l'appellent les Orientaux, cesse de couler pour nous, et la lumière n'aura plus seulement de l'utilité, elle aura encore de la valeur. Pourquoi? Parce qu'on ne pourra plus s'en procurer, sans difficulté, une quantité suffisante. Sans doute, on pourra encore obtenir gratis

> Ces obscures clartés qui tombent des étoiles,

pour nous servir du langage du vieux Corneille; on pourra encore disposer de la lumière de la lune et des étoiles; mais celle-ci est insuffisante pour notre usage. Il nous faut dans nos rues, dans nos maisons, dans nos salles de bal et de spectacle plus de lumière que la lune et les étoiles ne peuvent nous en fournir. Nous sommes, en conséquence, obligés d'en produire d'une manière artificielle, et la lumière qui n'a que de l'utilité pendant le jour acquiert ainsi de la valeur pendant la nuit.

Si nous n'avions aucun obstacle à vaincre, aucune difficulté à surmonter pour nous procurer les choses nécessaires à notre consommation, nous n'aurions point la notion de la valeur, nous n'aurions que celle de l'utilité. Dans les régions enchantées de la féerie, la valeur n'existe pas, car il suffit d'un simple coup de baguette pour créer et mettre à la portée des habitants de ces régions fortunées toutes les choses qu'ils peuvent souhaiter.

Mais nous ne vivons pas dans le pays des fées. Nous vivons sur une terre où la plupart des choses nécessaires à la satisfaction de nos besoins n'existent point en quantité illimitée, au moins sous une forme qui les rende propres à notre consommation; où il faut les produire en surmontant des obstacles plus ou moins considérables; où elles sont plus ou moins *rares*, ce qui leur donne plus ou moins de valeur.

La rareté seule ne suffit cependant pas plus que l'utilité pour constituer la valeur. Une chose aura beau être rare, si elle n'est pas utile à un degré quelconque, c'est à dire si elle ne peut contribuer directement ou indirectement à la satisfaction d'un de nos besoins, elle n'aura aucune valeur. Pendant longtemps, le ver à soie et la cochenille n'ont pas eu plus de valeur que les chenilles et les punaises ordinaires, quoiqu'ils fussent, en comparaison, beaucoup plus rares. Pourquoi? Parce qu'on n'avait pas encore trouvé les moyens d'utiliser la soie de l'un, la substance colorante de l'autre; parce qu'ils ne joignaient point encore l'utilité à la rareté. Mais des hommes ingénieux parviennent à tirer parti de ces deux substances; ils transforment la soie qui garnit le cocon du *bombyx* en une étoffe souple et moelleuse, la matière colorante de la cochenille en une teinture solide et brillante. Aussitôt, le ver à soie et la cochenille, qni étaient simplement rares, deviennent utiles, et ils acquièrent de la valeur.

Complétons cette analyse des éléments de la valeur par une observation essentielle, savoir qu'il y a des degrés dans l'utilité qu'ont les choses aussi bien que dans leur rareté.

A chacun de nos besoins répond toute une série de choses utiles. Il y a autant de séries d'utilités dans le monde qu'il y a de besoins dans l'homme. Mais nos besoins n'ont pas tous un égal caractère de nécessité ou d'urgence. Il y en a auxquels nous sommes obligés de pourvoir régulièrement, sous peine de périr; tel est notamment le besoin de l'alimentation. Il y en a d'autres, en revanche, que nous pouvons nous abstenir de satisfaire, sans compromettre notre existence; tel est le goût de la parure. Quoique très impérieux chez certains individus, ce goût auquel répond toute une immense série de choses utiles, les étoffes précieuses, les ameublements somptueux, les bijoux, les diamants, etc., ne saurait être rangé parmi les besoins de première nécessité, car on peut, à la rigueur, se passer d'y pourvoir. Il y a enfin des besoins qui ne sont que des perversions ou des maladies de notre nature et que l'on doit, autant que possible, s'abtenir de satisfaire. Ces besoins vicieux n'existent pas chez certains individus; chez d'autres, au contraire, ils se manifestent avec une extrême intensité. Telle est la passion des liqueurs fortes.

On pourrait établir une échelle des besoins d'après leur caractère de nécessité, avec les séries correspondantes d'utilités. Mais cette échelle n'aurait rien d'uniforme ni de fixe. Seuls, les besoins qu'il faut satisfaire pour entretenir la vie animale apparaissent chez tous les hommes avec un caractère d'intensité à peu près égal, et ils figurent au même rang, relativement aux autres. Ainsi, tous les hommes éprouvent le besoin de manger et de boire, et, malgré l'inégalité des appétits, ce besoin a pour tous le même caractère de nécessité. En revanche, les besoins dits *de luxe,* besoins qui se reconnaissent à ce qu'on peut se dispenser de les satisfaire sans compromettre son existence, s'échelonnent différemment, selon les individus, et ils sont soumis à des fluctuations nombreuses, fluctuations qui se répercutent dans les utilités correspondantes.

La rareté a ses degrés aussi bien que l'utilité, et elle dépend, d'une part, de la grandeur de l'obstacle qu'il faut vaincre pour se procurer les choses ; d'une autre part, de l'étendue des ressources et de la puissance des instruments dont on dispose pour. surmonter cet obstacle. Comme l'utilité encore, elle est essentiellement diverse et variable. Tout progrès qui développe les ressources et augmente la puissance des instruments de la production, diminue la rareté des choses. Tout accroissement naturel ou artificiel des difficultés de la production contribue, au contraire, à l'augmenter.

D'après l'analyse qui vient d'être faite des éléments de la valeur, on peut se convaincre qu'elle existe indépendamment de l'échange. Un homme isolé peut posséder des choses pourvues de valeur, aussi bien qu'un homme plongé dans le milieu social. Prenons pour exemple Robinson dans son île. Robinson accumule des provisions, fabrique des vêtements, construit une tente et un canot pour son usage. Ces divers objets sont évidemment pourvus de valeur. Car ils ne sont pas seulement utiles à Robinson comme l'air, la lumière du soleil ou l'eau de l'Océan, ils sont encore rares, et il a dû surmonter, pour les produire, des difficultés plus ou moins considérables. Robinson peut les envisager au double point de vue de leur utilité, de la propriété qu'ils ont de satisfaire ses besoins et des difficultés qu'il éprouverait à les produire, s'il ne les possédait point ou s'il venait à les perdre. Il peut les comparer à ce double point de vue et dire, par exemple : Mon canot vaut deux fois ma hutte ; ma hutte vaut trois fois mes habits ; mes habits valent deux sacs de bananes. Quels sont les éléments de cette comparaison ? C'est, d'une part, l'utilité qu'ont ces choses ; c'est, d'une autre part, leur rareté, impliquant des difficultés plus ou moins considérables à surmonter pour les remplacer.

C'est l'utilité. Robinson doit se demander d'abord quelles jouissances lui procure chacun de ces objets, — la hutte, — le canot, — les habits, — les bananes. Il doit se consulter pour savoir lesquels lui sont le plus utiles, ceux dont la privation lui causerait le plus de souffrances. Remarquons bien que la réponse qu'il pourra se donner à lui-même sur ce point n'aura rien d'absolu; qu'elle dépendra tout à fait des circonstances. Ainsi, pendant l'été, sa hutte et ses habits auront, en comparaison de son canot, moins d'utilité que pendant l'hiver. Pourquoi? Parce qu'il peut à la rigueur se passer d'habits et coucher à la belle étoile en été, tandis qu'il ne le peut en hiver. Parce que, d'un autre côté, il peut aller à la pêche dans la bonne saison, tandis qu'il ne le peut dans la mauvaise. La privation de sa hutte et de ses habits lui serait donc plus sensible en hiver; celle de son canot lui serait plus sensible en été. En tous cas, si Robinson veut avoir une idée de la valeur de sa hutte, de son canot, de ses habits, de ses bananes, il faut, en premier lieu, qu'il examine et compare ces objets, au point de vue de leur utilité.

C'est la rareté. Il faut, en second lieu, que Robinson examine et compare sa hutte, son canot, ses habits, ses bananes, au point de vue de leur rareté, ou, ce qui revient au même, de la difficulté qu'il éprouverait à les remplacer. Comme il a dû interroger tout à l'heure ses besoins pour apprécier les jouissances que chacun de ces objets lui procure, ainsi que les souffrances qu'il ressentirait s'il en était privé, il doit maintenant examiner les éléments de production dont il dispose afin de se rendre compte des difficultés qu'il devrait surmonter, des peines qu'il devrait se donner pour en produire d'autres. Ces difficultés et ces peines seront plus ou moins étendues selon les objets et

elles varieront encore selon les circonstances. Les provisions,
par exemple, pourront être renouvelées plus aisément en été
qu'elles ne le seraient en hiver.

C'est ainsi que Robinson devra procéder s'il veut *évaluer* sa
hutte, son canot, ses habits, ses bananes. Après avoir bien
examiné ces divers objets au double point de vue de leur utilité
et de leur rareté, il pourra se faire une idée de leur *valeur en
usage* et de leur *valeur en échange,* c'est à dire, de leur valeur
par rapport à lui et de leur valeur par rapport les uns avec les
autres. Mais des évaluations de ce genre seront évidemment
des opérations fort difficiles. Elles exigeront, en effet, une
appréciation, aussi exacte que possible, des jouissances que
Robinson retire de chaque objet, des souffrances qu'il ressentirait s'il venait à en être privé, des difficultés qu'il devrait surmonter, des peines et des sacrifices qu'il devrait s'imposer
pour le remplacer. Aussi Robinson ne s'avisera-t-il point, selon
toute apparence, d'évaluer les objets qu'il possède. A quoi lui
servirait de connaître la valeur en usage de son canot, ou bien
encore de savoir ce que vaut son canot en comparaison de sa
hutte, sa hutte en comparaison de ses habits, etc., si ce n'est
peut-être pour proportionner à la valeur de ces différents objets
les soins de leur conservation. Or, le sentiment confus de la
valeur suffit pour cela. Si donc la notion de la valeur existe
chez l'homme isolé aussi bien que chez l'homme plongé dans le
milieu social, cette notion demeure obscure, elle manque de
précision, car l'homme isolé n'a aucun intérêt à l'éclaircir ni à
la préciser.

Mais aussitôt que les hommes se rapprochent, que les industries et les fonctions productives se spécialisent, aussitôt qu'apparaît en conséquence la nécessité de l'échange, la situation

ne demeure plus la même. La notion de la valeur doit alors se manifester clairement, puisque les choses s'échangent en raison de leur valeur. Tout échange implique une évaluation, c'est à dire, une comparaison entre la valeur des choses, produits ou services, qu'il s'agit d'échanger. Cette comparaison a pour objet de déterminer le rapport de valeur existant entre ces choses, et, par conséquent, les quantités de chacune qui se balanceront ou s'équivaudront dans l'échange. Supposons, par exemple, que deux hommes possédant l'un de l'or et l'autre de l'argent veulent en échanger une certaine quantité, comment procéderont-ils? Ils feront une évaluation, autrement dit, une comparaison entre la valeur de l'or et celle de l'argent. Supposons que le résultat de cette opération, faite d'une manière contradictoire, soit que la valeur d'une quantité déterminée d'or, d'un kil., par exemple, est 15 fois plus grande que celle de la même quantité d'argent, l'échange se fera sur le pied d'un kil. d'or pour 15 kil. d'argent et le rapport entre la valeur des deux métaux sera de 1 à 15.

L'échange fait, celui qui a obtenu les 15 kil. d'argent au moyen d'un kil. d'or dira que ces 15 kil. d'argent lui ont coûté 1 kil. d'or, ou bien encore valent 1 kil. d'or, ou bien enfin qu'un kil. d'or est LE PRIX de 15 kil. d'argent, et *vice versâ*.

Le prix est donc la valeur d'un produit ou d'un service échangé, exprimée au moyen de son équivalent. Il énonce des valeurs égales, dans des quantités ordinairement fort inégales. Quand je dis, par exemple, qu'un kil. d'or est le prix de 15 kil. d'argent, qu'est-ce que cela signifie? Que, dans l'endroit et dans le moment où l'échange a eu lieu, un kil. d'or contenait exactement la même somme de valeur que 15 kil. d'argent, autrement dit, que ces quantités inégales des deux métaux étaient égales en valeur.

Par le fait de l'intervention de la monnaie, intervention que la division du travail a, comme nous le verrons, rendue indispensable, les échanges se sont décomposés en deux parties. On a cessé de troquer directement ses produits ou ses services contre ceux d'autrui, pour les échanger d'abord contre de la monnaie, ce qui s'appelle *vendre*, et pour échanger ensuite cette monnaie contre les produits ou les services dont on a besoin, ce qui s'appelle *acheter*. La valeur de cet instrument intermédiaire des échanges constitue une mesure que l'on suppose invariable et à laquelle on compare la valeur de tous les produits ou services, quand on les échange. En France, où l'unité monétaire est le franc, c'est à dire un poids d'argent monnayé de 5 grammes à 9/10es de fin, la valeur de toutes choses est exprimée en francs. Quand je dis : un hectolitre de blé vaut 20 francs, ou : le prix d'un hectolitre de blé est de 20 fr., cela signifie que la valeur contenue dans un hectolitre de blé est précisément égale à celle qui est contenue dans 20 pièces de 1 franc, et cela indique, du même coup, le rapport existant entre la valeur du blé et celle de la monnaie.

Ces observations faites, — et nous aurons à les développer quand nous traiterons de la monnaie, — recherchons comment la valeur d'une chose, produit ou service, s'établit dans l'échange ; ce qui en détermine le niveau.

C'est une vérité d'observation que la valeur de toute chose se fixe dans l'échange, *en raison inverse* de la quantité offerte. Plus considérable est la quantité offerte, moindre est le prix, et *vice versâ*. Ce n'est pas tout. Le prix s'élève ou s'abaisse dans une progression beaucoup plus rapide que celle de la diminution ou de l'augmentation des quantités offertes. Dans un travail sur la formation des prix, publié par le *Journal des Économistes* (1), j'ai donné à cet égard la formule suivante :

« *Lorsque le rapport des quantités de deux denrées offertes en échange varie en progression arithmétique, le rapport des valeurs de ces deux denrées varie en progression géométrique.*

« Les fluctuations du prix du blé, ajoutais-je, fournissent sur cette loi les indications les plus concluantes. Tout le monde a pu remarquer qu'il suffit d'un faible déficit dans la récolte, c'est à dire dans la quantité de blé mise au marché, pour occasionner une hausse considérable dans le prix. En 1847, année où le déficit n'atteignit pas le quart d'une récolte ordinaire, le prix monta successivement de 20 francs à 40 et 50. Tandis que la quantité offerte décroissait en progression arithmétique, le prix croissait en progression géométrique.

« De même, il suffit d'une faible augmentation dans la récolte pour faire baisser considérablement le prix. De 1847 à 1849, le prix du blé est descendu de 50 francs à 10 ou 12 fr.; bien que l'excédant de la récolte de 1848 ne dépassât point le déficit de l'année précédente.

« Cependant le développement de la progression géométrique se trouve communément ralenti par la circonstance suivante :

« Lorsqu'un déficit survient dans la production d'une denrée et que le prix s'élève en conséquence, la demande de cette denrée diminue. Supposons, par exemple, que l'on consomme dans une ville 100,000 hectolitres de blé au prix de 20 francs. — 10,000 hectolitres viennent à être retirés du marché. Aus-

---

(1) Numéro du 15 juin 1851, t. XXIX, p. 117. — Reproduit dans les *Questions d'économie politique et de droit public*, t. Ier, p. 35.

sitôt, le prix monte à 24 francs. Mais à 24 francs, on consomme moins de blé qu'à 20 francs. La demande baissera probablement de 5 à 6,000 hectolitres. L'écart entre les quantités de blé et de monnaie offertes en échange diminuant, le prix tombera pour se fixer aux environs de 22 francs. Si la provision de blé est régulièrement renouvelée, il n'y aura pas d'autres variations. Mais si elle ne l'est point, et si, par la consommation, l'approvisionnement vient à tomber à 80,000, à 60,000 hectolitres et ainsi de suite, le prix haussera avec rapidité. D'un autre côté, la demande continuera de baisser. Elle baissera, en premier lieu, parce qu'on consommera d'autres aliments devenus relativement moins chers ; en second lieu, parce que le prix, en s'élevant, cessera d'être à la portée de la portion la plus misérable de la population. Mais comme, avant de se laisser mourir de faim, chacun se résigne aux plus grands sacrifices, la concurrence des consommateurs de blé demeurera néanmoins très vive, et l'écart entre les quantités de blé et de monnaie offertes en échange deviendra de plus en plus sensible. Le dernier millier d'hectolitres se vendra probablement à un prix excessif.

« Le blé, et, en général, les objets indispensables à la vie, sont ceux dont les prix peuvent monter le plus haut par le fait d'un déficit dans l'approvisionnement. S'il s'agit d'une denrée moins nécessaire, d'oranges, par exemple, la hausse du prix, suscitée par le déficit de la récolte, occasionne immédiatement une baisse considérable dans la demande; l'écart entre les quantités d'oranges et de monnaie offertes en échange diminue, et le prix baisse. La loi de progression demeure la même, mais ses effets diffèrent, eu égard à la différence de nature des deux denrées et des besoins auxquels elles pourvoient.

« La demande hausse ou baisse en raison inverse du prix, mais tantôt plus, tantôt moins, selon la nature des denrées. A cet égard, il n'y a rien de fixe. Si la récolte des oranges vient à doubler et si le prix baisse en conséquence, la consommation des oranges augmentera sensiblement. En revanche, si l'on fabrique dix mille tuyaux de poêle dans un pays où il n'y a que cinq mille cheminées, on n'en vendra probablement pas un de plus. On sera obligé de se défaire de l'excédant au prix du vieux fer, à moins que l'on n'ait la patience d'attendre que les tuyaux existants soient usés. Mais qu'il s'agisse de blé, d'oranges ou de tuyaux de poêle, la loi en vertu de laquelle les prix montent ou baissent, selon les variations du rapport des quantités offertes en échange, cette loi demeure la même.

« Elle demeure aussi la même lorsqu'il s'agit du travail et des capitaux.

« En ce qui concerne le travail, rien de plus décisif que le phénomène de la crue subite des salaires dans les Antilles anglaises, à l'époque de l'abolition de l'esclavage. Le prix de revient de la journée de travail d'un esclave ne dépassait pas fr. 1 à fr. 1-25 environ. A peine l'émancipation fut-elle prononcée, que les salaires se fixèrent à un taux véritablement excessif. Pour exécuter le même travail qui se paye en Europe fr. 1 ou fr. 1-50, les esclaves demandèrent et obtinrent 2, 3, 4, 5, 6 francs, et, dans la saison des récoltes, jusqu'à 15 et 16 francs. Cependant le plus grand nombre des nègres émancipés continuaient à travailler dans les plantations. Un petit nombre d'entre eux seulement s'en étaient retirés pour s'appliquer au commerce de détail ou à la culture des denrées alimentaires.

« Dans les pays où les travailleurs surabondent, le phéno-

mène opposé se manifeste. Le taux du salaire y tombe presque
à rien. Au Bengale et à la Chine, on obtient une journée de
travail pour la valeur d'une poignée de riz. Cependant l'excédant du travail, dans ces contrées, n'est pas considérable, et il
ne saurait l'être, car il a sa limite naturelle dans les moyens de
subsistance. Mais il suffit qu'une faible quantité de travail
s'ajoute à la quantité susceptible d'être régulièrement employée,
pour que le salaire baisse dans une proportion notable.

« La même observation s'applique à l'intérêt du capital. Le
retrait ou l'apport d'une faible quantité de capitaux sur un
marché suffit pour déterminer immédiatement une hausse ou
une baisse sensible dans le taux de l'intérêt. Aux époques de
crise, par exemple, on voit le taux de l'intérêt tripler ou qua-
drupler d'une manière presque instantanée. Cependant, même
dans les crises les plus intenses, les capitaux perdus ou retirés
de la circulation ne forment jamais plus du tiers ou de la moitié
de la quantité qui figure communément au marché; mais ici
encore la progression arithmétique dans le rapport des quantités
engendre la progression géométrique dans les prix.

« Le prix des denrées, le taux des salaires et de l'intérêt, se
trouvent donc indistinctement soumis à la loi que nous avons
ainsi formulée :

« *Lorsque le rapport des quantités de deux denrées offertes en
échange varie en progression arithmétique, le rapport des valeurs
de ces denrées varie en progression géométrique* (1). »

---

(1) Dans son *Histoire des prix*, M. Tooke constate que les prix varient
dans une proportion beaucoup plus considérable que les quantités.

" Il n'est pas rare de rencontrer, dit-il, des personnes qui, en raisonnant
sur le prix du blé et des autres denrées, tiennent pour démontré que les varia-

Essayons maintenant de découvrir la raison de cette loi. Essayons de déterminer pourquoi la valeur d'une chose ne

---

tions dans les prix doivent être proportionnées ou à peu près aux variations des quantités qui se trouvent offertes au marché. Si les choses se passent autrement, elles ne manquent pas d'attribuer la cause de cette anomalie prétendue à quelque perturbation extraordinaire survenue dans la circulation ou à tout autre accident... Mais l'histoire de notre agriculture prouve clairement qu'à toutes les époques d'abondance ou de rareté des récoltes, les variations des prix se sont manifestées dans une proportion supérieure, au delà de toute comparaison, à la différence des quantités. Cette histoire atteste encore qu'à toutes les époques de transition de la disette à l'abondance, l'agriculture a fait entendre des cris de détresse.

« Le fait qu'un faible déficit dans la production du blé, relativement au taux moyen de la consommation, occasione une hausse hors de proportion avec la grandeur du déficit, ce fait est démontré par l'histoire des prix, à des époques où rien dans la situation politique et commerciale du pays ne pouvait exercer une influence perturbatrice.

« Quelques écrivains, ajoute M. Tooke, ont essayé d'en déduire une règle exacte de proportion entre un déficit donné de la récolte et la hausse probable du prix. M. Tooke cite notamment Gregory King, qui a établi la règle de proportion suivante pour le prix du blé :

Un déficit de :		Au dessus du prix ordinaire.
1 dixième élève le prix de.		0.3 dixièmes.
2 id. id.		0.8 id.
3 id. id.		1.6 id.
4 id. id.		2.8 id.
5 id. id.		4.5 id.

« Mais M. Tooke ne croit pas qu'une règle semblable puisse être établie, et il se fonde sur ce que les déficits constatés des récoltes ont amené des variations fort irrégulières dans les prix.

« Tout ce qu'on peut affirmer, en termes généraux, dit-il, c'est qu'un déficit dans l'approvisionnement du blé, bien plus que dans celui d'un grand nombre

s'abaisse ou ne s'élève pas simplement, d'une manière proportionnelle à l'augmentation ou à la diminution de la quantité

---

d'autres articles, provoque une augmentation de prix qui dépasse beaucoup la
proportion du déficit. Et, après un peu de réflexion, la raison de ce fait
devient aussi sensible que le fait même après l'observation la plus superficielle.

« La hausse, au delà de la proportion du déficit, est occasionnée par la
concurrence de ceux qui vont acheter leurs approvisionnements ordinaires de
subsistances, et qui n'en trouvent pas assez ou du moins pas autant que de
coutume. Un déficit étant donné, la proportion dans laquelle le prix haussera
dépendra des moyens pécuniaires des plus basses classes de la société. Dans les
pays où les moyens pécuniaires des classes inférieures sont limités au pouvoir
d'obtenir une subsistance grossière, comme en Irlande et dans beaucoup
de parties du continent, et où ni le gouvernement, comme en France, ni les
lois des pauvres et les contributions volontaires des riches, comme en Angleterre, ne suppléent à ces ressources devenues insuffisantes aux époques de
disette, une portion de la population, plus ou moins considérable, selon la
rigueur de la disette, doit périr ou du moins souffrir tous les maux qui accompagnent l'insuffisance des approvisionnements et le remplacement de l'alimentation ordinaire par une alimentation inférieure et malsaine. La concurrence
croissante des acheteurs étant ainsi bornée aux classes qui se trouvent au
dessus des plus misérables, la hausse ne saurait s'élever beaucoup au dessus
du déficit de la quantité. Mais, en France, où le gouvernement a coutume de
pourvoir, dans les temps de disette, à la subsistance des classes inférieures,
particulièrement à Paris ; et, en Angleterre, où les lois des pauvres fournissent
un fonds pour l'entretien des classes inférieures, et où les contributions volontaires des particuliers contribuent encore à grossir ce fonds, il est évident que
la concurrence des acheteurs doit s'accroître bien davantage et le prix s'élever
bien au dessus de la proportion du déficit.

« ... C'est au moyen d'une semblable augmentation de prix que les fermiers
réalisent de grands profits pendant la durée de leurs baux, et que les propriétaires obtiennent des rentes élevées au renouvellement de ces baux.

de cette chose; pourquoi les fluctuations des valeurs obéissent à une impulsion incomparablement plus forte et plus rapide que celles des quantités.

Pour s'expliquer ce phénomène, il faut reporter ses regards sur la nature complexe de la valeur; il faut se souvenir que la valeur se compose à la fois d'utilité et de rareté. Or, qu'arrive-t-il lorsque la quantité d'une chose vient à s'augmenter? Il arrive qu'elle devient à la fois moins rare et moins utile. Moins

---

« Supposons que les prix s'élèvent seulement en proportion du déficit de la récolte; supposons qu'un acre de blé produise, dans une bonne année ordinaire, 33 boisseaux qui, vendus à raison de 6 sh. par boisseau, donnent liv. 9-18, et que, dans une mauvaise année, le même acre produise les deux tiers seulement de cette quantité ou 22 boisseaux. Si ceux-ci sont vendus à raison de 9 sh., le total sera encore de liv. 9-18, en admettant que les frais de culture demeurent les mêmes dans les deux cas. Le fermier ne perdra ni ne gagnera par le fait du déficit de la récolte (en supposant, bien entendu, que le déficit soit général). Ce sera une calamité générale dans laquelle fermiers et landlords auront leur part, à titre de consommateurs.

« Mais, en vertu du principe qui vient d'être établi, la situation sera bien différente. Si le déficit est d'un tiers d'une récolte ordinaire, le boisseau de blé pourra s'élever à 18 sch. et au dessus. Or, 22 boisseaux à 18 sh. donneront liv. 19-10, alors que 33 boisseaux à 6 sh. ne donnaient que liv. 9-18; ce qui fait un bénéfice net de 100 pour 100 pour le producteur. A vrai dire, ceci est une situation extrême, laquelle ne pourrait se prolonger longtemps; elle suppose qu'il ne reste qu'un faible approvisionnement des années précédentes, et qu'on n'attend aucun secours immédiat de l'importation. Toutefois, si le déficit existe, en réalité ou seulement *en appréhension*, le résultat doit être celui-là; quelquefois même la hausse est beaucoup plus forte.

« Pour mieux démontrer comment et à quel degré un déficit dans la récolte, comparativement à un produit moyen, affecte les intérêts de l'agriculture, faisons une nouvelle hypothèse. Supposons que la récolte soit de 32 millions

rare, cela va de soi-même et ne requiert aucune explication. Moins utile, cela s'explique aisément. Supposons qu'une population ait faim et soif. Elle aura besoin, par exemple, d'une certaine quantité de pain et de viande pour apaiser sa faim, d'une certaine quantité de bière et de vin pour étancher sa soif. Les premières quantités qui lui seront offertes de ces substances alimentaires auront évidemment pour elle un maximum d'utilité, car elles répondront à un besoin des plus

---

de quarters de grains de toute sorte, dans une année ordinaire, et que cette quantité se vende en bloc à un prix rémunérateur de 40 sh. par quarter. Le produit sera de 64,000,000 de livres, à distribuer en salaires, profits et rentes, en y comprenant les dîmes. Mais arrive une mauvaise récolte, qui amène un déficit d'un huitième, non compensé par un excédant des années précédentes. Si le prix s'élève, comme la chose sera probable, jusqu'à 60 sh., 28 millions de quarters à 60 sh. produiront 84,000,000 de livres; ce qui fera 20,000,000 de livres de plus que dans le premier cas, à distribuer aux fermiers, au propriétaires et aux titulaires de la dîme... Si le déficit est d'un quart, et si le prix s'élève, — comme il le fera infailliblement, — au moins au double, le gain, pour ces classes de la population, sera le suivant :

32,000,000 de quarters à 40 sh. . . . . liv. st.	64,000,000
24,000,000 id à 80 id.	96,000,000
Différence au profit des fermiers, des propriétaires, etc.	32,000,000

« Il est certain que, dans cette éventualité, l'intérêt agricole jouirait non seulement de l'apparence, mais encore de la réalité des bénéfices de la propriété... Mais il est certain aussi que le surcroît du revenu qui se trouverait distribué aux parties prenantes de l'intérêt agricole, déduction faite de l'augmentation de dépense qui incomberait aux propriétaires et aux fermiers en leur qualité de consommateurs, il est certain que ce surcroît de revenu leur serait acquis aux dépens des autres membres de la communauté. » (TH. TOOKE, *A history of prices*, vol. Ier, chap. II; *Effects of quantity on prices*, p. 10-17.)

intenses. Celles qui lui seront offertes ensuite auront, au contraire, de moins en moins d'utilité, parce que le besoin auquel elles seront appliquées se trouvera de plus en plus amplement satisfait. Lorsqu'il le sera pleinement, lorsque la population qu'il s'agit de nourrir et d'abreuver n'aura plus faim ni soif, les aliments et les boissons qu'on pourra lui offrir demeureront sans utilité pour elle, et en perdant leur utilité ils perdront leur valeur, à moins qu'ils ne puissent se conserver pour apaiser la faim et étancher la soif à venir.

Ainsi donc, à mesure que la quantité d'une chose augmente, la rareté et l'utilité qui sont les parties constituantes de la valeur de cette chose, diminuent à la fois. En d'autres termes : quand la quantité d'une chose augmente en raison simple, la valeur de cette chose diminue en raison composée ; quand la quantité augmente d'un, la valeur diminue de deux et ainsi de suite.

Au reste, que la formule que nous avons donnée plus haut soit ou non d'une exactitude mathématique, cela importe assez peu. Ce qui importe, comme nous le verrons, c'est qu'une variation quelconque dans le rapport des quantités de deux choses offertes en échange engendre une variation beaucoup plus forte dans le rapport existant entre leurs valeurs, et nous croyons que ce fait ne saurait être contesté.

Le prix est essentiellement variable puisqu'il dépend des quantités qui se présentent au marché. Cependant il y a un niveau vers lequel il gravite incessamment, en vertu de la loi même qui le détermine. Ce niveau d'équilibre se trouve indiqué dans la formule suivante :

Le prix de toute denrée tend incessamment à se mettre au niveau de ses frais de production, représentant la somme des difficultés qu'il a fallu surmonter pour la produire et la mettre au marché, augmentés d'une part proportionnelle de produit net.

Pour se bien rendre compte de cette formule, il faut se rappeler les définitions que nous avons déjà données des termes *frais de production* et *produit net.*

Produire c'est, ainsi que nous l'avons remarqué, surmonter les difficultés qui nous empêchent de nous procurer les choses nécessaires à notre consommation. Nous produisons à l'aide d'éléments et de forces de différentes sortes. La quantité de ces *agents productifs* que nous sommes obligés de dépenser pour surmonter les difficultés que présente la production d'une chose constitue ses FRAIS DE PRODUCTION.

Ainsi, les frais d'entretien et de renouvellement nécessaires des travailleurs, des matières premières, des outils, des machines, des bâtiments, des terrains, etc., employés à la production d'une denrée quelconque, constituent par leur réunion, les frais de production de cette denrée.

Or, nous avons remarqué encore que trois cas peuvent se présenter : c'est que la valeur échangée de la denrée ou son prix courant peut demeurer au dessous du niveau de ses frais de production ; c'est qu'elle peut être précisément à ce niveau ; c'est enfin qu'elle peut s'élever au dessus.

Dans premier cas, la production décline et elle finit même par cesser, en conséquence de la destruction progressive de ses agents productifs; dans le second cas, elle peut se maintenir mais sans s'accroître ; dans le troisième cas seulement, elle donne un excédant ou produit net, à l'aide duquel elle peut se développer.

Cela étant, il est bien évident, que tout détenteur d'agents productifs choisira de préférence, s'il en est le maître, la branche d'industrie dans laquelle il pourra réaliser la portion là plus considérable de produit net. Lorsqu'une industrie vient à donner plus ou moins de produit net qu'une autre, les agents productifs s'y portent ou s'en éloignent jusqu'à ce que l'équilibre se rétablisse, c'est à dire jusqu'à ce que sa part de produit net soit exactement proportionnée à celles de toutes les autres branches de la production.

La somme des frais de production augmentée d'une part proportionnelle de produit net prend indifféremment les dénominations de *prix rémunérateur* et de *prix naturel*. Tantôt le prix auquel les choses s'échangent sur le marché, ou le *prix courant* se confond avec le prix rémunérateur ou le prix naturel, tantôt il s'élève au dessus ou il demeure au dessous; mais toujours il gravite autour de ce point comme vers un centre d'équilibre (1).

---

(1) Adam Smith a parfaitement indiqué comment s'opère ce mouvement de gravitation, sans toutefois chercher à déterminer la force impulsive qui le provoque. Nous croyons utile, pour éclaircir cette matière si importante, de reproduire quelques-unes de ses lumineuses explications :

« Lorsque le prix d'une marchandise n'est ni plus ni moins que ce qu'il faut pour payer, selon leurs taux naturels, la rente de la terre, le salaire du travail et les profits des fonds employés à sa production, sa préparation et son transport au marché, la marchandise se vend alors ce qu'on peut appeler son prix naturel.

« Elle se vend précisément ce qu'elle vaut ou ce qu'elle coûte à la personne qui la met en vente. Car, quoique dans le langage ordinaire, ce qu'on nomme le premier coût d'une marchandise ne renferme pas le profit de celui qui doit la vendre ensuite, cependant, s'il la vend un prix qui ne lui rapporte pas le profit qu'on y fait ordinairement dans son voisinage, il perd évidemment à ce commerce, puisqu'en employant ses fonds dans un autre, il aurait pu faire ce profit. D'ailleurs, son profit est son revenu et le fonds de sa subsistance.

En résumé, le prix courant des choses dépend immédiatement des quantités offertes en échange, ou, pour nous servir de l'expression usitée, de l'offre et de la demande. Que le rapport des quantités de deux choses offertes en échange se

---

Comme il a avancé à ses ouvriers leur salaire et leur subsistance, il s'est avancé aussi la sienne, qui est généralement proportionnée au profit qu'il peut attendre de la vente de ses marchandises. A moins donc qu'il n'en retire ce profit, on peut dire proprement qu'elles ne lui rapportent pas ce qu'elles lui coûtent réellement.

« Ainsi, quoique le prix qui lui laisse ce profit ne soit pas toujours le plus bas auquel un marchand peut vendre quelquefois ses marchandises, il est le plus bas auquel il puisse les vendre habituellement et un long temps de suite, au moins s'il habite un pays où règne une pleine liberté et où il puisse changer de commerce quand il voudra.

« Le prix actuel auquel se vend une marchandise est appelé le prix du marché ; il peut être plus fort ou plus faible ou exactement le même que son prix naturel.

« Le prix du marché, pour chaque marchandise particulière, est réglé par la proportion entre la quantité qu'on en apporte au marché et celle qu'en demandent les gens qui veulent en payer le prix naturel, c'est à dire toute la valeur de la rente, du travail et du profit qui doivent être payés pour qu'elle vienne au marché. On peut appeler ceux qui veulent en donner ce prix des demandeurs effectifs, et leur demande une demande effective, puisqu'elle suffit pour que la marchandise soit mise en vente. La demande absolue est différente. Un homme pauvre aura beau demander un carrosse à six chevaux et désirer d'en avoir un, jamais on ne mettra de carrosse et de chevaux en vente pour le contenter. Sa demande n'est donc pas une demande effective.

« Lorsque la quantité d'une marchandise qu'on apporte au marché est au dessous de la demande effective, il n'y en aura point assez pour fournir aux besoins de tous ceux qui sont résolus de payer toute la valeur de la rente, du salaire et du profit qui doivent être payés pour qu'elle y vienne. Plutôt que de s'en passer entièrement, quelques-uns des demandeurs en offriront davantage.

modifie et l'on verra aussitôt le rapport existant entre leurs valeurs se modifier. Sera-ce dans une proportion équivalente? Non, ce sera dans une proportion plus forte. Si la quantité offerte d'une chose augmente en progression arithmétique, la

---

Dès ce moment, il s'établira parmi eux une concurrence, et le prix du marché s'élèvera plus ou moins, selon que la grandeur du *déficit* augmentera plus ou moins l'ardeur des compétiteurs. Ce même *déficit* occasionnera généralement plus ou moins de chaleur dans la concurrence, selon que l'acquisition de la marchandise sera plus ou moins importante pour les compétiteurs. De là le prix exorbitant des choses nécessaires à la vie durant le blocus d'une ville ou dans une famine.

» Lorsque la quantité qu'on apporte au marché est au dessus de la demande effective, on ne peut vendre le tout à ceux qui sont disposés à en payer le prix naturel, ou toute la valeur de la rente, etc. Il faut en vendre une partie à ceux qui en offrent moins et le bas prix qu'ils en donnent fait nécessairement une réduction sur le prix du tout. Le prix du marché baissera plus ou moins au dessous du prix naturel, selon que la grandeur du surabondant augmentera plus ou moins la concurrence des vendeurs, ou selon qu'il sera plus ou moins important pour eux de se défaire de la marchandise. La même surabondance dans l'importation des marchandises, qui peuvent se gâter et se perdre, comme les oranges, occasionnera une concurrence bien plus animée que ne le feront celles qui sont durables comme la ferraille.

» Si la quantité portée au marché suffit juste pour fournir à la demande effective et rien de plus, le prix du marché sera exactement le même que le prix naturel ou il s'en approchera le plus près possible, autant qu'on en peut juger. Toute la quantité qu'il y en a peut être vendue à ce prix et pas plus cher. La concurrence des vendeurs les oblige à les donner pour cela et non pour moins.

» La quantité de chaque marchandise apportée au marché se met naturellement de niveau avec la demande effective. Tous ceux qui emploient leur temps, leur travail et leurs fonds, sont intéressés à ce qu'elle n'excède pas cette proportion ; et tous les autres sont intéressés à ce qu'elle y arrive toujours.

» Si, en un certain temps, elle excède la demande effective, quelques-unes

demande demeurant la même, son prix baissera en progression géométrique et *vice versâ*. Telle est la *loi des quantités et des prix*.

Le mouvement des quantités offertes et l'action qu'il exerce

---

des parties constituantes de son prix seront nécessairement payées au dessous de leur taux naturel. Si c'est la rente, l'intérêt des propriétaires leur fera faire aussitôt un autre emploi d'une partie de leurs terres ; et si c'est le salaire ou le profit, les ouvriers et ceux qui les mettent en œuvre feront un autre emploi d'une partie de leur travail et de leurs fonds. La quantité qu'on en apportera au marché ne sera bientôt plus que suffisante pour satisfaire à la demande effective ; toutes les différentes parties de son prix remonteront à leur taux naturel et le prix total à son prix naturel.

« Si, au contraire, la quantité portée au marché se trouve moindre que la demande effective, quelques parties constituantes de son prix s'élèveront au dessus de leur taux naturel. Si c'est la rente, l'intérêt de tous les autres propriétaires leur fera consacrer plus de terre à la culture de cette production ; si c'est le salaire ou le profit, on y mettra plus de travail et plus de fonds. La quantité qu'on en portera au marché suffira bientôt pour satisfaire à la demande effective. Toutes les différentes parties du prix de la marchandise descendront bientôt à leur taux naturel et tout le prix reviendra à son taux naturel.

« Ainsi le prix naturel est pour ainsi dire le prix central vers lequel gravitent continuellement les prix de toutes les marchandises. Divers accidents peuvent les tenir quelquefois suspendus assez haut au dessus de ce prix, et les faire descendre même quelquefois un peu plus bas. Mais, quels que soient les obstacles qui les empêchent de s'établir dans ce centre de repos et de stabilité, ils tendent constamment à s'y mettre. » (ADAM SMITH, *la Richesse des nations*, liv. Ier, chap. VII.)

Complétons ces observations par une description résumée de ce phénomène de gravitation économique, signalé par Adam Smith, et que nous avons cherché à déterminer d'une manière plus précise :

« Le prix auquel les produits et les agents productifs se vendent ou

sur les valeurs apparaissent donc comme le premier élément de la formation des prix.

Mais cet élément n'est pas seul. Il y en a un second dont l'influence sur la formation des prix n'est pas moindre que

---

se louent sur le marché, le *prix courant* dépend de la situation de l'offre et de la demande, ou, ce qui revient au même, du rapport des quantités offertes en échange. Or, comme il suffit que ce rapport soit légèrement modifié pour que le prix hausse ou baisse dans une progression rapide, voici ce qui se passe :

« Lorsque le rapport des quantités de deux denrées offertes en échange est tel que le prix courant de l'une d'elles se trouve au dessous de la limite de ses frais de production, ceux qui offrent cette denrée ont intérêt à en retirer une portion du marché ou à en apporter moins, car le prix qu'ils obtiennent ne rémunère pas alors suffisamment les efforts que la production a coûtés.

« Lorsque, au contraire, le rapport des quantités est tel que le prix courant de l'une des denrées offertes en échange se trouve au dessus des frais de production, de nouveaux producteurs ont intérêt à offrir cette denrée. Car le prix courant renferme alors une véritable prime ou *rente*, en sus de la rémunération nécessaire des efforts que la production a coûtés.

« Dans l'un et l'autre cas, l'excitation à réduire ou à augmenter l'offre est d'autant plus vive et elle opère avec d'autant plus de promptitude qu'une modification du rapport des quantités agit plus efficacement sur les prix. Or, s'il suffit que ce rapport varie en raison arithmétique pour que les prix haussent ou baissent en raison géométrique, l'excitation à réduire ou à augmenter l'offre se trouve naturellement portée à un degré d'intensité considérable.

« En conséquence, la production subit un mouvement irrésistible d'expansion ou de contraction, jusqu'à ce que le rapport des quantités soit tel que le prix courant des denrées réponde exactement à leurs frais de production, augmentés d'une part proportionnelle de produit net. » (*Observations sur la formation des prix. Journal des économistes*, tom. XXIX, p. 127.)

celle de l'offre et de la demande, quoiqu'il agisse d'une manière moins immédiate et moins visible, nous voulons parler des frais de reproduction et du produit net. Tout produit exige la coopération de certains agents que nous avons désignés sous les noms de travail, de capital et d'agents naturels appropriés. Ces agents sont consommés en totalité ou en partie pendant l'œuvre de la production. Il faut les rétablir sous peine d'être successivement dépourvu des moyens de produire. On n'entreprend, en conséquence, la production d'une denrée que si l'on a l'espoir plus ou moins fondé d'en retirer un prix suffisant pour reconstituer les éléments qui la composent, ou, ce qui revient au même, pour couvrir ses frais de production. En outre, on choisit de préférence l'industrie, dans laquelle on peut se procurer le produit net le plus élevé, et comme cette tendance est générale, il en résulte qu'aucune industrie ne peut demeurer longtemps plus productive qu'une autre, à moins que des obstacles n'empêchent le niveau de s'établir. Les quantités offertes se trouvent donc, en définitive, déterminées par les frais de production, augmentés d'une part proportionnelle de produit net, et ceux-ci apparaissent ainsi comme l'élément essentiel, nous pourrions presque dire *pivotal* de la détermination des valeurs ou de la formation des prix.

QUATRIÈME LEÇON

LA VALEUR ET LA PROPRIÉTÉ

Définition de la propriété. — Qu'elle est un rapport de justice entre la valeur et ceux qui l'ont produite, reçue ou acquise. — Que toute altération de ce rapport engendre une nuisance économique. — Raison de ce phénomène. — Analyse de la propriété. — La propriété considérée dans son objet, la valeur. — Des formes sous lesquelles la valeur s'incarne ; — des valeurs personnelles, immobilières et mobilières. — Comment les valeurs périssent. — Comment des valeurs périssables peuvent constituer des capitaux impérissables. — Des chances de *plus value* et des risques de *moins value*. — La propriété considérée dans son sujet, le propriétaire. — En quoi consiste le droit de propriété. — Libertés dans lesquelles ce droit se ramifie. — De la capacité nécessaire pour l'exercer. — De la tutelle nécessitée par le défaut de capacité des propriétaires. — De l'effet des restrictions opposées à l'exercice du droit de propriété. — Des risques auxquels ce droit est assujetti et des servitudes qu'ils nécessitent. — Des formes du droit de propriété ; — de la propriété commune, individuelle et collective. — Du monopole et de la concurrence.

Le phénomène de la valeur engendre celui de la propriété. La propriété c'est le rapport de justice existant entre la valeur et ceux qui l'ont créée, reçue ou acquise. L'étude de ce rapport fait l'objet de la science du droit. Nous n'aurions donc pas à nous en occuper dans un cours d'économie politique si le droit, tel que les hommes le conçoivent et l'appliquent, autrement dit le droit positif, était, partout et toujours, l'incarnation du droit naturel, c'est à dire de la justice; si, d'autre part, jamais aucune atteinte n'y était portée; si, en conséquence, la production et la distribution des valeurs n'étaient point influencées tant par les déviations du droit positif que par les infractions que les hommes régis par ce droit imparfait commettent à la justice.

Malheureusement, le droit positif n'a encore été dans aucune société la pure incarnation de la justice, et celle-ci, à moins de supposer que les hommes arrivent un jour à la perfection morale, ne sera jamais une règle de conduite universellement et constamment obéie. Si le droit positif tend, sous l'influence du progrès, à se rapprocher du droit naturel, il est loin encore d'être arrivé à s'y confondre; et quoique les hommes soient doués d'un sens particulier qui leur donne l'intuition même du droit et qui porte les noms de *conscience,* de *sens moral* ou de *sentiment de la justice,* ce sens particulier demeure, faute de vigueur native, et, plus souvent, faute de culture, fort obtus chez le plus grand nombre. D'ailleurs, il a rarement pour auxiliaires des forces morales suffisantes pour assujettir et dominer les appétits inférieurs et les passions excessives de l'âme humaine. De là les innombrables et incessantes infractions commises à la justice, soit par le manque d'une vue assez claire pour la discerner, soit par le défaut d'une énergie morale assez puissante pour la faire observer. De là aussi l'indispensable nécessité d'un appareil destiné à assurer le règne du droit positif, si imparfait qu'il soit.

Maintenant, voici un phénomène que l'expérience nous révèle : c'est que toute atteinte portée à la justice soit en vertu du droit positif, soit au mépris et en violation de ce droit, engendre une *nuisance économique*, laquelle arrête ou ralentit la production des valeurs ou, ce qui revient au même, la multiplication des richesses. Partout et toujours, le développement de la production est en raison de la somme de justice incarnée dans la loi et dans les mœurs; partout et toujours, la diminution de la justice entraîne une diminution proportionnelle dans la production.

Que si nous voulons avoir la raison de ce phénomène, que si nous voulons savoir pourquoi toute atteinte portée à la propriété, c'est à dire au rapport de justice existant entre la valeur et ceux qui l'ont créée, reçue ou acquise, a pour effet de ralentir ou de diminuer la production, nous devons achever d'étudier la valeur, non seulement dans les éléments qui la constituent, mais encore dans les formes sous lesquelles elle s'incarne et dans les destinations qu'elle reçoit.

Récapitulons d'abord les notions que nous a fournies l'analyse des éléments constitutifs de la valeur.

Le premier, c'est l'utilité, c'est à dire la qualité qu'ont naturellement les choses ou qui leur est donnée artificiellement de satisfaire à nos besoins.

Lorsque les choses sont naturellement utiles, c'est à dire lorsqu'elles peuvent servir, sans aucun changement de forme, de temps ou de lieu, à la satisfaction de nos besoins, lorsqu'elles existent, de plus, en quantité illimitée, lorsqu'elles ne sont *rares* à aucun degré, lorsque nous pouvons, en conséquence, les consommer sans avoir été préalablement obligés de les produire, elles ne constituent point des valeurs. Ce sont de simples *utilités gratuites*.

Mais les choses naturellement utiles et d'une abondance illimitée, autrement dit les *utilités gratuites*, sont l'exception.
Généralement, l'utilité doit être créée, produite, et elle ne peut
l'être que par une mise en œuvre des forces et des matériaux
dont l'homme dispose. L'immense majorité des choses utiles
servant à réparer et à augmenter nos forces physiques, intellectuelles et morales n'existent que par le fait de la production ;
elles demeurent, en conséquence, plus ou moins rares, et elles
constituent des valeurs.

Il entre donc deux éléments, non seulement distincts, mais
contraires, dans la composition de la valeur : l'un, l'utilité, se
résume en un pouvoir de réparation et d'augmentation des
forces dont l'homme dispose et qu'il applique à la satisfaction
de ses besoins ; l'autre, la rareté, implique au contraire, nécessairement, une dépense de ces mêmes forces. Cette dépense
constitue les frais d'acquisition de l'utilité ; elle se proportionne
aux difficultés qu'il faut vaincre pour la créer ou l'obtenir.

Or, si l'utilité se résume, en dernière analyse, en une certaine quantité de forces assimilables, et si l'assimilation ou la
consommation de ces forces procure une jouissance ; si, d'une
autre part, la rareté, impliquant une certaine somme de difficultés à vaincre, nécessite une dépense de forces et cause une
peine, qu'en doit-il résulter? C'est que la valeur, qui est composée d'utilité et de rareté, ne peut être produite qu'à la condition que les forces acquises que contient l'utilité soient attribuées, au moins en partie, à celui qui a surmonté les difficultés et
dépensé les forces nécessaires pour les acquérir, ou bien encore
qu'à la condition que la jouissance impliquée dans l'utilité soit
attribuée à celui qui s'est donné la peine, qu'implique à son
tour la rareté.

Si cette condition n'était point observée, si celui qui a dépensé de la force ou du pouvoir ne recevait en échange aucune portion de la force ou du pouvoir qu'il a créé, la production des valeurs deviendrait impossible, car nul ne peut dépenser des forces sans en récupérer, nul ne peut produire sans consommer. Enfin, si aucune partie de la *jouissance* ne revenait à qui s'est donné la *peine*, il n'existerait aucun motif pour produire.

Ce motif, ou, pour nous servir de l'expression consacrée, cet *intérêt* réside tout entier dans la possession de l'utilité produite ou d'une utilité équivalente. Lorsque le producteur peut s'attribuer toute cette utilité, l'intérêt qu'il a à la créer est à son *maximum*. Cet intérêt diminue, au contraire, à mesure que la part d'utilité qui lui est attribuée devient plus faible; il tombe à zéro lorsque cette part devient nulle.

Comment peut-on attribuer au producteur l'utilité contenue dans la valeur? En lui attribuant cette valeur même, c'est à dire en lui en garantissant la propriété. Maître de la valeur, il pourra user à sa guise de l'utilité qui s'y trouve contenue.

Que si maintenant l'on veut savoir jusqu'où doit aller cette garantie, il faut savoir jusqu'où va la valeur. Il faut rechercher dans quelles choses elle s'incarne, quelle est la nature, la forme, l'étendue et la durée de ces choses. Il faut, puisque la valeur est l'objet de la propriété, connaître exactement la valeur si l'on veut correctement garantir la propriété.

D'abord, on peut écarter du domaine de la propriété, toutes les choses qui ne sont ni pourvues de valeur ni susceptibles d'en acquérir. En revanche, il faut y comprendre toutes les valeurs, quelles que soient les formes sous lesquelles elles se trouvent incarnées.

Ces formes de la valeur, et, par conséquent, de la propriété, peuvent être ramenées à trois grandes catégories. On distingue : les *valeurs personnelles, immobilières et-mobilières*, faisant l'objet d'autant de catégories correspondantes de propriétés.

La valeur incarnée dans les personnes fait l'objet de la propriété personnelle. Cette valeur réside, d'une part, dans l'utilité que l'on peut tirer des personnes, considérées comme agents productifs, en employant leurs forces ou leurs aptitudes physiques, morales et intellectuelles; d'une autre part, dans leur rareté, ou, ce qui revient au même, dans la limitation de leur nombre, ce qui implique la nécessité de les produire et de les entretenir, moyennant une dépense plus ou moins considérable. Tous les hommes constituent des valeurs, — valeurs essentiellement inégales comme leurs forces ou leurs aptitudes naturelles et acquises, — et, par conséquent aussi, des propriétés. Seulement, tandis que les uns s'appartiennent à eux-mêmes et sont qualifiés de *libres*, les autres sont appropriés en tout ou en partie à des maîtres, et sont qualifiés d'esclaves, de serfs ou de sujets. Les hommes libres, aussi bien que les esclaves, ont une valeur; mais comme ils ne se vendent point, cette valeur n'est pas aussi facile à constater. On peut toutefois la reconnaître et l'exprimer, en calculant le taux et la durée des profits ou des salaires que tout individu maître de lui-même retire de l'exploitation ou de la location de ses facultés personnelles, et se rendre compte ainsi de la valeur d'une population libre aussi bien que d'une population esclave.

Les valeurs incarnées dans les personnes et faisant l'objet des propriétés personnelles sont susceptibles comme les autres d'augmentation et de diminution. Elles peuvent être augmentées, d'un côté, par l'accroissement de l'utilité qui les constitue, par une éducation et un apprentissage qui développent les forces et les aptitudes productives de l'individu, d'un autre côté, par une augmentation de la rareté qui forme leur second élément constitutif, c'est à dire par une diminution du nombre des individualités productives relativement aux emplois qui leur sont ouverts, ou, ce qui revient au même, par une aug- mentation des emplois qui leur sont ouverts relativement à leur nombre.

Les valeurs incarnées, ou, pour nous servir de l'expression anglaise, *investies* dans toutes les choses qui ne sont point sus- ceptibles d'être déplacées, telles que les fonds de terre, les bâti- ments, etc., font l'objet de la propriété immobilière. Cette propriété ne réside point, comme on est trop généralement disposé à le croire, dans la matière des immeubles, mais dans la valeur qui s'y trouve incarnée. Ainsi la propriété d'un fonds de terre ne réside point dans le sol, auquel cas il serait impos- sible d'en déterminer les limites; mais dans la valeur du sol, appliqué à telle ou telle destination productive. Une valeur minière, par exemple, peut se créer sous le sol indépendam- ment de la valeur agricole qui se crée à la surface. Ces deux valeurs peuvent coexister et coexistent en formant des pro- priétés différentes, et leurs confins sont à la limite des élé- ments utiles à chacune des entreprises de production qui leur donnent naissance.

Enfin, la valeur investie dans toutes les choses susceptibles d'être mobilisées fait l'objet de la propriété mobilière.

On a voulu, dans ces derniers temps, créer une quatrième catégorie de propriété, nous voulons parler de la propriété intellectuelle, appliquée aux produits de l'invention, de la

science, de la littérature et de l'art. Mais les valeurs créées par
la production dite intellectuelle peuvent être rattachées aux
catégories précédentes. Dans le cas d'une mine, par exemple,
la valeur créée par le découvreur s'incarne dans un immeuble.
Dans le cas d'une machine, d'un livre ou d'une œuvre d'art, la
valeur créée par l'inventeur, l'homme de lettres ou l'artiste
s'incarne dans un objet mobilier. Dans le cas d'un procédé, la
valeur créée s'incarne dans une capacité productive et constitue
une valeur personnelle. Toutefois, ces valeurs ont, dans leur
mode d'existence et de transmission, des caractères particuliers qui pourraient motiver l'établissement d'une catégorie à
part.

Née avec la valeur, la propriété périt avec elle. Nous savons
comment les valeurs naissent et sous quelles formes elles s'in-
carnent; voyons maintenant comment elles périssent.

Elles périssent par la destruction de l'utilité ou de la rareté
des choses dans lesquelles elles sont contenues. Si une chose
pourvue de valeur perd son utilité soit par voie de consommation; soit, au contraire, parce qu'elle cesse de répondre à
un besoin, sa valeur périt. De même, si cette chose après avoir
existé seulement en quantité limitée vient à se produire en
quantité illimitée, si elle cesse d'être *rare* à quelque degré,
sa valeur périt encore. On pourrait dresser un tableau de la
longévité des valeurs, depuis celle de la leçon du professeur,
qui périt au moment même où elle est produite, jusqu'à celle
de l'or dont la durée est presque illimitée. Entre ces limites
extrêmes de longévité, viennent se placer toutes les valeurs
que crée et multiplie incessamment l'industrie humaine prise
dans son acception la plus large, les valeurs incarnées dans les
hommes, — libres ou esclaves, — dans les bêtes de somme,

dans les terres, les bâtiments, les machines, les outils, les marchandises de toute sorte, les livres, les objets d'art. La longévité moyenne des valeurs est, en définitive, assez courte ; et s'il est des produits ou des œuvres dont la valeur traverse les siècles, le plus grand nombre n'a qu'une valeur limitée à quelques années, quelques mois ou même quelques jours.

Cependant, au moyen de ces valeurs essentiellement périssables, on constitue des capitaux qui ne périssent point, ou, du moins, qui subsistent bien longtemps après que les valeurs qui ont servi à les constituer ont été anéanties. Cette propriété qu'ont les valeurs, si éphémères qu'elles soient, d'engendrer des capitaux durables tient à ce qu'elles sont *échangeables*.

Comment un capital formé de valeurs éphémères mais échangeables peut subsister d'une manière indéfinie, voilà ce dont il importe de se rendre bien compte.

On crée des valeurs en vue de jouir de l'utilité qu'elles contiennent ou qu'elles peuvent procurer. Mais cette jouissance, on peut la recueillir de différentes manières : directement ou indirectement, immédiatement ou médiatement. Ainsi, on crée une valeur sous forme de blé. On consomme ce blé, on en détruit l'utilité, partant la valeur. Voilà une jouissance obtenue *directement* par la consommation de l'utilité, entraînant la destruction de la valeur que l'on a créée.

Cependant, au lieu de consommer directement le blé, on peut l'échanger contre d'autres produits, en se servant ainsi de la valeur du blé pour se procurer d'autres utilités que celles que le blé contient. Supposons qu'on l'échange contre de la monnaie. On peut conserver cette monnaie à titre de capital ou l'échanger contre d'autres choses, produits ou services. Lorsque ce second échange est accompli, on obtient *indi-*

rectement la satisfaction en vue de laquelle on a créé la valeur.

Tantôt aussi, la consommation est immédiate, et tantôt elle s'effectue au bout d'un espace de temps plus ou moins long. Si la leçon du professeur, par exemple, est consommée dès qu'elle est produite, la plupart des produits se conservent plus ou moins longtemps avant d'être consommés ou usés, et ils constituent des accumulations de valeurs ou des capitaux. Que ces capitaux ne se détruisent point, aussi longtemps que les valeurs, dont ils sont formés, demeurent échangeables, cela se conçoit aisément. Si mon capital est investi dans un chargement d'oranges, il périra ou sera diminué promptement, en admettant que je ne réussisse point à échanger la valeur de ce chargement contre une valeur égale ou plus considérable. En revanche, si cet échange est possible, si j'échange mon chargement d'oranges contre une certaine somme de monnaie, celle-ci contre d'autres marchandises, etc., etc., mon capital pourra acquérir une durée indéfinie.

Aussi longtemps donc que la valeur peut être échangée; aussi longtemps qu'on peut substituer ainsi à des valeurs investies sous une forme éphémère d'autres valeurs investies sous une forme durable, les capitaux composés de la réunion de ces valeurs échangeables peuvent non seulement se conserver, mais encore s'accroître et former, par là même, des propriétés essentiellement durables, quoique toute propriété périsse avec la valeur qui en fait l'objet.

Nous avons vu plus haut que les valeurs ont une longévité naturelle, dont la durée moyenne est assez bornée. Dans le cours de leur existence, elles sont soumises par le fait des circonstances ambiantes à des chances de *plus value* d'une part, à des risques de *moins value* et de destruction accidentelle d'une autre part.

Ces chances et ces risques varient selon la nature des choses dans lesquelles ces valeurs sont incarnées, selon qu'il s'agit de valeurs personnelles, mobilières ou immobilières. Tantôt, ils ne peuvent être prévus, et, s'il s'agit de risques, évités ; tantôt, et le plus souvent, au contraire, ils peuvent être prévus et approximativement calculés. Dans ce cas, les chances de plus value s'escomptent et les risques de moins value ou de destruction de la valeur, s'assurent.

On peut les partager d'abord en deux grandes catégories : ceux qui sont produits par l'action des forces déréglées de la nature, tremblements de terre, inondations, intempéries, etc., et ceux qui proviennent du fait de l'homme. Cette dernière catégorie comporte encore deux divisions : ceux qui sont conformes au droit et ceux qui sont contraires au droit.

L'homme ayant pouvoir de créer et de détruire des valeurs, c'est à dire d'augmenter ou de diminuer la quantité des valeurs existantes, doit exercer par là même une action inévitable sur les valeurs ambiantes. Ainsi, tout homme qui fonde une entreprise industrielle augmente la *demande*, partant la valeur des bâtiments, des ustensiles, des matériaux et du travail nécessaires à son industrie, tandis qu'en accroissant l'*offre* des produits de cette industrie, il en diminue la valeur. Tout homme, — et cet exemple est plus saisissant encore, — qui invente ou applique un nouveau procédé, une nouvelle machine, etc., occasionne une révolution dans les valeurs ambiantes, personnelles, mobilières et immobilières, en fournissant aux unes une *plus value* parfois énorme, en faisant en revanche subir aux autres une *moins value* qui peut aller jusqu'à la destruction totale de la valeur. Qu'un chemin de fer, par exemple, vienne à être établi dans un pays qui avait été jusqu'alors sillonné seulement par des routes ordinaires, on verra ces deux phénomènes de la *moins value* d'une part, de la *plus value* de l'autre se manifester d'une manière simultanée. Les routes concurrentes et tous les établissements qui subsistaient de leur exploitation, tels qu'auberges, relais de postes, etc., subiront une moins value par le fait du déplacement de la circulation des voyageurs et des marchandises. En revanche, tous les capitaux personnels, mobiliers ou immobiliers, placés dans la sphère d'activité du chemin de fer, recevront une plus value grâce à l'augmentation de débouché qui en résultera pour les produits agricoles ou industriels, pour les services personnels, etc. Il en est ainsi de tous les progrès accomplis dans n'importe quelle branche d'industrie. Quand les métiers à filer et à tisser à la mécanique ont été substitués aux métiers à filer et à tisser à la main, la valeur investie dans les anciens métiers a été presque anéantie et celle du personnel qui les faisait mouvoir a été fortement diminuée. En revanche, les industries, les instruments et les matériaux propres à la fabrication des nouveaux métiers, les matériaux des industries dans lesquelles ils ont été introduits et dont ils ont provoqué le développement, le personnel de ces industries, enfin les consommateurs des produits économiquement fabriqués au moyen de ces engins perfectionnés en ont reçu une *plus value*. La différence entre la moins value infligée aux uns et la plus value ajoutée aux autres constitue le bénéfice du progrès, et elle demeure acquise, d'une manière permanente, à l'humanité.

On a été plus loin et l'on a affirmé que les ouvriers employés aux anciennes machines n'éprouvaient aucun dommage par le fait de l'introduction des nouvelles. C'était commettre une exagération analogue à celle qui aurait consisté à dire que les anciennes machines elles-mêmes ne subissaient aucune moins value, sous l'influence du même fait. Car les ouvriers fileurs ou tisserands à la main, par exemple, perdaient tout au moins la valeur de l'apprentissage qui leur avait été nécessaire pour faire fonctionner les métiers désormais mis au rebut. Pourrait-on affirmer cependant que ces ouvriers eussent quelque droit d'empêcher l'adoption des machines qui leur causaient ce dommage? ou bien encore de réclamer de ceux qui faisaient usage des nouveaux métiers une compensation pour la moins value infligée à leurs facultés productives? Non, à coup sûr. S'il est dans la nature du progrès d'engendrer d'un côté une moins value dont quelques-uns souffrent, il engendre d'un autre côté une plus value toujours supérieure à la moins value. Qu'en résulte-t-il? C'est que dans une société en voie de progrès, chacun reçoit incessamment, et, le plus souvent, sans s'en apercevoir, sous la forme d'un accroissement de sa valeur personnelle ou de ses valeurs immobilières et mobilières, une part de la plus value qu'engendre tout progrès accompli. Cette plus value, à la vérité, il ne la reçoit point gratis, il l'achète au prix du *risque* de moins value que contient également tout progrès. Mais comme le risque de perte est toujours et nécessairement inférieur à la chance de gain, il bénéficie de la différence. Dédommager de la perte causée par un progrès particulier ceux qui bénéficient des avantages résultant du progrès général, cela reviendrait à augmenter artificiellement la part des uns, en leur procurant, aux dépens des autres, les avantages du progrès sans en déduire les risques. Sans doute, le risque de perte s'agglomère, tandis que la chance de gain se

dissémine, et un seul progrès, dont ils ont eu à subir la moins
value, a pu causer aux fileurs et aux tisserands à la main un
dommage supérieur au bénéfice qu'ils avaient retiré de cent
autres progrès; mais rien n'empêche de recourir à l'assurance
pour disséminer aussi les risques. En admettant donc que l'assurance vînt à se généraliser en cette matière, tous les membres de la société recevraient, en échange de la prime qu'ils
auraient payée pour s'assurer contre le risque d'un progrès spécial, une plus value toujours supérieure, constituant leur part
de dividende dans le progrès général. L'excédant de cette part
de gain sur la prime du risque, formerait le bénéfice net que
chacun retirerait de l'ensemble des progrès accomplis.

Mais il existe une seconde catégorie de risques de moins
value ou de destruction de la valeur, provenant du fait de
l'homme : ce sont ceux qu'il inflige aux valeurs ambiantes,
personnelles, mobilières et immobilières, en sortant des limites
de son droit. Ces risques se traduisent en des *nuisances* spéciales auxquelles ne correspond et que ne rachète aucun profit
général. Il existe des industries absolument nuisibles, telles que
le brigandage et le vol, qui détruisent les valeurs ambiantes ou
les empêchent de se multiplier, et qu'il importe en conséquence
d'extirper; il en existe aussi, et en bien plus grand nombre,
qui, tout en ayant un caractère d'incontestable utilité, contiennent cependant des nuisances : telles sont les industries
qualifiées de dangereuses, insalubres ou incommodes; celles-ci
doivent ou se placer et se comporter de façon que la nuisance
qu'il est dans leur nature de causer n'inflige point de dommage
à autrui, ou fournir pour ce dommage une compensation suffisante.

Les industries nuisibles donnent lieu à une branche particu-

lière des assurances, la plus ancienne de toutes, et qui a pour
objet la production de la sécurité ou, ce qui revient au même,
la destruction ou la police des nuisances (1).

En résumé, la valeur, objet de la propriété, s'incarne dans
les personnes et dans les choses. Elle périt avec elles, mais,
grâce à la qualité qu'elle a d'être échangeable, elle sert d'étoffe
à des capitaux dont la durée est indéfinie. Dans le cours de son
existence, elle est soumise, soit par le fait de la nature, soit par
le fait de l'homme, à des risques de moins value et de destruction accidentelle, mais elle possède, en revanche, des chances
de plus value. Certains d'entre ces risques naissent de l'exercice légitime et nécessaire de l'activité humaine, et ils ne peuvent donner lieu qu'à de simples assurances; certains autres,
au contraire, impliquent une atteinte portée au droit d'autrui,
et il est juste et nécessaire de les supprimer ou de les écarter,
en fournissant une compensation à ceux qui en souffrent aux
frais de ceux qui les infligent.

Telle est la propriété considérée dans son objet, la valeur.
Comme elle n'est, d'après la définition que nous en avons
donné, qu'un rapport, — rapport de justice existant entre la
valeur et ceux qui l'ont créée, reçue ou acquise, — nous avons
à la considérer aussi dans son sujet, celui qui possède.

L'homme qui possède des valeurs est investi du droit naturel
d'en user et d'en disposer selon sa volonté. Les valeurs possédées peuvent être détruites ou conservées, transmises à titre
d'échange, de don ou de legs. A chacun de ces modes d'usage,

(1) Voir au sujet de cette industrie, *les Soirées de la rue Saint-Lazare,*
chapitre XI, et *les Questions d'économie politique et de droit public.* De la
production de la sécurité, t. II, p. 245.

d'emploi ou de disposition de la propriété correspond une liberté.

Énumérons ces libertés dans lesquelles se ramifie le droit de propriété.

Liberté d'appliquer directement les valeurs créées ou acquises à la satisfaction des besoins de celui qui les possède, ou liberté de consommation.

Liberté de les employer à produire d'autres valeurs, ou liberté de l'industrie et des professions.

Liberté de les joindre à des valeurs appartenant à autrui pour en faire un instrument de production plus efficace, ou liberté d'association.

Liberté de les échanger dans l'espace et dans le temps, c'est à dire dans le lieu et dans le moment où l'on estime que cet échange sera le plus utile, ou liberté des échanges.

Liberté de les prêter, c'est à dire de transmettre à des conditions librement débattues la jouissance d'un capital ou liberté du crédit.

Liberté de les donner ou de les léguer, c'est à dire de transmettre à titre gratuit les valeurs que l'on possède, ou liberté des dons et legs.

Telles sont les libertés spéciales ou, ce qui revient au même, tels sont les droits particuliers dans lesquels se ramifie le droit général de propriété.

Maintenant, si nous considérons ce droit dans son usage, nous trouverons qu'il existe deux catégories de propriétaires :

1° Ceux qui sont pourvus d'une capacité morale et intellectuelle suffisante pour user utilement des valeurs qu'ils ont créées, reçues ou acquises.

2° Ceux qui ne possèdent point cette capacité; ceux qui sont incapables d'user et de disposer utilement de la propriété, et qui n'en pourraient faire, en conséquence, qu'un usage dommageable à eux-mêmes et aux autres.

Il convient de remarquer toutefois que la capacité d'user et de disposer utilement de la propriété n'existe point d'une manière absolue. Quelles que soient la moralité et l'intelligence d'un propriétaire, il est toujours exposé à faire un mauvais usage de sa propriété. Mais, selon qu'il en use bien ou mal, sa richesse augmente ou diminue; selon qu'il existe dans une société plus ou moins de capacité à bien user de la propriété, elle s'enrichit ou demeure misérable.

Lorsque cette capacité n'existe point, on met le propriétaire en tutelle. Le tuteur use et dispose de la propriété, sauf à rendre compte à qui de droit de l'usage qu'il en a fait. Tantôt la tutelle est complète, lorsqu'il s'agit des enfants et des aliénés par exemple; tantôt elle est partielle, lorsqu'il s'agit des femmes. Tantôt encore elle est volontaire, tantôt, et plus souvent, elle est imposée. L'esclavage est la forme primitive et grossière de la tutelle imposée à des classes ou à des races incapables de bien user de la propriété. Que cette forme de la tutelle soit vicieuse et surannée, la réaction qui s'est universellement produite contre l'esclavage l'atteste suffisamment, mais que la tutelle elle-même ait cessé d'être nécessaire, pour les individualités inférieures de certaines races ou même de toutes les races, voilà ce que nul n'oserait affirmer. La suppression de la tutelle, sous sa forme barbare et primitive de l'esclavage, n'implique pas nécessairement la suppression de toute tutelle, et aussi longtemps qu'il existera des hommes enfants, quelle que soit la couleur de leur peau, il y aura lieu de leur donner et, au besoin, de leur imposer des tuteurs.

En admettant que cette question préalable soit résolue, c'est à dire que les seules individualités *capables* d'user et de disposer de la propriété (que cette propriété se trouve sous la forme de valeurs personnelles, mobilières ou immobilières), soient investies du droit d'en user et d'en disposer, il s'agit de savoir si les différentes libertés que contient ce droit, liberté de la consommation, liberté de l'industrie, liberté d'association, liberté de l'échange, liberté du prêt, des donations et des legs, doivent être restreintes ou laissées entières.

Pour résoudre cette question, nous n'avons qu'à nous reporter aux conditions de la création des valeurs. Si, comme nous l'avons démontré, la création de toute valeur occasionne une dépense de forces et une peine, nul ne crée *volontairement* des valeurs qu'à la condition de récupérer une force supérieure à celle qu'il a dépensée, une jouissance plus grande que la peine qu'il s'est donné. Mais si l'on ne peut user et disposer librement des valeurs que l'on possède, si cette liberté d'user ou de disposer de la valeur est supprimée ou diminuée, l'*utilité* contenue dans la valeur et en vue de laquelle elle a été acquise, se trouve supprimée ou diminuée et la valeur avec elle. Tout retranchement à la liberté d'user ou de disposer des valeurs, de les consommer, de les employer, de les échanger, de les donner, de les léguer, en un mot, toute servitude imposée aux propriétaires, en ce qui concerne l'usage et la disposition de leurs propriétés, se traduit en une *moins value,* et diminue d'autant leur intérêt à créer, à conserver et à multiplier les valeurs.

Cependant, le propriétaire peut être intéressé, soit pour conserver son droit sur la valeur qui lui appartient, soit pour préserver cette valeur d'un risque de destruction quelconque, à sacrifier une partie de la valeur possédée ou même une partie du droit de propriété pour assurer la conservation du restant. Lorsqu'il s'agit simplement de préserver d'un risque de destruction la valeur possédée, il suffit ordinairement d'abandonner, sous la forme d'une prime, une partie de cette valeur à un assureur quelconque, sans se dessaisir d'aucune partie du droit d'user ou de disposer du restant. Mais il en est autrement, lorsqu'il s'agit de sauvegarder le droit de propriété même contre les atteintes de la violence ou de la fraude. Presque toujours, en ce cas, un retranchement du droit est nécessaire, une *servitude* doit être jointe à la prime d'assurance. Supposons, par exemple, qu'il s'agisse de préserver un pays du risque d'une invasion étrangère, il pourra être nécessaire d'établir sur certains points du territoire des places fortes ou des camps retranchés. Autour de ces lieux de défense, l'expérience technique de l'art militaire a démontré encore la nécessité d'établir un rayon de *servitudes*, dans lequel il est interdit de planter et de bâtir, afin que les abords de la place ne soient point obstrués par des plantations et des constructions, propres à servir d'abris à l'ennemi. Ces servitudes, en restreignant la liberté de l'emploi des valeurs appropriées, leur infligent une *moins value*. Elles peuvent néanmoins être très légitimement établies, s'il est reconnu qu'elles sont nécessaires à la défense commune. Seulement, dans ce cas, il est juste que la communauté des assurés, dans l'intérêt de laquelle elles sont établies, en paye les frais, en fournissant aux propriétaires dont les biens sont frappés de servitudes, une indemnité égale à la *moins value* que subissent ces biens. Supposons encore qu'il s'agisse de combattre et d'écarter, à l'intérieur, les risques de spoliation et de destruction qui menacent les propriétés, risques d'assassinat, de vol, d'escroquerie, etc. ; il pourra être nécessaire que chacun se soumette à certaines *servitudes* spéciales, requises pour rendre efficace la répression de ces sévices : telle est, par exemple, la servitude de l'incarcération, c'est à dire la privation de la liberté personnelle pendant la durée d'une instruction judiciaire, etc., etc. Mais ces servitudes qui diminuent le droit de propriété aussi bien que les primes d'assurances qui diminuent les valeurs possédées, doivent être réduites au *minimum* indispensable pour garantir la propriété. Il en est ainsi lorsque les assurances sont libres, c'est à dire lorsque le propriétaire, grevé d'un risque, est le maître ou de s'assurer contre le risque ou de le supporter lui-même, ou bien encore de choisir entre les assureurs. Mais les assurances libres sont d'une date récente; l'assurance obligatoire et monopolisée n'a pas cessé d'être la règle, au moins pour les risques provenant du fait de l'homme ; en conséquence, les primes et les servitudes qu'elle exige sont demeurées partout excessives.

Après avoir examiné en quoi consiste le droit de propriété, dans quels droits ou dans quelles libertés il se ramifie, les conditions nécessaires à son exercice et les servitudes qu'il comporte, nous avons à jeter un coup d'œil sur les *formes* qu'il affecte. On peut ramener ces formes à trois grandes catégories. La propriété peut être *commune, individuelle* ou *collective.*

Ces formes de la propriété n'ont rien d'arbitraire ; elles sont déterminées partout et toujours par la nature et l'état d'avancement de la production. La propriété commune apparaît la première au moins pour les valeurs immobilières. Les domaines de chasse, les pêcheries sont possédés en commun par les tribus qui vivent de leur exploitation. En revanche, les produits provenant de cette exploitation, le poisson et le gibier sont partagés entre les chasseurs et les pêcheurs, en proportion de la valeur du concours de chacun, et ils deviennent alors des *propriétés individuelles*. Lorsque l'agriculture prit naissance, les exploitations se morcelèrent, et la propriété individuelle devint alors la forme prédominante. Cette forme domine encore de nos jours, quoique les progrès des instruments et des méthodes de la production nous conduisent rapidement à une période où la *propriété collective* prévaudra à son tour. Comme il faut, de plus en plus, pour produire, la réunion et la coopération d'immenses capitaux, sous forme de valeurs personnelles, mobilières et immobilières, la propriété des valeurs appliquées à la production ou, ce qui revient au même, des capitaux doit devenir, de plus en plus aussi, *collective* ou *actionnaire*. La propriété collective n'est, à la bien considérer, qu'une transformation progressive de la propriété commune, avec laquelle elle conserve de notables analogies. C'est ainsi qu'un chemin de fer, par exemple, est la propriété commune d'une « tribu » plus ou moins nombreuse d'actionnaires, qui n'en peuvent disposer que collectivement. Chacun reçoit dans le produit de l'exploitation une part proportionnée à la valeur de son apport, et cette part seule devient sa *propriété individuelle*. En résumé, on peut dire que la *propriété collective*, qui répond à un état avancé de l'industrie humaine, n'est autre chose que la *communauté librement spécialisée*, conformément aux besoins de la production divisée.

La communauté primitive qui se retrouve encore dans les propriétés dites nationales, provinciales ou communales, tend ainsi à disparaître pour faire place à la communauté spécialisée, — ceci en vertu de la loi même qui détermine la spécialisation progressive des industries ou la division du travail.

Si les *formes* de la propriété dépendent de la nature et de l'état d'avancement de la production, si tel état de la production comporte la propriété commune, tel autre la propriété individuelle, tel autre enfin la propriété collective ou communauté spécialisée, on comprend qu'aucune *forme* de la propriété ne puisse être arbitrairement imposée, sans occasionner un dommage, une nuisance à la société. Vouloir restaurer, dans l'état présent de la production, la communauté primitive aux dépens de la propriété individuelle, ce serait, en admettant que la chose fût praticable, faire rétrograder la production jusqu'à l'époque où les hommes vivaient des produits de la chasse, de la pêche, de la cueillette des fruits ou de la vaine pâture. Vouloir, au contraire, perpétuer la propriété individuelle, en la protégeant au moyen d'obstacles artificiels opposés à la formation de la propriété collective, ce serait enrayer le développement progressif de la production et ralentir ainsi la multiplication des richesses. Il importe, en définitive, de laisser la propriété s'établir toujours sous sa forme naturelle, c'est à dire sous la forme que commandent la nature et l'état d'avancement de la production, en se bornant à la garantir aussi complétement que possible sous cette forme.

Enfin, il nous reste à examiner les rapports économiques de la propriété de chacun avec la propriété d'autrui. Ces rapports se résument dans l'échange et dans le prêt, lequel n'est, en dernière analyse, qu'un échange accompli dans le temps. Sous un régime de production spécialisée, toutes les valeurs appropriées sont incessamment échangées par ceux qui les possèdent ou qui en ont loué l'usage. Ces échanges s'opèrent sous l'empire de deux sortes de circonstances ou de deux états différents de la propriété : sous l'empire du *monopole* ou de la *concurrence*.

Le monopole apparaît lorsque des valeurs personnelles, mobilières ou immobilières sont possédées par un seul individu
ou par un petit nombre d'individus, tandis que les valeurs
contre lesquelles elles s'échangent sont possédées par un grand
nombre. Alors il peut arriver et il arrive fréquemment que
les monopoleurs restreignent leur offre de manière à élever
le prix courant d'un produit bien au dessus de son prix naturel et à s'attribuer ainsi un bénéfice de surcroît, autrement
dit une *rente*.

Le monopole peut être de deux sortes : *naturel* ou *artificiel*.

Le monopole est naturel lorsque, d'une part, la quantité
existante des valeurs monopolisées est inférieure à la demande;
lorsque, d'une autre part, aucun obstacle artificiel n'empêche
les consommateurs de se les procurer où bon leur semble.
Ainsi, un artiste pourvu d'un talent extraordinaire possède un
monopole naturel. De même, les propriétaires de certaines
terres particulièrement fertiles ou propres à la production de
denrées rares jouissent encore d'un monopole naturel. Mais le
monopole naturel procurant des bénéfices extraordinaires, ces
bénéfices agissent comme une prime d'encouragement pour la
découverte ou la formation de fonds analogues. Plus cette
prime est élevée, plus l'encouragement qu'elle offre à la concurrence est considérable et moins, en conséquence, le monopole
est durable. Tel est encore le cas pour les inventions et les
œuvres de la littérature ou de l'art. Lorsque ceux qui les ont
créées ou acquises profitent de leur monopole naturel pour en
surélever le prix, la production des œuvres similaires est sti-
mulée de tout le montant de la rente qu'ils s'attribuent. Non
seulement le monopole attire ainsi la concurrence, mais
encore il arrive fréquemment, dans le cas des inventions, par

exemple, que l'invention nouvelle, hâtée par l'abus du monopole naturel de l'ancienne, anéantisse complétement la valeur
de celle-ci.

Le monopole est artificiel lorsqu'un individu ou une collection d'individus ont seuls le droit d'offrir sur un certain marché
une catégorie quelconque de produits ou de services, ou, ce qui
revient au même, lorsque les autres propriétaires sont soumis,
au profit des monopoleurs, à une diminution de leur droit de disposer de leurs produits ou de leurs services, lorsque le droit des
uns est étendu aux dépens du droit des autres, de manière à
constituer, d'un côté, un *privilége* auquel correspond, d'un autre
côté, une *servitude*. Dans ce cas, les monopoleurs peuvent réaliser des bénéfices d'autant plus considérables que le produit
ou le service monopolisé peut être, d'une part, plus aisément
raréfié, et qu'il a, d'une autre part, un caractère d'utilité plus
prononcé. Lorsque c'est une denrée nécessaire à la vie, le prix
en peut être porté, par la diminution des quantités offertes, à
un taux meurtrier. Aussi, dans ce cas, le gouvernement qui
concède ou garantit le monopole prend-il soin, le plus souvent,
de le limiter, en établissant un *maximum*, c'est à dire un niveau
au dessus duquel le prix du produit ou du service monopolisé
ne peut être porté. Mais ce maximum est ordinairement éludé,
et, quand même il ne l'est point, il permet aux monopoleurs
de vendre ou de prêter leurs produits ou leurs services à
usure, c'est à dire en s'attribuant, aux dépens des consommateurs, une rente en sus du profit naturel et nécessaire de leur
industrie.

La concurrence existe, au contraire, lorsque le nombre des
propriétaires de produits ou de services échangeables n'est
point limité, et lorsque ces produits ou ces services eux-mêmes

peuvent être produits d'une manière illimitée. Dans ce cas, qu'arrive-t-il? C'est que ces produits ou ces services sont toujours offerts sur le marché ou tendent toujours à l'être dans la proportion la plus utile. En effet, lorsqu'ils sont offerts en quantité insuffisante, la loi des quantités et des prix agit promptement pour attribuer à ceux qui les offrent une *rente* en sus du profit nécessaire, et cette rente agit comme une prime pour attirer la concurrence; lorsqu'ils sont, au contraire, offerts avec excès, le phénomène opposé se manifeste, et c'est ainsi, comme nous le verrons plus loin, que l'ordre et la justice tendent incessamment et d'eux-mêmes à s'établir sous le régime de la concurrence.

CINQUIÈME LEÇON

L'ASSIETTE DE LA PRODUCTION

Comment l'assiette de la production s'établit, lorsque le producteur est isolé ; — que cette assiette n'a rien d'arbitraire ; — qu'elle est essentiellement mobile. — Comment elle s'établit sous le régime de la division du travail et de l'échange ; — que la loi de la formation des prix apparaît, sous ce régime, comme le grand régulateur de la production ; — qu'elle agit incessamment pour faire naître les différentes branches de la production, dans le temps le plus opportun, pour les établir dans les lieux, sous les formes et dans les limites les plus utiles. — Des obstacles qui s'opposent à ce que les différentes branches de la production se localisent de la manière la plus conforme aux ressources du sol et au génie particulier des habitants ; — Comment ces obstacles s'aplanissent. — Vice des discussions entamées sur les formes et les limites de la production.

C'est seulement après s'être bien rendu compte du phénomène de la constitution des valeurs ou de la formation des prix, qu'on peut concevoir, d'une manière un peu nette, comment, sous le régime de la division du travail et de l'échange, la production s'assied et s'organise, comment aussi elle se proportionne avec la consommation ; comment, pour tout dire, l'ordre s'établit et se maintient de lui-même dans le monde économique.

Sous le régime de la production isolée, ce problème de l'établissement de l'ordre économique se résout d'une manière fort simple. L'homme isolé consulte, d'une part, ses besoins, d'une autre part, les moyens de production dont il dispose, et il organise sa production en conséquence. Comme ses ressources sont d'abord fort limitées, il se contente de produire les choses nécessaires à la satisfaction de ses besoins les plus urgents et dans la proportion marquée par le caractère de nécessité de ces choses. A mesure que ses ressources se développent, il accroît sa production. Dans quel ordre? Dans l'ordre indiqué par la nature et l'étendue de ses besoins, la nature et l'étendue de ses ressources. Après avoir pourvu à ses besoins de première nécessité, il commence à satisfaire ceux de seconde nécessité, puis ses goûts de luxe. C'est l'*intensité* plus ou moins grande de ses besoins et, par conséquent, des *jouissances* qu'il peut retirer de leur satisfaction, qui le dirigera, avant tout, dans l'organisation de sa production. Sera-t-elle cependant son seul guide? L'homme isolé s'attachera-t-il toujours à pourvoir à ses besoins en proportion de leur intensité? Oui, s'ils ne sont pas plus difficiles à satisfaire les uns que les autres. Non, si, comme c'est le cas ordinaire, la nature de ses ressources est telle qu'il puisse satisfaire facilement certains besoins, difficilement certains autres, et qu'il s'en trouve même qu'il ne puisse satisfaire. Les difficultés de la production des choses nécessaires à la satisfaction de ses besoins, et par conséquent l'*intensité de la peine* ou la grandeur du sacrifice que chacune de ces choses lui coûtera, entreront comme un second élément dans son appréciation. Il organisera sa production des différentes choses dont il a besoin et qu'il a les moyens de produire, *en raison directe de la jouissance* que lui procurera la consommation de ces choses, *en raison inverse de la peine* que leur production lui coûtera. L'assiette de sa production sera le résultat de cette double appréciation.

L'assiette de la production de l'homme isolé n'aura, comme on voit, rien d'arbitraire. L'homme isolé produira d'abord les choses dont la consommation lui procurera le plus de jouissances ou, ce qui revient au même, dont la privation lui causerait le plus de souffrances, et dont la production lui coûtera le moins de peine. Successivement, à mesure que ses premiers besoins seront apaisés, il produira d'autres choses, toujours en raison directe de la jouissance qu'elles lui procurent, et en raison inverse de la peine qu'elles lui coûtent. Tel sera l'ordre chronologique naturel de l'établissement des branches plus ou moins nombreuses de sa production.

Cet établissement s'opérera aussi dans les conditions les plus économiques. Car l'homme isolé ayant beaucoup de besoins et peu de moyens de les satisfaire, s'efforcera de ne consacrer à chacune des branches de sa production que la moindre quantité possible des forces et des ressources dont il dispose. Dans ce but, il s'attachera à les établir dans la situation la plus favorable et à les exploiter de la manière la plus économique, afin d'obtenir un *maximum* de produit, partant de *jouissances*, moyennant un *minimum* de dépense, partant de *peine*.

Enfin, l'homme isolé ayant établi sa production conformément à la nature et à l'étendue de ses besoins, conformément aussi à la nature et à l'étendue de ses ressources, cherchera naturellement à maintenir entre les différentes branches de son travail, la proportion la plus utile : ses ressources étant limitées, il n'exagérera point sa production d'un côté, afin de n'être point obligé de l'amoindrir d'un autre. Il maintiendra parmi ses produits la proportion indiquée par l'état de ses besoins et de ses ressources, c'est à dire la proportion qui lui sera la plus utile ou qui lui semblera telle.

Tel est l'*ordre* que l'homme isolé s'attachera à établir dans sa production. Cet ordre sera-t-il immuable? Non, il sera fréquemment troublé et changé. Il le sera par le fait de causes indépendantes de l'homme et par le fait de sa volonté.

L'homme vit dans un milieu essentiellement mobile et il est exposé à des risques de toute sorte. Sa demeure peut être consumée par l'incendie, ses moissons peuvent être ravagées par la grêle, ou dévorées par les sauterelles. Les accidents de la température exercent une influence considérable sur la branche la plus importante de son travail, sur la production de ses aliments. Quand il entreprend une culture, il ne peut jamais savoir au juste quelle quantité de produits elle lui rendra. Il ne peut le savoir que d'une manière approximative, et souvent le résultat s'éloigne beaucoup de son approximation. En tous cas, la proportion des produits qu'il obtient diffère toujours plus ou moins de celle qu'il avait cherché à obtenir.

L'ordre de sa production se trouve ainsi troublé par des accidents qui échappent à son influence. Cet ordre se trouve encore incessamment modifié, bouleversé par le fait de sa volonté.

Doué d'une intelligence progressive, l'homme se modifie et il modifie le milieu où il vit ainsi que les agents dont il se sert. Ses besoins et ses goûts changent, au moins dans une certaine

mesure. Les uns deviennent plus intenses, les autres le deviennent moins. De jour en jour, il raisonne davantage ce qui
lui paraît utile. Il avait, par exemple, la passion des liqueurs
fortes. Il s'aperçoit que cette passion lui est nuisible et il s'en
corrige. Aussitôt, il consomme moins de spiritueux et, en conséquence, il en produit moins. La portion de son temps et de
ses ressources qu'il économise de ce côté, il l'applique à produire un supplément de choses destinées à satisfaire d'autres
besoins. L'assiette de sa production se modifie, dans ce cas,
parce que l'assiette de sa consommation s'est modifiée. L'inverse se produit aussi. L'homme perfectionne certaines branches
de sa production, et il obtient facilement, en se donnant peu
de peine, ce qu'il obtenait naguère difficilement, en se donnant
beaucoup de peine. Alors l'assiette de sa consommation se
modifie parce que l'assiette de sa production s'est modifiée.
Trois cas différents peuvent, du reste, se présenter ici : 1° que
l'homme augmente sa consommation de la denrée dont il a
perfectionné la production, exactement en proportion de la
diminution de sa dépense ou de sa peine ; 2° qu'il augmente sa
consommation dans une proportion plus faible ; 3° qu'il l'aug-
ment dans une proportion plus forte. Dans le premier cas,
l'assiette de sa consommation se trouvera changée, mais non
celle de sa production. Dans les deux autres, l'assiette de sa
production sera modifiée comme celle de sa consommation. En
tous cas, quelles que soient les modifications qu'elles subissent,
la production et la consommation de l'homme isolé tendent
toujours à se mettre en équilibre. Cet équilibre peut toujours
aussi s'établir aisément, sauf, bien entendu, les perturbations
indépendantes de la volonté humaine, puisque chacun connaît,
d'une part, ses besoins et les choses qui lui sont nécessaires

pour les satisfaire, d'une autre part, les ressources dont il dispose pour produire ces choses.

En d'autres termes, l'homme isolé connaît ou peut connaître aisément l'étendue du *débouché* qu'il s'offre à lui-même; il peut apprécier aisément la demande qu'il fera de chacune des choses qui lui sont nécessaires, et régler sa production de manière à proportionner son *offre* à sa *demande*, sauf toujours les perturbations indépendantes de sa volonté.

C'est l'intérêt bien ou mal entendu de l'homme isolé qui détermine la nature de sa consommation, et c'est la nature de sa consommation qui détermine l'assiette de sa production.

Sous le régime de la division du travail et de l'échange, le même principe gouverne l'organisation de la production. Comme dans le cas de l'isolement, chaque homme est sollicité par un certain nombre de besoins et il dispose pour les satisfaire d'une certaine quantité de moyens de production, avec cette différence que les moyens de production de l'homme en société sont infiniment plus considérables que ceux de l'homme isolé, nous avons vu pour quelle raison (1). L'homme en société peut, en conséquence, pourvoir à ses besoins d'une manière plus complète que l'homme isolé. Mais, dans les deux cas, l'assiette de la consommation, partant celle de la production, s'établit de la même manière. Ainsi que l'homme isolé, l'homme en société échelonne sa consommation en raison directe de la jouissance que les choses lui procurent, ou, ce qui revient au même, de la souffrance qu'elles lui épargnent, en raison inverse de la

---

(1) Voir le chapitre de la *Spécialisation des industries et de l'échange*.

peine ou des sacrifices qu'elles lui coûtent. C'est son intérêt bien ou mal entendu qui gouverne sa consommation.

Seulement, dans le cas de l'isolement, on conçoit aisément que la production s'opère toujours dans le temps, dans le lieu, sous la forme et dans la proportion qui paraissent le plus utiles au consommateur, sauf bien entendu les perturbations indépendantes de la volonté humaine, puisque l'homme isolé consomme *lui-même* toutes les choses qu'il produit, puisque le producteur s'identifie en lui avec le consommateur.

Dans le cas de la division du travail et de l'échange, la production étant séparée de la consommation, en ce sens que chacun produit des choses qu'il livre à la consommation générale pour recevoir en échange les choses qui entrent dans sa consommation particulière, le problème de l'organisation utile de la production semble infiniment plus difficile à résoudre. On ne s'explique pas d'emblée comment, sous ce régime, la production puisse s'opérer toujours dans le temps, dans le lieu, sous la forme et dans les conditions les plus utiles, comme aussi dans la proportion requise par la consommation.

Nous allons voir que la loi qui fait graviter avec une puissance irrésistible le prix des choses vers un point central marqué par leurs frais de production, augmentés d'une part proportionnelle de produit net; nous allons voir, disons-nous, que cette loi donne, sauf l'action des causes perturbatrices, la solution du problème que nous venons de poser; qu'elle agit incessamment pour faire naître les différentes branches de la production dans le temps le plus opportun, pour les établir et les organiser dans les lieux, sous les formes et dans les conditions les plus utiles, enfin pour les développer dans les proportions requises par la consommation, absolument comme si le producteur continuait

à ne faire qu'un avec le consommateur; qu'elle est, en un mot.
le grand régulateur de la production.

1. *Chacune des branches de la production naît-elle toujours
dans le temps le plus opportun?*

C'est seulement lorsqu'une denrée est assez demandée pour
que son prix s'élève au niveau de ses frais de production, augmentés d'une part proportionnelle de produit net, qu'elle commence à être produite. On dit alors qu'elle possède un *débouché.*
Nous venons de voir qu'à l'origine, chaque producteur se sert
de débouché à lui-même. Mais lorsque le travail vient à se divi-
ser, le débouché s'agrandit : chaque catégorie de producteurs
sert de débouché aux autres. Ainsi, les agriculteurs produisent
des substances alimentaires non seulement pour eux-mêmes,
mais encore pour les maçons, les cordonniers, les fabricants
d'étoffes, etc. Les cordonniers fournissent des souliers aux
agriculteurs, aux maçons et aux autres catégories de production. Ainsi de suite.

Cependant, dans la production divisée aussi bien que dans
la production isolée, ces différentes branches de l'industrie
humaine ne naissent point d'une manière simultanée. Elles ont
un ordre de développement naturel, ordre déterminé par la
formation et le développement de chaque débouché.

Le besoin de nourriture étant celui que nous pouvons le
moins nous dispenser de satisfaire, l'industrie alimentaire a été
évidemment la première à se constituer. Viennent ensuite le
besoin de se préserver des intempéries des saisons, et celui de
se défendre contre les hommes et les animaux nuisibles, qui
ont donné naissance à plusieurs autres branches de la production. Les industries qui pourvoient à ces besoins de première
nécessité sont les seules que l'on observe chez les peuples

demeurés à l'échelon inférieur de la civilisation. Pourquoi? parce que le travail de l'homme, chez ces peuples arriérés, suffit à peine pour lui procurer une alimentation, des vêtements et un abri grossiers. Tout son temps et toutes ses ressources doivent y être consacrés.

Mais que l'industrie se perfectionne, que les moyens de production dont l'homme dispose viennent à s'accroître de telle façon qu'après avoir pourvu à ses besoins de première nécessité, il puisse encore en satisfaire d'autres, on verra aussitôt un *débouché* naître pour les denrées de seconde nécessité et même pour les objets de luxe. Ces moyens de production supplémentaires que le progrès aura mis au service de l'homme, il les emploiera à créer un supplément de choses utiles et à apaiser des besoins qui étaient demeurés jusqu'alors non satisfaits.

C'est ainsi que les différentes branches de la production naissent et se développent, successivement, à mesure que l'industrie se perfectionne. Il y a dans leur croissance un *ordre chronologique naturel*. Chaque branche de la production naît aussitôt qu'elle trouve un débouché, et la formation du débouché dépend, à son tour, du nombre et de la perfection des agents productifs dont l'homme dispose. Tout progrès, en développant les moyens de production, crée par là même un nouveau débouché et permet à l'homme de satisfaire un nouveau besoin ou, pour mieux dire, un besoin demeuré jusqu'alors inassouvi. Grâce aux progrès successifs que l'humanité a accomplis depuis l'origine de la civilisation, l'homme peut satisfaire aujourd'hui un bien plus grand nombre de besoins et d'une manière bien plus complète qu'il ne le pouvait jadis, et la production qui n'avait alors que quelques rameaux en possède aujourd'hui des milliers.

Examinons maintenant comment il se fait que chacune des nombreuses ramifications de l'industrie humaine naisse d'elle-même, dans le temps le plus opportun, sauf toujours bien entendu l'action des causes perturbatrices de l'ordre économique.

Nous venons de dire qu'une industrie ne peut naître qu'à la condition de posséder un débouché, c'est à dire à la condition que ses produits soient assez demandés pour que leur prix courant s'élève au niveau de leurs frais de production augmentés d'une part proportionnelle de produit net. C'est seulement alors, en effet, qu'on peut en entreprendre la production avec avantage pour soi, avec utilité pour autrui. Si on l'entreprend plus tôt, qu'arrivera-t-il? Que l'on n'obtiendra pas de cette denrée un prix suffisant pour couvrir ses frais de production augmentés d'une part proportionnelle de produit net, c'est à dire qu'il y aura perte à la produire. Qu'est-ce que cela signifiera? Cela signifiera que cette denrée est moins utile que les autres, puisque les consommateurs ne consentent pas à s'imposer pour l'obtenir des sacrifices proportionnés à ceux qu'ils s'imposent pour se procurer celles-ci. Moins elle sera utile, moins haut s'élèvera son prix, en sorte que plus on devancera l'époque où il deviendra opportun de la produire, plus considérable sera la perte que l'on éprouvera en la produisant.

Cette époque ne pourra non plus être dépassée, au moins d'une manière sensible. Supposons, en effet, qu'une denrée non encore produite vienne à obtenir un débouché, supposons qu'elle vienne à être assez demandée pour que son prix dépasse ses frais de production, augmentés d'une part proportionnelle de produit net, qu'arrivera-t-il? Que la production de cette denrée devenant plus avantageuse que celle de tout autre, on la produira de préférence, et que l'excitation sera d'autant plus vive que l'époque où l'on pouvait commencer à la produire utilement s'éloignera davantage, car son prix s'élèvera progressivement à mesure qu'elle sera plus demandée sans être encore offerte.

Si l'on se rend bien compte de ce phénomène économique, on se convaincra, comme nous l'avons remarqué ailleurs (1), qu'il n'est nullement nécessaire que le gouvernement inter vienne pour provoquer l'établissement de n'importe quelle bran- che de la production. S'il intervient pour produire une denrée,

---

(1) Dans les *Soirées de la rue Saint-Lazare* ou *Entretiens sur les lois économiques*, etc. Voici le passage auquel il est fait allusion ici :

LE SOCIALISTE.

« ... Si le gouvernement, les départements et les communes cessaient com- plétement d'intervenir dans l'industrie des transports, dans la construction des routes, des canaux, des ponts, des rues, s'ils cessaient d'établir des com- munications entre les diverses parties du pays et de veiller à ce que les com- munications établies fussent maintenues, les particuliers se chargeraient-ils de cette tâche indispensable?

L'ÉCONOMISTE.

« Croyez-vous que la pierre lancée dans les airs finira par tomber?

LE SOCIALISTE.

« C'est une loi physique!

L'ÉCONOMISTE.

« Eh bien! c'est en vertu de la même loi physique que toutes les choses utiles, routes, ponts, canaux, pain, viande, etc., se produisent aussitôt que la société en a besoin. Lorsqu'une chose utile est *demandée*, la production de

avant que cette denrée soit assez demandée pour que son prix s'élève au niveau de ses frais de production augmentés d'une part proportionnelle de produit net, il causera une perte à la société et son intervention sera nuisible. S'il intervient pour la produire, après que la production en est devenue suffisamment avantageuse, son intervention sera au moins inutile.

Quelques-uns affirment cependant qu'il peut être utile de hâter ou de reculer, voire même d'ajourner indéfiniment l'époque où une industrie prendrait naissance, soit en la subvention-

---

cette chose tend naturellement à s'opérer avec une intensité de mouvement *égale* à celle de la pierre qui tombe.

« Lorsqu'une chose utile est demandée sans être produite encore, le prix idéal, le prix qu'on y mettrait, si elle était produite, croît en progression géométrique à mesure que la demande croît en progression arithmétique. Un moment arrive où ce prix s'élève assez haut pour surmonter toutes les résistances ambiantes et où la production s'opère.

« Cela étant, le gouvernement ne saurait se mêler d'aucune affaire de production sans causer un dommage à la société.

« S'il produit une chose utile après que les particuliers l'eussent produite, il nuit à la société, en la privant de cette chose dans l'intervalle.

« S'il la produit au moment même où les particuliers l'eussent produite, son intervention est encore nuisible, car il produit à plus haut prix que les particuliers.

« Si, enfin, il la produit plus tôt, la société n'est pas moins lésée...; vous vous récriez. Je vais vous le prouver.

« Avec quoi produit-on ? Avec du travail et du capital. Comment une particulier qui entreprend une industrie nouvelle se procure-t-il du travail et du capital ? En allant chercher des travailleurs et des capitaux dans les endroits où les services de ces agents de la production sont le moins utiles, où, en conséquence, on les paye le moins cher.

« Lorsqu'un produit nouveau est plus faiblement demandé que les produits

nant de manière à couvrir tout ou partie du montant de ses
frais de production et en créant ainsi à ses produits un débouché artificiel, aux dépens des débouchés de tous les autres produits; soit, au contraire, en renchérissant ou même en interdisant la production nouvelle, de manière à retarder autant que
possible l'époque de son éclosion naturelle. Ce genre d'intervention, dont nous aurons à discuter le mérite lorsque nous
nous occuperons de la consommation, s'appuie sur une proposition dont la vérité devient de jour en jour plus contestable,

---

anciens, lorsqu'on ne couvrirait pas encore ses frais en le créant, les particuliers s'abstiennent soigneusement de le créer. Ils n'en commencent la production qu'au moment où ils sont assurés de couvrir leurs frais.

« Où le gouvernement qui les devance va-t-il puiser le travail et le capital
dont il a besoin? Il les puise où les particuliers les auraient puisés eux-
mêmes, dans la société. Mais en commençant une production avant que les
frais en puissent encore être couverts, ou bien avant que les profits naturels
de cette entreprise nouvelle soient au niveau de ceux des industries existantes,
le gouvernement ne détourne-t-il pas les capitaux et les bras d'un emploi plus
utile que celui qu'il leur donne? N'appauvrit-il pas la société au lieu de l'enrichir?

« Le gouvernement a entrepris trop tôt, par exemple, certaines lignes de
canaux qui traversent des déserts. Le travail et le capital qu'il a consacrés à
la construction de ces canaux, encore inachevés après un quart de siècle,
étaient certainement mieux employés où il les a pris. En revanche, il a commencé trop tard et trop peu multiplié les télégraphes dont il s'est réservé le
monopole ou la concession. Nous ne possédons que deux ou trois lignes de
télégraphes électriques; encore sont-elles à l'usage exclusif du gouvernement
et des compagnies de chemins de fer. Aux États-Unis, où cette industrie est
libre, les télégraphes électriques se sont multipliés à l'infini et ils servent
à tout le monde..... » (*Les Soirées de la rue Saint-Lazare*, huitième soirée,
p. 219.)

savoir que les gouvernés sont moins aptes que le gouvernement à discerner ce qui leur est utile.

Mais en laissant à part la question de la légitimité ou de l'utilité des divers besoins qui se manifestent dans l'homme, nous
pouvons affirmer que la production tend toujours, *d'elle-même*,
à se mettre en harmonie avec eux ; nous pouvons affirmer
qu'aussitôt qu'une chose non encore produite acquiert une utilité proportionnée à celle des choses déjà produites, elle ne
tarde pas à être offerte aux consommateurs, car les agents productifs sont attirés dans cette nouvelle direction, avec d'autant
plus de force que le produit est plus demandé, c'est à dire qu'il
a acquis plus d'utilité.

Sous le régime de la production divisée comme sous le régime
de la production isolée, l'éclosion des différentes branches de
l'industrie humaine tend donc à s'opérer toujours conformément aux besoins du consommateur et aux ressources dont il
dispose pour les satisfaire, c'est à dire *dans le temps le plus
utile.*

II. *Chacune des branches de la production s'établit-elle toujours
dans le lieu, sous la forme et dans les conditions les plus utiles?*

Quand vous portez vos regards sur la carte économique du
monde, vous vous apercevez au premier coup d'œil que chaque
contrée ne produit pas indifféremment toutes choses; vous vous
apercevez que la production a sa distribution topographique
comme elle a son développement chronologique. Ainsi, le blé
ne croît guère que dans les régions tempérées, le riz exige un
climat plus chaud, le café, le coton, les épices ne peuvent être
produits que sous les latitudes les plus basses. Il en est de
même pour les minéraux. Chaque région du globe a ses gisements particuliers de minéraux comme elle a ses gisements

d'animaux et de plantes. Enfin, si l'on étudie la race humaine dans les différentes contrées du globe, on se convaincra que les facultés dont elle est pourvue peuvent être assujetties aussi à un classement topographique. Il y a certainement une relation qui nous échappe entre la formation du règne minéral et celle des deux autres règnes ; il y a des rapports mystérieux qui unissent les minéraux, les plantes et les animaux et qui déterminent leur distribution. En tous cas, le coup d'œil le plus superficiel jeté sur notre globe suffit pour démontrer que tous les genres de production ne peuvent s'établir en tous lieux.

Ces conditions de lieu ne se manifestent pas seulement de contrée à contrée ; elles s'observent encore dans le choix des localités où chaque industrie établit ses principaux foyers. Ainsi la plupart des industries de luxe se sont concentrées à Paris, sauf l'industrie de la soie dont le foyer est à Lyon. En Belgique, la production du drap s'est concentrée à Verviers et celle du coton à Gand. Cette localisation industrielle ne s'est pas opérée d'une manière arbitraire. Des causes naturelles, résidant dans le climat, dans le gisement des matières premières et des facultés industrielles des populations, déterminent chacune des branches de la production à se caser dans telle localité plutôt que dans telle autre. Des causes artificielles interviennent aussi pour déterminer la localisation des industries parfois à contre-sens de la nature.

On peut affirmer, d'une manière générale, que toutes les industries tendent à se localiser dans les endroits où les difficultés de la production sont les moins considérables, où la production est la plus économique. Il en est ainsi, soit qu'elle se trouve placée sous le régime du monopole, soit qu'elle se développe sous la loi de la concurrence.

Dans le premier cas, les producteurs peuvent s'attribuer, en grande partie, les bénéfices des progrès qu'ils réalisent. Or, se placer dans une localité où la production est plus facile qu'ailleurs, n'est-ce pas réaliser un progrès? Les producteurs se trouvent ainsi excités, même sous le régime du monopole, à se placer dans les endroits les plus favorables à l'exercice de leur industrie.

Dans le second cas, savoir sous le régime de la concurrence, le prix des choses tend irrésistiblement à se mettre au niveau des difficultés de la production, dans les endroits où elle est la plus économique. Il en résulte que les producteurs placés dans des localités peu favorables ne peuvent obtenir un prix suffisant pour couvrir leurs frais. Cela étant, ils finissent par être dépouillés peu à peu des éléments de production dont ils disposent et par cesser de produire. Sous ce régime, les producteurs se trouvent dont excités, bien plus énergiquement encore que sous le régime du monopole, à se fixer dans les localités les plus favorables à l'exercice de leur industrie. En effet, dans le cas du monopole, c'est uniquement l'appât d'un supplément de bénéfice qui les y provoque; dans le cas de la concurrence, ils y sont tenus sous peine de mort industrielle.

Si aucun obstacle ne s'était opposé depuis l'origine des sociétés à la bonne distribution topographique de la production, il est présumable qu'après une foule de tâtonnements et d'écoles, ses différentes branches auraient fini par se localiser de la manière la plus conforme à la distribution des ressources particulières du sol et du climat, comme aussi au génie particulier des populations.

Malheureusement cette distribution économique de la production a rencontré des obstacles de tous genres. Elle en a rencontré dans la nature, elle en a rencontré aussi dans les hommes.

La difficulté naturelle des communications a été jusqu'à présent le principal obstacle à une bonne distribution topographique de la production. Cette difficulté inhérente à l'imperfection ou à l'insuffisance originaire des moyens de transport, a permis à certaines industries de s'établir dans des localités naturellement peu favorables et de subsister, ainsi placées, sous la protection de l'obstacle des distances.

D'autres causes, provenant des passions ou des mauvais calculs de l'homme, telles que la guerre et la prohibition, ont agi encore pour entraver la distribution économique de la production. Voici une comparaison qui pourra vous montrer, je pense, avec une certaine clarté, de quelle manière elles ont agi.

Il y a un fait qui doit vous avoir frappés, car vous pouvez l'observer à Bruxelles mieux que partout ailleurs, c'est la manière incommode et anti-économique dont la plupart des anciennes villes sont bâties; c'est la mauvaise situation dans laquelle elles sont placées. Bruxelles, par exemple, est bâti sur le versant d'une colline. La partie supérieure de la ville est sur un plateau, la partie inférieure est dans un marais. Les habitants de Bruxelles passent leur vie à monter et à descendre. Si l'on évaluait la force et le temps qui sont perdus, les matériaux qui sont usés dans ces montées et dans ces descentes continuelles, en d'autres termes, si l'on supputait ce que Bruxelles a perdu, depuis son origine, à n'être pas bâti sur un terrain plat, on arriverait certainement à un total énorme. Une autre particularité caractérise encore les anciennes villes, c'est l'étroitesse incommode et insalubre des rues. Cependant, si l'on examine les environs de ces villes bâties sur le flanc des montagnes et resserrées dans une étroite enceinte, on apercevra, le plus souvent, des plaines magnifiques, offrant un choix d'emplacements vastes et commodes pour l'établissement d'une cité. Enfin, si l'on visite un pays neuf, les États-Unis par exemple, on remarquera que les habitants choisissent de préférence pour bâtir leurs villes non les montagnes, mais les plaines; on remarquera aussi que l'espace n'est pas épargné dans les villes d'Amérique, que les places et les *squares* y abondent et que les rues y ont toute la largeur désirable.

D'où proviennent ces différences dans le choix de l'emplacement des villes et dans la manière de les bâtir? Devons-nous croire que nos ancêtres préféraient les montagnes aux plaines et les rues étroites aux rues larges? Devons-nous croire qu'ils préféraient ce qui est incommode et malsain à ce qui est commode et sain? Nullement. Ce n'était point par goût qu'ils se logeaient sur le flanc des montagnes et dans des rues étroites et malsaines; c'était par nécessité. Ils y étaient contraints par la guerre.

A l'époque où le plus grand nombre de nos anciennes villes ont été bâties, on ne trouvait de sécurité nulle part. Partout, le citoyen paisible courait incessamment le risque d'être volé ou assassiné. Au moyen âge, par exemple, l'insécurité était universelle. Les conquérants barbares s'étaient établis dans les endroits les plus inaccessibles; ils y avaient bâti des châteaux forts, et ils s'élançaient de ces nids de vautours sur les contrées avoisinantes pour les piller ou les rançonner. Trop faibles pour leur résister, les victimes de leurs déprédations songèrent alors à composer régulièrement avec eux comme on compose avec les bandits, dans les pays où le gouvernement est sans force.

Ils s'assurèrent contre leurs incursions et leurs pillages en leur payant un tribut. Mais comme les bandes qui ravageaient le pays étaient nombreuses, ce procédé serait devenu fort dispendieux s'il avait fallu payer un tribut à chacune. On s'adressait donc à la bande la plus forte pour obtenir sa protection contre les autres bandes. Cette protection, on l'obtenait moyennant un tribut plus ou moins élevé, selon les circonstances. Enfin, pour que la garantie fût plus sûre, la protection plus efficace, les protégés se logeaient aussi près que possible de leurs protecteurs. D'ordinaire, ils s'établissaient immédiatement au dessous des châteaux forts, afin de pouvoir s'y réfugier en cas d'alerte. Ce fut ainsi que se bâtirent le plus grand nombre des villes, dont l'origine remonte au moyen âge. Les premières maisons s'élevèrent au dessous des fossés du château, et les autres s'échelonnèrent, comme en amphithéâtre, sur les gradins inférieurs. Aussitôt que les habitants se trouvèrent réunis en nombre suffisant, ils environnèrent leur cité de murailles pour compléter leur système de défense.

Quand on se rend compte des nécessités du temps, on comprend aussi pourquoi les rues étaient si étroites. C'est que les murailles avaient été bâties à une époque où les habitants, encore en petit nombre, resserraient, autant que possible, leurs lignes de défense. Mais, à mesure que la population s'accroissait, il fallait plus de place pour la loger. Que faisait-on pour résoudre ce problème? On augmentait la hauteur des maisons et l'on diminuait la largeur des rues. On parvenait ainsi à loger un *maximum* de population dans l'intervalle compris entre les lignes de défense. On aurait pu, à la vérité, reculer les murs d'enceinte de la cité, mais cette opération, exigeant une dépense considérable, on la retardait autant que possible.

Une partie de la population aurait pu se loger aussi en dehors des portes, mais, dans les premiers siècles qui suivirent les grandes invasions des barbares, elle ne s'y serait pas trouvée suffisamment en sûreté. Voilà pourquoi les populations s'entassaient sur le flanc des montagnes au lieu de se loger commodément dans les plaines. Ce n'était point par goût, c'était par nécessité.

Cependant, la sécurité s'est progressivement accrue. La féodalité a disparu et la guerre avec elle, du moins dans l'intérieur de chaque pays. Alors, qu'est-il arrivé? C'est que la population urbaine à tendu à se déplacer, c'est qu'elle a choisi des emplacements plus commodes et plus sains que ceux où le soin de sa sécurité l'obligeait d'abord à se confiner. La population des villes hautes est généralement descendue dans les plaines avoisinantes et elle y a bâti les *villes basses*. Les faubourgs doivent leur origine à ce progrès de la sécurité, qui permettait aux hommes industrieux et paisibles de vivre désormais en dehors d'une enceinte fortifiée (1).

Ce mouvement de déplacement de la population des anciennes

---

(1) Dans certains pays où la sécurité n'a pas fait de progrès, dans la Calabre par exemple, l'enceinte des villes seule est habitée. C'est ainsi du moins que Paul Louis Courier peint la Calabre dans sa correspondance :

« Dans la Calabre actuelle, dit-il, ce sont des bois d'orangers, des forêts d'oliviers, des haies de citronniers. Tout cela sur la côte et seulement près des villes. Pas un village, pas une maison dans la campagne ; elle est inhabitable, faute de police et de lois. Mais comment cultive-t-on ? direz-vous ? Le paysan loge en ville et laboure la banlieue; partant tard le matin, il rentre avant le soir. Comment oserait-on coucher dans une maison des champs ? On y serait égorgé dès la première nuit. » (PAUL LOUIS COURIER, *Correspondance*. Lettre à M. de Sainte-Croix, datée de Mileto, 12 septembre 1806.)

villes s'est, du reste, opéré lentement, car les maisons sont des capitaux *durables* que leurs propriétaires ne se résignent pas aisément à abandonner, et qu'ils louent à vil prix plutôt que de les démolir ; mais c'est un mouvement universel. Nos villes tendent de plus en plus à quitter les versants des montagnes ou des collines pour s'épandre largement dans les plaines, et ce mouvement s'opère, le plus souvent, en dépit des résistances des administrations municipales qui s'efforcent de « protéger » les vieux quartiers aux dépens des nouveaux.

Vous voyez quelle influence considérable la guerre a exercée sur « l'assiette » des anciennes villes. Elle n'en a pas exercé une moindre sur l'assiette de la production.

Lorsque la guerre était l'état normal des sociétés, les producteurs, en choisissant un emplacement pour leur industrie, avaient égard, avant tout, au degré de sécurité qu'il pouvait leur offrir. C'était la condition principale. La difficulté naturelle des communications,—difficulté que la guerre augmentait encore, — rendait d'ailleurs toute concurrence fort difficile sinon impossible.

Mais, à la longue, la guerre a cessé d'être l'état normal de la société, et l'industrie de la locomotion, dont elle enrayait les progrès, s'est rapidement développée et perfectionnée. Alors l'assiette de la production a été menacée d'une révolution analogue à celle qui vient d'être signalée dans l'emplacement des cités. Des établissements que la guerre et la difficulté naturelle des communications avaient jusqu'alors préservés de la concurrence, ont vu leur clientèle passer à d'autres établissements situés dans des conditions plus favorables, et leur ruine aurait été certaine si l'on n'avait imaginé de remplacer, à leur profit, les entraves de la guerre par celles des barrières de douanes, les

soldats par des douaniers. Le *système prohibitif* eut primitive-
ment pour objet de neutraliser les effets de la paix et du développement progressif des communications internationales, au
profit des établissements qui s'étaient constitués sous le régime
antérieur. Il fut établi en vue d'empêcher les industries mal
placées de succomber sous l'effort des concurrences que cette
nouvelle situation de la société faisait surgir.

A coup sûr, ce système était peu intelligent, car il perpétuait
pour les peuples la plus grosse part des maux de la guerre. Il
empêchait la production de s'établir dans la situation la plus
favorable, et il faisait ainsi obstacle à l'abaissement naturel des
prix. Mais s'il lésait les intérêts des masses, il favorisait, en
revanche, ceux des propriétaires des fonds immobiliers servant
à la production, et ces propriétaires, qui jouissaient d'une
influence prépondérante dans la plupart des États civilisés, ne
se firent point scrupule de faire prévaloir leurs intérêts sur ceux
du reste de la nation.

De même, si les propriétaires des habitations situées sur le
flanc des montagnes avaient eu le pouvoir d'empêcher les populations urbaines d'aller se loger dans les plaines, ils ne se
seraient vraisemblablement point fait scrupule d'user de ce pouvoir. Ils auraient établi des douanes pour empêcher ces populations de s'épandre en dehors de l'enceinte des anciennes
cités. Les habitants des villes auraient continué alors, indéfiniment, de supporter une partie des maux auxquels les soumettait l'anarchie féodale. Ils auraient continué de vivre dans des
maisons bâties et entretenues à grands frais sur le flanc des
montagnes, chères, incommodes et malsaines.

Telle a été l'influence du système prohibitif sur la plupart
des branches de l'industrie humaine. Ç'a été de maintenir sous

un régime de paix les conditions de production et les prix d'un
régime de guerre.

Mais la guerre et le système prohibitif qui la continue fini-
ront certainement par disparaître. Lorsque la guerre aura cessé
d'exister d'une manière normale, lorsqu'elle ne sera plus qu'un
accident dans la vie de l'humanité, lorsque le système prohi-
hitif aura été abandonné, la production se localisera d'elle-
même de la manière la plus conforme à la nature.

Restera encore, à la vérité, la difficulté naturelle des communications qui continuera de protéger, dans une certaine
mesure, les industries mal situées. Mais il ne faut pas oublier
que l'application de la vapeur et de l'électricité à la locomotion
est en train de révolutionner l'industrie des transports ; il ne
faut pas oublier que les distances s'annulent, pour ainsi dire,
devant ces deux agents formidables. La protection résultant de
l'obstacle des distances s'annule avec elles, et chacune des
branches de la production se trouve ainsi, de plus en plus,
mise en demeure de se placer dans la situation la plus économique.

Ce qui est vrai pour le *temps* et le *lieu* où se développent les
différentes branches de la production ne l'est pas moins pour le
mode de leur établissement, pour la *forme* sous laquelle elles
se constituent. Ici encore rien n'est arbitraire, rien n'est « anarchique. » Les entreprises de production tendent à se constituer
toujours sous la forme et dans les limites les plus utiles, eu
égard aux circonstances. On conçoit encore qu'il en soit ainsi.
S'il y a concurrence, les producteurs seront obligés d'adopter
pour leurs entreprises les formes et les limites qui leur permettront de réduire leurs frais de production au *minimum,* c'est
à dire les formes et les limites les plus économiques. Dans ce

cas, les consommateurs profiteront de l'abaissement de prix qui en résultera. S'il y a monopole, l'excitation à choisir les formes et les limites les plus utiles sera moindre, et il arrivera fréquemment sous ce régime que les entreprises de production seront mal constituées et limitées d'une manière peu économique. Toutefois, les producteurs auront encore intérêt à choisir les formes et les limites les plus utiles, sinon par l'appréhension d'une perte, au moins par l'appât d'un bénéfice, car ils tireront profit de l'économie résultant de toute modification progressive de la constitution et des limites de leur entreprise.

Cela posé, la forme et les limites des entreprises de production sont essentiellement diverses et mobiles. Telles formes et telles limites peuvent convenir à un certain genre d'entreprises et ne pas convenir à un autre; telles formes et telles limites, qui peuvent encore se trouver appropriées à certaines circonstances de temps ou de lieu, doivent être abandonnées ou modifiées lorsque ces circonstances changent ou se modifient.

Cette partie de la science économique est encore peu avancée, et nous en avons la preuve dans les discussions qu'elle suscite journellement. Ainsi, nous avons vu, à une époque récente, certaines écoles condamner, d'une manière absolue, la constitution actuelle de la production, et demander qu'on substituât aux entrepreneurs d'industrie des associations de travailleurs. L'essai de cette nouvelle forme de la production a été fait, mais il n'a réussi que d'une manière partielle et insuffisante. Est-ce à dire que le régime des « associations ouvrières » doive être condamné d'une manière irrévocable? Non, à coup sûr, car telle forme de la production qui vaut aujourd'hui moins que telle autre, peut valoir davantage demain. Il en est de même pour les limites des entreprises de production. On discute beaucoup, par exemple, sur la grande et sur la petite culture. L'une et l'autre ont des partisans exclusifs et fanatiques. Qu'est-il résulté cependant des débats auxquels cette question intéressante a donné lieu? C'est que dans certains pays, à certaines époques et pour certains produits agricoles, la grande culture est plus avantageuse que la petite, tandis qu'elle l'est moins dans d'autres pays, à d'autres époques et pour d'autres produits. L'essentiel, c'est de laisser pleine liberté aux producteurs de choisir les formes et les limites qui leur paraissent préférables, car ils sont irrésistiblement poussés à adopter celles qui présentent un *maximum* d'utilité ou d'économie, eu égard aux circonstances.

Quand on examine les formes et les limites des entreprises de production, il faut avoir égard avant tout à la situation des milieux où elles s'établissent. Cela n'empêche pas que les unes ne puissent être plus parfaites que les autres. De même que la production acquiert chaque jour un matériel plus puissant, un personnel plus instruit et plus habile, elle s'établit aussi sous des formes et dans des limites de plus en plus économiques. Mais c'est là un progrès qui a ses conditions naturelles, et qu'on essayerait en vain d'accélérer en implantant, par exemple, de nouveaux modes d'organisation de la production dans un pays et dans un temps qui ne les comportent pas encore. C'est comme si l'on voulait remplacer la force des chevaux ou même celle des hommes par celle de la vapeur, dans un pays où les chevaux et les hommes seraient en abondance, ainsi que les aliments nécessaires pour les faire subsister, tandis que les matériaux qui entrent dans la construction des machines, le combustible qui sert à les alimenter, les connaissances indispensables pour les diriger, seraient rares. Malgré sa supériorité intrinsèque, la machine à vapeur ne pourrait, dans de telles circonstances, soutenir la concurrence de la bête de somme ou de l'homme de peine. La même observation s'applique aux formes et aux limites de la production. C'est pour n'y avoir pas pris garde que certains socialistes ont réclamé d'une manière si peu opportune la substitution immédiate et générale des associations ouvrières aux entrepreneurs d'industrie, et que certains économistes ont commis la faute de se faire les avocats exclusifs de la grande ou de la petite culture.

En résumé, soit qu'on observe les entreprises de production, au point de vue du temps et du lieu où elles s'établissent, de la forme sous laquelle elles se constituent, des limites dans lesquelles elles se développent, on demeure frappé du même phénomène, savoir, qu'elles ont une irrésistible tendance à s'organiser toujours de la manière la plus utile. Cette tendance existe dans la production divisée au même degré que dans la production isolée. Dans l'une comme dans l'autre, c'est l'intérêt du producteur qui agit pour la faire naître ; seulement, dans la production isolée, cet intérêt agit sans aucun intermédiaire, tandis que, dans la production divisée, il agit à l'aide du mécanisme naturel de la formation des prix.

Nous verrons dans la prochaine leçon que ce même mécanisme détermine, sous le régime de la spécialisation des industries et de l'échange, la proportion utile des différentes industries et des différents produits, en d'autres termes, l'équilibre de la production avec la consommation.

SIXIÈME LEÇON

L'ÉQUILIBRE DE LA PRODUCTION ET DE LA CONSOMMATION

Importance du problème de l'équilibre de la production et de la consommation. — Comment il se résout sous le régime de la production isolée. — Que M. de Sismondi le croyait insoluble, sous le régime de la production divisée, aussi longtemps qu'elle demeurerait abandonnée à elle-même. — Apologue de M. de Sismondi. — Comment ce problème se résout par l'action de la loi qui préside à la formation des prix. — Causes perturbatrices qui font obstacle à l'équilibre de la production et de la consommation. — L'inconstance des saisons; — le défaut ou l'insuffisance de la connaissance du marché; — le monopole. — Que ces causes perturbatrices s'atténuent et disparaissent peu à peu sous l'influence de la loi de la formation des prix. — Que l'anarchie est un fait exceptionnel dans la production; que c'est l'ordre qui est la règle.

Il nous reste à examiner un point des plus importants, savoir si chacune des branches de la production se développe toujours dans la proportion la plus utile, c'est à dire de manière à pourvoir, ni plus ni moins, au genre de consommation en vue duquel elle est établie.

Je dis que ce point est des plus importants. Il ne suffit pas, en effet, de savoir de combien la spécialisation des industries et des fonctions productives a augmenté la masse des richesses produites ; il ne suffit pas non plus de savoir que c'est au moyen de l'échange que des hommes qui passent leur vie, celui-là à labourer la terre et à semer du grain, celui-ci à façonner du fil ou des étoffes de coton, cet autre à fabriquer des têtes d'épingles, se procurent les choses nécessaires au maintien de leur existence ; il importe encore et, par dessus tout, de savoir comment est régularisée la production ainsi spécialisée, divisée ; comment il se fait que l'on ne produise point incessamment trop d'une denrée et trop peu d'une autre ; qu'il n'y ait point ici surabondance, là disette des choses nécessaires à la consommation.

Si le mécanisme de la spécialisation des industries et des fonctions productives, de la division du travail et de l'échange n'existait point, si chaque homme produisait lui-même isolément les choses qui lui sont nécessaires, le problème du développement utile de la production ou de *l'équilibre de la production et de la consommation* ne se poserait point. Nous avons vu plus haut, en effet, que chacun emploierait dans ce cas les éléments de production dont il disposerait, à créer les choses qui lui seraient le plus utiles. En d'autres termes, comme producteur, chacun s'appliquerait à créer et à *offrir* les choses qu'il *demanderait* le plus comme consommateur. Ainsi, l'homme isolé produirait d'abord des aliments pour son usage, il se fabriquerait ensuite des vêtements, se construirait un abri, etc., toutes ces choses dans l'ordre marqué par leur degré d'utilité, ou, ce qui revient au même, par l'intensité du besoin auquel elles seraient destinées à pourvoir. Chacun proportionnerait exac-

tement, sauf toutefois les erreurs de calcul et les écarts provenant de l'inconstance des saisons, sa production à sa consommation. Seulement, comme les moyens de production dont
chacun pourrait disposer seraient fort limités, comme la puissance productive de chacun serait très faible, l'homme ne pourrait satisfaire, même dans les régions les plus favorisées du
ciel, qu'une faible portion de ses besoins et encore d'une manière bien incomplète.

Dans le régime économique qui s'est successivement substitué
à celui de la production isolée, régime fondé sur la division du
travail et l'échange, la puissance productive de chacun se trouvant accrue dans une proportion énorme, l'homme peut donner
à ses besoins une satisfaction beaucoup plus ample. Mais comment le problème de l'équilibre de la production et de la consommation est-il résolu sous ce nouveau régime? Comment se
fait-il que les milliers d'objets différents qui entrent dans la
consommation d'un seul individu, et qu'une multitude d'hommes
placés souvent à des distances considérables des lieux de consommation ont concouru à produire, comment se fait-il que ces
objets puissent être produits dans la proportion utile? Comment se fait-il que l'on ne produise pas journellement des
quantités trop fortes ou trop faibles des nombreuses denrées
qui entrent dans la consommation de l'homme?

Parmi les économistes qui ont principalement tourné leur
attention vers cet intéressant problème, M. de Sismondi doit
être cité en première ligne. M. de Sismondi ne pensait pas que
l'équilibre pût s'établir de lui-même, par une impulsion naturelle, entre la production et la consommation. Effrayé du développement extraordinaire et d'ailleurs un peu artificiel qui
avait été donné, de son temps, à la production manufactu-

rière, il se demanda si l'on ne produisait pas trop, et il exprima ses appréhensions sous la forme d'un apologue des plus ingénieux :

Nous nous souvenons d'avoir entendu conter dans notre enfance, qu'au temps des enchantements, Gandalin, qui logeait un sorcier dans sa maison, remarqua qu'il prenait chaque matin un manche à balai, et que disant sur lui quelques paroles magiques il en faisait un porteur d'eau qui allait aussitôt chercher pour lui autant de seaux d'eau à la rivière qu'il en désirait. Gandalin, le matin suivant, se cacha derrière une porte, et, en prêtant toute son attention, il surprit toutes les paroles magiques que le sorcier avait prononcées pour faire son enchantement ; il ne put entendre cependant celles qu'il dit ensuite pour le défaire. Aussitôt que le sorcier fut sorti, Gandalin répéta l'expérience ; il prit le manche à balai, il prononça les mots mystérieux, et le manche à balai porteur d'eau partit pour la rivière et revint avec sa charge, il retourna et revint encore, une seconde, une troisième fois ; déjà le réservoir de Gandalin était plein d'eau et inondait son appartement. C'est assez, criait-il, arrêtez ; mais l'homme-machine ne voyait et n'entendait rien ; insensible et infatigable, il aurait porté dans la maison toute l'eau de la rivière. Gandalin, au désespoir, s'arma d'une hache, il en frappa à coups redoublés son porteur d'eau insensible, il voyait alors tomber sur le sol les fragments du manche à balai, mais aussitôt ils se relevaient, ils revêtaient leur forme magique et couraient à la rivière. Au lieu d'un porteur d'eau, il en eut quatre, il en eut huit, il en eut seize ; plus il combattait, plus il renversait d'hommes-machines, et plus d'hommes-machines se relevaient pour faire, malgré lui, son travail. La rivière tout entière aurait passé chez lui, si heureusement le sorcier n'était revenu et n'avait détruit le charme.

L'eau cependant est une bonne chose, l'eau, non moins que le travail, non moins que le capital, est nécessaire à la vie. Mais on peut avoir trop, même des meilleures choses. Des paroles magiques prononcées par

des philosophes, il y a bientôt soixante ans, ont remis le travail en honneur. Des causes politiques, plus! puissantes encore que ces paroles
magiques, ont changé tous les hommes en industriels ; ils entassent les
productions sur les marchés bien plus rapidement que les manches à
balai ne transportaient l'eau, sans se soucier si le réservoir est plein.
Chaque nouvelle application de la science aux arts utiles, comme la
hache de Gandalin, abat l'homme-machine que des paroles magiques
avaient fait mouvoir, mais pour en faire relever aussitôt deux, quatre,
huit, seize, à sa place; la production continue à s'accroître avec une
rapidité sans mesure. Le moment n'est-il pas venu, le moment du moins
ne peut-il pas venir, où il faudra dire : c'est trop (1)?

Les socialistes ont, comme chacun sait, largement exploité
cet apologue. Ils ont prétendu que la société, abandonnée à
elle-même, ignorait les paroles qu'il fallait dire pour équilibrer
la production avec la consommation, et qu'à mesure que le
progrès industriel rendait la production plus facile et plus
abondante, la société se trouvait plus exposée à une « inondation de produits. » Cette appréhension est-elle fondée? N'y
a-t-il aucune loi régulatrice qui serve à proportionner la production aux besoins de la consommation, comme faisaient les
paroles du sorcier pour arrêter la course du manche à balai?
Nous allons voir que cette loi régulatrice n'est autre que la loi
d'équilibre qui préside à la formation des prix.

Chaque homme engagé dans le mécanisme de la production
divisée *demande* les choses dont il a besoin, à commencer par
celles qui lui sont le plus nécessaires. Voilà donc une multitude de choses demandées. Mais comme on ne peut demander

---

(1) SIMONDE DE SISMONDI, *Études sur l'économie politique*, tom. Ier, p. 60.

une chose sans en *offrir* une autre en échange, voilà, du même coup, une multitude de choses offertes, ou, si l'on veut, une multitude de *demandes* et d'*offres*. Or quel est l'intérêt de chacun des individus engagés dans le mécanisme de la production divisée ? C'est d'obtenir en échange de la chose qu'il offre, la plus grande quantité possible des choses qu'il demande ; c'est, en conséquence, d'offrir les denrées à la fois les plus utiles et les plus rares, parce que le pouvoir d'échange de ces denrées ou leur valeur comparée à celle des autres est à son maximum.

Cela posé, nous avons vu qu'il suffit d'apporter au marché ou d'en retirer une faible quantité d'une denrée pour en abaisser ou en élever considérablement la valeur. Que résulte-t-il de là ? C'est que chaque producteur se trouve intéressé au maximum à produire et à mettre au marché les choses les plus utiles et les plus rares comparativement aux autres, parce que ce sont celles-là qui ont le plus de valeur, et qui peuvent, en conséquence, lui procurer la plus forte quantité possible des autres choses. Chacun est donc intéressé toujours à appliquer les éléments de production dont il dispose, à l'industrie la plus utile à la société, c'est à dire à celle dont les produits sont à la fois le plus demandés et le moins offerts. Chacun est intéressé aussi à ne jamais mettre au marché une quantité trop considérable de ces produits, sous peine d'en voir diminuer, de la manière la plus dommageable pour lui, le pouvoir d'échange.

Tous les produits nécessaires à la consommation sont ainsi apportés au marché dans la proportion la plus utile, ou, s'ils ne le sont point, ils tendent continuellement à l'être. En effet, que l'un de ces produits ne soit point apporté en quantité suffisante, eu égard au besoin qu'on en a, et l'on verra aussitôt sa valeur hausser en raison composée de son utilité et de sa rareté. Chacun sera, en conséquence, intéressé à produire cette chose de préférence à toute autre, jusqu'à ce que l'équilibre soit rétabli. Que l'on mette, en revanche, au marché, une quantité trop considérable d'un produit, et l'on verra la valeur de ce produit baisser également en raison composée, en sorte qu'on sera intéressé de plus en plus à en diminuer la production. C'est ainsi que se résout de lui-même, par l'action de la loi de la formation des prix, le problème de l'équilibre de la production et de la consommation.

Différentes causes agissent cependant pour empêcher cet ordre naturel de s'établir ou pour le troubler lorsqu'il est établi. Citons-en quelques-unes.

I. *L'inconstance des saisons qui rend incertains et inégaux les résultats de la production agricole.*

Cette cause, dont l'importance est si considérable, agit, comme nous l'avons vu, sur la production isolée aussi bien que sur la production divisée. Vous vivez seul et vous consacrez avant tout une portion des forces et des éléments dont vous disposez à produire les substances nécessaires à votre consommation. Guidé par votre intérêt, vous vous efforcez de proportionner cet emploi de vos forces productives à votre besoin de nourriture. Vous vous efforcez de n'y consacrer que juste le nécessaire, ni trop ni trop peu : ni trop, afin de consacrer le restant de vos forces et de votre temps à la satisfaction de vos autres besoins : ni trop peu, afin de ne pas vous exposer à manquer d'aliments. Mais l'instabilité des saisons vient déranger toutes vos prévisions. Si la saison est favorable, il se pourra que votre récolte dépasse du tiers ou de la moitié la quantité sur laquelle vous aviez compté. Si la saison est mauvaise, votre récolte pourra demeurer, au contraire, du tiers ou de la moitié au dessous de vos prévisions. Dans le premier cas, vous aurez fait, sans le vouloir à la vérité, un mauvais emploi d'une portion de vos forces productives, puisqu'en consacrant une moindre portion de ces forces à votre production alimentaire, vous auriez obtenu toute la quantité d'aliments qui vous est nécessaire. Dans ce cas, il y aura déperdition d'aliments, à moins que vous ne puissiez conserver jusqu'à l'année suivante le surplus de votre récolte, ce qui vous permettra de réduire alors d'autant votre production alimentaire, au profit de la satisfaction de vos autres besoins. Si la saison est mauvaise, le mal aura plus de gravité encore, car vous manquerez des denrées nécessaires à la conservation de votre existence, et vous serez condamné à subir toutes les horreurs de la faim.

Voyons maintenant comment agit cette cause perturbatrice dans la production divisée. Si la saison est favorable, si la récolte est surabondante, si la quantité des substances alimentaires produites dépasse la proportion utile, leur valeur baisse. Elle baisse, et chose assez curieuse, mais qui n'est qu'un effet de la loi des quantités et des prix, les producteurs des denrées agricoles en mettant au marché plus d'aliments n'obtiennent pas en échange autant des autres denrées que si la proportion utile n'avait point été dépassée. Ils subissent, en conséquence, une perte, un dommage, et l'économie entière de la société s'en trouve plus ou moins troublée.

Si la saison est mauvaise, au contraire, si la quantité des denrées alimentaires produites n'atteint pas la proportion utile, leur valeur hausse. Elle hausse, à moins que le déficit ne puisse être comblé par l'excédant des récoltes des années précédentes ou des autres contrées, et les producteurs de denrées agricoles obtiennent en échange une proportion plus forte de toutes les autres denrées que s'il n'y avait pas eu déficit. Le dommage retombe, en ce cas, sur les consommateurs des produits agricoles qui sont obligés de s'imposer plus de sacrifices pour se procurer une quantité insuffisante d'aliments qu'ils ne faisaient auparavant pour s'en procurer une quantité suffisante. Le mal s'étend et se ramifie alors à l'infini, et parfois des classes nombreuses en sont victimes.

Le problème à résoudre consisterait à déterminer, au moins d'une manière approximative, la loi de variation des récoltes, afin de pouvoir connaître, en moyenne, la surface à mettre en culture pour obtenir des aliments dans la proportion utile. Que si cette loi ne pouvait être déterminée, au moins faudrait-il pouvoir toujours reporter aisément les excédants de récoltes des pays et des années où il y a surabondance vers les pays et les années où il y a disette. Jusqu'à nos jours, l'imperfection des procédés employés pour la conservation des blés et des autres substances alimentaires, la difficulté des communications, les lois-céréales et les préjugés hostiles au commerce des blés ont rendu difficiles et précaires les opérations que nous venons de signaler. Mais des progrès notables ont été réalisés sous ces divers rapports, et il y a apparence que les denrées alimentaires pourront être de plus en plus aisément mises au marché dans la proportion utile.

II. *Le défaut ou l'insuffisance de la connaissance du marché.*

Cette deuxième cause perturbatrice de l'ordre économique ne se manifeste que sous le régime de la production divisée. Lorsque les hommes produisent isolément les choses qui leur sont nécessaires, rien n'est plus facile à chacun que de con-

naître son marché et d'organiser sa production en conséquence.
Il lui suffit pour cela de passer ses besoins en revue, de rechercher quels produits sont nécessaires pour les satisfaire et en
quelles quantités. Ayant acquis ainsi la connaissance de son
marché, il organise sa production de manière à satisfaire aussi
complétement que possible les besoins qui le sollicitent, à commencer par les plus urgents. Aussi longtemps que ses besoins
et ses moyens de production demeurent les mêmes, l'assiette
de sa production ne change point. L'inconstance des saisons ou
l'intervention de quelque fléau, d'une maladie des plantes alimentaires, d'une inondation, etc., seule peut mettre l'approvisionnement de l'homme isolé en désaccord avec sa demande.
soit que la production de certaines denrées vienne à dépasser
ses prévisions, soit qu'elle demeure en deçà.

Nous disons que l'assiette de la production demeure la même,
aussi longtemps que les besoins de l'homme isolé et les moyens
dont il dispose pour produire ne changent point. Mais elle se
modifie dès que l'un ou l'autre de ces deux éléments vient à
changer. Si les besoins se modifient, les moyens de production demeurant les mêmes, il faut que le producteur réduise un
genre de production pour en créer ou en augmenter un autre.
Dans ce cas, la masse de la production demeurera la même, la
distribution ou l'assiette seule en sera changée. Si les moyens
de production s'accroissent par suite d'un progrès quelconque,
si l'acquisition d'une force nouvelle, l'emploi plus habile et plus
économique d'une force existante permettent au producteur de
créer une quantité plus considérable de certaines denrées sans
y consacrer plus de temps, la production s'en trouvera à la fois
accrue et modifiée. Elle se trouvera accrue de toute la quantité
supplémentaire que l'acquisition de la nouvelle force permettra

de produire. Elle se trouvera modifiée parce que la force acquise
ne sera pas, selon toute apparence, consacrée à augmenter la
quantité d'un seul produit. Éclaircissons ceci par un exemple.
Un producteur que nous supposons isolé a besoin de chaussures
et il en fabrique chaque année deux paires pour son usage,
moyennant une certaine dépense de temps et de forces productives. Il découvre un procédé qui lui permet d'économiser
la moitié du temps et des forces qu'il employait à ce genre de
production, ou, ce qui revient au même, qui met à sa disposition un supplément de temps et de forces. Qu'en va-t-il faire?
En profitera-t-il pour fabriquer quatre paires de chaussures au
lieu de deux? Cela n'est pas probable, en admettant même
qu'il puisse user ces quatre paires de chaussures en une année.
Pourquoi? Parce qu'il n'éprouve pas seulement le besoin de se
chausser; parce qu'il est sollicité encore par une foule d'autres
besoins qui ne peuvent être satisfaits qu'imparfaitement, à
cause de l'insuffisance des moyens de production dont il dispose. Qu'il vienne à acquérir un supplément de forces productives, et il l'emploiera à donner une satisfaction plus complète
à l'ensemble des besoins qui le sollicitent, en commençant par
les plus intenses. Il se peut que le besoin de se chausser soit
du nombre de ceux-ci. Dans ce cas, le producteur isolé en
fabriquera probablement une paire de plus, puis il consacrera
à la satisfaction de ses autres besoins, le restant de la force
supplémentaire qu'il aura acquise. Sa production se sera donc
accrue, et, du même coup, la proportion existante entre les
éléments qui la composent se sera modifiée.

Mais soit que les besoins et les moyens de production de
l'homme isolé demeurent les mêmes, soit qu'ils se modifient, il
peut toujours aisément connaître sa consommation, c'est à dire

la nature et l'étendue du débouché qu'il s'offre à lui-même et organiser sa production en conséquence.

Dans la production divisée, le marché est beaucoup plus difficile à connaître, et les modifications qu'il subit amènent des complications inconnues dans la production isolée.

Que le marché soit plus difficile à connaître, cela se conçoit sans peine. Au premier abord, il semblerait même impossible d'apprécier d'avance ce qu'une population consommera d'une certaine denrée, et de déterminer, en conséquence, le débouché qu'elle offrira aux producteurs de cette denrée. L'expérience atteste cependant que cela se peut, au moins d'une manière approximative. Mais à mesure que la production s'est développée, la « connaissance du marché » n'en est pas moins devenue de plus en plus difficile.

Aux époques où l'industrie était encore dans l'enfance, la connaissance du marché pouvait être assez aisément obtenue. Alors, en effet, le monde se trouvait morcelé en une multitude de petits marchés, séparés complétement les uns des autres, soit par l'obstacle des distances, soit par d'autres obstacles naturels ou artificiels. Ces obstacles empêchaient la plupart des denrées d'être transportées au delà d'un rayon de consommation fort limité. Dans l'antiquité et dans le moyen âge, par exemple, les marchandises précieuses, celles qui renferment une valeur considérable sous un petit volume, l'or, l'argent, les pierreries, les parfums, les étoffes de luxe, etc., seules sont transportées à de longues distances. La guerre s'ajoute encore à l'obstacle naturel des distances pour limiter le rayon des échanges. En outre, dans chaque marché, la production est limitée par voie réglementaire. Que résulte-t-il de là? C'est, que, d'une part, le marché se trouvant naturellement resserré, il est facile d'en apprécier l'étendue et de proportionner toujours la production à la consommation; c'est que, d'une autre part, le nombre des producteurs qui approvisionnent le marché étant limité, ces producteurs peuvent aisément s'arranger de manière à ne jamais offrir des quantités trop considérables de leurs denrées. Souvent même, ils se coalisent pour en mettre au marché moins que la proportion nécessaire, et les consommateurs sont alors victimes des disettes artificielles occasionnées par le monopole.

Mais peu à peu les barrières naturelles ou artificielles qui séparaient les différents marchés et qui obstruaient l'entrée de la plupart des professions ont été renversées. Des inventions merveilleuses ont aplani, en grande partie, l'obstacle des distances, et les progrès de la civilisation, en affaiblissant les passions guerrières, ont augmenté et consolidé les relations internationales. Les marchés de consommation sont devenus de plus en plus vastes et ils ont cessé, en même temps, d'être le domaine exclusif d'un petit nombre de producteurs privilégiés.

Que cette grande transformation économique ait eu des résultats bienfaisants, cela ne saurait être sérieusement contesté. Sous le régime de la production morcelée et réglementée, chaque homme se trouvait réduit à consommer les denrées produites aux environs de sa demeure. Quelques-unes seulement, et en bien petite quantité, lui parvenaient des contrées éloignées. Chacun ne pouvait donc profiter que dans une faible mesure des bienfaits de la division du travail. Sous le régime nouveau, au contraire, chacun peut faire entrer dans sa consommation des denrées produites sur tous les points du globe et augmenter ainsi, d'une manière presque indéfinie, la somme de ses jouissances.

En revanche, sous ce nouveau régime, le problème de l'équilibre de la production et de la consommation est devenu bien plus difficile à résoudre, et il semble même, au premier abord, que la solution en soit impossible. Il semble que sous un régime de libre concurrence universelle, l'anarchie doive régner en permanence dans l'arène de la production. Comment, en effet, parvenir à connaître l'étendue d'un marché désormais illimité? Et quand même on y parviendrait, comment empêcher l'approvisionnement de déborder la demande, puisque l'industrie est libre, puisque chacun peut employer désormais, comme bon lui semble, les forces productives dont il dispose? Ne doit-il pas arriver, à chaque instant, sous ce régime, que l'on produise trop d'une denrée, trop peu d'une autre; qu'il y ait ici pléthore, là disette, et que l'arène de la production soit, en conséquence, incessamment bouleversée par les crises les plus désastreuses?

Il ne faut point se le dissimuler, les plaintes que formulait à cet égard M. de Sismondi n'étaient point dénuées de fondement. Des convulsions redoutables ont accompagné l'avènement du régime de la libre concurrence. On a vu les hommes industrieux encombrer certaines branches de la production et porter des masses de produits dans des marchés déjà surchargés. On a vu, chose plus funeste encore! les travailleurs affranchis des entraves de la servitude se multiplier à l'excès, sans s'enquérir de l'étendue du débouché ouvert à leur activité. On a vu des classes nombreuses, victimes de ce grand désordre de la production, tomber dans une condition plus misérable, plus abjecte que celle dont elles venaient de sortir.

Seulement, en dénonçant ces maux, d'une voix éloquente, M. de Sismondi eut le tort de les croire irrémédiablement

attachés au régime de la concurrence. Parce que le nouveau
monde industriel s'enfantait au sein du chaos, il eut le tort
de croire que ce nouveau monde ne serait autre chose que le
chaos. Il n'aperçut point la force régulatrice qui agissait avec
une puissance irrésistible pour établir l'ordre au sein de ce
désordre.

A l'époque où écrivait M. de Sismondi, le marché, récemment agrandi, était rempli de confusion et de trouble. On s'y
heurtait dans l'obscurité la plus profonde. L'arène de la production n'était pas éclairée ou elle l'était à peine. La publicité
industrielle et commerciale venait seulement de naître.

Cette publicité, qui est devenue aussi nécessaire à notre
monde industriel, depuis l'avènement de la libre concurrence,
que l'éclairage au gaz peut l'être à nos villes, depuis que l'entrée de chaque rue n'est plus fermée par des chaînes, cette
publicité ne pouvait se développer sous l'ancien régime. A quoi
aurait-elle servi en effet? Chaque marché isolé, morcelé, était
bien connu du petit nombre de producteurs qui avaient le privilége de l'approvisionner. Quant aux autres, à quoi leur aurait
servi de le connaître, puisqu'il n'y pouvaient pénétrer? Des
renseignements sur l'état des marchés auraient donc été alors
tout à fait sans objet. Certains marchés se trouvaient, à la vérité,
déjà ouverts à la concurrence, mais ils étaient peu nombreux
et l'on n'y apportait point une grande variété de produits. Les
industriels et les négociants pouvaient aisément se tenir au
courant de la situation de ces marchés libres, au moyen de leurs
correspondances particulières.

Mais lorsque les marchés sont devenus plus accessibles,
grâce à la suppression ou à l'abaissement des obstacles qui les
isolaient, les correspondances particulières n'ont plus suffi. Il

est devenu indispensable aux producteurs d'avoir des renseï-
gnements détaillés et précis sur la situation de tous les marchés
qui leur étaient ouverts, afin de savoir dans quels endroits ils
pouvaient porter leurs denrées avec le plus d'avantage. C'est
alors, et pour répondre à ce besoin nouveau, que la publicité
industrielle et commerciale a pris naissance. C'était d'abord
une faible lumière qui éclairait à peine la foule pressée qui se
précipitait dans l'arène obscure et immense de la production;
mais, peu à peu, cette faible lumière a grandi, la lampe est
devenue un phare, et déjà, quoiqu'elle soit encore bien insuffisante, on peut prédire le jour où, grâce au merveilleux agent
que la science vient de mettre à son service, nous voulons
parler de la télégraphie électrique, elle éclairera *a giorno* tout
le vaste champ de la consommation. Ce n'est nullement une
utopie de supposer que la situation des marchés agrandis et
accessibles de l'industrie moderne, puisse être promptement et
aisément connue de tous ceux qui sont intéressés à la connaître, aussi promptement et aussi aisément que pouvait l'être
jadis celle des marchés morcelés et privilégiés de l'industrie du
moyen âge. Chaque industrie a maintenant sa publicité organisée. Sans doute, cette publicité laisse encore beaucoup à
désirer, surtout en ce qui concerne la plus importante des denrées, le travail; mais combien de progrès n'a-t-elle pas réalisés
depuis l'époque où écrivait M. de Sismondi? Combien n'en
pourra-t-elle pas réaliser encore?

Or, si la *connaissance du marché* peut être obtenue, dans la
nouvelle phase où la production est entrée, comme elle pouvait
l'être dans l'ancienne; si les producteurs peuvent apprécier,
sur toute la surface du monde industriel, l'étendue des débouchés qui leur sont ouverts, l'ordre ne doit-il pas s'établir de

lui-même dans la production? Le marché de chaque denrée étant bien connu, la quantité qui est demandée de cette denrée durant un certain espace de temps pouvant être déterminée, n'arrivera-t-il pas infailliblement que cette denrée finira par être mise au marché dans la proportion utile, ni plus ni moins? Ni plus, car, par l'opération de la loi des quantités et des prix, un faible excédant amenant une dépression considérable du prix, les producteurs sont intéressés au plus haut degré à ne jamais mettre d'excédant au marché. Ni moins, car, en vertu de la même loi, un faible déficit amenant une hausse proportionnellement plus forte dans le prix, les hommes qui ont des capitaux disponibles sont intéressés à les appliquer à ce genre de production, plutôt qu'à tout autre, jusqu'à ce que l'équilibre se trouve rétabli.

III. *Le monopole.*

Cependant, il peut arriver, nonobstant l'action de la loi des quantités et des prix, qu'un déficit acquière un certain caractère de durée; c'est lorsqu'il y a monopole.

Les monopoles agissent invariablement pour restreindre la production en deçà de sa limite utile. Ils sont, comme nous l'avons remarqué, *naturels* ou *artificiels*. Ils sont naturels, lorsque les éléments nécessaires à un genre de production n'existent que dans une proportion trop faible pour satisfaire aux besoins de la consommation. Ils sont artificiels, lorsque certains producteurs obtiennent seuls le droit d'approvisionner un marché. Dans l'un et l'autre cas, les monopoleurs ne mettent au marché qu'une quantité insuffisante de leur denrée, et ils réalisent ainsi des bénéfices extraordinaires. Mais l'appât de ces bénéfices ne tarde pas à attirer la concurrence. S'il s'agit d'un monopole naturel, de toutes parts on s'ingénie à découvrir de

nouveaux éléments de production, qui puissent faire concurrence à ceux qui jouissent de ce monopole. S'il s'agit d'un
monopole artificiel, ceux à qui ce monopole est nuisible ne
manquent pas de s'agiter pour obtenir la suppression des priviléges qui le constituent. Dans les deux cas, le monopole aura
d'autant moins de chances de durée qu'il occasionnera dans
la consommation un déficit plus dommageable, et qu'il procurera, en conséquence, de plus gros bénéfices aux monopoleurs. Le monopole détruit, la production ne manquera pas
de se remettre en harmonie avec les besoins de la consommation.

On voit, en résumé, que la loi qui préside à la formation
des prix est le *régulateur naturel* de la production. C'est grâce
à elle que la production tend à se mettre toujours en harmonie
avec la consommation. Sans doute, cette harmonie est parfois
troublée. Différentes causes agissent incessamment pour la
rompre. Tantôt, c'est l'inconstance des saisons qui rend la production agricole insuffisante ou surabondante. Tantôt, c'est
l'ignorance de la situation du marché qui rétrécit ou qui exagère, d'une manière nuisible, l'approvisionnement. Tantôt enfin
ce sont des monopoles naturels ou artificiels qui occasionnent
un déficit de certaines denrées. Mais ces causes perturbatrices sont énergiquement combattues par la loi des quantités
et des prix. Sous l'empire de cette loi, tel est l'intérêt des
producteurs à ce qu'il n'y ait jamais surabondance d'une denrée, et tel est l'intérêt des consommateurs à ce qu'il n'y ait
jamais déficit de cette même denrée, que la production et la
consommation tendent constamment à se mettre en équilibre.

C'est ainsi que se résout de lui-même, par une impulsion
naturelle, le problème de l'équilibre de la production et de la

consommation que M. de Sismondi et les socialistes après lui ont regardé à tort comme insoluble sous le régime du *laisser faire*. Cette solution si simple d'un problème qui paraît si compliqué n'est-elle pas véritablement admirable? Les produits les plus divers entrent dans la consommation de chacun des membres de la grande famille humaine, et ces produits sont créés sur tous les points du globe. Des nègres, des Indous, des Chinois produisent des denrées qui sont consommées par les Anglais, les Français et les Belges, et en échange desquelles ceux-ci leur fournissent d'autres denrées. Au premier abord, ne semblerait-il pas que ces échanges, qui s'opèrent à de si longues distances et parfois à de si longs intervalles, devraient être impossibles à ajuster; qu'il devrait y avoir tantôt surabondance, tantôt déficit des denrées offertes en échange? Pourtant, il n'en est rien, ou du moins les perturbations de ce genre sont l'exception, même dans les échanges à distance; c'est l'ordre qui est la règle, et cet ordre est dû à l'action régulatrice de la grande loi d'équilibre qui préside à la constitution des valeurs, à la formation des prix.

SEPTIÈME LEÇON

LA CLASSIFICATION ET LES FORMES DE LA PRODUCTION

De la classification généralement adoptée pour la production. — Ses défauts.
— Observations de M. Dunoyer à cet égard. — Que la classification de la
production concerne la statistique plutôt que l'économie politique. —
Quelles industries il convient de considérer comme productives. — Que
les industries qui concernent le personnel de la production ont éminemment
ce caractère, que leurs produits soient matériels ou immatériels. — Démonstration de M. Dunoyer. — Quelles industries il convient de considérer
comme improductives. — Des formes de la production. — Du revenu et
des formes sous lesquelles il est perçu.

Sous l'impulsion de la loi générale d'équilibre qui détermine
la constitution des valeurs ou la formation des prix, les différentes branches de la production ont une tendance irrésistible
à naître toujours dans le temps le plus opportun, à se localiser
de la manière la plus avantageuse, à s'organiser sous la forme
et dans les limites les plus économiques, enfin à se développer
dans les proportions requises par la consommation. C'est ainsi
que la production se constitue d'elle-même, selon *un ordre
naturel*.

Il ne nous reste plus maintenant, pour compléter cet aperçu général de la production des richesses, qu'à jeter un coup d'œil sur ses différentes ramifications, ainsi que sur ses divers modes d'organisation. Il ne nous reste plus, en deux mots, qu'à rechercher quelle est la classification et quelles sont les formes de la production.

La production a été généralement partagée en quatre grandes catégories : 1° l'agriculture; 2° l'industrie; 3° le commerce; 4° les professions libérales. A ces quatre catégories on peut rattacher la multitude des ramifications de l'industrie humaine.

Indiquons sommairement à quels besoins elles répondent.

L'AGRICULTURE, dans ses différentes branches, répond principalement au besoin de l'alimentation.

L'INDUSTRIE répond d'une manière plus spéciale aux besoins du vêtement et du logement. Elle fournit, en outre, les matériaux et les instruments nécessaires à la plupart des branches de la production.

LES PROFESSIONS LIBÉRALES ont pour objet principal de pourvoir aux besoins moraux et intellectuels de l'homme. Elles fournissent encore les procédés nécessaires à l'exercice des différentes branches de la production.

LE COMMERCE a pour objet de mettre à la portée des consommateurs, dans l'espace et dans le temps, les produits ou les instruments de production fournis par l'agriculture, l'industrie et certaines professions libérales.

Cette classification est toutefois fort imparfaite. Dans quelle catégorie convient-il, par exemple, de ranger l'industrie qui pourvoit à la sécurité des membres de la société? Ce n'est évidemment ni dans l'industrie proprement dite, ni dans le com-

merce. C'est donc dans les professions libérales. Or n'est-il pas
au moins singulier de voir l'agent de police, le gendarme et le
soldat classés au nombre des individus qui exercent des arts
libéraux? N'est-il pas plus choquant encore d'y voir figurer la
prostituée à côté du prêtre?

M. Dunoyer a fort bien signalé les vices de la classification
communément adoptée pour les différentes branches de la production. Citons quelques-unes de ses observations à cet égard.

Il y a, en premier lieu, dit-il, toute une classe de travaux, celle des
industries extractives, qui est devenue beaucoup trop considérable pour
qu'il soit possible de n'en pas tenir compte, et qui, en même temps,
diffère trop de toutes les autres pour qu'il soit permis de la confondre
avec quelque industrie que ce soit. Comment comprendre qu'on puisse
omettre de parler d'une classe d'industries capables de jeter sur le marché des masses de produits comparables à celles que donnent la chasse,
la pêche, l'industrie du bûcheron, celle du carrier, celle du mineur surtout? Et, d'un autre côté, comment admettre qu'on puisse les confondre,
ainsi qu'on le fait quelquefois, avec l'industrie agricole? Qu'y a-t-il de
commun entre des arts qui, se bornant à extraire du sein des eaux, des
bois, de la terre, les matériaux d'une multitude d'industries, n'emploient pour cela que des forces mécaniques, et un art qui s'occupe,
comme le fait l'agriculture, de la multiplication et du perfectionnement
des végétaux et des animaux utiles, et qui fait usage pour cela d'une
force aussi spéciale, aussi peu connue, aussi délicate à manier que *la vie?*
Peut-être vaudrait-il mieux les confondre, ainsi qu'on le fait encore,
avec l'industrie des transports; car, à l'exemple de cette industrie, les
arts extracteurs déplacent, en effet, les choses qu'ils livrent à la consommation. Mais ils ne se bornent pas, comme elle, à opérer des déplace-
ments : leur artifice consiste surtout dans le fait même de l'extraction,
fait industrieux d'une pratique souvent très difficile, fort différent en tous

cas de celui des transports; et il est devenu impossible de n'en pas faire, sous le nom d'arts extracteurs ou d'industries extractives, une classe de travaux tout à fait séparée.

Une autre grave incorrection à signaler dans la nomenclature des arts qui agissent sur le monde matériel, c'est le nom de *commerce* qui a été donné à l'industrie des transports. Le commerce a pu mettre sur la voie de cette industrie, apprendre à la discerner, conduire à reconnaître comment le déplacement intelligent des choses, l'action de les mettre à la portée de quiconque en a besoin, pouvait contribuer à la production; mais il n'a pu devenir pour cela l'art des transports, l'industrie du voiturage. L'industrie voiturière est un art immense, qui se distingue nettement de tous les autres, et qui doit avoir son nom séparé. On ne peut lui donner le nom de commerce sans torturer violemment la langue, sans l'estropier misérablement, et il est d'autant plus impossible d'appeler *commerce* l'industrie des transports, que ce nom de *commerce* s'applique à un ordre de faits tout différent et qui doit avoir aussi son appellation propre. Commercer, c'est acheter pour vendre : ce n'est pas un fait particulier à un ordre de travailleurs; c'est un fait commun absolument à tous; et, à vrai dire, il n'est pas une profession, depuis les plus humbles jusqu'aux plus élevées, dans laquelle on ne commence par des achats et on ne finisse par des ventes : si l'armateur, le voiturier, achètent les choses dans un lieu pour les revendre dans un autre, le fabricant les achète sous une forme pour les revendre sous une forme différente; quiconque exerce une industrie, un art, une fonction, a commencé par acquérir des aptitudes, des talents, des facultés, qu'il vend ensuite continuellement sous forme de services. Tout le monde donc achète et vend, et achète pour revendre. Seulement, entre les achats et les ventes que chacun fait, il se place un travail, un art dont l'exercice intelligent constitue la profession; et pour en revenir aux gens qui font profession de répandre les choses dans le monde, de les mettre à la portée de quiconque en a besoin, il y a, entre les achats et les ventes qu'ils font, un art, qui gît moins dans l'action d'acheter, de vendre, de commercer, que font, comme eux, tous les travailleurs possibles, que dans le déplacement judicieux des choses, dans le travail merveilleux et particulier qu'ils exécutent, et dont il est raisonnable que leur industrie reçoivent son nom (1).

En même temps, M. Dunoyer a proposé une nouvelle classification, qui est, à beaucoup d'égards, supérieure à l'ancienne. Il convient néanmoins de faire remarquer que la classification de la production concerne la STATISTIQUE, science qui a pour fonction spéciale de dresser l'inventaire des différentes branches de l'industrie humaine, bien plutôt que l'économie politique, dont l'objet consiste à exposer comment la richesse se produit, se distribue et se consomme.

En effet, que la production soit agricole, industrielle, commerciale, artistique ou littéraire, elle s'opère en vertu des mêmes lois. Ses opérations peuvent être en outre ramenées à un petit nombre de catégories. Tout producteur ne fait, en définitive, autre chose que de *découvrir, transformer* ou *transporter* les éléments dont l'espèce humaine dispose pour la satisfaction de ses besoins. Quelquefois ces opérations sont accomplies par le même producteur; mais le plus souvent elles occupent des producteurs différents et elles constituent des industries distinctes que le statisticien doit inventorier et classer (2).

---

(1) *Dictionnaire de l'économie politique*, art. *Production*.

(2) Jusqu'à une époque encore récente, la ligne de démarcation entre l'économie politique et la statistique est demeurée vague, indécise. Chacune de ces deux sciences empiétait fréquemment sur le domaine de l'autre et elles vivaient en assez mauvaise intelligence. Les économistes, et notamment J. B. Say, reprochaient aux statisticiens l'imperfection notoire des procédés dont ils se servaient pour recueillir les faits et l'assurance avec laquelle ils

Si l'inventaire et la classification de la production sont du ressort de la statistique, il appartient cependant à l'économie politique d'examiner quels éléments doivent entrer dans cet inventaire et dans cette classification. Or les économistes ne sont pas encore parfaitement d'accord sur ce point. C'est ainsi qu'un grand nombre d'entre eux se bornent à considérer comme *industries productives* celles dont les résultats se présentent sous une forme matérielle. D'autres, au contraire, et en première ligne il faut encore citer M. Dunoyer, placent dans le cadre de la production toutes les industries qui concourent à

---

tiraient des conclusions positives de ces faits contestables. Les statisticiens, à leur tour, accusaient les économistes de vouloir imposer leurs théories sans tenir compte des faits. Dans le congrès général statistique, qui a eu lieu à Bruxelles en 1853, des représentants des deux sciences ont fait justice de ces vieux griefs, en déclarant avec raison que l'économie politique et la statistique s'éclairent et se complètent l'une par l'autre.

« En jetant les yeux sur cette réunion imposante, a dit l'illustre président du congrès, M. Quetelet, un fait bien significatif se révèle d'abord, et nous sommes heureux de pouvoir le constater, c'est la présence d'un grand nombre d'économistes du talent le plus distingué, présence qui proteste contre le prétendu divorce que quelques esprits chagrins ou superficiels voudraient voir prononcer entre la statistique et l'économie politique, entre l'observation et la science qui se doivent un appui mutuel et qui s'éclairent l'une l'autre. Sans doute, il est des écarts dont la statistique s'est rendue coupable, des abus auxquels elle s'est prêtée en voulant étayer de faux systèmes ou faire prévaloir des idées préconçues; sans doute, elle est sortie parfois des limites dans lesquelles elle doit se renfermer ; mais les bons esprits n'ont jamais songé à proscrire une science, surtout une science naissante, pour s'être écartée parfois de la véritable direction. Combien de temps l'astrologie n'a-t-elle pas usurpé la place de la véritable science des astres ; l'alchimie le rang de la science des

la satisfaction des besoins des hommes, sans se préoccuper si leurs produits sont matériels ou immatériels.

Laquelle de ces deux opinions est la mieux fondée? Pour bien éclaircir cette question, jetons un coup d'œil sur l'ensemble des industries qui contribuent à la formation des richesses. Ces industries peuvent être partagées en deux grandes catégories, celles qui servent à façonner et à entretenir les agents dont l'homme se sert pour produire, celles qui servent à façonner et à entretenir l'homme lui-même.

Certaines industries ont, par exemple, pour objet spécial

Lavoisier et des Berzelius ! Chaque science a débuté par des méprises, souvent même par de déplorables abus. Ce qui peut nous étonner, ce n'est pas que la statistique ait erré; mais que, si près de sa naissance, elle ait déjà compris sa mission et senti le besoin de régulariser sa marche. "

Le regrettable M. Horace Say, qui s'est occupé avec succès de cette science si maltraitée par son illustre père, a insisté sur la même pensée et démontré spirituellement que les deux sciences sont intéressées à vivre en paix dans l'intérêt de leurs progrès respectifs.

" Pour rechercher les principes de la vie sociale, la production des richesses, leur répartition entre les individus, la consommation des produits, l'économiste est obligé de s'appuyer sur l'examen complet et exact des faits. La recherche de toutes ces données est confiée à la statistique. Pour que les déductions à tirer des faits soient possibles, il faut que la statistique soit bien faite. Un économiste ne peut être bon économiste sans consulter la statistique. De même, le statisticien ne peut observer les faits sans des connaissances économiques complètes. Comme l'a fait entendre notre honorable président, les deux sciences sont sœurs. Si, dans leur enfance, comme dans beaucoup de familles, elles se sont un peu chamaillées, elles comprennent cependant qu'elles doivent se prêter, dans le cours de leur carrière, un mutuel appui. " (*Compte rendu du congrès général de statistique de* 1853, p. 23 à 77.)

d'approprier la terre à la production, d'entretenir et de développer sa fécondité. D'autres ont pour objet de créer des outils et des machines et de les entretenir en bon état. Ces industries qui s'occupent du *matériel* de la production appartiennent à la première catégorie. Viennent ensuite les industries qui agissent directement sur l'homme, qui contribuent à façonner et à entretenir ses facultés physiques, intellectuelles et morales, c'est à dire les industries qui s'occupent du *personnel* de la production. Celles-ci appartiennent à la seconde catégorie.

Parmi ces industries qui concernent soit le matériel, soit le personnel de la production, les unes fournissent des produits matériels, les autres des produits immatériels. Pourquoi les premières seraient-elles plutôt considérées comme productives que les secondes? En quoi, par exemple, l'industrie qui fournit des engrais à la terre, qui contribue ainsi à entretenir et à développer, à l'aide d'un produit matériel, la fécondité de cet agent, est-elle plus productive que celle du professeur d'agronomie, qui procure aux agriculteurs les connaissances nécessaires pour tirer un meilleur parti de la fécondité du sol? Où est la différence? La leçon du professeur est-elle moins une richesse que le guano? Tandis que celui-ci s'incorpore à la terre et augmente sa puissance créatrice, celle-là s'incorpore à l'homme et développe, d'une manière analogue ses facultés productives. S'il y a une différence entre les deux produits, n'est-elle pas à l'avantage de la leçon du professeur, qui peut se transmettre d'âge en âge, et contribuer encore après des centaines d'années, à l'amélioration des cultures, tandis que le résultat de l'application du guano est, de sa nature, beaucoup plus fugitif? Pourquoi donc accorder à l'un la qualification de richesse et la refuser à l'autre?

L'erreur que l'on commet à cet égard provient, croyons-nous, de ce que les industries qui agissent sur le matériel de la production lui donnent une valeur immédiatement réalisable, partant visible, tandis qu'il n'en est pas tout à fait ainsi pour celles qui agissent sur le personnel, du moins dans les sociétés où l'esclavage n'existe point. Défrichez une terre, par exemple, et vous y ajouterez une plus value que vous pourrez immédiatement réaliser en vendant la terre; élevez du bétail, construisez des machines, et vous pourrez de même en réaliser la valeur. Mais si vous élevez un homme, et si vous développez ses facultés de manière à en faire un instrument de production de plus en plus parfait, vous ne pourrez pas apprécier aussi bien la plus value que vous lui aurez donnée. Pourquoi? Parce que, dans nos sociétés civilisées, l'homme est un agent productif qui ne se vend point. Sans doute la plus value qu'une éducation appropriée à la nature de ses facultés lui aura donnée finira par se manifester dans le prix de ses services, mais ce dernier phénomène sera lent à se produire et l'on ne s'y arrêtera point.

Dans les sociétés où l'esclavage a continué de subsister, l'erreur que nous signalons n'est pas possible, et l'on y considère à bon droit le travailleur esclave comme un agent productif ayant sa valeur propre, valeur susceptible d'augmentation aussi bien que de diminution. En conséquence, les industries qui contribuent à former, à entretenir et à développer cette portion du personnel de la production, sont considérées comme aussi productives que celles qui s'appliquent au matériel. La valeur des esclaves peut, en effet, être réalisée, comme celle des terres, des bâtiments, des outils, des machines. Aussi est-elle comptée dans l'inventaire de la richesse nationale. Pourquoi donc omettrait-on de tenir compte de celle des travailleurs libres? Serait-ce parce qu'ils exploitent à leur profit leurs facultés productives au lieu de les laisser exploiter au profit d'autrui?

La richesse incorporée dans les hommes doit évidemment être comprise dans l'inventaire d'une nation, aussi bien que celle qui existe sous forme de terres, de bâtiments, d'outils, de machines, d'approvisionnements, etc., et les industries qui servent à la créer et à la développer ne sont pas moins productives que celles qui servent à créer et à développer les richesses dites *immobilières* et *mobilières*. C'est une troisième sorte de richesse, non moins réelle que les deux autres, et qui peut être qualifiée de *richesse personnelle*.

En résumé, on peut considérer comme productives toutes les industries qui contribuent, directement ou indirectement, à créer des richesses *immobilières*, *mobilières* et *personnelles;* qui contribuent à mettre au service de la production des agents naturels appropriés, des capitaux fixes et circulants et des travailleurs, quelle que soit d'ailleurs la forme sous laquelle se présentent les produits dont la réunion constitue ces richesses, que cette forme soit *matérielle* ou *immatérielle*.

Voilà ce que M. Dunoyer a démontré mieux que personne, et nous croyons que sa démonstration est inattaquable (1).

---

(1) Cette démonstration, M. Dunoyer l'a faite dans son beau traité *De la liberté du travail*, et reproduite avec plus de concision et de clarté encore dans l'article *Production* du *Dictionnaire de l'économie politique*. Nous croyons utile d'en citer un extrait, en engageant toutefois le lecteur à lire en entier ce morceau remarquable :

« On nie encore à l'heure qu'il est que les arts qui agissent directement sur les hommes ajoutent à la masse des richesses créées. La plupart des livres

Cependant, il y a aussi des industries improductives ou même destructives. Ce sont celles qui contribuent directement ou indirectement à diminuer la quantité des richesses immobilières, mobilières et personnelles dont la société dispose.

Ces industries improductives ou destructives sont heureusement en fort petit nombre. Nous ne connaissons guère que les professions de voleur, de mendiant ou de parasite qui aient ce caractère d'une manière absolue. La première est essentiellement destructive en ce que le voleur ne déplace pas seulement à son profit une portion de richesse, mais en ce qu'il entrave encore la production, en menaçant la sécurité des producteurs. La seconde est improductive, en ce qu'elle occasionne un déplacement stérile de la richesse; elle est aussi, dans une certaine mesure, destructive, en ce qu'elle ralentit la formation des capitaux, car l'aumône donnée au mendiant, qui l'emploie à sa consommation du jour, aurait pu être appliquée à la constitution d'un supplément d'agents productifs.

Ces deux industries sont donc *naturellement* improductives et destructives. D'autres le sont *accidentellement*.

Toute entreprise de production qui ne couvre pas ses frais, ou qui ne les couvre qu'au moyen d'une subvention prélevée sur les résultats des autres entreprises, doit être considérée

---

d'économie politique, jusqu'aux derniers, et y compris les meilleurs, ont été écrits dans la supposition qu'il n'y avait de richesses réelles ni de valeurs susceptibles d'être qualifiées de richesses que celles que le travail parvenait à fixer dans des objets matériels. Smith ne voit guère de richesse que dans les choses palpables. Say débute en désignant par le nom de richesses *des terres, des métaux, des monnaies, des grains, des étoffes*, etc., sans ajouter à cette énumération aucune classe de valeurs non réalisées dans la matière. Toutes les

comme accidentellement improductive. Éclaircissons ceci par
un exemple. Supposons que vingt manufactures de drap existent
dans un pays, et que leur production suffise pour alimenter la

---

fois, selon Malthus, qu'il est question de richesses, *notre attention se fixe à
peu près exclusivement sur des objets matériels*. Les seuls travaux, suivant
Rossi, dont ait à s'occuper la science de la richesse *sont ceux qui entrent en
lutte avec la matière* pour l'adapter à nos besoins. Sismondi ne reconnaît pas
pour de la richesse les produits que l'industrie *n'a pas revêtus d'une forme
matérielle*. Les richesses, suivant Droz, sont *tous les biens matériels* qui servent
à la satisfaction de nos besoins. L'opinion la plus vraie, ajoute-t-il, est qu'il
faut la voir dans tous les biens matériels qui servent aux hommes. Enfin, l'auteur de ces lignes ne peut pas oublier qu'il a eu à soutenir, il y a à peine quelques mois, un long débat avec plusieurs économistes, ses collègues à l'Académie des sciences morales, sans réussir à leur persuader qu'il y a d'autres
richesses que celles que l'on a si improprement appelées *matérielles*.

« Non seulement on ne reconnaît comme richesses que les valeurs réalisées
dans des objets matériels, mais on déclare improductifs les arts qui n'exercent
pas leur activité sur la matière, et nominativement ceux qui agissent directement sur l'homme. Smith, après en avoir fait l'énumération, les présente tous,
depuis les plus nobles jusqu'aux plus vils, *comme ne laissant après eux rien
avec quoi l'on puisse acheter une quantité de travail pareille. Leur travail*,
ajoute-t-il, *s'évanouit au moment même où il est produit*. Nous avons cité ailleurs les opinions d'une série d'économistes connus, qui disent tous la même
chose. Tracy, Malthus, Sismondi, James Mill, parlant du travail des magis-
trats, des instituteurs, des prêtres, des savants, des artistes, etc., disent de
leurs services *qu'ils ne sont fructueux qu'au moment même où ils sont rendus*, et
qu'il n'en reste rien, ou qu'il n'en reste que des fruits intellectuels ou moraux,
et *qu'on ne thésaurise pas de ce qui n'appartient qu'à l'âme*. Droz, que nous
n'avions pas cité, après avoir présenté les arts qui agissent sur la matière,
comme les seuls qui produisent la richesse, considère ailleurs ceux qui travaillent
sur l'esprit *comme ne la créant pas*. J. B. Say, qui essaye d'innover sur ce
point, présente comme productive toute la grande catégorie des travaux

consommation. Un entrepreneur qui n'apprécie pas bien la situation du marché en élève une vingt et unième. Aussitôt les quantités de drap que la nouvelle manufacture verse sur le

---

exécutés directement sur l'homme ; mais, par une méprise qui l'empêche d'arriver à la vérité, il voit les produits de ces travaux dans les travaux mêmes, au lieu de les voir où ils sont, c'est à dire dans les résultats utiles et durables qu'ils laissent après eux ; et, tout en les qualifiant de productifs, il est conduit à en dire tout ce que les autres disent pour établir qu'ils ne le sont pas, à savoir que *leurs produits ne s'attachent à rien, qu'ils s'évanouissent à mesure qu'ils naissent, qu'il est impossible de les accumuler, qu'ils n'ajoutent rien à la richesse sociale, qu'il y a même du désavantage à les multiplier,* et que *la dépense qu'on fait pour les obtenir est improductive.*

« Une grande singularité, c'est qu'au milieu de ce concert, pour déclarer improductifs les arts qui agissent directement sur le genre humain, ces économistes sont unanimes pour les trouver productifs quand ils les considèrent dans leurs conséquences, c'est à dire dans les utilités, les facultés, les valeurs qu'ils parviennent à réaliser dans les hommes. C'est ainsi qu'Adam Smith, après avoir dit, dans certains passages de son livre, que les gens de lettres, les savants et autres travailleurs de cette catégorie sont des ouvriers dont le travail ne produit rien, dit expressément ailleurs que les *talents utiles, acquis par les membres de la société* (talents qui n'ont pu être acquis qu'à l'aide de ces hommes qu'il appelle des travailleurs improductifs), *sont un produit fixe et réalisé, pour ainsi dire, dans les personnes qui les possèdent et forment une partie essentielle du fonds général de la société, une partie de son capital fixe.* C'est ainsi que J. B. Say, qui dit des mêmes classes de travailleurs que leurs produits ne sont pas susceptibles de s'accumuler, et qu'ils n'ajoutent rien à la richesse sociale, prononce formellement, d'un autre côté, que *le talent d'un fonctionnaire public,* que *l'industrie d'un ouvrier* (créations évidentes de ces hommes dont on ne peut accumuler les produits), *forment un capital accumulé.* C'est ainsi que M. de Sismondi, qui, d'une part, déclare improductifs les travaux des instituteurs, etc., affirme positivement, d'un autre côté, que les *lettrés et les artistes* (ouvrage incontestable de ces instituteurs) *font partie*

marché font baisser le prix courant de cette marchandise au dessous de son prix naturel, et les producteurs de drap subissent une perte, jusqu'à ce qu'ils aient resserré leur production de

---

de la richesse nationale. C'est ainsi que M. Droz, qui fait observer quelque part *qu'il serait absurde de considérer la vertu comme une richesse proprement dite,* termine son livre en disant qu'on tomberait dans une honteuse erreur si l'on considérait comme ne produisant rien *la magistrature qui fait régner la justice, le savant qui répand les lumières,* etc.

« Cependant il tombe sous le sens que les mêmes travaux ne peuvent pas être simultanément *productifs* et *non productifs,* donner des produits qui tout à la fois *s'évaporent* et *se fixent,* qui *s'évanouissent en naissant,* et qui *s'accumulent à mesure qu'ils naissent;* et, en voyant à quelles contradictions arrivent sur ce point capital les fondateurs de la science, il est aisé de reconnaître que la question a besoin d'une explication plus satisfaisante que celle qu'ils en ont donnée. Cette explication, nous l'avons produite ailleurs, et nous croyons qu'elle a été péremptoire. Elle ressort, avec évidence, de la distinction toute naturelle qu'il y avait à faire entre *le travail* et *ses résultats.*

« C'est, avons-nous dit, faute d'avoir distingué le travail de ses résultats que Smith et ses principaux successeurs sont tombés dans les contradictions qui viennent d'être signalées, et qu'ils ont si mal résolu la question de savoir s'il faut, oui ou non, considérer comme producteurs les arts dont l'activité s'exerce directement sur l'homme. Toutes les professions utiles, quelles qu'elles soient, celles qui travaillent sur les choses comme celles qui opèrent sur les hommes, font un travail qui s'évanouit à mesure qu'on l'exécute, et tous créent de l'utilité qui s'accumule à mesure qu'elle s'obtient. Il ne faut pas dire avec Smith que *la richesse est du travail accumulé,* il faut dire qu'*elle est de l'utilité accumulée.* Ce n'est pas le travail qu'on accumule, c'est l'utilité que le travail produit; le travail se dissipe à mesure qu'il se fait, l'utilité qu'il produit demeure.

« Très assurément, la leçon que débite un professeur est consommée en même temps que produite, de même que la main-d'œuvre répandue par le potier sur l'argile qu'il tient dans ses mains; mais les idées inculquées par le

manière à la remettre en harmonie avec la consommation. Dans l'intervalle, la production du drap n'ayant pu reconstituer intégralement ses agents productifs, aura diminué la masse

---

professeur dans l'esprit des hommes qui l'écoutent, la façon donnée à leur intelligence, l'impression salutaire opérée sur leurs facultés affectives, sont des produits qui restent, tout aussi bien que la forme imprimée à l'argile par le potier. Un médecin donne un conseil, un juge rend une sentence, un orateur débite un discours, un artiste chante un air ou déclame une tirade : c'est là leur travail ; il se consomme à mesure qu'il s'effectue, comme tous les travaux possibles ; mais ce n'est pas leur produit, ainsi que le prétend à tort J. B. Say : leur produit, comme celui des producteurs de toute espèce, est dans le résultat de leur travail, dans les modifications utiles et durables que les uns et les autres ont fait subir aux hommes sur lesquels ils ont agi, dans la santé que le médecin a rendue au malade, dans la moralité, l'instruction, le goût qu'ont répandus le juge, l'artiste, le professeur. Or, ces produits restent, ils sont susceptibles de se conserver, de s'accroître, de s'accumuler, et nous pouvons acquérir plus ou moins de vertus et de connaissances, de même que nous pouvons imprimer à des portions quelconques de matière quelqu'une de ces utilités qui sont de nature à se fixer dans les choses, et qui leur donnent plus ou moins de valeur.

« Il est vrai que l'instruction, le goût, les talents, sont des produits *immatériels* ; mais en créons-nous jamais d'autres ? Et n'est-il pas étonnant de voir J. B. Say en distinguer de matériels et d'immatériels, lui qui a si judicieusement remarqué que nous ne pouvons créer, pas plus qu'anéantir la matière, et qu'en toutes choses nous ne faisons jamais que produire des utilités, des valeurs ? La forme, la figure, la couleur qu'un artisan donne à des corps bruts, sont des choses tout aussi immatérielles que la science qu'un professeur communique à des êtres intelligents ; ils ne font que produire des utilités l'un et l'autre, et la seule différence réelle qu'on puisse remarquer entre leurs industries, c'est que l'une tend à modifier les choses, et l'autre à modifier les hommes. » (CHARLES DUNOYER, *Dictionnaire de l'économie politique*, art. *Production*.)

des richesses existantes, au lieu de l'augmenter. Elle aura été accidentellement improductive.

Le même résultat se produit chaque fois que l'on augmente une industrie au delà de la proportion requise par les besoins de la consommation. La production de la sécurité est l'une de celles où l'on peut observer, le plus fréquemment, ce développement parasite, où il présente, en même temps, le caractère le plus anti-économique. C'est là probablement ce qui a porté un grand nombre d'économistes à considérer les travailleurs employés dans cette branche d'industrie comme des *improductifs*. Sans doute, ils ne le sont que trop souvent, car partout aujourd'hui l'effectif militaire dépasse la proportion utile; mais quand cette proportion est observée, le soldat, qui sert à garantir aux autres producteurs la sécurité dont ils ont besoin, contribue, autant qu'eux-mêmes, quoique peut-être d'une manière moins immédiate et moins visible, au développement de la richesse.

Les industries qui ne subsistent que grâce à des subventions prélevées sur les autres branches de la production doivent être considérées aussi comme *accidentellement improductives*. Elles sont improductives, puisqu'elles ne couvrent pas leurs frais, ou, ce qui revient absolument au même, puisqu'elles ne les couvrent qu'en taxant à leur profit les autres branches de travail. Telles sont, par exemple, les industries qui sont nées et qui se maintiennent grâce au régime prohibitif. Un pays qui a le malheur d'en être affligé se trouve atteint dans les sources mêmes de sa prospérité, et les individus qui exploitent ces industries mendiantes et spoliatrices jouent, dans son économie intérieure, à peu près le même rôle que les mendiants et les voleurs de grands chemins.

Ainsi donc, il y a des industries ou des entreprises de production qui sont *naturellement* improductives, et d'autres qui le sont *accidentellement*. Les unes et les autres contribuent à diminuer la somme des richesses immobilières, mobilières et personnelles qui existent dans la société, ou bien elles l'empêchent de s'accroître autant qu'elle pourrait le faire si ces industries parasites n'existaient pas.

Ce point éclairci, examinons quelles sont les FORMES DE LA PRODUCTION.

Chacune des branches de la production se trouve partagée entre un nombre plus ou moins considérable d'ENTREPRISES. Ces entreprises affectent les formes les plus variées. Cependant les formes de la production peuvent être ramenées à deux grandes catégories. On distingue :

1º La production par des entrepreneurs d'industrie ;

2º La production par des associations de capitalistes ou de travailleurs capitalistes.

Examinons brièvement en quoi consistent et en quoi se différencient ces deux formes générales de la production.

La production par des entrepreneurs d'industrie a été, jusqu'à présent, la plus usitée. Voici en quoi elle consiste.

Un homme possède les aptitudes nécessaires pour produire une denrée quelconque. Il possède aussi ou il est en mesure de se procurer les autres éléments indispensables à la production de cette denrée. S'il juge que ce genre de production est de nature à lui fournir un produit brut suffisant pour couvrir ses frais et lui permettre de recueillir un bénéfice en harmonie avec les bénéfices des autres branches de la production, il l'entreprend. Il porte alors le nom *d'entrepreneur d'industrie.*

Couvrir ses frais de production et recueillir un bénéfice aussi

considérable que possible, tel est le but que se propose tout
entrepreneur d'industrie.

En quoi consistent ses frais de production? Sous quelle
forme perçoit-il son bénéfice?

Ses frais de production consistent dans la rétribution ou
dans les frais d'entretien nécessaires des agents et des éléments
qu'il applique à la production. Toujours ou presque toujours il
fait l'avance de ces frais. Lorsqu'ils sont couverts, le surplus
qui lui demeure constitue son bénéfice ou son profit. Ce bénéfice ou ce profit est purement éventuel. Il dépend de deux
choses : 1° du montant des frais de production, lequel s'élève
ou s'abaisse souvent d'une manière instantanée, selon les circonstances; 2° du prix auquel se vendent les produits, et ce prix
est encore essentiellement variable.

Ordinairement, l'entrepreneur d'industrie ne possède pas
toute la quantité de travail, de capital et d'agents naturels
appropriés qu'il applique à la production. Souvent même il
n'en possède que la plus faible partie. Dans ce cas, que fait-il?
Il achète le concours du travail, du capital et des agents naturels appropriés qui lui sont nécessaires et qu'il ne possède pas.
Il l'achète, soit en allouant aux détenteurs de ces agents une
rémunération fixe, soit en leur accordant une part dans les
bénéfices de son entreprise ; parfois aussi en adoptant une
combinaison mixte.

S'il s'agit du travail, l'entrepreneur d'industrie peut s'assurer
le concours des travailleurs dont il a besoin, en leur fournissant
une rémunération fixe, laquelle porte le nom de *salaire*. Ceci
est le cas le plus fréquent. Quelquefois l'entrepreneur d'industrie ne fournit à ses coopérateurs qu'une partie de leur rétribution sous forme de salaire ; il leur en distribue une autre partie

sous la forme d'une prime éventuelle, laquelle est plus ou moins forte selon que les résultats de la production sont plus ou moins considérables. Cette prime éventuelle qui s'ajoute à la rémunération fixe, prend le nom de *part dans les bénéfices*.

S'il s'agit du capital, l'entrepreneur d'industrie s'en assure le concours en payant aux capitalistes une rémunération soit fixe, soit en partie fixe et en partie éventuelle, pour l'usage de leurs instruments de production. S'il s'agit d'un capital circulant, la rémunération fixe qui est allouée au capitaliste porte le nom d'*intérêt;* s'il s'agit d'un capital fixe, elle est désignée sous le nom de *loyer;* s'il s'agit d'agents naturels appropriés, elle s'appelle *fermage* ou *rente.*

Le *bénéfice* ou le *profit* de l'entrepreneur comprend la rémunération éventuelle des différents agents qu'il a appliqués à la production, savoir son travail, son capital fixe ou circulant et ses agents naturels appropriés.

La production s'opère encore aux frais et risques d'associations de capitalistes ou de travailleurs capitalistes. Quand il arrive, par exemple, que les opérations productives exigent un déploiement de forces et de ressources trop considérables pour qu'un seul homme puisse y pourvoir, on voit des individus plus ou moins nombreux s'associer en vue d'organiser et d'exploiter cette entreprise qui dépasse les facultés d'un seul entrepreneur; s'associer, c'est à dire mettre en commun leurs aptitudes, leurs connaissances et les autres instruments de production dont ils disposent. Ces associations se constituent sous les formes les plus diverses, mais presque toujours elles ne s'appliquent qu'à une partie des agents et des instruments employés dans l'entreprise. Les détenteurs de ces agents ou de ces instruments, les *associés* ou les *actionnaires* reçoivent, comme l'entrepreneur d'industrie, leur part sous une forme éventuelle, et cette part prend communément le nom de *dividende*.

Telles sont les *formes de la production*. Ces formes n'ont rien d'arbitraire. Elles s'adaptent toujours à l'état économique de la société, et telle forme qui est impossible ou mauvaise aujourd'hui devient possible et avantageuse demain.

Quelle que soit du reste la forme d'une entreprise de production, les résultats de cette entreprise se partagent entre les différents agents productifs qui y sont employés, entre le travail, les capitaux fixes et circulants et les agents naturels approprié. Ils constituent LE REVENU des détenteurs de ces agents productifs, des travailleurs, des capitalistes et des propriétaires fonciers, et la réunion des revenus de ces trois classes d'hommes constitue le revenu général de la société.

Le revenu porte différents noms selon la nature des agents qui le procurent, selon encore la forme des entreprises dans lesquelles ces agents sont utilisés. C'est ainsi que :

La part du travail, constituant le revenu des travailleurs, porte les noms de :
- Profit.
- Salaire ou appointements
- Part dans les bénéfices ou dividende du travail.

La part du capital . . . .
- Profit.
- Loyer.
- Intérêt.
- Dividende.

La part des agents naturels appropriés.
- Profit foncier.
- Fermage ou rente.

Nous aurons à examiner comment, en vertu de quelle loi, s'opère ce partage ou cette distribution du produit entre les détenteurs des agents qui ont servi à le former, comment se

déterminent les parts du travail, du capital et des agents naturels appropriés, ou, ce qui revient au même, comment la
richesse se distribue entre les travailleurs, les capitalistes et les
propriétaires fonciers.

Nous verrons que la même loi qui fait régner l'ordre dans la
production règle du même coup la distribution de la richesse.
Nous verrons, en analysant successivement les éléments de la
rémunération des divers agents productifs, travail, capital et
agents naturels appropriés, que le revenu des travailleurs, des
capitalistes et des propriétaires fonciers, est réglé par cette loi
de la manière la plus utile, c'est à dire la plus conforme à la
justice.

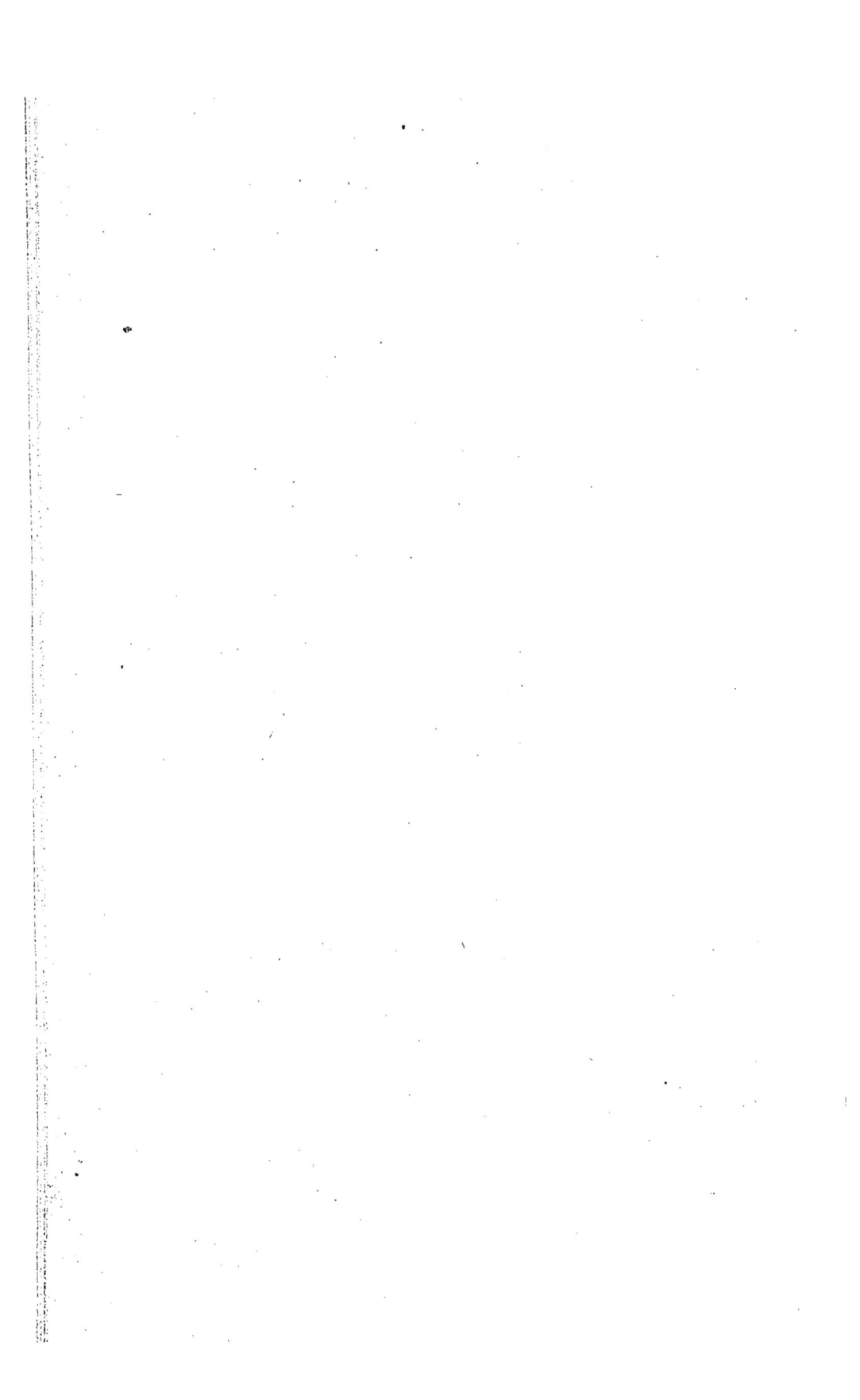

SECONDE PARTIE

DE LA DISTRIBUTION DES RICHESSES

HUITIÈME LEÇON

LA PART DU TRAVAIL

En quoi consistent les frais de production du travail. — Que ces frais sont essentiellement inégaux, selon les industries et les fonctions industrielles. — D'où provient cette inégalité. — Que des facultés diverses et inégales employées à la production exigent des frais d'entretien divers et inégaux. — Exemples. — Des frais de renouvellement des travailleurs et des causes qui les diversifient. — De l'influence des inconvénients et des avantages particuliers de chaque industrie sur la rémunération du travail. — Le salaire du bourreau, — de l'artiste, — de l'homme de lettres, — du savant. — Que le progrès industriel élève incessamment la rémunération nécessaire du travail. — Absurdité démontrée du système de l'égalité des salaires.

Nous sommes arrivé maintenant à la seconde partie de notre tâche. Après avoir examiné comment s'opère la production, nous allons rechercher de quelle manière se répartissent ses résultats, en un mot, nous allons nous occuper de LA DISTRIBUTION DES RICHESSES.

Cette grande loi d'équilibre qui détermine la constitution des valeurs ou la formation des prix, et qui sert de régulateur à la production, joue le même rôle dans la distribution des richesses.

Nous avons vu qu'en vertu de cette loi, le prix des produits gravite incessamment vers un certain niveau marqué par leurs frais de production, augmentés d'une part proportionnelle de produit net, niveau qui porte le nom de prix naturel ou nécessaire.

Nous constaterons successivement que le prix des services productifs des facultés humaines, des capitaux fixes ou circulants, et des agents naturels appropriés, gravite de même vers un certain niveau, marqué par les frais de production de ces services, avec l'adjonction d'une part proportionnelle de produit net. Ce niveau constitue le prix naturel ou nécessaire des services des agents productifs.

Nous commencerons par rechercher quels sont les éléments du prix naturel ou nécessaire du travail, et l'analyse de ces éléments nous fera voir comment se détermine la part que les travailleurs obtiennent dans la distribution des richesses.

Quand on considère l'ensemble des agents de la production, on s'aperçoit qu'ils ont besoin d'être incessamment entretenus et renouvelés, sinon ils se détruisent et ils disparaissent au bout d'un laps de temps plus ou moins long. Dans une entreprise de chemins de fer, par exemple, il faut que les locomotives et les waggons, composant le matériel de l'exploitation, les coussinets et les rails placés sur la voie, la voie elle-même, avec ses déblais et ses remblais, ses ponts, ses viaducs et ses tunnels, soient continuellement maintenus en état; il faut encore que le charbon ou le coke qui sert à réduire en vapeur l'eau contenue dans la chaudière, et cette eau même, soient, à chaque instant, remplacés par de nouvelles quantités de charbon ou de coke à brûler et d'eau à vaporiser. Si ces instruments nécessaires de l'industrie des transports ne sont point soigneusement entretenus et renouvelés, la locomotion ne pourra s'effectuer, ou bien elle sera promptement interrompue. Il en sera de même dans une entreprise agricole. Si l'on n'entretient point les charrues, les chevaux de labour et les autres véhicules animés ou inanimés de l'exploitation; si l'on ne répare point les bâtiments et les clôtures, si l'on ne renouvelle point les forces productives du sol au moyen d'engrais appropriés à leur nature, etc., la production s'arrêtera infailliblement au bout d'un laps de temps plus ou moins long.

Or, ce qui est vrai pour les éléments de production placés en dehors de l'homme ne l'est pas moins pour l'homme lui-même, envisagé comme un agent productif; en d'autres termes, ce qui est vrai pour le *matériel* de la production ne l'est pas moins pour le *personnel*. Reprenons, pour nous en assurer, les deux exemples que nous venons de citer. Si les employés composant le personnel d'un chemin de fer, les directeurs, les mécaniciens, les chauffeurs, les cantoniers, les commis, etc., ne reçoivent pas une rémunération suffisante pour pouvoir non seulement se maintenir en vie et en santé, mais encore se reproduire, se renouveler, l'entreprise dont ils sont les agents nécessaires cessera évidemment bientôt de pouvoir fonctionner. De même, si les laboureurs, les faucheurs, les batteurs en grange, composant le personnel d'une ferme, ne reçoivent pas une rémunération qui leur permette de subsister et de se reproduire, de telle façon que ce personnel agricole demeure constamment en état, la production devra encore cesser.

Au point de vue économique, les travailleurs doivent être considérés comme de véritables machines. Ce sont des machines

qui fournissent une certaine quantité de forces productives et
qui exigent, en retour, certains frais d'entretien et de renouvellement pour pouvoir fonctionner d'une manière régulière et
continue. Ces frais d'entretien et de renouvellement, que le
travailleur exige, constituent les *frais de production du travail,* ou, pour nous servir d'une expression fréquemment
employée par les économistes, le *minimum de subsistances* du
travailleur.

Ces frais de production du travail, ce minimum de subsistances du travailleur, sont-ils les mêmes dans tous les emplois
de la production?

Non; l'observation atteste qu'ils sont, en premier lieu, essentiellement *divers* et *inégaux,* en second lieu, essentiellement
mobiles.

Examinons avec détail, — car la question est des plus importantes, — les causes qui diversifient et font varier ces frais de
production du travail ou ce minimum de subsistances, faute
duquel le travailleur ne peut mettre, d'une manière régulière et
continue, ses facultés au service de la production.

Chaque fonction productive exige le concours de facultés
particulières. Ainsi, l'ouvrier laboureur ne met point en œuvre
les mêmes facultés que l'ouvrier mécanicien. L'un déploie principalement de la force physique; l'autre déploie plutôt certaines facultés intellectuelles. Le marchand ne met pas non
plus en œuvre les mêmes facultés que le mécanicien, et selon la
nature des opérations auxquelles un marchand se livre, il
déploie des facultés différentes. Le grand commerce, le commerce de spéculation par exemple, exige à un plus haut degré
que le commerce de détail, le concours de l'esprit de combinaison. L'instituteur, le prêtre, le médecin, l'avocat, le peintre, le

musicien, l'homme de lettres mettent en œuvre chacun une association *sui generis* de facultés productives.

Les facultés requises pour la production ne diffèrent pas seulement selon les industries; elles diffèrent encore selon les fonctions entre lesquelles se partage l'exercice de chaque industrie. Dans une maison de commerce, par exemple, le copiste expéditionnaire n'a pas à déployer les mêmes facultés que le chef ou que le commis chargé de la correspondance. Dans une armée, le soldat n'a pas à mettre en œuvre les mêmes facultés que le général, etc., etc.

On voit ainsi s'établir, en vertu de la nature même des choses, une hiérarchie du travail. Les fonctions s'échelonnent, se hiérarchisent en raison du nombre, de l'espèce et de l'étendue des facultés dont elles exigent le concours.

Il serait intéressant de savoir quelles facultés sont particulièrement requises dans chacun des emplois de la production, depuis la fonction du monarque qui gouverne un grand empire jusqu'à celle du simple manœuvre. Ce classement industriel des facultés de l'homme ne serait pas sans utilité. Bornons-nous toutefois à constater qu'il existe une hiérarchie naturelle du travail, c'est à dire que les différentes fonctions de la production exigent le concours de facultés *diverses* et *inégales*. Qu'en résulte-t-il?

Il en résulte que les *frais de production du travail* sont essentiellement divers et inégaux, car ils varient selon le nombre, l'espèce et l'étendue des facultés dont chaque fonction exige le concours.

Si l'on considère à ce point de vue le simple ouvrier terrassier qui ne fait guère usage que de sa force musculaire, et qui, en vertu de la nature même de sa fonction industrielle, n'a point à déployer des facultés plus relevées, on trouvera que les frais de production de son travail sont placés à l'échelon le plus bas. Un ouvrier terrassier peut, sans nuire à sa santé, faire œuvre de sa force musculaire pendant douze heures sur vingt-quatre, et son entretien nécessaire peut à la rigueur se réduire à une nourriture, à des vêtements et à un abri grossiers. Sa rémunération doit encore, à la vérité, lui fournir les moyens de se reproduire, mais ses frais de reproduction sont aussi faibles que possible. Il lui suffit d'avancer au travailleur destiné à le remplacer l'entretien nécessaire au développement de sa force musculaire, rien de plus. La rémunération des hommes qui mettent uniquement en œuvre de la force musculaire et qui n'ont pas besoin d'en déployer d'autre, occupe en conséquence le degré le plus bas de l'échelle des salaires.

Mais aussitôt que le travailleur exerce une fonction qui exige le concours des facultés de l'intelligence, son entretien nécessaire s'élève. Voici pourquoi :

1° L'homme qui fait œuvre de son intelligence ne peut travailler aussi longtemps que celui qui se borne à utiliser la force de ses muscles; il a besoin d'accorder à ses facultés des intervalles de repos plus longs pour les maintenir en bon état;

2° Il est obligé de consommer des aliments matériels plus raffinés, comme aussi de s'assimiler des aliments intellectuels dont le manœuvre peut se passer.

Le travailleur voué à une œuvre intellectuelle ne peut se contenter de la nourriture grossière qui suffit au manœuvre. Il ne le peut, sous peine de voir s'émousser et s'affaiblir son intelligence, et de devenir à la longue incapable de remplir la fonction qui lui est dévolue. Cette influence de l'alimentation sur les facultés de l'intelligence a été constatée par un grand nombre de physiologistes, notamment par Cabanis :

Dans certains pays, dit cet illustre physiologiste, où la classe indigente vit presque uniquement de chataignes, de blé sarrasin ou d'autres aliments grossiers, on remarque chez cette classe tout entière un défaut d'intelligence presque absolu, une lenteur singulière dans les déterminations et les mouvements. Les hommes y sont d'autant plus stupides et plus inertes qu'ils vivent plus exclusivement de ces aliments : et les ministres du culte avaient souvent, dans l'ancien régime, observé que leurs efforts pour donner des idées de religion et de morale à ces hommes abrutis, étaient encore plus infructueux dans le temps où l'on mange la chataigne verte. Le mélange de la viande, et surtout l'usage d'une quantité modérée de vins non acides, paraissent être les vrais moyens de diminuer ces effets : car la différence est plus grande encore entre les habitants des pays de bois de chataigniers et ceux des pays de vignobles, qu'entre les premiers et ceux des terres à blé les plus fertiles. En traversant les bois, plus on se rapproche des vignobles, plus aussi l'on voit diminuer cette différence, qui distingue leurs habitants respectifs (1).

Quand on exerce un métier où la force musculaire seule est requise, quand on bêche la terre, quand on porte des fardeaux, on peut, à la rigueur, se contenter de chataignes et de blé sarrasin, puisque cette nourriture grossière suffit pour entretenir et renouveler les muscles. Mais il en est autrement quand on exerce une fonction où le concours de l'intelligence est indispensable. Mettez M. Alexandre Dumas et M. Scribe au régime du blé sarrasin et de la chataigne verte, puis demandez-leur

---

(1) CABANIS, *Des rapports du physique et du moral de l'homme. Influence du régime sur les habitudes morales*, t. II, p. 58.

d'écrire un roman ou une comédie et vous verrez de quelle
œuvre indigeste ils ne manqueront pas de vous régaler à leur
tour.

L'intelligence exige encore, pour se maintenir en force et en
santé, des aliments purement immatériels. Il faut d'abord que
l'esprit perçoive et s'assimile, d'une manière continue, des
impressions en harmonie avec la nature de l'œuvre à laquelle il
est voué. Il faut ensuite que l'esprit se délasse, et qu'on lui procure en conséquence des distractions en harmonie avec ses
occupations. Qu'un poète, un romancier, un artiste ou même
un avocat soit assujetti à l'existence de l'ouvrier terrassier;
qu'on l'oblige à travailler douze heures par jour, puis à passer
les douze heures restantes à boire, à manger, à fumer et à
dormir, il finira certainement par devenir incapable de remplir la fonction intellectuelle qui lui est assignée : pour me
servir d'une expression énergiquement pittoresque, il finira par
s'abrutir.

On peut donc affirmer que l'entretien de l'homme qui fait
œuvre de ses facultés intellectuelles doit être plus complet et
plus raffiné que celui du manœuvre, sinon le mécanisme délicat
et subtil de l'intelligence s'altère, se détériore et finit par ne
pouvoir plus fonctionner.

Les anciens avaient parfaitement aperçu cette nécessité et
ils y avaient égard dans la manière dont ils traitaient leurs
esclaves. Ils avaient, vous le savez, des esclaves qui remplissaient les fonctions les plus diverses. Ils en avaient dont
l'unique fonction consistait à tourner la meule; d'autres qui
labouraient la terre; d'autres encore qui étaient appliqués à des
fonctions industrielles; d'autres enfin qui exerçaient des professions libérales, qui étaient médecins, grammairiens, philo-

sophes même. Eh bien ! ils traitaient ceux-ci infiniment mieux que les autres; ils les nourrissaient, les habillaient et les logeaient mieux ; ils leur imposaient des tâches moins lourdes, quoique les lois, les mœurs et l'opinion n'établissent aucune distinction entre les différentes catégories d'esclaves. Pourquoi donc cette inégalité de traitement? Parce que les maîtres en avaient reconnu la nécessité; parce que l'expérience leur avait appris qu'un esclave ne pouvait faire œuvre de son intelligence, d'une manière régulière et continue, à moins d'être plus complétement entretenu, mieux traité et plus ménagé que s'il avait eu à déployer seulement de la force musculaire.

Les frais de production du travail comprennent donc, en premier lieu, l'entretien nécessaire du travailleur, et cet entretien varie selon le nombre, l'espèce et l'étendue des facultés requises pour remplir chaque fonction productive.

Les frais de production du travail comprennent, en second lieu, la somme nécessaire pour couvrir les frais de renouvellement du personnel de la production. Ceux-ci sont plus ou moins élevés selon deux circonstances : 1° selon que le travail à exécuter exige un apprentissage plus ou moins long et coûteux; 2° selon qu'il use plus ou moins vite le travailleur.

Ainsi que je l'ai fait remarquer plus haut à propos des ouvriers terrassiers, le renouvellement des travailleurs est peu coûteux dans les rangs inférieurs de la production. Que faut-il, en effet, pour renouveler les portefaix, les valets de charrue, les ouvriers terrassiers, et, en général, les ouvriers dont la force musculaire seule est utilisée? Il faut simplement la somme nécessaire pour entretenir un enfant et développer sa force physique jusqu'à ce qu'il soit en état de faire œuvre de ses muscles, ni plus ni moins. D'apprentissage spécial, il n'en est, pour ainsi dire, pas besoin. Les frais de renouvellement de ce genre de travailleurs sont donc aussi faibles que possible. Il n'en est pas ainsi lorsque l'exercice de la fonction industrielle exige le concours des facultés intellectuelles ou même simplement d'une certaine habileté de main. A la nourriture et à l'entretien de l'enfant jusqu'à ce qu'il soit en état de travailler, vient s'ajouter, en ce cas, un apprentissage spécial plus ou moins coûteux.

Remarquons encore que les frais nécessaires d'alimentation et d'entretien des enfants varient selon les professions qu'ils sont destinés à exercer. On peut nourrir avec du blé noir et des chataignes vertes un enfant destiné au labeur matériel, car ce genre d'alimentation peut suffire, à la rigueur, pour développer la force de ses muscles. On est obligé de fournir une alimentation plus raffinée à un enfant destiné à faire œuvre de son intelligence, sous peine d'entraver le développement de ses facultés intellectuelles.

Mais l'inégalité la plus importante est celle des frais d'apprentissage selon les professions. Ces frais qui sont à peu près nuls pour les travailleurs voués au labeur purement matériel, s'élèvent en revanche fort haut pour les travailleurs intellectuels, les avocats, les médecins, les prêtres, les administrateurs, les juges, les hommes de lettres, etc. La profession d'avocat, par exemple, exige un apprentissage long et coûteux. On a beau être pourvu d'une dose convenable d'éloquence naturelle et des autres facultés nécessaires pour réussir au barreau, cela ne suffit point. Ces dispositions naturelles, il faut d'abord les développer d'une manière générale ; il faut ensuite s'assimiler les connaissances et les pratiques du métier ; il faut étudier la jurisprudence et la manière de s'en servir. Sans doute, le programme de ces études préliminaires a été chargé outre mesure : on oblige l'étudiant en droit à encombrer son intelligence d'une foule de notions inutiles, parmi lesquelles je citerai en première ligne la connaissance des langues mortes. Mais en admettant même que les frais d'apprentissage de l'avocat fussent ramenés aux proportions du strict nécessaire, ils n'en demeureraient pas moins plus élevés que ceux du tailleur ou du maçon, et, à plus forte raison, que ceux du portefaix ou du valet de charrue.

Si l'homme était immortel, ces frais d'élève et d'apprentissage des travailleurs n'exerceraient évidemment qu'une influence inappréciable sur la rémunération du travail, répartis comme ils le seraient sur une période d'une étendue illimitée. Mais il n'en est point ainsi : le personnel de la production doit être régulièrement renouvelé et la période de son renouvellement varie selon les industries et selon les pays.

Selon les industries. Il y a, comme on sait, des inégalités considérables dans la durée du personnel des différentes branches de la production. Dans les professions dites insalubres, par exemple, l'outillage humain doit être renouvelé beaucoup plus fréquemment que dans les autres. La fabrication du blanc de céruse, pour ne citer que celle-là, consomme en un siècle deux ou trois générations de plus que les industries ordinaires ; d'où il résulte que la rémunération de ses travailleurs doit comprendre les frais d'élève et d'apprentissage de ces générations supplémentaires.

Selon les pays. Dans certains pays, la durée moyenne de la vie humaine est plus longue ; dans certains autres, elle l'est moins, et cette différence de longévité a une importance économique qu'il est facile d'apprécier. Supposons qu'une contrée

soit continuellement exposée aux ravages des maladies contagieuses, en sorte que le personnel de la production doive y
être renouvelé six fois par siècle, tandis que dans une contrée
voisine, où les conditions de salubrité sont meilleures, le personnel ne doive être renouvelé que cinq fois ; n'est-il pas évident que les frais de production du travail seront plus élevés
dans la première que dans la seconde? A égalité de rémunération, les ouvriers de la contrée malsaine ne seraient-ils pas bien
plus misérables que ceux de la contrée placée dans de bonnes
conditions hygiéniques?

On voit, par ce qui précède, dans quelle mauvaise situation
économique se trouvent les pays où les maladies contagieuses,
la peste et la fièvre jaune, la *malaria* étendent habituellement
leurs ravages. Non seulement le personnel de la production
doit y être plus fréquemment renouvelé qu'ailleurs, mais encore
ce personnel se trouve journellement entamé, décomplété dans
ses parties essentielles, sans qu'il soit possible de combler
immédiatement les vides causés par la contagion, un travailleur
étant une espèce d'outil que l'on ne saurait fabriquer en un
jour.

Une dernière remarque à faire sur ce sujet, c'est que les frais
de production du travail s'augmentent en raison composée de
la fréquence du renouvellement des travailleurs et de l'importance des frais d'élève et d'apprentissage. Il en résulte que la
rémunération des travailleurs attachés aux professions qui
exigent un apprentissage long et coûteux doit atteindre une
élévation extraordinaire dans les régions insalubres ou dangereuses.

Au point de vue économique, deux pays qui se trouvent
placés dans des conditions de salubrité inégales peuvent être

comparés à deux fabricants de céruse, dont l'un aurait réussi à
assainir sa fabrication, tandis que l'autre continuerait à travailler d'après les anciens errements. Comme celui-ci serait obligé
de payer le travail nécessaire à son industrie plus cher que son
concurrent, il finirait indubitablement par succomber dans la
lutte.

Les progrès qui améliorent les condition hygiéniques de la
production, qui préviennent les maladies et les accidents de
toute sorte auxquels les travailleurs sont exposés, etc., ont, en
conséquence, une grande importance économique. On attache
avec raison beaucoup de prix aux procédés qui augmentent la
durée des outils, des machines, des bâtiments, qui préservent
de l'action des maladies contagieuses et des autres causes acci-
dentelles de destruction, les animaux et les végétaux utiles; mais
ceux qui augmentent la durée de l'homme, considéré comme
agent de la production, en permettant ainsi aux générations
existantes d'économiser une partie des frais d'élève et d'apprentissage des générations qui doivent les remplacer, ceux-là ne
méritent point certes, à un degré moindre, l'attention de
l'économiste.

Ainsi donc les frais de production du travail se différencient,
premièrement, en raison de la diversité et de l'inégalité des
forces ou facultés requises dans les différentes opérations de
l'industrie et des réparations qu'elles exigent ; secondement, en
raison de la diversité et de l'inégalité des frais de renouvellement des travailleurs.

D'autres éléments contribuent encore à diversifier le prix naturel du travail. Ce sont, par exemple, les chômages et les crises
industrielles ; ce sont encore les inconvénients ou les avantages
particuliers qui sont attachés à l'exercice de certaines industries.

Les chômages réguliers ou *mortes saisons* et les crises irrégulières qui interrompent l'exercice d'un grand nombre de
professions et d'industries doivent inévitablement influer sur
les frais de production du travail. Supposons que deux industries exigent la mise en œuvre de facultés équivalentes, et que
la période d'activité des travailleurs soit la même dans chacune,
— mais que la *morte saison* soit de trois mois dans l'une et
d'un mois seulement dans l'autre; que la première soit, en
outre, exposée, beaucoup plus que la seconde, aux interruptions fortuites de travail provenant des crises industrielles, le
salaire de neuf mois de travail dans celle-là devra équivaloir
au salaire de onze mois dans celle-ci, et contenir en sus une
prime destinée aux interruptions occasionnées par les crises
irrégulières.

Tout progrès qui abrége la durée des chômages et qui diminue le nombre ou l'intensité des crises industrielles abaisse par
là même les frais de production du travail.

Un résultat équivalent est obtenu lorsque le travailleur parvient à utiliser régulièrement ses mortes saisons, ou bien encore
à ajouter aux ressources que lui fournit sa principale industrie,
celles d'une industrie auxiliaire.

Les avantages ou les inconvénients spécialement attachés à
l'exercice de chaque industrie constituent enfin une prime qui
diminue ou qui élève le prix naturel du travail. C'est ainsi que
le niveau de la rémunération du travail dans l'industrie des
mines, par exemple, dépasse communément celui des autres
branches de la production, à cause des inconvénients et des
dangers matériels qui accompagnent le travail du mineur.

La privation de certains avantages purement moraux donne
naissance à une prime de même nature. Nous citerons comme

exemple la profession de bourreau ou, si l'on aime mieux, d'exécuteur des hautes œuvres. Cette profession est, de nos jours, fort peu difficile à remplir. Il n'en était pas tout à fait ainsi, comme on sait, aux époques où les supplices étaient fréquents et compliqués, où encore la torture jouait un rôle considérable dans la procédure. Alors le bourreau était souvent le travailleur le plus occupé d'un royaume. Heureusement, sa besogne a été beaucoup abrégée et simplifiée tant par les progrès de la civilisation que par ceux mêmes de l'art de détruire les hommes. La besogne du bourreau se réduit, de nos jours, à fort peu de chose. L'instrument de supplice dont on se sert en France et en Belgique par exemple, la guillotine, substitue l'impulsion d'une force mécanique, celle de la pesanteur terrestre, à l'action de la force physique. Le bourreau ne tranche plus la tête, il ne roue plus, il n'écartèle plus, il ne torture plus, toutes besognes qui exigeaient la mise en œuvre d'une certaine force et d'une certaine adresse; il se borne à présider à la toilette du condamné, à diriger le montage de la funèbre machine qui fonctionne à sa place et à tourner un simple bouton. Enfin, ce travail essentiellement simple, c'est tout au plus s'il l'exécute huit ou dix fois par an, dans les endroits où il est le plus occupé.

Eh bien! ce travailleur, dont la fonction est si simple et si peu fatigante, reçoit cependant des appointements énormes en comparaison de ceux des travailleurs des autres professions. Pourquoi? Parce que le métier de bourreau prive l'individu qui l'exerce de certains avantages moraux ou sociaux auxquels les hommes tiennent beaucoup; parce qu'une mère ne se soucie pas de donner sa fille à un bourreau; parce qu'on ne reçoit pas volontiers un bourreau chez soi. A quoi il faut ajouter que la fonction de l'exécuteur n'a pas cessé encore d'être répugnante, tant par le fait même de l'exécution que par les circonstances qui l'accompagnent. Si ces circonstances venaient à se modifier; si, par exemple, on exécutait les condamnés dans l'enceinte des prisons au lieu de les exécuter en public; si encore la répulsion qu'excite la personne du bourreau venait à s'affaiblir, le niveau de la rémunération de ce genre de travail baisserait, selon toute apparence, dans une proportion considérable.

Choisissons maintenant un exemple opposé. Certaines industries ne procurent qu'une rémunération extrêmement faible, eu égard au nombre et à l'importance des facultés dont elles exigent le concours, comme aussi aux risques qui s'y trouvent attachés. Telles sont les professions artistiques, littéraires et scientifiques. A quoi cela tient-il? Cela tient à ce que les avantages moraux attachés à l'exercice de ces professions sont supérieurs à ceux que peuvent procurer la plupart des autres branches de l'industrie humaine. On peut se faire une réputation brillante dans les arts et dans les lettres; on peut exercer, en cultivant les sciences, une influence considérable sur le bien-être de ses semblables. La vanité, l'orgueil ou, ce qui vaut mieux, l'amour de la justice et de l'humanité obtiennent, dans l'exercice de ces professions d'élite, une satisfaction exceptionnelle. Ces avantages particuliers, d'un ordre purement moral, remplacent dans la rémunération de l'homme de lettres, du savant et de l'artiste, une portion plus ou moins forte du salaire matériel, en ce sens que l'homme de lettres, le savant ou l'artiste se contente pour les acquérir d'un salaire matériel inférieur à celui qu'il pourrait obtenir dans le commun des industries.

Remarquons toutefois que la *prime* qui résulte des inconvénients particuliers à chaque industrie s'ajoute non aux frais de production du travail, mais à la part proportionnelle de produit net qui complète le prix naturel du travail. Cette prime n'a pas, en effet, un caractère de nécessité. Ainsi, par exemple, il n'est pas nécessaire de payer un bourreau plus cher qu'un ouvrier terrassier pour le mettre en état d'exercer sa profession. Sous un régime d'esclavage, on pourrait n'établir aucune différence entre ces deux professions, car les *frais de production du travail* ne diffèrent pas essentiellement dans l'une et dans l'autre. Mais comme une certaine défaveur s'attache à la profession de bourreau, on ne l'adopte, sous un régime de liberté, qu'à la condition d'obtenir une prime qui compense cet inconvénient particulier. Cette prime élève non les frais de production du travail du bourreau, mais la part proportionnelle de produit net que ce travail procure. Elle s'ajoute, en tous cas, au prix naturel, lequel se compose des frais de production augmentés de la part proportionnelle de produit net.

Dans le cas de l'homme de lettres, du savant ou de l'artiste, la prime comprenant les avantages particuliers à ce genre de travail, se déduit de la part proportionnelle de produit net, et non des frais de production du travail, puisque ces frais doivent être couverts par une rémunération matérielle, suffisante pour permettre au travailleur d'exercer son industrie d'une manière régulière et continue. En tous cas, elle se déduit encore du prix naturel, dont la part proportionnelle de produit net est une portion intégrante.

Par les analyses qui précèdent, on a pu voir que le prix naturel du travail a des niveaux essentiellement divers; que ces niveaux diffèrent selon les circonstances qui caractérisent chaque industrie; selon le nombre, l'espèce et l'étendue des facultés dont chaque fonction exige le concours; selon la durée plus ou moins longue de la période d'activité du travailleur; selon le coût de son renouvellement; selon la durée des chômages et la fréquence des crises auxquelles il est exposé; selon les avantages ou les inconvénients spéciaux que comporte son industrie. Telles sont les causes qui établissent l'inégalité entre les niveaux du prix naturel du travail.

Enfin ces niveaux divers ne sont pas fixes; ils sont au contraire essentiellement mobiles. Tantôt on les voit s'abaisser, tantôt on les voit s'élever.

C'est ainsi, par exemple, que le progrès industriel, en élevant le niveau des facultés requises pour la production, élève par là même, incessamment, le niveau du prix naturel du travail.

Ceci étant une observation de la plus haute importance au point de vue de l'avenir des classes ouvrières, voyons de quelle façon agit le progrès industriel pour modifier la nature du travail.

Le progrès industriel substitue communément à l'emploi de la force physique du travailleur celui d'une force mécanique moins coûteuse et plus puissante. Dans les industries que le progrès tranforme, on voit, en conséquence, le travail humain changer successivement de nature : de purement physique à l'origine, du moins dans les fonctions inférieures, il devient de plus en plus intellectuel. Si nous examinons, par exemple, l'industrie de la locomotion à ses différentes périodes de développement, nous serons surpris de l'étendue et de la portée des transformations que le travail dont elle exige le concours a subies sous l'influence du progrès. A l'origine, c'est l'homme lui-même qui transporte les fardeaux en mettant en œuvre sa force musculaire. Il en est encore ainsi dans certaines parties de l'Inde, où les bras et les épaules des *coulis* sont les seuls véhicules en usage pour transporter les voyageurs aussi bien que les marchandises. Mais l'industrie de la locomotion vient à progresser. L'homme dompte le cheval, l'âne, le chameau, l'éléphant, et il les assujettit à porter des fardeaux; il invente encore la charrette, la voiture et le navire. Aussitôt la nature du travail requis pour le transport des hommes et des marchandises se modifie. La force musculaire ne suffit plus, elle ne joue même plus qu'un rôle secondaire dans l'industrie des transports; le premier rôle appartient désormais à l'adresse et à l'intelligence. Il faut plus d'adresse et d'intelligence que de force musculaire pour guider un cheval, un âne, un chameau, un éléphant, pour conduire une voiture ou une charrette, pour diriger un navire. Survient enfin un dernier progrès. La vapeur est appliquée à la locomotion. La locomotive avec ses longues files de waggons se substitue au cheval, à la charrette, à la diligence; le bateau à vapeur prend la place du navire à voiles. La fonction du travailleur dans l'industrie des transports acquiert, par suite de cette nouvelle transformation, un caractère intellectuel plus prononcé. Les employés des chemins de fer ont à déployer plus d'intelligence et moins de force physique que les voituriers, messagers, etc., qu'ils ont remplacés. Dans l'industrie des transports par eau, l'intervention de la vapeur supprime l'outillage humain qui était employé à manœuvrer l'appareil moteur des navires, les mâts, les voiles, les cordages, etc. A cet appareil qui nécessitait encore l'application d'une certaine quantité de force musculaire, la vapeur substitue une machine dont les servants, chauffeurs ou mécaniciens, n'ont guère à faire œuvre que de leur intelligence.

En examinant donc l'industrie de la locomotion à son point

de départ et à son dernier point d'arrivée, on s'aperçoit que la proportion dans laquelle elle réclame le concours de la force musculaire et de la force intellectuelle de l'homme s'est progressivement modifiée, et que la dernière a fini par s'y substituer presque entièrement à la première. On obtient le même résultat en étudiant l'action du progrès industriel sur les autres branches de la production, et l'on arrive ainsi à cette conclusion importante, que l'industrie moderne exige dans une proportion moindre que celle des premiers âges du monde l'intervention de la force musculaire de l'homme, mais qu'elle réclame, en revanche, à un bien plus haut degré, le concours de ses facultés intellectuelles et morales.

Cette modification progressive dans la nature des forces requises pour la production ne manque pas de se répercuter dans les frais de production du travail. A mesure que l'intelligence se substitue à la force musculaire dans l'industrie, on voit s'élever le niveau de la rémunération des travailleurs. Ainsi les salaires des voituriers, des cochers, des conducteurs d'omnibus sont plus élevés que n'étaient ceux des porteurs de chaises ; mais ils se trouvent à leur tour dépassés par ceux des employés des chemins de fer. De même, il y a apparence que les travailleurs employés dans la navigation à voiles sont mieux rémunérés que ne l'étaient jadis les rameurs, tandis qu'ils le sont plus mal que le personnel employé dans la navigation à la vapeur. Pourquoi en est-il ainsi ? Parce que l'intelligence nécessaire à l'exercice d'une industrie perfectionnée exige des frais d'entretien et de renouvellement plus considérables que la force musculaire requise par une industrie encore dans l'enfance ; parce que les frais de production du travail intellectuel sont plus élevés que ceux du travail physique.

En examinant les modifications que subit la nature du travail sous l'influence du progrès industriel, on arrive, en définitive, à une conclusion qui peut être formulée ainsi :

Que le progrès industriel contribue dans toutes les branches de l'activité humaine à élever le niveau des frais de production du travail.

Le prix naturel du travail se modifie donc sous l'influence du progrès industriel qui transforme la nature du travail, qui rend l'œuvre de l'homme dans la production de plus en plus intellectuelle, et nécessite en conséquence des frais d'entretien et de renouvellement de plus en plus considérables pour le personnel de la production.

Le prix naturel du travail se modifie encore lorsque le prix des choses nécessaires à l'entretien et au renouvellement des travailleurs vient à se modifier. Tout progrès qui diminue d'une manière permanente le prix des choses diminue par là même le prix naturel du travail. Toute circonstance qui élève le prix de ces choses élève le prix naturel du travail.

Cette analyse que nous venons de faire des circonstances qui déterminent le niveau du prix naturel du travail dans chacune des branches de la production montre toute l'absurdité des systèmes fondés sur l'égalité des salaires. Cette égalité ne serait possible qu'aux conditions suivantes : 1° si toutes les opérations de la production exigeaient l'application de forces de même nature et parfaitement égales ; 2° si les matériaux nécessaires à l'entretien et au renouvellement de ces forces se trouvaient partout en égale abondance ; 3° si l'outillage humain de la production avait toujours et partout la même durée. Alors on concevrait que les travailleurs pussent être soumis au régime de l'égalité des salaires, de même que l'on conçoit que

des machines de tout point semblables et placées dans des conditions égales, soient soumises à celui de l'égalité des frais d'entretien. Mais si, comme l'observation l'atteste, les fonctions de
la production sont essentiellement diverses et inégales; si les
unes peuvent être accomplies à l'aide d'un outil humain simple
et grossier, tandis que les autres exigent l'emploi d'un outil
humain compliqué et perfectionné, l'égalité des salaires n'est-
elle pas en opposition avec la nature même des choses? Vouloir
donner à un portefaix et à un directeur de chemin de fer, par
exemple, une rémunération égale, ne serait-il pas aussi
absurde, aussi contraire à la nature des choses, que de vouloir
consacrer la même somme aux frais d'entretien et de renouvellement de la locomotive et à ceux du cheval de trait? Les différents emplois de la production exigent l'application de facultés
diverses et inégales; ils sont accompagnés aussi d'inconvénients
et d'avantages divers et inégaux. Comment donc pourrait-on
établir une égalité artificielle, où l'auteur des choses a institué
une inégalité naturelle?

A la vérité, il y a dans le progrès industriel une certaine tendance à l'égalité. Le progrès industriel élève, ainsi que nous
l'avons remarqué, le niveau général des fonctions de la production, et par conséquent diminue la distance qui existe entre
les plus hautes et les plus basses; mais la hiérarchie des fonctions ne s'efface point pour cela. Il y a toujours, dans les industries les plus perfectionnées, certaines fonctions qui exigent des
facultés supérieures, certaines autres où des facultés d'un ordre
inférieur peuvent suffire; il y en a toujours qui usent plus
promptement que les autres les travailleurs aussi bien que les
machines, le personnel aussi bien que le matériel, et ces inégalités, qui tiennent à la nature des choses, doivent nécessaire-

ment se reproduire dans les salaires. Il n'en est pas moins consolant de penser que tout progrès industriel implique une modification progressive dans la nature des forces humaines dont le concours est exigé pour la production, et que cette modification amène un exhaussement, progressif aussi, du niveau de la rémunération nécessaire du travail.

NEUVIÈME LEÇON

LA PART DU TRAVAIL (*suite*)

Comment se fixe le prix courant du travail. — Effets de la loi des quantités et des prix sur la rémunération du travail. — Que cette rémunération tend toujours à se confondre avec son taux naturel et nécessaire. — Circonstances perturbatrices, — absence de la liberté du marché, — esclavage. — Éléments constitutifs de l'esclavage, — le monopole d'exploitation et la tutelle. — Comment s'est établi le monopole d'exploitation. — Raison de l'extrême multiplication des esclaves dans les sociétés primitives. — Raison d'être de la tutelle. — Inégalité naturelle des races et des individualités humaines. — Opinion de M. James Spence sur l'infériorité de la race nègre. — Que la nécessité de la tutelle pour les individualités inférieures est la même que pour les enfants et les femmes. — En quoi consiste, sous le rapport économique, le gouvernement de soi-même. — Que l'homme ne peut utilement être libre qu'à la condition de posséder la capacité nécessaire pour supporter la responsabilité attachée à la liberté. — Que la tutelle peut être libre ou imposée, et dans quels cas. — Que l'esclavage et le servage ont été les formes primitives de la tutelle. — Que l'abolition de l'esclavage et du servage n'impliquent pas celle de la tutelle. — Erreur des abolitionnistes à cet égard. — Maux causés par cette erreur. — Nécessité de substituer la tutelle libre à la tutelle monopolisée au lieu de supprimer à la fois

le monopole et la tutelle. — Conséquences bienfaisantes du développement
de la tutelle libre. — Formule du prix courant du travail engagé.

Nous avons examiné dans la leçon précédente quelles sont
les parties constituantes de la rémunération du travail. Nous
avons vu qu'elles consistent en premier lieu dans la somme
nécessaire pour entretenir et renouveler le *personnel* de la production; en second lieu, dans une part de produit net proportionnée à celle qui est afférente aux autres agents productifs,
laquelle part de produit net permet à ceux qui la reçoivent
d'augmenter, dans la proportion utile, le personnel de la production.

Telles sont les parties constituantes du *prix naturel* ou *nécessaire* du travail.

Mais le prix naturel ou nécessaire n'étant qu'un point idéal
vers lequel gravite le prix réel ou le *prix courant*, ce dernier
nous reste encore à étudier pour compléter l'analyse de la part
du travail.

Comment se fixe le prix courant du travail? Il se fixe, comme
celui de toute autre marchandise, en vertu de la loi de l'offre et
de la demande. Quand la demande est supérieure à l'offre le
prix hausse et *vice versâ*.

Ces oscillations en hausse ou en baisse de la valeur du travail
dans l'échange ayant lieu, comme celles de toutes les autres
valeurs, en raison géométrique, lorsque les quantités offertes
ou demandées varient simplement en raison arithmétique (voir
la IVe leçon), il en résulte : 1° une extrême sensibilité du prix
courant du travail ; 2° une tendance incessante du prix courant
du travail à se rapprocher du prix naturel ou nécessaire. Cette
tendance qui agit avec une intensité progressive à mesure que

ces deux prix s'écartent davantage sous l'influence des variations
des quantités offertes, doit avoir pour résultat final de déterminer le retrait des quantités surabondantes ou l'apport des
quantités déficientes, et d'amener ainsi l'identification des
deux prix.

Examinons, en effet, ce qui se passe, d'une part, quand il
y a surabondance de l'offre, d'une autre part, quand il y a
déficit.

Lorsque l'offre du travail dépasse la demande, et que, par
suite de cette circonstance, le prix courant vient à tomber progressivement au dessous du prix naturel comprenant les frais
de production et une part proportionnelle de produit net, la
quantité excédante de l'offre doit finir par disparaître du marché, soit qu'elle se détruise ou se déplace. Cela arrive nécessairement si les frais de production du travail cessent d'être couverts, puisque, en ce cas, le personnel de la production ne peut
plus s'entretenir et se renouveler d'une manière suffisante. Cela
arrive encore, mais d'une manière moins prompte et moins
certaine, si les travailleurs sont privés simplement de leur part
proportionnelle de produit net. Dans ce cas, ils peuvent, en
effet, continuer de subsister, seulement ils sont moins encou-
ragés à renouveler leur personnel et plus excités, au contraire,
à mettre la portion de revenu qu'ils consacraient à ce renouvellement, sous la forme d'autres agents productifs, dont la part
s'est accrue aux dépens de la leur, et à déterminer ainsi, par la
diminution des quantités offertes, le relèvement du prix courant
au niveau du prix naturel.

Lorsque, au contraire, la demande du travail est supérieure
à l'offre dans une branche quelconque de la production, — et
on pourrait supposer également qu'il en fût ainsi dans toutes

les branches, — lorsque le prix courant s'élève, en conséquence, au dessus du prix naturel ou nécessaire, qu'arrive-t-il? C'est que les travailleurs appartenant à cette catégorie obtiennent une part de produit net supérieure à celle dont jouissent les travailleurs des autres catégories ainsi que les détenteurs des autres agents productifs ; c'est qu'ils obtiennent en sus de leur part naturelle ou nécessaire une véritable *prime* ou *rente*. Or, l'appât de cette prime ou de cette rente ne peut manquer d'attirer dans la branche favorisée un supplément de travail, et l'attraction est d'autant plus vive que la prime est plus forte, c'est à dire que le prix courant s'élève davantage au dessus du prix naturel. La quantité offerte s'augmente ainsi d'une manière progressive, et le prix s'abaisse jusqu'à ce qu'il se confonde de nouveau avec le prix naturel.

Cependant si, comme nous venons de le voir, le prix courant du travail gravite vers le prix naturel, sous une impulsion analogue à celle qui détermine la chute des corps (et l'on peut dire que cette loi des forces économiques n'est qu'une division de la loi générale des forces), si, en conséquence, la part du travailleur dans la production tend à prendre toujours son niveau juste et utile, il n'en est pas moins vrai que, dans la pratique, cette impulsion et cette tendance, si énergiques qu'elles soient, se trouvent communément en lutte avec des causes perturbatrices qui les contrarient et les neutralisent presque toujours au détriment du travailleur.

Ces causes de désordre n'agissent pas seulement, à la vérité, pour troubler l'action régulatrice de la loi des quantités et des prix dans l'échange du travail, mais encore dans tous les autres échanges. Seulement elles apparaissent ici avec plus de fréquence et d'intensité qu'ailleurs.

Nous allons voir en quoi elles consistent, comment elles agissent et de quelle manière elles peuvent être éliminées.

En montrant plus haut comment agit la loi des quantités et des prix pour ajuster le prix courant du travail avec son prix naturel, nous avons supposé que cette loi ne rencontrait aucun obstacle, qu'elle agissait librement dans un milieu libre.

Nous nous sommes placé, en d'autres termes, dans l'hypothèse de l'entière liberté du marché du travail. Nous avons supposé que le travailleur est le maître d'offrir ses services dans la quantité, dans le temps, dans le lieu et dans le mode d'emploi et d'échange le plus utiles, et qu'il possède, en même temps, la capacité nécessaire pour gouverner convenablement cette offre, de telle façon qu'aucun obstacle extérieur ou intérieur n'en vienne contrarier ou troubler l'impulsion naturelle. Nous avons supposé encore que la demande du travail, ou, ce qui revient au même, l'offre de l'argent, des denrées ou des services à échanger contre du travail, s'effectue dans des conditions analogues.

Si ces conditions de liberté n'existent point ou n'existent que d'une manière partielle, — et tel est malheureusement le cas ordinaire pour le travail, — s'il y a des circonstances naturelles ou artificielles qui mettent l'une des parties en présence à la merci de l'autre; si, par exemple, l'une se trouve obligée de livrer quand même, à un certain moment, dans un certain lieu et dans un certain mode d'emploi et d'échange, toute la quantité de travail dont elle dispose, tandis que l'autre demeure maîtresse de réduire ou d'augmenter à son gré son offre d'argent, de denrées ou de services, comme aussi de mobiliser cette offre dans l'espace et dans le temps, de choisir le mode d'emploi et d'échange qui lui convient le mieux, la liberté du marché cessera évidemment d'exister, le jeu de la loi régulatrice des valeurs se trouvera, obstrué ou faussé, et le prix courant du travail pourra demeurer, sous l'influence de cette cause perturbatrice, fort au dessous du prix naturel.

C'est ainsi que les choses se passent sous l'influence de l'esclavage et du servage, c'est à dire de l'assujettissement à des degrés divers du producteur de travail à l'acheteur. Quel est l'effet de cet assujettissement? C'est de détruire au profit de l'acheteur toute liberté du marché, c'est d'obliger l'esclave et, à un certain degré, le serf de livrer son travail dans la quantité, dans le temps, dans le lieu et dans le mode qui conviennent au maître, tandis que celui-ci ne fournit en échange, en denrées, en services fonciers ou en argent que la quantité qu'il lui convient de fournir quand, où et comme il le juge bon.

Entre l'esclave et le serf d'une part, le maître de l'autre, il n'existe donc pas de marché libre. Le maître use ou abuse de la supériorité de sa force pour contraindre l'esclave ou le serf à lui offrir une quantité maximum de travail, tout en n'offrant, de son côté, qu'un minimum d'entretien, de services fonciers ou de monnaie.

Est-ce à dire cependant que la servitude ait reposé uniquement depuis les premiers âges du monde jusqu'à nos jours sur un abus de la force? Et faut-il, en conséquence, considérer ce phénomène comme ayant été et étant encore absolument injuste et nuisible? Nous ne le pensons pas. Le phénomène de la servitude est, en effet, complexe. On y trouve en l'analysant : 1° un monopole d'exploitation, lequel a pu être et a été même trop souvent abusif; 2° une tutelle, laquelle est, au contraire, le plus souvent juste et nécessaire.

Examinons successivement, dans ces deux éléments de nature

diverse qui le composent, monopole d'exploitation et tutelle, le phénomène de la servitude.

I. LE MONOPOLE D'EXPLOITATION. La servitude apparaît d'abord sous l'aspect d'une prise de possession de certains hommes par d'autres, en vue de l'exploitation et de la mise en valeur de leurs facultés productives. L'homme dompte l'homme et l'assujettit, grâce à la supériorité de ses forces physiques, intellectuelles et morales, absolument comme il dompte et assujettit le cheval, l'éléphant, le chameau et les autres animaux qu'il fait passer de l'état sauvage à l'état domestique. A l'origine, on ne faisait même, à cet égard, aucune différence. On assujettissait l'homme sauvage et on le réduisait à l'état de domesticité comme tout autre animal. On l'élevait, on le dressait pour l'usage auquel ses aptitudes semblaient le rendre le plus propre ou qui constituait pour le maître l'emploi le plus avantageux, et on s'efforçait d'en extraire, comme de tout autre animal encore, un maximum de services en échange d'un minimum de frais d'entretien. Ainsi que l'attestent les écrits du vieux Caton, les Romains, par exemple, étaient particulièrement experts dans cette branche de l'économie rurale. Quant au mode d'exploitation des esclaves, il ne différait pas non plus de celui des autres bêtes de somme. On les élevait ou pour les exploiter soi-même, ou pour les vendre, ou pour les louer, et on les multipliait plus ou moins, comme on fait pour le bétail, selon qu'ils constituaient un emploi des capitaux plus ou moins profitable. Le produit qu'on en tirait, en les employant soi-même, en les vendant ou en les louant, devait rembourser leurs frais d'élève et d'entretien, compenser les risques de maladie, de fuite, de vieillesse et de mort auxquels ils étaient sujets, de telle sorte que le capital investi sous cette forme pût toujours se trouver rétabli comme s'il avait été investi sous forme d'immeubles, de denrées, de métaux précieux, etc., en donnant en sus les profits ordinaires de l'emploi des capitaux (1).

On dut particulièrement multiplier les esclaves dans les sociétés primitives, et la raison en est simple. L'outillage agricole et industriel étant alors dans l'enfance, on était obligé d'appliquer la force physique de l'homme à la plupart des travaux que nous exécutons aujourd'hui au moyen de la force

---

(1) Les frais de l'entretien, c'est à dire le coût du travail de l'esclave, sont les mêmes, soit que le propriétaire l'emploie, soit qu'il le loue ; la seule différence est que, dans le premier cas, c'est le propriétaire qui fait l'avance de ces frais, et que, dans le second, c'est celui qui prend l'esclave à loyer qui les avance.

Le prix que le propriétaire doit exiger pour le loyer nécessaire de l'esclave, s'il veut éviter des pertes, se réglera d'après les cinq évaluations suivantes :

1° D'après l'intérêt du capital que lui ont coûté l'esclave et l'instruction qu'il lui a donnée pour améliorer ses facultés productives, c'est à dire pour lui faire apprendre un métier, et le mettre en état de travailler à une industrie quelconque ;

2° D'après le remboursement de ce capital dans un intervalle de temps fixé d'après la probabilité de la durée de la vie de l'esclave, ordinairement plus courte que celle de l'ouvrier libre, à raison de ses plus grandes fatigues ;

3° D'après les frais de son entretien ;

4° D'après le remboursement, avec intérêt, de la somme affectée à l'assurance de la vie de l'esclave, s'il y en a eu ;

5° D'après les frais d'administration qu'exigent l'entretien de l'esclave et la surveillance de ses travaux, administration qui réclame plus de soins que celle de toute autre espèce de propriété, et qui par cette raison doit être plus dispendieuse. (FLORÈS ESTRADA. *Cours éclectique d'économie politique.* T. II, p. 115.)

mécanique. Dans l'Inde, en Assyrie et en Égypte, les esclaves,
soit qu'ils formassent des propriétés individuelles, soit qu'ils
fussent agglomérés en propriétés collectives, paraissent avoir
été innombrables. La prodigieuse fécondité du sol et la douceur
du climat permettaient, en effet, de les entretenir au moyen du
produit d'une faible partie de leur travail. Le restant constituant le produit net de leur exploitation fournissait un large
revenu à leurs propriétaires qu'il stimulait par là même à les
multiplier. Lorsqu'ils étaient, comme dans l'Inde et en Égypte,
possédés par de puissantes corporations mi-partie religieuses
mi-partie militaires, on appliquait une forte proportion de
l'excédant de leur travail à la construction d'œuvres monumen-
tales, temples, pyramides, etc., luxe colossal qui ne se retrouve
point dans les pays où l'homme asservi apparaît seulement à
l'état de propriété individuelle ou patrimoniale.

Mais, soit que l'esclave fût possédé par des corporations ou par
des familles, il constitua pendant des siècles la plus forte part
du capital productif de la société. Car il tenait lieu des machines
dont nous nous servons aujourd'hui pour cultiver le blé et le
transformer en pain, transporter les hommes et les choses, filer,
tisser et façonner nos vêtements. Il était, pour tout dire, le
moteur universel de la production matérielle.

II. LA TUTELLE. Si la servitude ne contenait rien de plus
qu'un monopole d'exploitation de l'homme par son semblable,
elle ne se justifierait ni sous le rapport économique ni sous le
rapport moral, et l'on s'expliquerait difficilement que l'immense
majorité de l'espèce humaine s'y fût pendant tant de siècles
docilement soumise. Mais elle contient autre chose qu'une
exploitation de travail à prix non débattu, et, le plus souvent,
abusive, elle contient encore une tutelle, le plus souvent utile.

Toutes les races d'hommes comme toutes les individualités humaines n'ont pas été créées égales. Il existe entre elles des différences que l'observation la plus superficielle suffit pour révéler. Non seulement, les hommes sont inégaux sous le rapport de la force physique, chose aisée à constater, mais ils ne le sont pas moins sous le rapport des forces morales et intellectuelles. Prenons pour exemple le nègre. Quoiqu'il y ait parmi les nègres un bon nombre d'individualités supérieures au commun de la race blanche, la masse considérée dans son ensemble apparaît comme sensiblement inférieure. Au point de vue moral et intellectuel, on peut assimiler le nègre à un enfant de race civilisée, qui, arrivé à l'âge de sept ans, aurait acquis les proportions physiques et la virilité d'un homme (1). Cet enfant

_____

(1) « Sans pouvoir approfondir les desseins de la nature, dit à ce sujet l'auteur d'un remarquable ouvrage sur l'*Union américaine*, M. James Spence, nous savons qu'en fait il existe, dans la puissance intellectuelle des diverses races humaines, des différences aussi marquées et aussi irrémédiables que le sont celles de leurs types respectifs. En théorie, nous donnons à tout homme le titre de frère ; mais prenons l'Esquimau ou l'Australien, et essayons de mettre la théorie en pratique : l'Australien est de tous les êtres humains le plus exempt d'entraves de tout genre. La liberté la plus parfaite est son partage. L'esclavage ne l'a jamais avili, il en ignore jusqu'au nom. Et cependant quelle est la somme d'intelligence du sauvage de l'Australie ? Toute la culture d'une éducation européenne l'élèverait-elle à notre niveau ? Que d'efforts n'a-t-on pas faits sous ce rapport et quel en a été le résultat ? Le Nouveau Zélandais, bien moins libre, ayant même l'esclavage au nombre de ses institutions domestiques, aussi sauvage que son voisin, cannibale, il y a une génération à peine, lui est cependant bien supérieur en intelligence. L'un est plein de sentiments nobles et généreux, d'un esprit ouvert et loyal; l'autre aussi incapable de comprendre et d'éprouver ces sentiments-là que

serait-il capable de se gouverner lui-même? Non, à coup sûr. Car ce n'est point avec de la force physique que l'homme se gouverne, c'est au moyen de ses forces morales et intellectuelles. Un enfant de sept ans, grand et fort comme un homme, n'en serait pas moins un enfant, et il lui faudrait un *tuteur*.

Cette nécessité de la tutelle pour les enfants et même, jusqu'à un certain point, pour les femmes n'est point niée par les plus ardents amis de la liberté. Pourquoi? Parce que l'expérience démontre que les enfants, sans parler des femmes, ne possèdent point les forces intellectuelles et morales requises pour un bon gouvernement de soi-même. Qu'arriverait-il si on

---

si ce n'était qu'une pauvre machine grossièrement façonnée à l'image d'un homme.

« Et ces deux races, si radicalement différentes sous le rapport de l'intelligence, vivent sous la même latitude et sont proches voisines. S'il y a entre elles une différence aussi sensible, combien n'est-il pas plus facile encore de comprendre celle qui existe entre deux races dont l'une sort des sables brûlants de l'Afrique et l'autre des régions tempérées de l'Europe? Si le nègre avait eu la même puissance intellectuelle que l'Européen, il n'eût pas laissé l'Afrique sans un monument, même de la forme la plus primitive. Qu'est-ce qui a empêché le nègre de s'élever au niveau de l'Arabe, par exemple? En résumé, nous ne voyons pas pourquoi on chercherait à dénaturer le fait ou pourquoi on le constaterait avec dépit. Mais ce qu'il y a de bien certain, c'est que si l'esprit du nègre peut être cultivé, amélioré, on ne peut pas l'élever au niveau de celui des Européens. Quand on voit dans la nature une loi générale de variété en toutes choses, dans l'instinct des animaux comme dans l'intelligence des individus, pourquoi vouloir présumer qu'il doit y avoir uniformité dans la puissance intellectuelle des différentes races humaines? L'esprit du nègre ne se prête ni aux réflexions sur passé ni à la prévision de l'avenir; il n'améliore rien, n'invente rien, ne découvre rien. Nous ne parlons, bien entendu, que de la race pure et sans mélange avec un autre sang; quelque

ne les soumettait point à une tutelle? si les enfants étaient abandonnés à leur propre gouvernement avant d'avoir acquis la capacité de se gouverner? Il arriverait que leurs actes ne seraient qu'une série de *nuisances* pour eux-mêmes et pour les autres, que les jeunes générations se dépraveraient et finalement se détruiraient. Eh bien! il en serait de même pour les hommes-enfants, qui se rencontrent, ajoutons-le, au sein de toutes les races, mais en majorité parmi les unes, en minorité seulement parmi les autres. Nous achèverons de nous en convaincre en recherchant en quoi consiste, sous le rapport économique, le gouvernement de soi-même.

---

part qu'on la prenne, en Afrique ou en Amérique, tels sont ses signes caractéristiques. Si cela était une fois bien compris, que de sympathies et de bienveillance ne feraient plus fausse route! Nous nous représentons toujours l'esclave animé de sentiments qui seraient les nôtres, si nous en étions réduits à sa condition, tandis qu'en réalité et la plupart du temps ces sentiments lui sont inconnus. Il lui est aussi naturel d'être esclave que ce serait monstrueux pour nous. La grande majorité des nègres, si on leur offrait la liberté, croiraient tout simplement qu'on veut les abandonner à eux-mêmes et les laisser mourir de faim. Ils sont nés comme cela, ils ont été élevés dans ces idées; leur passé ne leur rappelle pas une condition meilleure dont le souvenir les afflige; l'esclavage est pour eux l'état de vie ordinaire; ils n'ont jamais rien vu d'autre. Quand le nègre commande à ses compagnons d'esclavage, il leur fait accomplir leur tâche avec une sévérité toute particulière. Il fait peu de cas du blanc qui n'a pas d'esclaves. Il en aurait beaucoup et de sa race s'il en avait les moyens. Il n'a pas plus l'idée de s'enquérir de la justice ou de l'injustice de l'esclavage qu'il ne s'inquiète de la raison qui fait que la nuit succède au jour. Nous nous créons des sentiments imaginaires dont il n'éprouve rien, et nous déplorons des chagrins qui ne sont pas les siens, mais les nôtres. » (L'UNION AMÉRICAINE, *ses effets sur le caractère national et politique, causes de sa dissolution*, etc., par JAMES SPENCE, p. 152.

Il concerne : 1° la production ; 2° la consommation.

I. *La production*. L'homme est obligé de produire toutes les choses nécessaires à sa subsistance et à son entretien. Or sa production ne doit pas se proportionner seulement aux besoins du présent, mais elle doit pourvoir encore aux éventualités de l'avenir. L'homme, en effet, n'est pas apte à produire pendant toute la durée de son existence, et, même pendant son âge de travail, il est sujet à des maladies et à des accidents qui le contraignent à chômer. Ce n'est pas tout. Communément, il n'est pas responsable seulement de son existence. Il est poussé à s'associer un être plus faible et à fonder une famille. Envers cette famille, et, d'une manière générale, envers les êtres auxquels il a donné le jour, il contracte des obligations naturelles, dont l'importance varie, mais qui ont le caractère de dettes positives et dont le non-acquittement occasionne des *nuisances* (1). Il est tenu de pourvoir à l'entretien de sa femme, de nourrir et d'élever ses enfants, en leur faisant l'avance des frais d'éducation et d'apprentissage. S'il manque à ces obligations envers lui-même et envers les siens, qu'arrive-t-il ? C'est d'abord qu'il impose à autrui le fardeau de son entretien lorsque les maladies et la vieillesse le rendent incapable de travailler ; c'est ensuite qu'il est obligé de condamner sa femme à des travaux incompatibles avec les fonctions de la maternité et ses enfants, dont il est le tuteur naturel, à un labeur hâtif et destructeur, à moins encore qu'il n'impose à autrui les frais de leur entretien. Il faut donc qu'il sache proportionner librement, sans qu'on l'y

---

(1) Voir à ce sujet l'ENSEIGNEMENT OBLIGATOIRE, discussion entre M. G. de Molinari et M. Frédéric Passy.

contraigne, la durée et l'intensité de son travail à l'étendue et
au poids de ses obligations, ou qu'il proportionne ses obligations à la productivité de son travail.

II. *La consommation.* Il ne lui suffit pas de proportionner
sa production aux nécessités qui pèsent sur lui, et dont il n'a
aucun droit de reporter le poids sur autrui, il faut encore qu'il
sache gouverner sa consommation de manière à subvenir aux
besoins et aux obligations de l'avenir comme à ceux du présent. S'il manque de prévoyance, s'il s'adonne à l'intempérance,
à l'incontinence et aux autres vices, il sera réduit, tôt ou tard,
si productif que puisse être son travail, à faire banqueroute à
lui et aux siens, en rejettant indûment sur la société un fardeau
qu'il n'a pas su porter.

De cette analyse, il résulte visiblement que l'homme ne peut
être justement et utilement laissé libre, autrement dit, maître
de gouverner sa production et sa consommation, qu'à la condition de posséder la capacité nécessaire pour supporter la responsabilité attachée à la liberté.

S'il ne la possède point, l'intérêt commun, dans lequel est
compris le sien propre, exige ou qu'il soit mis en tutelle ou qu'il
soit exclu de la communauté pour laquelle il est une *nuisance.*

La tutelle peut être libre ou imposée.

Elle peut être libre, si l'incapable se reconnaît lui-même
impropre à supporter le fardeau de la responsabilité attachée à
la liberté, s'il refuse en conséquence une liberté qui serait pour
lui comme pour les autres un présent funeste, et s'il se soumet
volontairement à la tutelle dont il a besoin.

Elle doit être imposée, si l'incapable est ou trop peu intelligent ou trop dépravé pour *demander* volontairement cette
tutelle nécessaire. Mais comment reconnaître et constater son

incapacité, sans s'exposer à commettre des erreurs funestes?
Évidemment, en laissant d'abord agir l'incapable et en le
jugeant d'après ses actes. S'il agit d'une manière nuisible à lui
et aux autres, on sera autorisé, soit à lui infliger une tutelle
pénale, soit à l'expulser d'une société pour laquelle il est une
nuisance.

L'esclavage a été la forme rude et primitive de la tutelle.
Les vices de cette forme sont faciles à reconnaître. D'abord,
l'esclavage ayant eu généralement le caractère d'une tutelle
imposée, on y a assujetti à la fois des individualités qui avaient
besoin d'une tutelle et des individualités qui n'en avaient pas
besoin, en sorte que s'il était utile aux unes il était nuisible
aux autres.

Ensuite, par cela même que l'esclavage était une tutelle
imposée, sans que l'esclave fût admis à en débattre les conditions et sans qu'aucun pouvoir supérieur stipulât en sa faveur,
il se trouvait à l'entière discrétion de son tuteur. Qu'en résul-
tait-il? C'est que le tuteur, considérant le plus souvent ses
pupilles non comme des hommes-enfants, mais comme une
variété supérieure de bêtes de somme, s'attachait uniquement à
extraire d'eux un maximum de travail en échange d'un minimun
de frais d'entretien; ce qui revient à dire qu'il se faisait payer
son service de tuteur à un taux usuraire. Grâce au monopole
qu'il possédait vis-à-vis de l'esclave, il pouvait, en effet, n'imposer aucun frein à ses exigences. Cependant son intérêt bien
entendu l'obligeait toujours à ménager jusqu'à un certain point
les forces de ses esclaves et à leur fournir la rétribution nécessaire pour s'entretenir en vigueur et en santé comme aussi
pour se reproduire dans les proportions requises par l'état du
marché de travail. Quelquefois même, il leur abandonnait un

pécule, c'est à dire une portion de produit net pour les stimuler au travail, en ouvrant à ceux qui, devenus peu à peu capables d'être libres, en ressentaient le désir, la perspective de l'affranchissement.

En résumé, le maître fournissait à ses esclaves, d'une manière permanente et assurée, les choses indispensables à leur entretien et à leur reproduction en échange du travail qu'il tirait d'eux. Mais il s'attribuait communément toute la part propornelle de produit net afférente à ce travail. Cette part leur serait revenue s'ils avaient été libres, dans l'hypothèse où ils auraient été aussi capables que l'étaient les maîtres d'exploiter utilement leurs facultés productives, dans l'hypothèse aussi où ils auraient su régler économiquement leur consommation. En revanche, si, comme c'était le cas ordinaire, cette double capacité leur avait fait défaut, ils n'auraient pu, quoique libres, obtenir une rétribution équivalant à celle qui leur était laissée comme esclaves, si durs et si rapaces que pussent être leurs maîtres. Selon toute apparence, elle ne leur aurait point suffi pour se multiplier ni même pour se conserver. Ils étaient donc intéressés, dans leur incapacité de se servir à eux-mêmes de tuteurs, à acheter une tutelle, si cher qu'on la leur fît payer. La preuve c'est que dans les pays, tels que la Nouvelle Hollande, la Nouvelle Guinée et la Terre Van Diemen, où il ne s'est point rencontré de race supérieure capable de se charger de la tutelle des classes inférieures, celles-ci sont demeurées dans la plus abjecte barbarie. Cela n'empêchait point toutefois que l'industrie de la tutelle ne s'exerçât à des conditions usuraires, ceux qui fournissaient ce service indispensable ne permettant à ceux qui le recevaient ni de le refuser ni d'en débattre le prix.

L'esclavage était donc parfois une nuisance,—lorsqu'il s'imposait à des individualités capables de liberté, — et presque toujours une usure, en ce qu'il faisait surpayer la tutelle qui s'y trouvait contenue.

Les résultats de cette tutelle varient naturellement selon la manière dont on l'exerce. Lorsqu'elle est de qualité supérieure et point trop chère, elle fait croître et mûrir rapidement les facultés morales et intellectuelles de ceux qui la reçoivent, et elle finit, en conséquence, au bout d'un nombre plus ou moins considérable de générations, selon que leur point de départ est plus ou moins bas, par les rendre capables de se gouverner eux-mêmes. La croissance des facultés morales et intellectuelles qui sont les matériaux à l'aide desquels l'homme se gouverne lui-même, s'accomplit, en effet, l'expérience l'atteste, non seulement dans l'individu, mais encore dans la génération. L'éducation modifie le moral de l'homme aussi bien que son physique, et cette modification est transmissible. Les générations peuvent ainsi se perfectionner comme elles peuvent se dégrader, selon qu'elles conservent, accroissent ou diminuent leur capital de forces physiques, morales et intellectuelles. On ne peut donc pas plus se hasarder à dire, comme le font les esclavagistes *ultras*, qu'il existe des races naturellement vouées à une servitude perpétuelle qu'on ne peut affirmer que les races actuellement libres s'en trouvent affranchies à jamais. Il est possible, par exemple, si étrange et exorbitante que la chose paraisse à notre orgueil, que la race blanche en se dégradant, finisse par tomber sous la tutelle des races de couleur relevées et améliorées, comme les anciens maîtres du monde sont tombés sous le joug des races barbares au sein desquelles se recrutaient leurs légions d'esclaves.

A mesure que les classes asservies deviennent plus capables de se gouverner elles-mêmes, on voit l'esclavage se modifier et, le plus souvent, faire place au servage, c'est à dire à un état de demi-tutelle. Tandis que le maître gouverne entièrement l'esclave, en se chargeant d'assurer son existence au prix de la totalité de son travail, le serf se gouverne en partie lui-même. Le maître se borne communément à lui fournir : 1° la portion de terre nécessaire à son entretien et à celui de sa famille; 2° la justice et la sécurité dont il a besoin; 3° des secours en cas d'accidents, de maladies, de vieillesse, etc., sauf à lui interdire, par exemple, les mariages hâtifs, à réprimer son intempérance, etc. Le prix de cette demi-tutelle se règle comme celui de la tutelle entière sous le régime du monopole, puisque le serf est attaché à la glèbe, autrement dit à la terre seigneuriale et qu'il n'existe point, en conséquence, entre son seigneur et lui, de libre débat pour les conditions de la tutelle.

Ces deux formes primitives de la tutelle, viciées par le monopole, sont par là même destinées à disparaître comme tout ce qui est fondé sur le monopole, mais est-ce à dire que la tutelle doive disparaître avec elles? Que tous les hommes, quels que soient leur race, leur état de civilisation, le milieu social où ils vivent, possèdent dès à présent la capacité nécessaire pour se gouverner eux-mêmes? Qu'il faille, en conséquence, non seulement leur accorder la liberté de se gouverner mais encore la leur imposer? Nous ne le pensons pas, et, comme preuve à l'appui, nous pourrions signaler ce fait caractéristique que jamais, dans le monde civilisé, la tutelle n'a été plus *demandée*. A quoi nous pourrions ajouter que tout en prohibant ou en entravant l'offre de la tutelle libre, on développe de plus en plus celle de la tutelle de l'État, c'est à dire d'une autre forme de la tutelle monopolisée. Cette demande générale de tutelle, chez les races civilisées (exception faite peut-être de la seule race anglo-saxonne) n'atteste-t-elle pas combien, à plus forte raison, la tutelle doit être encore nécessaire chez les races à demi ou tout à fait barbares? Or si ce besoin existe pourquoi empêcher qu'il se satisfasse? Au double point de vue du juste et de l'utile, peut-on imposer le gouvernement de soi-même à des êtres qui sont incapables de l'exercer? Au point de vue du juste d'abord. Si l'homme est propriétaire de son fonds de valeurs personnelles n'a-t-il pas le droit non seulement d'en user mais encore d'en disposer à sa guise, par voie de don, d'échange, de prêt et à telles conditions qu'il peut lui convenir de stipuler? Lui en interdire ou en limiter la disposition, en prohibant par exemple les engagements à vie, n'est-ce pas, sous le prétexte d'assurer sa liberté, la détruire? Au point de vue de l'utile. Si un homme se reconnaît incapable de se gouverner lui-même ou si son incapacité est attestée par ses actes, n'est-ce pas lui causer un dommage positif que de l'empêcher d'échanger une liberté qui lui est nuisible contre une tutelle qui lui est utile? En d'autres termes, s'il ne peut parvenir à couvrir les frais de production de sa liberté et en retirer un bénéfice, si son *self-government* se solde en déficit, si son capital de valeurs personnelles diminue et se détruit au lieu de s'accroître, n'est-ce pas le vouer à la misère et à la ruine que de le contraindre à conserver une liberté dont il est incapable d'user utilement? N'est-ce pas encore, si les incapables auxquels on impose ainsi une liberté nuisible sont nombreux, préparer l'affaiblissement et la ruine de la société elle-même?

Remarquons à ce propos qu'à mesure que la société se développe et que la civilisation progresse, que la sphère d'action de
la liberté humaine s'étend en conséquence, la sphère de la
responsabilité s'étend aussi. C'est donc une erreur de croire,
comme on le fait généralement, que la tutelle n'ait été nécessaire aux individualités inférieures que dans les premiers âges
de l'humanité. Elle ne l'est peut-être pas moins de nos jours,
car l'incapacité à se gouverner soi-même peut engendrer des
désordres plus graves dans une société dont l'organisme s'est
développé et perfectionné que dans une société d'une contex-
ture primitive : et si elle ne peut plus avoir comme autrefois
pour résultat final de livrer la civilisation affaiblie et corrom-
pue aux barbares du dehors, elle peut encore la livrer aux barbares du dedans, et amener sa ruine par des révolutions, c'est
à dire par des débordements de la barbarie intérieure non
moins destructifs que ceux de la barbarie extérieure.

Soit donc que l'on se place au point de vue du juste ou de
l'utile, de l'intérêt individuel ou de l'intérêt social, la prohibition ou la limitation du droit de disposer de la liberté aussi
bien que d'en user, autrement dit la prohibition ou la limitation de la tutelle apparaissent comme également nuisibles.
Quoi qu'en dise une certaine école égalitaire (singulièrement
inconséquente du reste, car tout en fulminant l'anathème contre
la servitude, elle la rétablit sous la forme de la tutelle monopolisée de l'État), le progrès ne consiste point à abolir la tutelle,
en imposant indistinctement la liberté à toutes les individualités humaines, qu'elles soient ou non capables d'en user (1),

(1) Sous le prétexte de protéger la liberté personnelle, la plupart des législations ne permettent d'en *disposer* que dans les limites fort étroites, et elles

mais simplement à transformer la tutelle et à la perfectionner en la faisant passer du régime du monopole à celui de la libre concurrence.

Voilà malheureusement ce que n'ont pas compris les philanthropes honnêtes et bienveillants, mais trop peu économistes, qui ont pris entre leurs mains la cause de l'abolition de l'esclavage des nègres. C'est pourquoi, comme nous l'avons constaté ailleurs (1), leurs efforts égarés dans une fausse voie ont été jusqu'à présent plus nuisibles qu'utiles.

Les abolitionnistes n'ont aperçu en effet que le côté vicieux du phénomène de l'esclavage, savoir l'exploitation usuraire du travail, engendrée par le monopole; ils n'en ont pas voulu considérer le côté utile, savoir la tutelle, et ils ont entrepris, en conséquence, de supprimer la tutelle avec le monopole, en imposant la liberté aux nègres, soit par voie de prohibition du commerce des esclaves, soit encore par voie d'expropriation des ateliers coloniaux. Les résultats sont loin d'avoir répondu à leur attente, et l'on commence à s'apercevoir aujourd'hui qu'en cette affaire comme en bien d'autres, les procédés de la liberté eussent été préférables à ceux de la prohibition. L'interdiction de la traite, par exemple, n'a eu pour résultat que d'aggraver le sort des victimes de ce commerce, devenu interlope, et

---

rendent ainsi impossible la création d'une industrie spéciale de la tutelle de même que le développement du crédit hypothéqué sur les valeurs personnelles. Les engagements de travail mêmes sont limités à un an pour les simples ouvriers, du moins en France et en Belgique, en vertu de la loi du 22 germinal an II.

(1) DICTIONNAIRE DE L'ÉCONOMIE POLITIQUE, art. *Esclavage*. QUESTIONS D'ÉCONOMIE POLITIQUE ET DE DROIT PUBLIC. *L'abolition de l'esclavage aux colonies et aux États-Unis*. T. Ier, p. 110.

l'expropriation des ateliers d'esclaves pour cause de philanthropie en livrant les nègres à eux-mêmes, c'est à dire, le plus souvent, à des maîtres pires encore que ne l'étaient les planteurs, n'a point amélioré la condition morale et matérielle du plus grand nombre, tout en imposant d'énormes sacrifices à la métropole et aux colonies. Supposons qu'au lieu de recourir à ces procédés anti-économiques, les abolitionnistes se fussent bornés à demander que le commerce de travail engagé soit à temps soit à vie cessât d'être monopolisé par des compagnies privilégiées, comme il l'était sous l'ancien régime; qu'il fût abandonné désormais, sans entrave aucune, à la libre concurrence, et placé, comme tout autre, sous la protection et la surveillance des lois, que serait-il arrivé? Que le développement naturel du commerce libre de travail engagé aurait inévitablement agi pour améliorer les conditions morales et matérielles de l'engagement, tandis que l'intervention des pouvoirs publics aurait assuré l'exécution loyale des contrats. Peu à peu, soit par la nomination de tuteurs d'office chargés de suppléer au défaut de capacité des engagés et de stipuler pour eux, soit par d'autres moyens, les pratiques de violence et de fraude qui déshonoraient ce commerce auraient disparu, et la traite aurait cessé d'être un trafic usuraire de travail esclave pour devenir un commerce légitime de travail engagé à temps ou à vie. Tandis encore que la prohibition pure et simple, en rendant ce commerce *interlope* sans le détruire, l'a fait tomber entre les mains d'individus sans moralité et généralement dépourvus de ressources suffisantes, il aurait continué, selon toute apparence, de s'exercer, sous un régime de liberté, comme auparavant sous le régime du privilége, au moyen de puissantes associations. En se multipliant sous l'impulsion de la demande croissante du

travail engagé, ces associations se seraient, selon toute apparence aussi, divisées, ce qui aurait amené un nouveau progrès
dont les engagés auraient particulièrement profité, savoir : *la
spécialisation de la tutelle.*

Comme on l'a fait remarquer souvent, le planteur de sucre,
de coton, etc., n'est pas intéressé *comme planteur* à posséder
des esclaves. Son intérêt est de se procurer du travail, aussi
abondamment et à aussi bon marché que possible, que ce travail soit libre, engagé ou esclave.

Sans doute, à titre de propriétaire exploitant d'un atelier
d'esclaves, il réalise un bénéfice spécial, parfaitement distinct
de son bénéfice de producteur de sucre, de coton, etc. Mais il
est clair que ce second bénéfice nuit au premier ; que si le producteur de sucre, de coton, etc., au lieu d'être à la fois planteur et propriétaire exploitant d'un atelier d'esclaves, n'était
que planteur ; s'il recouvrait, par conséquent, la disponibilité
du capital engagé dans son atelier d'esclaves, ainsi que celle de
la portion d'activité industrieuse qu'il consacre à la gestion de
cet atelier, et s'il appliquait cette portion de capital et d'activité
au développement de ses plantations, il retirerait désormais de
son industrie, ainsi unifiée et spécialisée, un revenu supérieur
à celui que lui fournissent les deux industries, essentiellement
diverses, auxquelles il est obligé de se livrer. De même, l'exploitation du travail engagé ne manquerait pas de se perfectionner
en se spécialisant.

Or ce progrès de la division du travail n'aurait certainement
pas manqué de se réaliser à mesure que le commerce et l'exploitation du travail engagé se seraient librement développés. Aux
compagnies ayant pour fonction d'acheter cette marchandise
aux lieux de provenance seraient venues s'en joindre d'autres

qui se seraient spécialement chargées de la revendre aux consommateurs. Grâce à ces nouveaux intermédiaires, les planteurs
n'auraient plus eu à s'occuper de la gestion détaillée des ateliers d'esclaves. Ils auraient acheté en bloc comme tout autre
matière première, le travail nécessaire à leurs cultures, en se
bornant à en surveiller la livraison, sans avoir, du reste, à s'occuper des moyens à employer pour l'obtenir. Enfin, ils auraient
pu payer aussi, comme toute autre matière première, cette
marchandise indispensable, soit au comptant, soit au moyen de
traites à échéances correspondant à celles du paiement de leurs
produits.

C'est ainsi seulement, on peut l'affirmer, c'est à dire par le
développement du commerce et de l'exploitation libres du travail engagé, que l'esclavage pourra être aboli, absolument
comme le prêt usuraire qui est, pour ainsi dire, le pendant de
l'exploitation du travail esclave, après avoir résisté à toutes les
prohibitions, disparaît peu à peu aujourd'hui sous l'influence
du développement du commerce et de l'exploitation libres des
capitaux. Déjà, du reste, le commerce de travail engagé quoique
encore entravé et limité (les engagements à vie, par exemple,
les plus avantageux de tous aux travailleurs, sont demeurés
prohibés), s'accroît rapidement, en dépit des anathèmes des abolitionnistes de la vieille école, et il a permis aux colonies anglaises et françaises de se relever en partie de la situation
désastreuse où les avaient plongées la suppression de la traite
et l'abolition de l'esclavage.

Lorsque ce commerce s'exercera sous un régime de pleine
liberté, on peut affirmer que :

Le prix courant du travail engagé finira, comme celui de toute
autre marchandise, par se confondre avec ses frais de production

augmentés d'une part proportionnelle de produit net, sous déduc-
tion du prix courant de la tutelle, réduit au taux nécessaire pour
rémunérer et développer dans la proportion utile, ce genre de
commerce ou d'industrie.

DIXIÈME LEÇON

———

LA PART DU TRAVAIL (*fin*)

De la part éventuelle ou profit. — De quoi se compose le profit. — Son taux
naturel et son taux courant. — De la part fixe ou salaire. — Raison d'être
de cette forme de la rémunération du travail. — Pourquoi l'*Association
intégrale* n'est pas possible. — Que le travailleur n'a aucun avantage à
recevoir sa rémunération sous forme d'une part éventuelle plutôt que sous
forme d'une part fixe. — Causes perturbatrices qui font descendre le
salaire au dessous de son taux naturel et nécessaire. — De l'insuffisance
du développement du commerce de travail ou *marchandage*. — Maux qui
en résultent pour l'ouvrier. — Infériorité de sa situation vis-à-vis de l'entrepreneur. — Conséquences : avilissement du salaire, abaissement de la
qualité du travail. — Que cette situation ne présente à l'entrepreneur
d'industrie que des avantages illusoires. — Comparaison avec le commerce
des grains. — Bienfaits qui résulteraient pour l'ouvrier et pour l'entrepreneur d'industrie du développement normal de ce commerce. — Causes
qui ont jusqu'à présent entravé ce développement. — Progrès que le
marchandage rendrait possibles.

Jetons maintenant un coup d'œil sur les circonstances perturbatrices qui empêchent trop souvent le prix courant du
travail libre de se confondre avec son prix naturel.

Quel usage le travailleur libre peut-il faire de son fonds de facultés productives, autrement dit de son capital de *valeurs personnelles?*

I. Il peut l'employer pour son propre compte, isolément ou par association, en entreprenant une industrie avec l'auxiliaire d'un capital de valeurs mobilières et immobilières. Dans ce cas, la rémunération de son travail se compose de la portion de produit qui excède les frais de sa production, en comprenant dans ces frais la rémunération du travail et du capital qui lui servent d'auxiliaires. Ordinairement, les travailleurs qui fondent une entreprise, individuellement ou par association, y engagent et y exposent non seulement leur capital de valeurs personnelles, mais encore un capital de valeurs immobilières et mobilières; en sorte que l'excédant de la production, les frais étant couverts, ou le profit, se partage entre leur travail (valeurs personnelles) et leur capital (valeurs mobilières et immobilières). Les écrivains anglais ne distinguent pas d'habitude ce qui, dans le profit, revient à l'un de ce qui revient à l'autre, quoiqu'il y ait lieu évidemment de différencier ces deux parts. En tous cas, le profit, soit qu'il représente seulement la rémunération du travail de l'entrepreneur, soit qu'il représente la rémunération du travail et du capital que l'entrepreneur engage et expose dans la production, le profit est gouverné par les lois générales de l'offre et de la demande et des frais de production. Il a son taux naturel et son taux courant. Son taux naturel, c'est la rétribution nécessaire à l'entrepreneur pour conserver et augmenter dans la proportion utile son capital de valeurs personnelles et, communément aussi, de valeurs mobilières et immobilières. Son taux courant est déterminé : 1° par le montant des frais de production, en

y comprenant le loyer du travail et du capital auxiliaires;
2° par le prix auquel se réalisent les produits. La différence,
c'est le profit. Or qu'arrive-t-il lorsque le taux des profits d'une
industrie vient à s'élever au dessus ou à demeurer au dessous
de celui des autres industries? C'est que le travail et le capital
d'entreprises y affluent ou s'en éloignent; en sorte que, comme
nous l'avons remarqué déjà, l'équilibre tend toujours à s'établir
(sauf les différences naturelles des risques, etc.) entre les profits des différentes branches de la production. Qu'arrive-t-il
encore, lorsque le taux courant des profits s'élève dans une
industrie au dessus ou tombe au dessous de son taux naturel
ou nécessaire? C'est que le travail et le capital d'entreprises y
affluent ou s'en éloignent jusqu'à ce que le niveau se trouve
encore rétabli. Sans doute, les variations des profits sont
incessantes, car les éléments dont ils dépendent, frais de production d'une part, prix des produits de l'autre sont essentiellement variables. Mais à travers toutes ces variations surgit un
taux moyen courant des profits qui gravite perpétuellement dans
toutes les branches de la production autour du taux naturel et
nécessaire de la rémunération de l'entrepreneur d'industrie.

Sous un régime de liberté industrielle, tous les travailleurs
ont le droit d'entreprendre une industrie; mais une faible
minorité seulement en a la possibilité. D'abord parce que le
travail de l'entrepreneur exige généralement certaines qualités
intellectuelles et morales assez rares; ensuite parce que bien
peu possèdent le capital dont la coopération est indispensable
au travail d'entreprise ou peuvent se le procurer à des conditions utiles; enfin, parce que le nombre des entreprises possibles est toujours fort limité relativement au nombre des
travailleurs. Remarquons à ce propos qu'à mesure que l'indus-

trie se développe sous l'influence du progrès des machines et
des procédés de production, les grandes entreprises tendent
davantage à se substituer aux petites. Or les grandes entreprises,
exigeant la mise en œuvre de fonds productifs considérables,
s'établissent par voie d'association ou de jonction des capitaux.
Dans ce nouvel état de la production, les profits des entreprises
vont uniquement aux capitalistes qui courent seuls désormais
les risques de la production, et ils prennent, comme on sait, le
nom de *dividendes*. Quant aux travailleurs, à tous les degrés,
ils reçoivent leur rémunération sous la forme d'une part fixe et
assurée, et ils retombent ainsi dans la seconde catégorie que
nous allons examiner, à l'exception toutefois des directeurs et
des administrateurs qui joignent communément à leur part fixe
une part éventuelle dans les bénéfices.

En résumé, c'est seulement la minorité des travailleurs,
exerçant la fonction spéciale d'entrepreneurs d'industrie qui
reçoivent leur rémunération sous la forme d'une part éventuelle
ou profit. Cette classe d'hommes, déjà relativement peu nombreuse, tend à diminuer à mesure que les entreprises s'agrandissent; et il y a apparence qu'elle finira en grande partie par
disparaître dans l'évolution actuelle de l'industrie. Mais, en
attendant, à moins que les entrepreneurs d'industrie ne possèdent un monopole naturel de certaines facultés réquises pour
leur spécialité d'entreprises, ou, chose malheureusement plus
fréquente, un monopole artificiel résultant de priviléges ou de
restrictions qui limitent le développement de l'industrie, du
commerce ou du crédit, ils ne peuvent obtenir pour l'emploi
de leurs facultés productives, une rémunération supérieure à
celle qui est nécessaire au maintien et au développement utile
de leurs entreprises.

II. Le travailleur, et c'est le cas le plus fréquent, peut mettre ses facultés productives autrement dit son capital de valeurs personnelles au service d'autrui, et recevoir en échange une rémunération fixe ou *salaire;* absolument comme font les capitalistes qui mettent leurs valeurs mobilières ou immobilières au service d'autrui en recevant en échange un *intérêt* ou un *loyer.* Ces rémunérations ont entre elles une complète analogie : l'intérêt ou le loyer est le salaire des capitaux formés de valeurs mobilières ou immobilières, comme le salaire du travail est l'intérêt ou le loyer du capital formé de la valeur personnelle de l'ouvrier.

Les socialistes se sont accordés, comme on sait, à jeter l'anathème sur cette forme de la rémunération du travail. Cette phrase plus sonore que juste de M. de Chateaubriand : *le salaire est la dernière transformation de la servitude,* ils l'ont répétée et amplifiée à outrance. Ils ont affirmé que le salarié est inévitablement exploité par l'entrepreneur d'industrie et ils en ont conclu qu'aucune amélioration sérieuse ne pourrait être apportée au sort des classes laborieuses aussi longtemps que l'Association ne serait pas substituée au salariat, c'est à dire aussi longtemps que l'ouvrier ne recevrait point sa rémunération sous la forme d'une part éventuelle, dividende ou profit, au lieu de la recevoir sous la forme d'une part fixe ou salaire.

Recherchons donc quelle est la raison d'être de cette forme de la rémunération du travail, comment se détermine et se règle le salaire, et quelles circonstances ont pu motiver la réprobation dont il a été l'objet de la part des socialistes.

Supposons qu'il s'agisse de fonder une entreprise, une manufacture de coton, par exemple. Il faudra y engager et par là

même y exposer une certaine quantité de capital (valeurs mobilières et immobilières) et une certaine quantité de travail
(valeurs personnelles). Il est évident qu'en suivant le cours
naturel des choses, capital et travail ne pourront recevoir leur
rétribution qu'après que le produit aura été réalisé. Ils pourront alors se partager le produit au prorata des valeurs engagées
et exposées, sous la forme d'un dividende que recevront travailleurs et capitalistes.

Tel est, comme on sait, l'idéal de l'*Association intégrale* rêvé
par les socialistes. Pourquoi cet idéal n'est-il réalisé nulle
part? Pourquoi la grande majorité des travailleurs, comme
aussi des capitalistes, au lieu d'être associés à part éventuelle
dans les entreprises de production, n'en sont-ils que les auxiliaires à part fixe? A l'aide de quelles combinaisons reçoivent-
ils par anticipation une part fixe et assurée dans un produit non
réalisé et qui ne le sera peut-être point? Comment enfin se
règle cette part?

Voilà quelques-unes des questions importantes que soulève
le phénomène du salariat. La première de ces questions, savoir
pourquoi les travailleurs sont pour la plupart salariés au lieu
d'être associés aux entreprises de production, est facile à
résoudre. Il suffit, pour en trouver la solution, de jeter un coup
d'œil, d'une part, sur les conditions naturelles de la production, d'une autre part, sur la situation de l'immense majorité
des travailleurs.

Dans toute industrie, les produits ne peuvent être achevés et
réalisés qu'après un délai plus ou moins long. Dans la production agricole, il faut attendre que le grain ait mûri pour le
moissonner, et la récolte ne peut toujours être immédiatement
réalisée avec avantage. Dans l'industrie cotonnière, il faut

attendre encore que le coton brut entré dans la manufacture
en soit sorti sous forme de fils ou de tissus, et que ces fils ou
ces tissus aient été vendus et payés. Il en est de même dans
toutes les autres branches de la production.

D'un autre côté, toute entreprise de production est assujettie
à des risques plus ou moins nombreux et intenses. Quoiqu'on
n'entreprenne une industrie qu'en vue d'en retirer un bénéfice,
il peut arriver non seulement qu'on ne réalise point ce bénéfice,
mais encore qu'on ne couvre pas même les frais nécessaires
pour entretenir et renouveler les agents productifs.

Or, les travailleurs n'ont point généralement des ressources
suffisantes pour attendre que les produits soient réalisés, non
plus que pour supporter les risques de la production. D'ailleurs,
alors même qu'ils posséderaient ces ressources, ils pourraient
préférer le rôle d'auxiliaires de la production à part fixe à celui
d'associés à part éventuelle. C'est ainsi qu'une nombreuse
classe de capitalistes, quoique possédant les moyens nécessaires pour attendre la réalisation des produits à la formation
desquels leurs capitaux contribuent, préfèrent recevoir leur
rétribution sous la forme d'un intérêt fixe plutôt que sous la
forme d'une part éventuelle, d'un profit ou d'un dividende.

Cela étant, l'*Association intégrale*, quoiqu'elle paraisse au
premier abord la forme la plus naturelle des entreprises, était
impossible. Il fallait trouver une combinaison qui permît d'obtenir le concours des travailleurs en leur fournissant la part
anticipative et assurée qu'ils *demandaient*, au lieu de la part
éventuelle que les entreprises de production pouvaient seulement leur *offrir*.

Cette combinaison a consisté à placer les travailleurs, comme
aussi les capitalistes auxiliaires, dans la même catégorie que

les fournisseurs de matériaux et instruments divers qui servent
à l'alimentation et au fonctionnement des entreprises. Ces
matériaux et ces instruments, l'entrepreneur les achète au
comptant ou à terme, en établissant le prix qu'il en peut offrir
d'après le prix estimatif auquel il vend ses produits, la différence constituant son bénéfice. Tantôt il les achète à bon
marché, tantôt il les achète cher, et il règle ses achats et sa
production en conséquence. Comme les prix de toutes choses,
qu'il s'agisse des matériaux et des instruments de production
ou des articles de consommation, sont gouvernés par les lois de
l'offre et de la demande et des frais de production, les entrepreneurs, considérés dans leur ensemble, paient le prix naturel
et nécessaire de tous les éléments de leur production, et ils
font, de même, payer leurs produits à leur prix naturel et nécessaire. En sorte que chacun ne reçoit, sauf les cas de monopole,
que la rétribution indispensable pour maintenir et développer
son industrie dans la proportion utile.

On pourrait admettre qu'il existât entre les entrepreneurs
d'industrie et les différents coopérateurs industriels, capitalistes et travailleurs, une association universelle, en ce sens que
chacun, au lieu de payer à un prix fixe les produits et les services dont il a besoin pour produire, les paierait au moyen d'une
part éventuelle dans les résultats de sa production. Mais cela
compliquerait les choses plutôt que de les simplifier, sans rien
changer au surplus à l'action des lois qui gouvernent les prix de
tous les produits ou services. Si le coton employé dans une
manufacture, par exemple, se payait au moyen d'une assignation
sur le produit brut, le montant de cette assignation s'élèverait
plus ou moins selon l'état du marché des cotons, comme aujour-
d'hui la quantité de monnaie ou de valeurs monétaires que l'on

fournit en échange, et il n'en résulterait aucune amélioration dans l'économie de la société. Au contraire! Il en résulterait une agglomération anti-économique de trois opérations distinctes, le commerce, la spéculation industrielle et le crédit. Le négociant en cotons, en recevant, au lieu d'une somme fixe en valeurs monétaires, une assignation sur un produit éventuel, deviendrait par là même spéculateur industriel et prêteur de capitaux, et l'obligation où il se trouverait de cumuler des fonctions essentiellement diverses, au lieu de s'en tenir à sa spécialité, serait pour lui comme pour les autres une cause de retard et non de progrès. Ce que nous disons des producteurs et des marchands qui fournissent les matériaux et les instruments de la production, s'applique aussi bien aux capitalistes et aux travailleurs qui fournissent le capital et le travail auxiliaires des entreprises. On ne pourrait considérer comme un progrès une combinaison qui les rendrait participants quand même aux chances et risques des entreprises auxquelles ils fournissent le concours de leurs forces productives, que si, dans l'état actuel des choses, leur rétribution ne pouvait se régler d'une manière équitable et utile. Mais en est-il bien ainsi? En ce qui concerne le capital auxiliaire que les entrepreneurs d'industrie empruntent, il est clair que ce capital peut recevoir et reçoit sa rémunération sur un pied équitable et utile, soit qu'on le rétribue au moyen d'une part éventuelle ou au moyen d'une part fixe, et que l'une de ces deux formes de rémunération ne peut jamais être, au moins d'une manière constante, plus avantageuse que l'autre. Prenons pour exemple le capital d'une compagnie de chemins de fer. Ce capital est divisé en *actions* qui donnent droit à une part éventuelle ou dividende dans le produit de l'entreprise, et en *obligations* qui donnent droit à une part fixe ou intérêt. Il est évident que si l'une de ces deux formes de rémunération devenait plus avantageuse que l'autre, les capitaux s'offriraient de préférence sous cette forme jusqu'à ce que l'équilibre se fût rétabli. Il en est de même pour le travail. Comme le capital, le travail nécessaire à une entreprise peut recevoir sa rétribution sous la forme d'une part fixe ou d'une part éventuelle. En d'autres termes, les entrepreneurs qui demandent du travail peuvent offrir en échange soit une rétribution fixe en valeurs monétaires, soit une rétribution éventuelle en une assignation sur le produit variable et incertain de leurs entreprises. Supposons que cette dernière forme de rémunération fût plus avantageuse aux ouvriers que la première, ne la demanderaient-ils pas, de préférence, jusqu'à ce que l'équilibre se fût rétabli? Mais la généralisation de la rétribution du travail, sous forme de part éventuelle dans les entreprises, constituerait-elle bien un progrès? L'ouvrier, devenant ainsi à la fois producteur de travail, spéculateur industriel et prêteur, pourrait-il remplir cette triple fonction utilement pour lui-même et pour les autres? Son manque habituel de ressources serait un premier obstacle à ce qu'il la remplît; toutefois cet obstacle ne serait pas insurmontable, car il pourrait faire escompter les assignations qui lui seraient fournies en paiement; mais lui conviendrait-il toujours de courir les risques de dépréciation qu'elles pourraient subir, aux époques de crises industrielles, par exemple? Une rétribution, sous forme de part fixe ou de salaire ne serait-elle pas, dans la plupart des cas, mieux appropriée à sa situation et ne lui paraîtrait-elle pas préférable? Croire que l'on améliorerait son sort en arrangeant les choses de telle façon qu'il fût obligé de recevoir quand même la rétribution de son travail sous la forme d'une part éventuelle dans le produit des entreprises, serait aussi peu rationnel que de croire que l'on améliorerait le sort des capitalistes en les obligeant désormais à placer leurs capitaux exclusivement sous forme d'actions, au lieu de leur laisser le choix entre les actions et les obligations.

On voit donc que le salariat ne mérite point l'anathème dont l'ont frappé les socialistes. Cette forme de rémunération a sa raison d'être à la fois dans les conditions naturelles de la production, qui ne permettent point de réaliser le produit d'une manière immédiate et certaine, et dans la situation des travailleurs qui ne leur permet ni de spéculer sur un produit ni d'attendre qu'il soit réalisé. La supprimer, pour la remplacer par une rémunération éventuelle, sous la forme d'une assignation sur le produit brut des entreprises serait aggraver certainement la situation des ouvriers au lieu de l'améliorer. Car, sous ce nouveau régime comme sous le régime actuel du salariat, le prix des services de l'ouvrier continuerait de dépendre de la situation du marché de travail. Quand le travail serait abondant, on diminuerait la part proportionnelle de l'ouvrier dans le produit brut de l'entreprise, comme aujourd'hui on diminue son salaire; en sorte qu'il n'aurait gagné à ce changement que l'obligation de participer à des spéculations industrielles auxquelles il n'est point propre et de s'exposer à des risques que l'exiguité habituelle de ses ressources ne lui permet pas de subir.

Le taux courant de la rémunération du travail auxiliaire descend cependant trop souvent au dessous de son taux naturel et nécessaire; mais ce n'est pas sous l'influence de la *forme* de cette rémunération, c'est par l'action de toutes autres causes. La principale réside dans l'insuffisance du développement du *marchandage* ou commerce intermédiaire de travail.

Tandis que le commerce de la plupart des produits est développé et divisé autant que la production elle-même ; qu'il existe entre les producteurs et les consommateurs de toutes les marchandises régulièrement demandées des marchands en gros, demi-gros et détail, il n'en est pas de même pour le travail. L'entrepreneur qui a besoin de travail en gros est obligé, presque toujours, de s'aboucher directement avec l'ouvrier qui le lui vend en détail, et, — n'en déplaise aux socialistes, grands ennemis des intermédiaires comme on sait, — il en résulte une situation désavantageuse, à la fois, à l'ouvrier et à l'entrepreneur lui-même.

A l'ouvrier d'abord. Cette absence d'intermédiaires, en contraignant l'ouvrier à cumuler les deux fonctions naturellement distinctes de producteur et de marchand de travail ne lui permet point de s'acquitter également bien de l'une et de l'autre. S'il n'avait point à se préoccuper du placement de son travail, il pourrait s'appliquer uniquement à sa spécialité professionnelle, et développer au maximum ses services productifs sous le double rapport de la quantité et de la qualité. D'un autre côté, il ne peut, faute de connaissances spéciales, de temps et de ressources, exercer convenablement le métier de marchand de travail. Il lui est à peu près impossible d'acquérir une connaissance régulière du marché de travail au delà du milieu borné où il vit. Il ne possède pas non plus les ressources nécessaires soit pour se transporter sur un marché éloigné, soit pour attendre le moment le plus favorable au placement de sa marchandise. Qu'en résulte-t-il ? C'est que, ne disposant ni de l'espace ni du temps, il est obligé d'accumuler son *offre* dans le lieu et dans le moment où il se trouve, et où il est, communément du moins, en présence d'une *demande* beaucoup moins intense.

Sans doute, les entrepreneurs d'industrie ont besoin d'acheter
du travail comme les ouvriers ont besoin d'en vendre. Car si,
d'un côté, il y a un capital de valeurs personnelles que le chômage laisse improductif et qu'il peut finalement détruire, d'un
autre côté, il y a un capital de valeurs mobilières, immobilières
et personnelles pour lequel le chômage n'est pas moins dommageable. Mais, en premier lieu, les entrepreneurs peuvent, en
cas d'extrême nécessité, se procurer des ouvriers au dehors
beaucoup plus facilement que les ouvriers ne peuvent s'y procurer des emplois; en second lieu, comme ils disposent d'une
accumulation plus grande de capitaux, sans parler des ressources
du crédit, ils peuvent supporter plus longtemps le chômage; ils
disposent, en un mot, à un plus haut degré, de l'espace et du
temps (1). Cela étant, il est rare que le louage du fonds productif de l'ouvrier, ou, ce qui revient au même, la vente de
son travail s'effectue dans des conditions d'égalité. L'offre est
presque toujours plus intense que la demande et il en résulte
pour l'entrepreneur la possibilité de réduire sa demande beaucoup plus que l'ouvrier ne réduit son offre. Sous l'influence de
cette situation inégale, l'ouvrier porte successivement au maximum la quantité de travail offert, tandis que l'entrepreneur
abaisse, successivement aussi, la quantité de salaire en mon-

---

(1) Un propriétaire, un fermier, un maître manufacturier, un marchand,
peuvent généralement vivre une année ou deux des fonds qu'ils ont par devers
eux, sans employer un seul ouvrier. La plupart des ouvriers ne pourraient
pas subsister une semaine, fort peu l'espace d'un mois et presque aucun
l'espace d'un an sans travailler. A la longue, le maître ne peut pas plus se
passer de l'ouvrier que l'ouvrier du maître. Mais le besoin qu'il en a n'est pas
si urgent. (ADAM SMITH. *La richesse des nations.* Liv. I, chap. VIII.)

naie ou en denrées qu'il offre en échange. Bientôt ce salaire
descend au point de ne plus suffire à l'entretien de l'ouvrier et
de sa famille. Alors l'ouvrier ajoute à l'offre devenue insuffisante de son propre travail, celle du travail de sa femme et de
ses enfants. Mais s'il améliore ainsi immédiatement sa situation, c'est pour l'aggraver ultérieurement. A mesure, en effet,
que ces quantités supplémentaires de travail arrivent sur le
marché en progression arithmétique, le prix courant du travail
baisse en progression géométrique. Le salaire doit finir par
tomber ainsi à son *minimum* extrême, c'est à dire à la somme
indispensable pour maintenir l'ouvrier en état de travailler non
point pendant le cours de son existence comme dans le cas de
l'esclavage, mais seulement *pendant le moment même* où il livre
son travail. Il descendrait plus bas encore si en s'abaissant
davantage, c'est à dire au dessous du taux nécessaire à la réparation immédiate des forces de l'ouvrier, il ne provoquait point
une diminution de *l'offre* du travail, et par conséquent une
hausse de la rémunération du travailleur.

Cependant, lorsque le salaire est descendu à ce *minimum*
extrême où il ne suffit plus qu'à la satisfaction des besoins
actuels de l'ouvrier, celui-ci est condamné à périr dès que le
travail vient à lui faire défaut ou bien encore dès qu'il se trouve
hors d'état de travailler. La charité publique ou privée supplée
alors à l'insuffisance du salaire; mais à mesure que les secours
fournis par la charité augmentent et surtout à mesure qu'ils
sont affectés davantage aux besoins des individus capables de
travailler, l'inégalité de situation des vendeurs de travail vis à
vis des acheteurs continue à agir pour réduire encore le salaire.
C'est ainsi que le prix courant du travail finit par tomber fort
au dessous non seulement du prix naturel (comprenant une part

proportionnelle du produit net) mais encore même des frais indispensables à l'entretien et au renouvellement des ouvriers. Sous l'influence de cet avilissement du salaire, on voit, successivement baisser la qualité du travail, puis, si des forces ouvrières fraîches ne sont pas importées du dehors, on en voit diminuer la quantité même, par suite de l'épuisement des forces et de la vitalité d'une race surmenée hâtivement, de génération en génération. Cette situation est pour la classe ouvrière pire que celle de l'esclavage, car le propriétaire d'esclaves a intérêt d'une part à ménager économiquement les forces d'un personnel qui lui coûte cher, d'une autre part à lui fournir toujours le minimum d'entretien nécessaire, tandis que cet intérêt n'existe point ou n'existe que d'une manière lointaine pour l'entrepreneur qui emploie des ouvriers libres.

Cet état de choses si désastreux pour les ouvriers est-il, en revanche, avantageux aux entrepreneurs?

Ils le croient volontiers, et c'est pourquoi ils emploient leur influence à le maintenir au moyen de tout un arsenal de lois spéciales, lois sur les coalitions, sur les livrets des ouvriers, etc., destinées à mettre les ouvriers à leur entière discrétion, mais en agissant ainsi ils n'offensent pas seulement la justice, ils travaillent encore à la ruine future de la classe à laquelle ils appartiennent. Ce qui les abuse, c'est la conséquence immédiate du phénomène de l'abaissement des salaires, conséquence qui leur paraît essentiellement avantageuse car elle engendre une hausse immédiate de leurs profits. Mais les profits venant à hausser, qu'arrive-t-il? C'est que les capitaux et le travail d'entreprise sont irrésistiblement attirés dans les localités et dans les industries dont les profits se trouvent surélevés, c'est à dire augmentés d'une *rente* en sus de leur taux naturel, aux dépens des salaires. De nouvelles entreprises se créent, le salaire se relève par l'augmentation de la demande de travail, tandis que les prix des produits s'abaissent par l'accroissement des quantités offertes, et, en conséquence, les profits diminuent.

L'avilissement des salaires ne peut donc, comme on voit, occasionner une hausse permanente des profits, ceux-ci se trouvant toujours ramenés par la concurrence à leur taux naturel et nécessaire. De plus, il peut placer à la longue les entrepreneurs dans une situation d'infériorité dommageable et devenir pour la société entière une cause de ruine. Lorsqu'il va, en effet, jusqu'à ne plus permettre aux travailleurs de réparer et de rétablir entièrement leurs forces productives, en amenant ainsi l'abaissement de la qualité du travail, c'est à dire du moteur essentiel de la production, les entrepreneurs, obligés de se contenter de ce travail de qualité inférieure, ne peuvent plus produire les articles qui exigent une force et une habileté supérieures et leur industrie dépérit, alors même qu'elle ne serait point supplantée par la concurrence étrangère. On parle souvent de localités ou de contrées ruinées par l'épuisement des forces productives du sol ; mais, en étudiant les causes qui ont ruiné une foule d'industries, on s'aperçoit que l'épuisement des forces productives des travailleurs, quoique bien rarement mentionnée, doit être placé au premier rang de ces causes de décadence.

On doit donc souhaiter, non seulement dans l'intérêt de l'ouvrier, mais encore dans l'intérêt de l'entrepreneur et, par extension, de la société entière, que la rémunération du travail ne descende point, autrement que d'une manière accidentelle et temporaire, au dessous de son taux naturel et nécessaire. Mais ce souhait peut-il être réalisé en présence de l'inégalité de situation qui existe communément entre l'entrepreneur et l'ouvrier, entre l'acheteur de travail et le vendeur? Celui-ci n'est-il pas irrémédiablement condamné à être exploité par celui-là? N'en déplaise aux écrivains socialistes, nous ne le pensons pas.

D'où provient cette inégalité de situation qui amène trop souvent avec l'avilissement des salaires l'abaissement de la qualité du travail? Elle provient, comme nous l'avons vu, de ce que l'ouvrier vendeur de travail ne dispose pas, ordinairement du moins, au même degré que l'acheteur, de l'*espace* et du *temps*, de ce qu'il ne peut, faute d'informations et de ressources, porter son travail dans les lieux où on le paye le plus cher, de ce qu'il ne peut non plus attendre pour le vendre le moment le plus favorable. La spécialisation et le développement du commerce de travail auraient pour résultat inévitable d'effacer cette inégalité en plaçant sur le marché, agrandi à la fois dans l'espace et dans le temps, l'ouvrier le plus pauvre au niveau de l'entrepreneur le plus riche. Le *marchandage*, à tort impopulaire auprès des ouvriers, est le germe de ce progrès. Le marchandeur achète le travail en détail aux ouvriers et il le revend en bloc aux entrepreneurs. Faisant ainsi commerce de travail, il est intéressé à agrandir autant que possible le débouché de sa marchandise. D'abord, il profite seul de ce progrès commercial. Ensuite, l'élévation de ses profits, en attirant la concurrence, l'oblige à y faire participer producteurs et consommateurs.

C'est exactement l'histoire du marchand de grains que poursuit encore le préjugé populaire, et dont l'interposition est cependant si avantageuse à l'agriculteur aussi bien qu'au consommateur. Dans les commencements, à la vérité, la spécialisation du commerce des grains occasionne un dommage à certains intérêts particuliers, absolument comme fait l'introduction d'une machine nouvelle, car le commerce des grains n'est autre chose qu'une nouvelle machine ou, si l'on veut, un nouveau rouage de l'immense appareil de la production. Que cette machine ne s'introduise point sans causer un dommage aux détenteurs de l'outillage grossier qu'elle supplante ; qu'ils s'ameutent, en conséquence, contre elle et qu'ils veuillent la briser, cela se conçoit parfaitement. Ainsi, des marchands de grains apparaissent sur un marché local où des cultivateurs se rencontraient seuls jusque-là avec les consommateurs. S'ils achètent pour revendre soit ailleurs, soit plus tard, ils feront hausser le prix, au grand dommage actuel des acheteurs. S'ils vendent, ils le feront baisser au grand dommage des cultivateurs. Ce n'est pas tout. En présence de cette concurrence du commerce spécialisé, les cultivateurs qui remplissaient l'office de marchands seront obligés d'y renoncer pour se renfermer dans leur spécialité. Comme agriculteurs, ils y gagneront certainement, à la longue, car ils pourront mieux produire, et le commerce des grains spécialisé leur procurera des débouchés plus vastes et plus sûrs ; mais, comme marchands, ils y perdront d'abord, et le matériel et le personnel qu'ils employaient à cette annexe de leur industrie agricole seront frappés d'une moins value. D'un autre côté, les acheteurs qui font aussi en partie ce commerce, en ce qu'ils s'approvisionnent pour un terme plus ou moins long dans les moments où les prix sont les plus bas, ne pourront plus se livrer avec le même avantage à ce genre de spéculation, et le capital qu'ils y employaient sera frappé d'une moins value jusqu'à ce qu'ils aient trouvé à le placer autrement. Sans doute, ils regagneront plus tard comme acheteurs, par la régularité et la sûreté des approvisionnements, ce qu'ils auront perdu d'abord comme spéculateurs. Mais, en attendant, l'introduction de cette nouvelle machine commerciale n'en froisse pas moins les intérêts engagés dans les petits rouages imparfaits et grossiers auxquels elle se substitue; et, comme un bien futur et général ne console jamais d'un mal actuel et particulier, on conçoit que la machine nouvelle du commerce des grains ait été tout d'abord impopulaire. Cette impopularité dont elle était frappée, en l'empêchant de se développer autant qu'elle aurait pu le faire, a aggravé les maux de la transition en restreignant l'emploi de cette machine perfectionnée à un petit nombre d'individus, ainsi investis d'un monopole naturel et parfois aussi artificiel quand ils étaient organisés en corporations fermées, et en mettant à leur merci producteurs et consommateurs. Ils ont pu réaliser alors des bénéfices exceptionnels, et, comme leur petit nombre rendait entre eux les coalitions faciles, des bénéfices peu légitimes. Mais quand la suppression des corporations a rendu accessibles à tous les différentes branches de la production et du commerce, l'élévation de ces bénéfices n'a pas manqué d'attirer la concurrence. Le commerce des grains s'est développé, et ceux qui l'exerçaient se sont efforcés d'augmenter leurs débouchés pour maintenir leurs bénéfices. Le perfectionnement et la multiplication des voies de communication par l'application de la vapeur à la locomotion, l'abaissement graduel des barrières douanières et finalement la suppression des lois céréales ont singulièrement secondé leurs efforts, et aucune branche de commerce ne s'est plus développée dans ces vingt dernières années. Les résultats de ce développement frappent déjà tous les yeux. Lorsque le commerce des grains était une annexe locale de la production et de la consommation, le consommateur était à la merci du producteur dans les mauvaises années et *vice versâ*. Les prix étaient déterminés par l'*intensité* des besoins respectifs des parties en présence sur le marché local, besoin d'acheter d'un côté, besoin de vendre de l'autre. Dans les années d'abondance, les cultivateurs pressés de vendre pour payer leurs fermages, leurs impôts, etc., étaient obligés de céder à vil prix leurs denrées sur le seul marché où ils eussent accès. Dans les années de disette, — et le plus souvent la disette avait pour cause l'excessif avilissement des prix qui avait fait réduire l'étendue des cultures, — les consommateurs, sous l'aiguillon du besoin qui peut le moins attendre, se faisaient à leur tour une concurrence à outrance, et ils subissaient la loi des producteurs. Depuis que le commerce des grains s'est interposé entre eux et à mesure qu'il s'est généralisé, la situation a changé. La multitude des marchés locaux ont été mis en communication, les quantités demandées d'un côté, offertes de l'autre se sont totalisées, et il en est résulté un prix courant général déterminé par la proportion de la totalité de l'offre avec la totalité de la demande, au niveau duquel les prix locaux ont tendu à se placer. Désormais l'exploitation partielle des producteurs par les consommateurs ou des consommateurs par les producteurs est devenue impossible. Car le plus petit cultivateur aussi bien que le plus humble consommateur connaissent la situation du marché général. Nul ne peut plus donc spéculer sur leur ignorance. Nul ne peut non plus spéculer, si ce n'est par accident et d'une manière temporaire, sur l'intensité de leurs besoins. En effet, dès que dans une localité le prix du marché descend au dessous ou s'élève au dessus du prix courant du marché général, la concurrence des acheteurs ou des vendeurs y est invinciblement attirée jusqu'à ce que le niveau soit rétabli, en sorte que les différences de prix ne peuvent plus dépasser la différence des frais de transport et des frais commerciaux. Producteurs et consommateurs y gagnent. Les premiers parce qu'ils ne sont plus exposés à des dépréciations ruineuses de leurs denrées, les seconds parce qu'ils n'ont plus à redouter les calamités de la disette ou de la famine.

Eh bien! si l'on étudie le commerce, encore malheureusement à l'état embryonnaire, du marchandage, on lui trouvera, sauf les différences provenant de la diversité de nature des deux denrées, la plus complète ressemblance avec le commerce des grains, et l'on s'expliquera, de même, qu'il ait pu être et qu'il soit encore presque également impopulaire parmi les entrepreneurs d'industrie, consommateurs et acheteurs de travail, et parmi les ouvriers, producteurs et vendeurs de cette marchandise. Actuellement, les uns et les autres participent plus ou moins à ce commerce, qui est une annexe de leur industrie principale. L'entrepreneur d'industrie y emploie une portion plus ou moins considérable de son capital et de son temps. Grâce à la supériorité de sa situation vis-à-vis des ouvriers agglomérés dans le marché local, et avec lesquels il traite individuellement, il retire d'abord un profit extraordinaire de cet emploi de son capital et de son temps, mais l'élévation de ce profit, en attirant la concurrence, rend sa situation de moins en moins avantageuse. Ses bénéfices, comme marchand de travail, diminuent, tandis qu'il ressent, comme industriel, les inconvénients, de l'insuffisance du développement de ce commerce. S'il tient communément la masse des travailleurs à sa merci, il est obligé, en revanche, de subir leurs exigences lorsqu'il a des commandes pressées à exécuter, ou lorsqu'il a besoin d'une espèce de travail qui manque sur le marché local. Cela n'empêche pas que le marchandeur ne soit d'abord, comme le marchand de grains, reçu en ennemi par les deux parties en présence. S'il fait des achats de travail, ou, pour nous servir de l'expression usitée, s'il embauche des ouvriers, il en résultera une hausse du salaire qui ne manquera pas de faire jeter les haut cris aux entrepreneurs. S'il fait, au contraire, des ventes de travail, s'il porte un supplément de main d'œuvre dans les endroits où elle est rare, il la fera baisser, et les ouvriers se plaindront à leur tour. Mais que le commerce de travail vienne à se développer comme les autres branches de commerce, et il en résultera, pour le producteur aussi bien que pour le consommateur, des avantages tels que l'impopularité originaire du marchandeur s'effacera, comme s'efface déjà peu à peu celle du commerce des grains. De même que le grand fermier n'est pas fâché aujourd'hui de pouvoir vendre ses récoltes au marchand de grains au lieu de les porter lui-même au marché; de même encore que le consommateur s'adresse volontiers à des intermédiaires qui le dispensent de faire des provisions, exposées à se détériorer, etc., l'entrepreneur et l'ouvrier trouveront avantage à n'être plus, l'un qu'industriel, l'autre que travailleur.

Dans l'état actuel des choses, les entrepreneurs, achetant le travail en détail aux ouvriers au lieu de l'acheter en bloc à un intermédiaire, sont obligés d'établir une comptabilité compliquée et de surveiller eux-mêmes chaque livraison partielle, sans pouvoir rendre l'ouvrier suffisamment responsable de la matière première qu'il gâte ou de l'outillage qu'il détériore par sa négligence ou son incapacité. D'un autre côté, ne pouvant traiter avec les ouvriers qu'au comptant, ils sont obligés d'augmenter d'autant leur capital circulant. Supposons que le commerce de travail fût spécialisé et développé comme tout autre, et qu'il possédât de même l'auxiliaire du crédit, les entrepreneurs qui achèteraient du travail en gros se trouveraient d'abord

débarrassés des détails de la comptabilité et de la surveillance;
ensuite ils pourraient payer cet élément de leur production
comme toutes les autres matières premières, au moyen d'effets
à terme, dont les échéances coïncideraient avec la réalisation
de leurs produits, et que les vendeurs, à leur tour, pourraient
faire escompter au besoin. Ce serait une simplification économique de l'organisation des entreprises, qui tournerait, comme
tout progrès de la spécialisation des industries et de la division
du travail, à l'avantage de tous.

Quant à l'ouvrier, presque toujours isolé aujourd'hui dans
un marché resserré, sans informations sur l'état des autres
marchés, sans ressources soit. pour se déplacer, soit pour
attendre une amélioration des prix, il pourrait, grâce au
puissant véhicule commercial qui serait mis à son service,
disposer de l'espace et du temps, au même degré que l'entrepreneur lui-même. Son salaire se relèverait et s'assurerait,
il n'aurait pas plus à redouter désormais les avilissements
de salaire et les chômages que nous n'avons à redouter l'élévation exorbitante des mercuriales et les disettes depuis que le
commerce des grains s'est développé et généralisé. Supposons,
en effet, que le *marchandage* vînt à se développer et à se généraliser à l'instar du commerce des grains, qu'en résulterait-il?
C'est que les marchés locaux s'effaceraient devant le marché
général; c'est que le prix courant de chaque espèce de travail
s'établirait d'après la proportion de l'offre et de la demande sur
ce marché général, dont la situation serait désormais généralement et constamment connue. Si, sur un marché local, le
salaire venait à tomber fort au dessous ou à s'élever fort au
dessus du prix courant du marché général, la concurrence des
acheteurs ou des vendeurs y serait invinciblement attirée, et

·l'équilibre ne tarderait pas à se rétablir. Il n'y aurait donc plus ni disettes ni surabondances locales de travail, et, par conséquent, ni exploitation usuraire des ouvriers par les entrepreneurs ou des entrepreneurs par les ouvriers. Que s'il y avait disette ou surabondance générale, l'intérêt des intermédiaires seconderait, dans le premier cas, celui des acheteurs en stimulant la production et l'offre d'une quantité supplémentaire; dans le second cas, au contraire, il seconderait celui des producteurs, en les aidant à retirer l'excédant du marché. Assurer les approvisionnements et régulariser les prix, à l'avantage mutuel de l'ouvrier et de l'entrepreneur, du producteur et du consommateur, tel serait donc le résultat inévitable de la spécialisation et du développement du commerce de travail comme de tout autre.

Sans doute, le marchandage venant à se développer d'une manière normale, le prix courant du travail se trouverait grevé des frais de ce rouage intermédiaire; mais en premier lieu, si ces frais excédaient la valeur du service rendu, les ouvriers pourraient toujours, comme ils le font aujourd'hui, s'aboucher directement avec les entrepreneurs. En second lieu, la concurrence des intermédiaires aurait pour résultat nécessaire et final d'abaisser le prix courant de leur service au niveau de son prix naturel.

D'où ces formules :

I. *Sous un régime de pleine liberté et de développement normal du marchandage, le prix courant de toute espèce de travail tendrait toujours, dans chaque localité, à se niveler avec celui du marché général.*

II. *Le prix courant du travail sur le marché général tendrait, à son tour, à se mettre au niveau de son prix naturel, c'est à dire de ses frais de production augmentés d'une part proportionnelle du produit net, déduction faite de la rémunération nécessaire des intermédiaires.*

Comment donc se fait-il que ce commerce, dont l'utilité est plus grande encore peut-être que celle du commerce des grains, soit encore dans l'enfance? Quelles sont les causes particulières qui ont retardé sa spécialisation et son développement? Ces causes, dont nous avons déjà dit quelques mots, sont de deux sortes : naturelles et artificielles. Les premières se résument dans la difficulté du transport des ouvriers, surtout à de longues distances, et dans l'absence d'informations sur la situation des différents marchés de travail. Mais, d'une part, la multiplication des chemins de fer et des autres voies de communication à bon marché rend de plus en plus facile le déplacement des hommes, — lesquels étaient, il n'y a pas bien longtemps encore, pour nous servir de l'expression d'Adam Smith, de toutes les espèces de bagages la plus difficile à transporter; d'une autre part, le commerce de travail, en se développant, saura bien se procurer les renseignements dont il a besoin sur la situation du marché. On verra, en conséquence, à mesure que ce commerce étendra la sphère de ses opérations, se créer à son usage une publicité spéciale, et probablement aussi se constituer des *Bourses* analogues à celles des fonds publics, des valeurs industrielles et des principales marchandises; d'où il résultera que la situation des différents marchés de travail, les transactions qui s'y effectuent, les cours des salaires, etc., seront connus, jour par jour, comme le sont déjà ceux des autres valeurs ou marchandises (1). — Les causes artificielles,

_____

(1) Dès l'époque où nous avons commencé à étudier la science économique, nous avons été particulièrement frappé de cette lacune de la publicité

qui font obstacle au développement du marchandage, résident
surtout dans la limitation et la réglementation des engagements

---

industrielle, et nous avons même, à diverses reprises, essayé de la combler.
(Voir les *Soirées de la rue Saint-Lazare*, p. 172, et les *Questions d'économie
politique et du droit public*, t. Ier, p. 183.) Mais nous avons pu nous convaincre, à nos dépens, que nos tentatives étaient prématurées; que la spécialisation et l'extension progressives du commerce de travail seules peuvent
donner naissance à une publicité *ad hoc*, analogue à celle qui s'est créée à
l'usage des autres branches de commerce, à mesure qu'elles se sont spécialisées et développées.

Nous croyons néanmoins utile de reproduire les considérations suivantes
dans lesquelles se trouvent résumés les avantages que la publicité peut présenter aux travailleurs, avec cette seule réserve qui nous a été suggérée,
depuis, par notre expérience personnelle, qu'en cette matière, comme en toute
autre, le progrès ne peut s'improviser d'une manière artificielle.

" On a cru longtemps, on croit encore assez généralement que le taux des
salaires dépend de la volonté des entrepreneurs; que les chefs d'industrie sont
les maîtres de fixer à leur guise la rémunération de leurs ouvriers. Rien n'est
plus inexact cependant. Il ne dépend pas plus des entrepreneurs d'industrie
de fixer le prix du travail que leurs ouvriers leur fournissent qu'il ne dépend
d'eux de fixer le prix de la laine, du coton, de la soie, du fer, des machines,
du combustible, des matières premières et des outils qu'ils emploient dans
leur fabrication. Le travail est une marchandise, comme le coton, la laine,
la soie, la houille, et son prix s'établit de la même manière que celui de ces
autres matières premières indispensables à la production. C'est le mouvement
de l'offre et de la demande qui en décide. Quand le travail est beaucoup
demandé et peu offert, le salaire hausse, et *vice versâ*. Cette loi est mathématique, elle régit le monde économique, comme la loi de la gravitation régit le
monde physique.

" Les industriels et les négociants sont fort au courant de la loi de l'offre
et de la demande, et ils agissent en conséquence. Quelle est, en effet, leur
incessante préoccupation? C'est de bien connaître la situation des marchés où

de travail comme dans la difficulté d'en assurer l'exécution. Les
lois et règlements qui interdisent l'embauchage ou qui font

---

ils peuvent placer leurs marchandises, c'est d'être continuellement informés
de la situation de leurs débouchés. Dans ce but ils entretiennent des correspondances suivies avec les principaux marchés. En outre, depuis quinze ou
vingt ans, la presse, répondant à ce besoin général d'informations, s'est mise
à publier régulièrement, non plus seulement le cours des fonds publics, mais
encore celui des marchés les plus importants. En ouvrant son journal, l'industriel ou le négociant est informé du prix des fers, des huiles, du coton,
de la laine, etc., dans les principaux marchés d'approvisionnement; on lui
apprend même quelles ont été les quantités vendues, quel est l'état de la
demande, et le *stock* restant disponible sur le marché. Enfin, le gouvernement
se croit encore obligé d'ajouter aux informations que le commerce reçoit de
ses correspondances particulières et des bulletins de la presse quotidienne ou
hebdomadaire, en entretenant des consuls, qui ont pour mission de tenir le
commerce au courant de la situation des marchés étrangers, comme aussi de
lui en faciliter l'accès.

  « Que résulte-t-il de ce développement salutaire de la publicité industrielle
et commerciale? C'est que les producteurs ne sont plus réduits, comme ils
l'étaient trop souvent autrefois, à fournir leurs denrées à un petit nombre
d'intermédiaires coalisés, qui les leur achetaient à un vil prix, en profitant de
leur ignorance de l'état des marchés; c'est encore qu'ils ne sont plus exposés à
fabriquer des masses de marchandises en vue d'un débouché qui se trouve
déjà approvisionné d'une manière surabondante; c'est, pour tout dire, que la
production a pu se régler, de plus en plus, conformément aux besoins de la
consommation.

  « Combien la situation des ouvriers, « marchands de travail, » est différente! Au lieu de leur faciliter le placement de leur denrée, on s'attache, au
contraire, à ajouter des obstacles artificiels aux obstacles naturels qui les
empêchent d'en tirer un bon parti. Veulent-ils, par exemple, s'associer, s'entendre pour aviser aux moyens d'obtenir une plus juste rémunération de leurs
efforts? Aussitôt, on met à leurs trousses gendarmes et sergents de ville, et

directement ou indirectement obstacle au déplacement des
ouvriers, qui limitent, dans l'intérêt prétendu des travailleurs,

---

l'on condamne leurs « meneurs, » à des pénalités qui s'élèvent jusqu'à cinq
années de prison, sous prétexte de coalition. Or, à la même époque et dans le
même pays, où les associations d'ouvriers sont poursuivies avec cette rigueur
impitoyable, on permet aux maîtres de forges de se réunir tous les trois mois
pour fixer de commun accord le prix des fers. Et cette coalition des gros
bénéficiaires du régime prohibitif paraît si assurée de l'impunité, qu'elle a
l'impudence de faire annoncer dans les journaux les prix qu'il lui a plu
d'imposer aux consommateurs. Il y a pis encore. Tandis qu'on entretient des
agents consulaires à l'étranger pour faciliter le placement des produits de nos
entrepreneurs d'industrie, tandis qu'on s'efforce d'attirer dans notre pays les
commissionnaires étrangers, tandis qu'on récompense les industriels et les
négociants qui réussissent à augmenter le débouché « du travail national, »
on poursuit comme des malfaiteurs, les intermédiaires qui s'efforcent de procurer à nos travailleurs une situation plus favorable. Nous avons cité un
arrêt qui a condamné à un an de prison un employé de la manufacture d'Oi-
gnies, coupable d'avoir procuré une situation meilleure, un salaire plus avantageux, à quelques-uns de ses compagnons de travail. (Le nommé Florent
Goumans, ci-devant employé à la manufacture de glaces de Sainte-Marie d'Oi-
gnies, condamné par la cour d'appel de Bruxelles, à un an de prison et à
150 fr. d'amende, du chef d'avoir, en 1853 et 1854, dans la vue de nuire à
l'industrie belge, fait passer en Prusse plusieurs ouvriers de ladite manufacture). Nous pourrions citer encore à Liége, une manufacture dont les chefs
font métier de signaler à la police les étrangers qui viennent « embaucher »
leurs ouvriers, c'est à dire leur offrir un salaire plus élevé, une existence
moins misérable. Grâce à la complicité de la loi, les entrepreneurs d'industrie
acheteurs de travail parviennent ainsi, dans la plupart des foyers de la production, à demeurer les maîtres absolus du marché, à dicter aux ouvriers les
conditions du salaire. C'est un véritable monopole, dont ils sont investis, et
le plus oppressif de tous ! plus oppressif peut-être que l'esclavage même, car,
au moins le maître est obligé de subvenir à l'entretien de son esclave, tandis

la durée des engagements de travail; qui empêchent, toujours dans les mêmes intentions philanthropiques, les capitalistes

que le monopoleur, qui se sert d'une loi inique pour empêcher le travailleur de tirer librement parti de ses facultés productives, n'a aucune obligation à remplir envers lui. C'est l'esclavage avec la responsabilité de moins et l'hypocrisie de plus! Aussi quel est le résultat de ce régime? C'est que le salaire, comprimé par le monopole de connivence avec la loi, est tombé au niveau du minimum de subsistances nécessaires au travailleur, pendant que le taux des rentes et des profits allait croissant; c'est que le prix des choses nécessaires à la vie venant soudainement à s'élever, tandis que le salaire comprimé dans son essor demeurait stationnaire, l'ouvrier n'a plus même obtenu le minimum qui lui était indispensable; c'est que les classes ouvrières ont vu décliner leurs forces, que ne réparait plus une alimentation suffisante; c'est qu'à Gand, par exemple, les fabricants eux-mêmes commencent à se plaindre de la difficulté d'obtenir des ouvriers valides, au sein d'une classe dont l'excès du travail, joint à l'insuffisance du salaire, a ruiné peu à peu la force physique et l'intelligence même.

» Eh bien! supposons qu'au lieu de s'attacher à mettre l'ouvrier à la merci des entrepreneurs de sa localité, on s'attache au contraire à écarter les obstacles qui l'empêchent de tirer de ses facultés le meilleur parti possible; supposons qu'au lieu de le parquer dans un coin du marché du travail, sous la surveillance des agents de police et des gendarmes, comme un esclave dans une plantation, ou un malfaiteur dans une maison de force, on s'ingénie à lui faire connaître les différentes parties du marché général du travail, et à les lui rendre de plus en plus accessibles, supposons qu'au lieu d'empêcher les ouvriers de se réunir en vue du placement de leur travail, on les y encourage, supposons qu'on mette à leur service la publicité industrielle et commerciale, supposons que les journaux ajoutent aux cours des céréales, des cotons, des huiles, des fers, qui remplissent leurs dernières pages, les cours des principales sortes de travail, dans les foyers les plus importants de la production, supposons qu'ils tiennent désormais leurs lecteurs parfaitement au courant de l'état de l'offre et de la demande de cette espèce de marchandise, qu'ils

qui prêtent sur hypothèque de la valeur personnelle de l'ouvrier, de se saisir de leur gage, et, par dessus tout, les préjugés

---

indiquent et le nombre des engagements effectués, et l'état de la demande et
le *stock* restant sur le marché, qu'arrivera-t-il?

„ Ne verra-t-on pas s'opérer aussitôt dans la situation des classes ouvrières
qui vivent du produit de leur travail, un changement analogue à celui qui
s'est accompli dans la situation des entrepreneurs d'industrie, lorsque la
publicité a mis ses fanaux à leur service? Au lieu de se faire une concurrence
à outrance dans les localités, où leur salaire est tombé au dessous du
minimum de subsistances, ils porteront leurs facultés productives dans les
endroits où elles sont le plus demandées, partant où elles sont le mieux
payées. On ne verra plus, en conséquence, le travail arriver ici à l'état
d'excédant et le salaire tomber à un niveau où la vie même du travailleur se
trouve atteinte, tandis que là, le travail manque et le salaire monte à un taux
exagéré. Il n'y aura plus dans un même pays une foule de petits marchés sans
communication entre eux, et où les vendeurs de travail se trouvent à la merci
de la coalition des acheteurs; il n'y aura plus qu'un marché général, dont le
cours sera réglé d'après l'état de l'offre et de la demande.

„ Que si ce marché général est encombré de bras ; que si un excédant de
travail y pèse sur le taux du salaire, la publicité permettra encore aux travailleurs surabondants de se diriger vers les marchés étrangers où ils seront le
plus assurés de trouver un débouché avantageux. L'émigration, qui n'est autre
chose qu'une *exportation de travail*, n'aura plus lieu à l'aventure. Elle sera
guidée par des renseignements positifs, et les hommes disposés à émigrer cesseront d'être retenus par l'appréhension des désastres qui atteignent trop souvent les émigrants, dans des contrées où ils croyaient trouver un bon placement,
mais où l'affluence des bras a déjà encombré le marché. L'émigration prendra
un cours à la fois plus régulier et plus abondant, elle emportera de plus en plus
les excédants de bras qui pèsent sur nos marchés, et les salaires de l'Europe
tendront à s'élever au niveau de ceux du nouveau monde, où l'abondance des
agents naturels et la rareté du travail se combinent pour les maintenir au taux
le plus avantageux possible. „ (ÉCONOMISTE BELGE, 20 *septembre* 1855.)

auxquels le marchandage est en butte, ont contribué jusqu'à
présent à empêcher cette branche de commerce de prendre son
développement naturel et nécessaire. Mais à mesure que ces
obstacles s'aplaniront, on verra certainement le marchandage
prendre un essor analogue à celui que nous avons vu prendre
au commerce des grains dans les pays où il a cessé d'être
entravé par la difficulté des communications, les lois restric-
tives et les préjugés populaires. Les travailleurs se trouveront
alors, pour le placement de leurs services, dans la même situation que les producteurs pour le placement de leurs produits
et les capitalistes pour le placement de leurs capitaux. L'*usure*
sur le travail disparaîtra comme disparaît l'usure sur le capital
à mesure que les institutions de crédit se multiplient.

Ce développement libre d'un commerce nécessaire rendrait
possibles bien des combinaisons avantageuses, qui, dans l'état
présent des choses, sembleraient à bon droit chimériques. Tantôt
les intermédiaires achèteraient le travail au comptant et en
détail, par semaine, par jour ou même par heure, ou bien encore
à la pièce, en raison de la quantité effectivement fournie. Tantôt
ils l'achèteraient pour une longue période, pendant laquelle
les ouvriers jouiraient d'un revenu assuré, soit que leur travail
ainsi engagé trouvât ou non des acheteurs. De même, tantôt
ils le revendraient au comptant et tantôt à terme. Peut-être
encore, au lieu de le revendre toujours pour une somme fixe,
trouveraient-ils quelquefois plus d'avantage à l'échanger contre
une part éventuelle dans le produit des entreprises auxquelles
ils le fourniraient. On arriverait ainsi à cette *Association Intégrale* qui a été le rêve des socialistes, mais dont ils connaissaient
si mal le chemin.

Sans doute, le commerce de travail continuerait d'être,

comme tous les autres commerces, soumis à d'incessantes
fluctuations. Tantôt, l'accroissement local et temporaire de
l'offre ferait baisser les salaires; tantôt, au contraire, l'accroissement de la demande les ferait hausser. Mais ces écarts
seraient promptement corrigés, grâce à la *mobilité* d'une marchandise, devenue l'objet d'un commerce organisé sur une
vaste échelle et disposant de grands capitaux. Comme on pourrait désormais la transporter aisément *dans l'espace* et *dans le
temps*, les engorgements d'une part, les disettes de l'autre ces-
seraient de se produire, les différences locales s'effaceraient
devant le prix courant du marché général, lequel, à son tour,
tendrait incessamment à se confondre avec le prix naturel et
nécessaire. Que si des accidents perturbateurs, tels que les
guerres, les révolutions, les épidémies, les mauvaises récoltes,
les accroissements d'impôts, etc., venaient altérer cet équilibre
général, il ne manquerait pas de se rétablir bientôt sous l'influence de la loi régulatrice qui gouverne les prix du travail
comme ceux des autres marchandises.

ONZIÈME LEÇON

LA PART DU CAPITAL

En quoi consiste le matériel de la production. — Des capitaux fixes et circulants. — Caractères auxquels ils se reconnaissent. — Éléments du prix naturel du service des capitaux. — Des risques de la production. — Qu'ils sont essentiellement divers et variables. — Qu'ils doivent être couverts. — Comment ils peuvent être abaissés. — De la privation. — En quoi elle consiste. — Qu'elle doit être compensée. — Que la prime nécessaire pour la compenser est plus ou moins élevée selon que le capital peut être plus ou moins aisément dégagé ou réalisé. — Exemple. — Autres éléments du prix naturel du service des capitaux. — Les inconvénients ou les avantages particuliers de chaque industrie. — Que le progrès agit incessamment pour abaisser les frais de production du service des capitaux. — De la part proportionnelle de produit net qui s'ajoute aux frais de production de ce service pour composer son prix naturel. — Sa raison d'être. — Qu'on ne peut la supprimer et mettre le capital à la portion congrue.

Nous venons de voir de quels éléments se compose la rémunération du *personnel* de la production et en vertu de quelle loi elle se règle. La rémunération du *matériel* de la production se compose d'éléments analogues, et elle est réglée par la

même loi. Elle se compose des frais d'entretien et de renouvellement nécessaires pour maintenir le matériel au service de
la production, comme aussi d'une part proportionnelle de produit net, qui permette à ses détenteurs de l'accroître dans la
proportion utile.

Ces frais d'entretien et de renouvellement nécessaires, et
cette part proportionnelle de produit net constituent le prix
naturel du service du matériel, autour duquel gravite encore
le prix courant, en vertu de la loi d'équilibre qui régit le
monde économique.

Le matériel de la production comprend les trois catégories
d'agents productifs, que les économistes se sont accordés à
désigner sous les dénominations suivantes :

CAPITAUX FIXES.

   ID.   CIRCULANTS.

AGENTS NATURELS APPROPRIÉS.

Nous nous occuperons d'abord des deux premières catégories
dont la réunion constitue le capital proprement dit.

Les capitaux fixes se reconnaissent à ce caractère qu'ils ne
se détruisent ou ne se consomment point intégralement dans
la formation d'un produit. Tels sont, par exemple, dans une
entreprise agricole, les bâtiments d'exploitation, les charrues
et les autres instruments aratoires, les chevaux ou les bœufs
de labour, tels sont encore les amendements durables apportés
aux terres, le drainage, les clôtures, etc. Les semences, l'argent
ou les provisions qu'il faut fournir aux travailleurs sous forme
de salaires, les provisions et les matériaux nécessaires pour
maintenir en état les différentes parties du capital fixe, etc.,
constituent le capital circulant. Dans une manufacture de
coton, les bâtiments et les machines forment le capital fixe; le

coton brut, le charbon, l'huile et les autres matières premières, l'argent que l'on consacre au paiement des travailleurs, les matériaux que l'on applique à l'entretien des bâtiments et des machines, composent le capital circulant. Dans le commerce, le capital fixe comprend le magasin et le mobilier du négociant; le capital circulant consiste principalement dans l'approvisionnement des marchandises qu'il met à la disposition du public et dans les fonds nécessaires pour les renouveler.

Il ne faut accorder toutefois qu'une importance secondaire à ces divisions et à ces subdivisions qui ont été établies entre les agents productifs, car ces agents, quelle que soit leur dénomination, sont soumis aux mêmes lois, quant à leur formation, à leur entretien et à leur multiplication.

Les capitaux fixes et circulants concourent à la production, dans des proportions déterminées par la nature de l'industrie à laquelle ils s'appliquent. Certaines industries réclament plus de capital fixe, d'autres plus de capital circulant. Une filature de coton exige une proportion considérable de capital fixe. Un commerce d'épiceries, au contraire, exige une proportion plus forte de capital circulant. Le capital fixe prédomine dans l'industrie, et surtout dans la grande industrie, le capital circulant prédomine dans le commerce.

Le service productif des capitaux fixes et circulants a son prix naturel, faute duquel ces capitaux ne peuvent être engagés et maintenus dans la production, faute duquel aussi ils ne peuvent être multipliés dans la proportion utile. Examinons quels sont les éléments de ce prix naturel.

Le premier consiste dans la somme nécessaire pour maintenir en état le capital appliqué à la production.

Ainsi, par exemple, quand j'applique à la filature ou au

tissage du coton, un capital consistant dans les bâtiments de la manufacture, dans l'outillage nécessaire pour travailler le coton, dans les matières premières, coton brut, huile, charbon, etc., dans les fonds et les matériaux indispensables à l'entretien du personnel et du matériel de l'entreprise, que faut-il pour que ce capital puisse demeurer indéfiniment au service de la production? Il faut que le produit suffise pour renouveler la portion du capital qui a été détruite ou consommée dans l'opération, le coton brut, l'huile, le charbon, ainsi que les fonds et les matériaux qui ont été employés à entretenir et à renouveler le personnel et le matériel de la production, faute de quoi, le capital circulant d'abord, le capital fixe ensuite, se détruisent, disparaissent, et la production, privée d'une portion de ses agents, cesse d'avoir lieu.

Il faut donc que le capital engagé dans la production soit reconstitué, recomposé intégralement au bout de chaque opération. Voilà un premier point à observer.

En voici un second. C'est que l'on n'a, dans aucune industrie, la certitude entière que la production renouvellera intégralement le capital engagé; c'est que l'on court dans toute industrie certains *risques* de ne point récupérer intégralement son capital. Ces risques sont plus ou moins considérables selon les temps et les lieux où s'accomplit la production, selon aussi la nature particulière de l'industrie.

En tous cas, les risques de la production doivent être couverts, sinon ils finissent, au bout d'un délai plus ou moins long, selon leur nombre et leur intensité, par dévorer le capital.

Il y a des *risques généraux* qui dépendent des temps, des lieux et des circonstances, et qui pèsent également sur toutes les branches de la production; il y a des *risques particuliers* qui grèvent spécialement certaines branches d'industrie.

Je dis que les risques généraux varient suivant les temps, les lieux et les circonstances. Il y a des époques où la sécurité est tellement insuffisante et précaire, qu'un homme qui applique un capital à n'importe quelle branche de la production doit calculer qu'au bout de cinq opérations, par exemple, son capital sera emporté, détruit. Chaque opération se trouvera, en conséquence, grevée d'un risque de 20 p. c. Si ce risque n'est point couvert, si les résultats de la production ne suffisent point pour constituer, au bout de cinq opérations, un capital de rechange, le risque venant à échoir, la production cessera. Dans une situation semblable, il ne suffit donc pas que le capital soit reproduit intégralement au bout de chaque opération, il faut qu'il le soit avec 20 p. c. en sus. Mais que les risques généraux qui pèsent sur la production viennent à baisser de 10 p. c. que le capital qui naguère était emporté, détruit au bout de cinq opérations, ne le soit plus qu'au bout de dix, alors, il suffira que le capital soit reconstitué avec 10 p. c. en sus, à la fin de chacune. Toute diminution des risques généraux de la production comportera une baisse équivalente dans la rémunération des agents productifs.

C'est ainsi qu'aux époques de guerre et d'anarchie, la rémunération nécessaire du capital s'élève plus haut qu'aux époques de paix et de tranquillité intérieure; c'est ainsi que dans deux pays où la sécurité dont jouit la production est inégale, les niveaux de la rémunération nécessaire du capital diffèrent de tout le montant de la différence des risques.

Ceci est un point d'une extrême importance. Qu'on me permette donc de m'y arrêter un peu. La sécurité de la production

tient à des causes diverses, elle dépend du degré de perfectionnement des institutions gouvernementales, elle dépend encore
et surtout du degré d'honnêteté et d'intelligence des populations.

Supposons qu'une nation ait un gouvernement trop faible
pour la protéger efficacement contre les prétentions abusives
des autres gouvernements, trop faible aussi et trop mal organisé pour garantir contre les agressions intérieures la sécurité
des capitaux engagés dans la production. Supposons, en outre,
que ce gouvernement dispose, d'une manière arbitraire, de la
vie et de la propriété des citoyens, qu'en résultera-t-il? Qu'une
nation ainsi gouvernée se trouvera dans les plus mauvaises
conditions possibles pour produire, car les risques généraux de
la production seront chez elle à leur maximum. Les producteurs de cette nation auront, en effet, à craindre 1° d'être
dépouillés soudainement de leurs capitaux par le fait d'une
invasion étrangère et des déprédations ou des crises qu'elle
occasionne; 2° ils auront plus à craindre encore peut-être de
la part de leur gouvernement : au moment où ils s'y attendront
le moins, une banqueroute, un impôt extraordinaire, un
emprunt forcé, une altération de la monnaie métallique ou une
émission de papier-monnaie atteindront leur industrie, et
détruiront, en tout ou en partie, le capital qui s'y trouve engagé.
En outre, si le gouvernement est trop faible pour mettre les producteurs à l'abri du brigandage et du vol, si l'agriculteur,
l'industriel, le marchand, peuvent être rançonnés par le
seigneur, pillés par le voleur de grand chemin, dépouillés par
le banqueroutier, sans que ces sévices soient punis; si, pour
tout dire, le gouvernement ne protége suffisamment le producteur ni au dehors ni au dedans, s'il n'est lui-même qu'un exac-

teur public, les risques de la production seront énormes. Ils seront tels peut-être que, dans les entreprises ordinaires, les capitaux fixes et circulants disparaîtront, en moyenne, au bout de quatre ou cinq opérations.

Les risques généraux de la production s'accroîtront encore, si la nation manque d'honnêteté. Alors, en effet, les risques provenant soit des faillites et des banqueroutes, soit des altérations et des fraudes qui détériorent la qualité des produits, ces risques seront considérables, et il faudra encore les couvrir, sous peine de voir disparaître peu à peu le capital.

Dans une nation ainsi gouvernée et composée, la rémunération nécessaire du capital sera à son *maximum*.

Maintenant, supposons que dans le voisinage de cette nation il y en ait une autre qui possède un gouvernement assez fort pour la faire respecter au dehors, assez bien organisé pour faire régner au dedans l'ordre et la sécurité. Supposons que ce gouvernement ne s'engage dans des guerres extérieures qu'en cas de nécessité absolue; supposons aussi qu'il soit constitué de manière à ne pouvoir jamais lever d'impôt ou contracter d'emprunt sans le consentement des citoyens; supposons qu'il s'occupe uniquement d'empêcher les producteurs d'être victimes des exactions et des sévices qui atteignent ailleurs le capital; supposons, d'un autre côté, que la population ainsi gouvernée soit essentiellement honnête; que la fraude et le vol sous leurs formes multiples lui paraissent odieux et méprisables; supposons, enfin, que cette population soit pourvue d'un assez bon jugement pour ne point aventurer ses capitaux dans des entreprises qui ne présentent point de suffisantes garanties de succès, qu'en résultera-t-il?

Qu'au sein d'une nation ainsi gouvernée et composée, les

risques généraux de la production seront à leur *minimum,* partant aussi les *primes* nécessaires pour les couvrir.

Ce sont là deux situations extrêmes; mais si l'on considère les différentes nations du globe au point de vue de la sécurité qu'elles présentent à l'emploi des capitaux, on s'apercevra qu'elles se placent, à des degrés divers, entre ces deux extrémités. Le haut de l'échelle est occupé par la Hollande, l'Angleterre, la Suisse et quelques autres pays remarquables par la bonté comparative de leur gouvernement, par la moralité et l'intelligence de leurs populations. Le bas est occupé par les contrées dont les populations clair-semées et encore à l'état sauvage sont impuissantes à se protéger soit contre les agressions du dehors, soit contre l'anarchie du dedans, où le gouvernement, au lieu de s'attacher à protéger les populations, n'a en vue que de les exploiter, où enfin les rapines et les déprédations publiques et privées sont passées à l'état d'habitude. Sur les échelons intermédiaires se placent les pays où les institutions et les mœurs sont à l'état moyen.

De là des différences énormes dans le développement de la production de ces divers pays.

Arrivons maintenant aux *risques particuliers* de la production. Certaines branches de la production comportent plus de risques, en vertu de leur nature particulière; certaines autres en comportent moins. Les industries de luxe, par exemple, qui se trouvent pour la plupart exposées aux caprices de la mode, subissent, de ce chef, un risque spécial. En effet, que la mode vienne à changer pendant que l'on produit des étoffes d'un certain dessin, ou des meubles d'un certain modèle que tout le monde demandait hier, que personne ne demandera plus demain, et les producteurs subiront infailliblement une perte. Voilà donc un risque particulier, un risque qui ne se présente point dans les industries placées en dehors de l'influence de la mode.

Ces inégalités des risques de la production se répercutent inévitablement, et d'une manière toute spontanée, dans la rémunération du capital; car, à rémunération égale, on choisit de préférence les industries qui offrent aux capitaux la sécurité la plus grande. Si une industrie, à laquelle incombe un risque de 5 p. c., ne me donne point pour mon capital une rémunération plus élevée que telle autre dont les risques sont de 2 p. c. seulement, je préférerai assurément la seconde à la première, et tout capitaliste en fera autant. J'exigerai de même une rémunération plus forte pour mon capital dans les pays où les risques généraux de la production sont élevés que dans ceux où ils sont bas.

Voilà pour ce qui concerne les risques.

Un second élément entre dans la rémunération nécessaire des capitaux engagés dans la production, c'est la *privation*.

Pour nous rendre bien compte de l'importance de ce second élément de la rémunération nécessaire du capital, jetons un coup d'œil sur les mobiles qui poussent l'homme à former des capitaux et à les engager dans la production.

Nous avons vu précédemment que les agents productifs qui composent le personnel et le matériel de la production se multiplient grâce au produit net et à l'épargne. Supposons qu'aucune entreprise ne fournisse un produit net; supposons que les résultats de la production n'excèdent point la somme nécessaire pour entretenir et renouveler les agents productifs, le capital ne pourra s'augmenter et la production demeurera stationnaire. Supposons encore que la production donne régulièrement un produit net, mais qu'aucune portion de ce produit net ne soit épargnée, pour être, sous forme d'un supplément de travailleurs, de bâtiments d'exploitation, de machines, de matières premières, de terres défrichées, consacrée à une augmentation du personnel et du matériel de la production, celle-ci demeurera encore stationnaire.

Heureusement, il y a des mobiles nombreux et divers qui poussent les producteurs à ne pas appliquer à la satisfaction de leurs besoins immédiats tout leur produit net, à en réserver une partie soit pour la consommation future, soit pour l'augmentation de la production.

L'homme est soumis, dans le cours de son existence, à des éventualités qui l'obligent à réserver pour l'avenir une partie de son gain de chaque jour. Telles sont les maladies et la vieillesse. Si, dans les jours de prospérité, aux époques où il gagne amplement de quoi subvenir à ses besoins, il n'a pas assez de prévoyance pour réserver et accumuler une partie de son gain, un jour viendra où il se trouvera sans ressources en présence des maux et des accidents inévitables dont est parsemée l'existence humaine. La nécessité de pourvoir aux mauvaises éventualités de l'avenir, voilà donc le premier mobile qui excite l'homme à épargner. Alors même qu'il ne pourrait employer son épargne à augmenter son revenu, en la mettant sous la forme d'un supplément d'agents productifs et en la consacrant à la production, il n'accumulerait pas moins chaque année une portion de son produit net. C'est ainsi que, dans les pays et aux époques où la sécurité n'est pas suffisante pour déterminer l'application d'un supplément de capital à la production, ou même le capital engagé diminue faute d'être convenablement entretenu et renouvelé, on accumule cependant de la richesse. On épargnait aux époques les plus troublées du moyen âge ; on épargne dans les contrées où la propriété est encore aujourd'hui le moins sûrement garantie. Seulement on a soin, en ce cas, de mettre son épargne, sa richesse accumulée, sous forme de matières que l'on puisse à la fois conserver longtemps et dérober aisément à la spoliation. Chacun consacre l'excédant disponible de sa production à acheter des métaux précieux, des pierreries ou d'autres matières que l'action du temps n'altère point et qui puissent être facilement mises en lieu sûr. Cette épargne, on a soin de la réserver et de l'enfouir pour les mauvais jours. Elle ne sert point à augmenter la production, mais elle n'en est pas moins utile. Elle donne, en premier lieu, aux populations, les moyens de pourvoir aux éventualités ordinaires de la maladie, du chômage et de la vieillesse. Elle leur donne, en second lieu, les moyens de se soustraire en partie aux conséquences funestes de l'anarchie et de la guerre. Dans les deux cas, elle concourt au maintien sinon au développement de la production. En effet, si les travailleurs n'accumulaient pas une réserve pour les jours de maladie ou de chômage, ils courraient risque d'être emportés par ces éventualités funestes, et le personnel de la production, dont ils font partie, se trouverait ainsi diminué. S'ils n'accumulaient pas pour échapper aux conséquences de l'anarchie et de la guerre, dans les pays et aux époques où ces fléaux les menacent, s'ils ne possédaient point des ressources cachées lorsque leurs maisons ont été incendiées, leurs champs ravagés, leurs moissons foulées aux pieds des chevaux, ils seraient hors d'état de réparer ces pertes ; ils périraient de misère et le pays qu'ils habitent serait bientôt inculte et désert.

Alors même qu'on n'aurait point en vue d'augmenter son

revenu, en mettant un supplément de capital au service de la
production, on épargne. Mais ne perdons pas de vue que
l'épargne suppose deux choses : 1° un produit net disponible ;
2° une dose de prévoyance suffisante pour soustraire une portion de ce produit net à la consommation immédiate. Quelquefois le produit net n'existe pas, soit à cause des difficultés
naturelles de la production, soit à cause des risques que l'anarchie et la guerre font peser sur elle. Alors toute épargne est
impossible, et l'homme demeure voué aux angoisses et aux tor-
tures du dénûment, aussitôt qu'il devient impropre à produire. La même situation l'attend, lorsqu'il n'a pas assez de
prévoyance ni de force morale pour s'abstenir d'appliquer à la
satisfaction immédiate de ses besoins tout le résultat de sa
production.

Moins les éventualités auxquelles les réserves doivent pourvoir sont pressantes, moins l'esprit d'économie se développe.
On remarque, par exemple, que les marins et les militaires
sont beaucoup moins disposés à l'épargne que les travailleurs
des autres professions, surtout en temps de guerre. Cela tient
d'abord à ce qu'ils sont, pour la plupart, sans famille ; cela
tient ensuite à ce que les chances du métier leur permettent
moins de songer à la vieillesse. Ils accordent d'autant plus aux
jouissances actuelles qu'ils peuvent moins compter sur l'avenir.
Leur penchant à la dépense est encore encouragé par les
pensions que les gouvernements ont coutume de leur garantir.

On épargne donc en vue de pourvoir à la consommation
future.

On épargne aussi en vue d'augmenter son revenu, en appliquant à la production un supplément de capital. C'est ainsi que
l'agriculteur épargne soit pour défricher un supplément de

terre, soit pour cultiver mieux, à l'aide d'instruments perfectionnés, le domaine qu'il exploite, et en tirer un supplément de
revenu. C'est ainsi que l'industriel épargne pour augmenter
l'importance de sa manufacture, le négociant pour développer
son commerce.

L'homme qui épargne établit une balance entre les jouissances qu'il peut retirer de l'application de ses ressources à la
satisfaction des besoins qui le sollicitent *actuellement*, c'est à
dire à sa *consommation présente*, et les jouissances que pourra
lui procurer une réserve destinée soit à pourvoir aux éventualités de l'avenir, soit à augmenter sa puissance productive, partant son revenu, et, dans les deux cas, sa *consommation future*.
Les prodigues sacrifient volontiers la consommation future à la
consommation présente, et ils font un mauvais calcul en ce que
les privations futures auxquelles ils s'exposent leur causeront
plus de mal que la consommation présente ne leur procure de
jouissances. Les avares, qui sacrifient au contraire la consommation présente à la consommation future, font encore un
mauvais calcul, en ce qu'ils se privent d'une portion de jouissances actuelles qu'ils pourraient se procurer sans rien exposer.
Les uns dépouillent l'avenir au profit du présent, les autres
dépouillent le présent au profit de l'avenir. La sagesse réside
dans un esprit de judicieuse économie qui tient le milieu entre
la prodigalité et l'avarice.

Mais, dès que l'on épargne, on tient à conserver autant que
possible la libre disposition de son capital accumulé; on tient
soit à l'avoir sous la main, soit à pouvoir le réaliser d'une
manière immédiate et sans perte, comme si on l'avait sous la
main. Cela se conçoit aisément. Si l'on a accumulé, par exemple, un capital en vue de pourvoir à certaines éventualités de

maladie, de vieillesse ou de mort, et que l'on perde la libre disposition de ce capital, en l'appliquant à la production, on pourra souffrir une *privation* plus ou moins intense, lorsque les éventualités en vue desquelles on l'a accumulé viendront à échoir. On conservera donc son capital disponible à moins que la production à laquelle on l'applique ne fournisse une prime suffisante pour compenser cette privation. La prime sera plus ou moins forte selon deux circonstances : 1° selon que les éventualités qui pèsent sur le capitaliste sont plus ou moins nombreuses et urgentes; 2ᵉ selon que le capital engagé dans la production peut en être retiré plus ou moins promptement et avec plus ou moins de perte.

Si les éventualités qui pèsent sur le capitaliste sont nombreuses et urgentes, s'il n'a pour y faire face que de faibles ressources, si encore la production est ainsi organisée que les capitaux qui y sont engagés ne puissent en être retirés promptement et avec une faible perte, ou, ce qui revient au même, que l'on ne puisse se procurer à peu de frais des capitaux disponibles sous la garantie de ceux-là, la prime nécessaire pour couvrir la privation sera considérable.

Elle sera faible, au contraire, si les détenteurs du capital ne sont exposés qu'à des éventualités peu nombreuses et dont l'échéance puisse être aisément prévue; si encore les capitalistes ont des ressources étendues pour y subvenir; s'ils sont dans l'opulence; si, d'un autre côté, la production est ainsi organisée qu'on puisse en retirer promptement et à peu de frais les capitaux qu'on y a appliqués.

A cet égard, les différences de situation sont presque infinies. Il en résulte que les primes nécessaires pour couvrir la privation provenant de l'engagement du capital sont infiniment inégales aussi. Elles varient selon les époques, les lieux et les industries. Elles sont faibles dans les pays riches, élevées dans les pays pauvres; elles sont faibles encore dans les industries d'où le capital peut être aisément retiré, élevées dans celles où ce retrait est difficile et grevé d'impôts, comme aussi où les emprunts sur des capitaux engagés sont onéreux.

Les difficultés que la législation oppose dans un grand nombre de pays à la réalisation des capitaux engagés, les frais que cette réalisation implique; les obstacles que l'on rencontre lorsqu'on veut emprunter sur des capitaux engagés, les impôts et les frais extraordinaires dont ces emprunts sont grevés, le peu de garanties que l'on a quant à leur recouvrement, sont pour beaucoup dans l'élévation de la rémunération nécessaire des capitaux. En France, par exemple, les vices de la législation hypothécaire, les priviléges accordés à certains officiers ministériels, les impôts qui grèvent la vente des immeubles et les emprunts sur hypothèques (enregistrement, timbre, etc.), élèvent singulièrement le taux du loyer des capitaux, car on n'en peut recouvrer la libre disposition qu'avec une lenteur extrême et moyennant des frais exorbitants : à quoi il faut ajouter que la France étant essentiellement un pays de petites fortunes, les gens qui ont des capitaux engagés sont fréquemment obligés de retirer de la production tout ou partie de leurs fonds, pour subvenir à des nécessités fortuites. La prime inhérente à la privation se trouve ainsi portée à un taux considérable.

En revanche, elle est presque nulle, dans certains emplois où le capital peut être réalisé d'une manière instantanée et presque sans frais. Tels sont les emprunts publics et les entreprises par actions. Vous avez, par exemple, accumulé un

capital soit pour parer aux éventualités de la maladie, du chômage ou de la vieillesse, soit pour augmenter votre revenu, en
profitant des bonnes chances de gain qui peuvent s'offrir. Vous
avez donc un intérêt évident à conserver la libre et pleine disposition de votre capital. Or vous cesserez de pouvoir en disposer, si vous l'employez à bâtir une maison, à défricher un
champ ou à fonder un nouvel atelier. A la vérité, si l'éventualité
en vue de laquelle vous avez accumulé votre capital vient à
échoir, vous pourrez vendre votre maison, votre champ, votre
atelier, ou bien encore emprunter sur cette garantie le capital
dont vous avez besoin. Mais les institutions barbares qui régis-
sent encore la propriété immobilière dans la plupart des pays
civilisés, les impôts excessifs qui la grèvent, rendent la réalisation du capital engagé dans la maison, le champ ou l'atelier
extrêmement lente et onéreuse. Quant aux emprunts, l'impossibilité de donner de sûres garanties aux prêteurs, par suite des
obscurités et des complications de la législation hypothécaire,
les frais qui résultent de l'obligation imposée à l'emprunteur
de passer par les mains d'officiers privilégiés, les rendent fort
coûteux. Vous ne vous dessaisirez donc pas de votre épargne
pour bâtir une maison, pour défricher un champ, pour fonder
un atelier, à moins que cet emploi de votre capital ne vous
procure une rémunération suffisante pour vous dédommager de
la privation qui vous est imposée. Il en sera autrement si, au
lieu de bâtir *isolément* une maison, de défricher un champ ou
de fonder un atelier, vous vous associez avec d'autres capitalistes pour construire un chemin de fer, exploiter une mine,
entreprendre une industrie ou un commerce quelconque. Il en
sera encore autrement si vous prêtez votre capital au gouvernement. Dans les deux cas, vous pourrez recouvrer d'une manière

presque instantanée et à peu de frais, la disposition de votre capital, aussitôt que vous en aurez besoin. Ce sera comme si vous l'aviez conservé sous votre main, libre, non engagé. Voici, en effet, comment les choses se passeront. Si vous avez placé votre capital dans une entreprise de chemins de fer, de mines, etc., on vous donnera en échange un certain nombre *d'actions,* lesquelles vous conféreront le droit de toucher un dividende; si vous l'avez prêté au gouvernement, on vous donnera un titre ou coupon de rente, auquel sera attaché un intérêt. Or ces actions industrielles et ces coupons de rente, vous n'aurez pas besoin de remplir une longue série de formalités coûteuses, lorsqu'il vous conviendra de les vendre; vous n'aurez qu'à les porter sur un marché public installé à cet effet, vous n'aurez qu'à les offrir ou les faire offrir à la Bourse. Là vous pourrez vous en défaire immédiatement et à peu de frais. Que si vous ne voulez pas les vendre, que si vous préférez emprunter la somme dont vous avez besoin, en les donnant en garantie, vous le pourrez encore aisément. Il y a des institutions qui prêtent sur dépôt d'actions ou de coupons de rente, sans vous imposer aucune formalité gênante, et moyennant un faible intérêt, car elles n'ont pas à craindre que le titre déposé se trouve grevé d'une hypothèque occulte.

A la vérité, vous risquerez toujours, en vous dessaisissant de votre capital, soit pour fonder de grandes entreprises industrielles, soit pour le prêter au gouvernement, de ne pouvoir le recouvrer intégralement en vendant votre titre, ou bien encore de ne pouvoir emprunter aisément sur ce titre, au moment où vous en aurez besoin. Mais ce risque n'a qu'une faible importance. Car il pourra arriver aussi qu'en vendant vos actions ou vos titres de rentes, vous réalisiez une somme supérieure à celle que vous aurez déboursée pour vous les procurer. D'ailleurs, même en conservant votre capital disponible sous forme de métaux précieux, de pierreries, de blé ou de toute autre matière facilement et à peu de frais réalisable, vous pourrez subir aussi une dépréciation, au moment où vous aurez besoin de l'employer. Il se pourra que l'argent, les pierreries, le blé ne valent plus alors ce qu'ils valaient au moment où vous avez accumulé votre capital.

La prime nécessaire pour couvrir la privation du capital engagé, — cette prime qui est très élevée lorsque le capitaliste engage isolément ses fonds sous forme de maisons, de terres, d'ateliers, — devient très faible lorsque l'engagement a lieu dans des entreprises collectives où le capital est représenté soit par des actions, soit par des titres de rentes, immédiatement et à peu de frais réalisables. Cela étant, on conçoit que les entreprises constituées par actions négociables doivent avoir sur les autres un avantage marqué, puisque la rémunération nécessaire de leur capital est moins élevée. Cette cause, et plusieurs autres, agissent activement de nos jours pour substituer aux entreprises isolées des entreprises collectives.

Dans les entreprises isolées, le retrait des capitaux engagés est plus ou moins facile selon la nature de la production. Si vous avez un commerce d'épiceries, par exemple, vous pourrez réaliser votre capital plus promptement et avec une perte moindre que si vous possédiez une manufacture de coton. Vos épiceries sont des marchandises pour lesquelles on trouve toujours des acheteurs. Il en est autrement pour le matériel d'une manufacture. On peut malaisément se défaire d'un matériel de ce genre, sans subir une forte perte, surtout lorsqu'on est pressé de réaliser son capital. La rémunération nécessaire d'un capital engagé dans un commerce d'épiceries est, en conséquence, moins élevée que celle d'un capital engagé dans une manufacture, la prime requise pour couvrir les éventualités de la privation étant moins forte.

D'autres éléments entrent encore dans la rémunération nécessaire des capitaux fixes et circulants engagés dans la production et contribuent à la diversifier.

Ce sont d'abord les avantages ou les inconvénients particuliers qui se rattachent plus ou moins directement à l'exploitation de certaines industries. Ainsi, la rémunération nécessaire d'un capital employé à mettre en activité une entreprise de prostitution sera plus élevée que celle d'un capital employé dans une industrie honnête. Pourquoi? Parce qu'on risque de se déconsidérer en commanditant des entreprises de prostitution. Ce risque doit, en conséquence, être compensé par une prime.

Au contraire, lorsque l'emploi d'un capital est de nature à procurer au capitaliste certains avantages particuliers, matériels ou moraux, la rémunération nécessaire du capital s'abaisse. On remarque, par exemple, que la rémunération des capitaux employés dans les entreprises de journaux et de théâtres est, proportion gardée, moins élevée que celle des capitaux employés dans les autres branches de la production. Pourquoi? Parce que les journaux procurent une certaine influence politique. Parce que les théâtres offrent à leurs commanditaires des avantages particuliers d'un autre genre. Il arrive fréquemment que les capitaux engagés dans les entreprises de journaux ou de théâtres n'obtiennent pas leur rémunération nécessaire, qu'ils soient détruits au bout d'un laps de temps plus ou moins long, sans que les entreprises mêmes disparaissent. Cela tient à ce que de nouveaux capitalistes viennent prendre la place des anciens, en vue d'acquérir les avantages particuliers à ce genre d'entreprises.

La même observation s'applique aux capitaux engagés dans des fondations scientifiques, charitables ou religieuses.

En résumé, le *minimum* indispensable pour qu'un capital soit appliqué et maintenu, d'une manière régulière et permanente, au service de la production, se compose :

1° Si c'est un capital circulant, de la somme nécessaire pour le rétablir au bout de chaque opération ; si c'est un capital fixe, de la somme nécessaire pour l'entretenir et le renouveler à mesure qu'il se détruit ;

2° D'une prime suffisante pour couvrir les risques attachés à toute entreprise de production ;

3° D'une prime suffisante pour compenser le dommage éventuel résultant de la privation du capital engagé ;

4° D'une autre prime destinée à balancer les avantages ou les inconvénients particuliers à certaines industries. Cette prime s'ajoute à la rémunération du capital, lorsqu'il s'agit d'un inconvénient ; elle s'en déduit lorsqu'il s'agit d'un avantage.

Nous venons de voir que les risques et les éventualités attachés à l'exercice des différentes branches de la production varient suivant les temps, les lieux, les circonstances générales et les conditions particulières dans lesquelles se trouve chaque industrie ; nous venons de voir que les capitaux engagés dans la production courent plus ou moins de risques selon les époques, les pays et les industries ; nous venons de voir encore que les éventualités résultant de la privation du capital engagé sont plus ou moins nombreuses et urgentes selon la situation des capitalistes et la facilité plus ou moins grande avec laquelle ils peuvent réaliser leurs fonds. On conçoit donc que la rémunération nécessaire du capital soit essentiellement diverse et mobile; qu'elle ne le soit pas moins que celle du travail.

Le progrès agit, du reste, sur celle-là tout autrement que sur celle-ci. Tandis qu'il élève incessamment les frais de production du service productif de l'homme, ainsi que cela a été démontré (*voir* la IX° leçon), il abaisse ceux du service du capital. Il les abaisse en rendant les gouvernements meilleurs, sinon moins coûteux, les législations plus équitables et moins compliquées, la police plus efficace, en développant davantage les facultés intellectuelles et morales des peuples, notamment la faculté de raisonner et de prévoir, et celle de discerner ce qui est juste et utile de ce qui est injuste et nuisible. C'est ainsi qu'il diminue les risques industriels, partant la prime nécessaire pour les couvrir. Il abaisse encore les frais de production du service du capital, en augmentant peu à peu la richesse générale, et en mettant par là même les prêteurs en état de se passer de plus en plus aisément de la portion engagée de leurs capitaux, comme aussi en perfectionnant l'organisation industrielle, de telle sorte qu'un capital engagé devienne dè plus en plus aisément réalisable dans toutes les branches de la production. C'est ainsi qu'il diminue la prime nécessaire pour couvrir la privation du capital engagé.

La rémunération des capitaux fixes ou circulants qui composent le matériel de la production ne saurait tomber, d'une manière régulière et permanente, au dessous de la somme indispensable pour les entretenir et les renouveler, ainsi que pour couvrir la privation et les risques dont leur emploi est accompagné. Lorsqu'elle tombe au dessous de ce *minimum,* ou les capitaux engagés se détruisent et disparaissent peu à peu, ou

leurs détenteurs les retirent de la production afin de parer à
des éventualités et à des chances qui maintenant ne sont plus
couvertes. Alors cette catégorie d'agents productifs devenant
moins abondante, sa rémunération hausse.

Ce *minimum*, au dessous duquel la rémunération du capital
ne peut tomber d'une manière régulière et permanente, constitue les frais de production du service du capital. Si l'on joint
à ces frais une part proportionnelle de produit net, on aura le
prix naturel du service productif des capitaux, autour duquel
gravite incessamment le prix courant de ce service, absolument
comme autour du prix naturel du service productif des facultés
humaines gravite le prix courant du travail.

Qu'un produit net vienne nécessairement s'adjoindre aux
frais de production du service du capital, c'est ce que nous
allons essayer de démontrer encore.

Certains écrivains se sont élevés avec beaucoup de véhémence, comme chacun sait, contre la rémunération du capital.
Ils ont déclaré que le capital était le tyran de la production,
qu'il ne laissait au travail qu'une part chétive et insuffisante,
pour s'attribuer la part du lion; qu'il était temps d'en finir avec
cette exploitation du travailleur par le capitaliste, et de mettre
le capital à la portion congrue. Sans revenir sur les causes qui
ont pu déprimer, d'une manière anormale, la rémunération de
la masse des travailleurs, nous allons examiner s'il est possible
de retrancher quelque chose de la rémunération du capital,
telle que nous l'avons analysée.

Veut-on qu'*aucune part* ne soit désormais accordée au capital
dans les résultats de la production? Mais cela n'est évidemment
pas possible. Il faut que le capital circulant soit intégralement
renouvelé au bout de chaque opération; il faut que le capital

fixe soit entretenu et qu'il soit renouvelé au bout d'un certain nombre d'opérations, sinon l'un et l'autre se détruisent, disparaissent et la production s'arrête. Il faut encore que les risques de la production soient couverts, sinon ces risques finissent par dévorer le capital. Il faut enfin que la privation du capital investi, engagé, soit compensée, sinon le capital sera retiré de la production ou n'y sera point appliqué. Il ne peut donc être question de toucher aux frais de production du service du capital.

Peut-on du moins refuser aux capitalistes une part dans le produit net? Est-il possible d'attribuer aux travailleurs tout ce produit net, sur lequel repose le développement futur de la production? Examinons.

Admettons un instant que le produit net, c'est à dire tout le surplus restant après que la somme nécessaire pour maintenir en état le personnel et le matériel de la production a été prélevée; admettons, dis-je, que le produit net aille tout entier aux travailleurs, qu'en résultera-t-il? C'est que les travailleurs, investis de la totalité du produit net, ne trouveront aucun avantage à en mettre une portion sous forme de bâtiments, de machines, de matières premières, ou, ce qui revient au même, sous forme de capitaux fixes ou circulants; c'est qu'ils le consacreront à la satisfaction de leurs besoins sans en appliquer aucune part à l'accroissement de la production. La production demeurera alors à l'état stationnaire, aucun supplément de capital fixe ou circulant n'étant plus formé. Mais il faudra, en même temps, que les détenteurs du produit net se gardent d'en consacrer la moindre part à former un supplément de travailleurs, sinon la balance cessera de pencher de leur côté. L'offre des bras et des intelligences venant, en effet, à s'accroître,

tandis que celle des autres agents productifs demeurerait stationnaire, la rémunération du travail baisserait, et les travailleurs perdraient ainsi une portion de leur produit net qui irait
aux mains des détenteurs des autres agents productifs.

Que si maintenant l'on songe que les hommes sont à la fois
détenteurs des facultés et des connaissances nécessaires à la
production, des capitaux fixes et circulants, et des agents naturels appropriés, on se convaincra aisément que l'équilibre ne
saurait demeurer rompu d'une manière permanente en faveur
d'aucune de ces catégories d'agents productifs. Supposons, en
effet, que le travail emporte tout le produit net, les capitalistes
qui consacraient annuellement une partie de leur revenu à constituer de nouveaux capitaux fixes et circulants, à bâtir de nouvelles maisons, à construire de nouvelles machines, etc., ne
trouveront-ils pas plus d'avantage à créer un supplément de
travailleurs? N'en sera-t-il pas de même pour les propriétaires
fonciers qui consacraient chaque année une portion de leur
produit net à augmenter leurs exploitations rurales? On multi-
pliera donc le personnel de la production, sans augmenter le
matériel, et l'équilibre, en admettant qu'il ait pu être rompu,
ne manquera pas de se rétablir. D'un autre côté, si l'équilibre
vient à être rompu en faveur du matériel, on ne manquera pas
de ralentir la multiplication du personnel. Les travailleurs, par
exemple, ne trouveront-ils pas avantage à consacrer une partie
de leur produit net ou même de leurs fonds de renouvellement
à former des capitaux fixes et circulants ou des agents naturels
appropriés, plutôt que des hommes, du matériel plutôt que du
personnel? Le produit net doit donc évidemment se partager,
sauf l'influence des causes perturbatrices, entre les agents productifs, personnel et matériel, en proportion du concours qu'ils

apportent à la production. Aucun de ces agents ne peut, en vertu de la nature même des choses, emporter d'une manière permanente, la balance de son côté, et l'équilibre doit nécessairement s'établir vers le point marqué par le niveau des frais de production du service de chacun, augmentés d'une part proportionnelle de produit net.

On ne saurait donc mettre le capital à la portion congrue. Ce serait une entreprise chimérique! Mais on peut fort bien, par des progrès successifs, en diminuant les risques de la production, en facilitant la réalisation des capitaux engagés, etc., réduire les frais de production du service du capital, partant aussi sa part proportionnelle de produit net.

Nous connaissons maintenant les éléments du *prix naturel* du service des capitaux; il nous reste à examiner comment s'établit le prix courant de ce service, et sous quelles formes il se perçoit.

DOUZIÈME LEÇON

LA PART DU CAPITAL (*suite*)

Du prix courant du service productif du capital. — Comment il gravite autour du prix naturel de ce service. — Des formes sous lesquelles il est perçu. — En quoi consistent le profit, — le dividende, — le loyer, — l'intérêt. — Qu'il y a toujours entre ces différentes formes de la rémunération du capital proportionnalité ou équivalence. — Que l'on a cependant attaqué l'intérêt d'une manière spéciale. — Historique du préjugé contre le prêt à intérêt. — Arguments employés pour justifier ce préjugé. — Circonstances qui ont pu lui donner naissance et le faire subsister jusqu'à nos jours. — D'où est venue la réaction contre ce préjugé. — Comment et par qui il a été battu en brèche. — Atténuations que l'Église catholique a apportées à sa doctrine prohibitive du prêt à intérêt. — Du dommage naissant et du lucre cessant. — État actuel de la question. — Aperçu des inconvénients de la limitation du taux de l'intérêt. — Résumé. — A quoi aboutissent les déclamations contre le capital.

Le prix courant du service productif des capitaux tend incessamment, comme celui des services productifs des facultés humaines, à se confondre avec son *prix naturel*, c'est à dire avec la somme nécessaire pour maintenir le capital au service de la production et l'augmenter dans la proportion utile. Quand l'offre du capital dépasse la demande, le prix courant de son service productif peut tomber au dessous du prix naturel de ce service; mais aussitôt, les risques de l'emploi du capital n'étant plus suffisamment couverts ni la privation suffisamment compensée, une partie du capital se dissipe ou se retire, l'offre diminue et le prix courant s'élève. Quand, au contraire, le prix courant vient à dépasser le prix naturel, par suite de l'excès de la demande relativement à l'offre, la rémunération du capital s'augmente d'une prime qui encourage la formation des capitaux et leur application à la production. Alors l'offre des capitaux s'accroît et le prix courant s'abaisse.

Des circonstances diverses peuvent toutefois, comme dans le cas de la rémunération du travail, entraver l'action de cette loi régulatrice. Quand les détenteurs de capitaux possèdent un monopole, par exemple, ils peuvent diminuer artificiellement leur offre et maintenir ainsi, pendant une période plus ou moins longue, le prix courant du service productif de leurs capitaux au dessus de son prix naturel. Mais, comme dans le cas du travail encore, la prime extraordinaire dont jouissent les détenteurs du monopole, agit activement pour le détruire, qu'il soit naturel ou artificiel.

Examinons maintenant sous quelles formes se perçoit la rémunération du service productif des capitaux.

Comme la rémunération du travail, elle se présente tantôt sous la forme d'une *part éventuelle*, tantôt sous la forme d'une *part assurée*. Dans le premier cas, elle se nomme *profit* ou *dividende*; dans le second cas, *intérêt* ou *loyer*.

Lorsque vous engagez un capital dans la production, c'est en vue d'obtenir une part de produit qui couvre votre privation ainsi que vos risques et vous procure un bénéfice. Mais cette part de produit, vous pouvez ne point la recevoir si les risques de la production viennent à échoir ; elle est, de sa nature, purement éventuelle.

S'il s'agit d'une entreprise formée à l'aide des fonds d'un seul capitaliste ou d'un petit nombre de capitalistes, cette part éventuelle prend le nom de *profit*.

S'il s'agit d'une entreprise formée au moyen de la réunion d'un grand nombre de fractions de capital, cette part éventuelle se nomme *dividende*.

N'oublions pas toutefois que le profit comprend ordinairement avec une part afférente au capital, une part afférente au travail. L'entrepreneur d'industrie est, en effet, un travailleur-capitaliste qui consacre à la production son fonds de facultés productives ainsi que les capitaux fixes et circulants dont il dispose. Il doit donc être rémunéré à ce double titre. Il doit recevoir une part comme travailleur et une part comme capitaliste.

Les choses se passent autrement dans les entreprises fondées au moyen de capitaux collectifs. Dans cette forme de la production incontestablement plus parfaite que la précédente, la séparation des fonctions productives, la division du travail, a fait un pas de plus. L'entreprise est dirigée et mise en activité par un personnel de travailleurs qui reçoivent séparément, et le plus souvent sous la forme d'une part fixe et assurée, la rémunération de leurs services productifs. Les *actionnaires* qui fournissent le capital ne participent que dans une faible mesure à la gestion de l'entreprise et leur rémunération ne comprend, en conséquence, que la part éventuelle, afférente à leur capital. Cette part éventuelle, c'est le dividende.

Le profit et le dividende n'en sont pas moins des termes synonymes, lorsqu'on a soin de séparer du profit la part qui revient au travail.

Au lieu d'être purement éventuelle, partant mobile, variable, selon les résultats de l'opération productive, la part du capital peut être indépendante des résultats de cette opération, elle peut être assurée, partant fixe. Dans ce cas, elle se nomme *intérêt,* lorsqu'il s'agit d'un capital circulant, *loyer* lorsqu'il s'agit d'un capital fixe.

Je dis que la part du capital dans la production peut être assurée, au lieu d'être simplement éventuelle. Ceci a lieu chaque fois qu'on prête ou qu'on loue un capital au lieu de l'employer pour son propre compte, soit isolément, soit par association. Ainsi, par exemple, un homme a besoin d'un capital pour entreprendre une industrie. Ce capital, il ne le possède point, mais vous le possédez. Vous pouvez vous associer avec lui et percevoir votre part dans le produit de l'entreprise sous la forme d'un *profit* ou d'un *dividende,* mais vous n'aurez dans ce cas qu'un revenu purement éventuel. Si l'entreprise tourne mal, non seulement vous ne percevrez aucun revenu, mais encore vous courrez le risque de perdre votre capital. Vous préférez, en conséquence, recevoir un revenu fixe et assuré, dût-il être moins élevé. Que fait alors l'individu qui a besoin de votre capital? Après avoir évalué le bénéfice probable de l'entreprise, il s'engage : 1° à vous restituer intact votre capital à une époque convenue; 2° à vous fournir dans l'intervalle un revenu fixe. C'est une double *assurance* qu'il vous procure, une double responsabilité dont il se charge, car il n'a point et ne peut avoir la certitude que l'entreprise lui donnera un produit suffisant pour vous fournir une part fixe, ou même pour recomposer

intégralement le capital que vous lui avez prêté. Tout emprunteur est donc, en même temps, un assureur. Mais on conçoit
que cette assurance ne soit pas, ne puisse pas être entière,
qu'elle ne vaille que ce que vaut l'assureur lui-même. Si c'est
un homme habile, prudent et honnête; s'il possède un capital
assez considérable pour servir de garantie au vôtre, les risques
que vous subirez seront très faibles. L'assurance, en ce cas, sera
presque complète. Mais si votre emprunteur est un homme
d'une habileté médiocre et d'une probité douteuse, s'il ne possède qu'un faible capital, enfin s'il se trouve engagé dans une
entreprise chanceuse, les risques que vous subirez, vous *prêteur assuré,* pourront s'élever fort haut.

Une portion plus ou moins importante des risques afférents
à la production se retrouve donc dans la part assurée comme
dans la part éventuelle. Un risque particulier s'y ajoute même,
lorsque l'emprunteur ne présente point de suffisantes garanties
de moralité. La privation s'y retrouve aussi. Quand vous prêtez
un capital circulant, quand vous louez un capital fixe, vous en
perdez la libre disposition pour une période plus ou moins .
longue. Quelquefois cette période est limitée, quelquefois elle
ne l'est point. S'il vous arrivait d'avoir besoin de votre capital,
dans l'intervalle, vous ne pourriez en disposer, vous en demeu-
reriez privé, en supportant tout le dommage ou le manque à
gagner résultant de cette privation, à moins que vous n'eussiez
la possibilité de vendre votre créance, ou d'emprunter sur le
dépôt du titre. Selon le mode d'emploi du capital, la vente des
créances, ou l'emprunt sur le dépôt des titres est plus ou moins
facile, et la prime nécessaire pour compenser la privation plus
ou moins élevée.

Mais que le capital soit employé aux frais et risques du capitaliste; que la part qui revient à celui-ci soit, en conséquence, variable et éventuelle ; ou bien que le capital soit employé aux frais et risques d'un emprunteur qui s'engage à fournir au prêteur une part de produit fixe et assurée, sa rémunération demeurera la même, compensation faite de la différence de la privation et des risques. En d'autres termes, il y aura toujours équivalence entre le loyer et l'intérêt d'une part, le profit et le dividende de l'autre, ou si cette équivalence n'existe pas, elle tendra irrésistiblement à s'établir.

Supposons, en effet, qu'elle n'existe point; supposons que la rémunération des capitaux employés aux frais et risques des capitalistes, vienne, toutes choses étant égales, à dépasser celle des capitaux loués ou prêtés; supposons que le taux des profits et des dividendes s'élève au dessus de celui des intérêts et des loyers, qu'en résultera-t-il? Que les capitalistes préféreront employer leurs capitaux eux-mêmes, pour leur propre compte, plutôt que de les prêter ou de les louer. Moins de capitaux s'offriront donc pour être prêtés ou loués et le taux de l'intérêt ou du loyer haussera jusqu'à ce que l'équilibre se trouve rétabli. Le contraire aura lieu si le taux de l'intérêt et du loyer vient à s'élever proportionnellement au dessus du taux des profits et des dividendes. En ce cas, les individus qui ont des capitaux engagés pour leur propre compte ou qui sont en train d'en accumuler, s'empresseront de les prêter ou de les louer et l'équilibre se rétablira encore.

L'assurance qui se trouve comprise dans le prêt et le loyer, ne saurait, comme on voit, procurer un profit supérieur à celui de toute autre opération. La *prime* payée de ce chef ne saurait excéder le taux rémunérateur, sinon le prêteur préférerait subir lui-même le risque attaché à l'emploi de son capital; elle ne saurait non plus demeurer longtemps au dessous, sinon l'emprunteur cesserait de trouver avantage à conclure ce genre d'opération ; il trouverait plus de profit, par exemple, à s'associer un capitaliste à qui il fournirait une *part éventuelle* dans ses bénéfices.

Donc, on peut affirmer qu'il y a, sauf l'action des causes perturbatrices, équivalence entre les profits et les dividendes d'une part, les intérêts et les loyers de l'autre.

Nous allons voir qu'il y a, de même, équivalence entre les intérêts et les loyers.

Les expressions d'*intérêt* et de *loyer* sont fréquemment confondues, et on comprend qu'elles le soient, car l'opération qui donne naissance à l'intérêt est absolument de la même nature que celle qui donne naissance au loyer. Entre le prêt et la location il n'y a aucune différence essentielle. Seulement, le prêt auquel correspond l'intérêt se dit communément des capitaux circulants, tandis que la location à laquelle correspond le loyer s'applique aux capitaux fixes.

Voyons sur quoi repose la distinction que l'on a établie cependant entre le prêt et la location, l'intérêt et le loyer.

Les capitaux circulants sont, comme nous l'avons vu, ceux qui disparaissent entièrement dans chaque opération productive. De là encore le nom de capitaux *fongibles* qui leur a été donné. Ils consistent, par exemple, dans les matières premières qui entrent dans la composition du produit et dans les moyens de subsistance que l'on fournit aux travailleurs, ou bien encore dans le numéraire à l'aide duquel on se procure matières premières et subsistances. Chaque opération doit reproduire entièrement cette portion du matériel de la production, ces capitaux circulants ou fongibles.

Il n'en est pas de même pour les capitaux fixes, consistant dans les bâtiments, les machines, les outils, etc., nécessaires à la production. Ceux-ci ne se consomment qu'en partie et ils ne doivent, en conséquence, être rétablis qu'au bout d'un certain nombre d'opérations.

De cette différence naturelle qui existe entre les capitaux circulants ou fongibles et les capitaux fixes ou durables, voici ce qui résulte :

C'est que l'homme qui a prêté un capital circulant ou fongible ne peut pas recouvrer les mêmes matières qu'il a prêtées ; c'est qu'il en recouvre d'autres, égales en valeur.

C'est, au contraire, que l'homme qui a loué un capital fixe ou durable, un bâtiment, une machine, une bête de somme, un outil, recouvre le même agent productif qu'il a loué, le même bâtiment, la même machine, la même bête de somme, le même outil. Seulement, il le recouvre plus ou moins détérioré, endommagé, usé. D'où la nécessité qui incombe au locataire, de payer outre le prix du service de l'agent productif, une somme suffisante pour l'entretenir et le renouveler.

Ainsi donc, l'intérêt comprend seulement le prix de l'usage d'un capital ; le loyer comprend, outre le prix de l'usage ou du service productif, la somme nécessaire pour maintenir en bon état et renouveler à la longue l'instrument loué.

Il semblerait, d'après cela, que le loyer dût toujours être supérieur à l'intérêt. Cependant il n'en est rien. Souvent même, c'est le contraire qui arrive. Voici pourquoi : c'est que la plus grande partie du matériel que l'on désigne sous le nom de capital fixe, s'use, se détériore avec une extrême lenteur, en sorte que l'annuité nécessaire pour entretenir et renouveler cette portion du matériel de la production demeure très faible ;

c'est qu'elle ne dépasse pas un pour cent ou un demi pour cent, par exemple. Or, en vertu de la nature même de l'instrument loué, les risques de la location d'un capital fixe sont généralement moindres que ceux du prêt d'un capital circulant ou fongible. Si l'opération à laquelle concourent ces deux espèces de capitaux ne réussit point, le capital fongible peut être entièrement détruit, fondu; le capital fixe subsiste au contraire, ou du moins l'on n'en perd que la portion qui a été usée, consommée dans l'opération. Le *prêteur* est donc exposé à perdre, outre l'intérêt auquel il a droit, la totalité ou la plus grande partie de son capital, tandis que le *loueur* n'est exposé, lui, qu'à la perte de son loyer et de la partie de son instrument qui a été usée, consommée dans l'opération. L'homme qui loue un capital fixe subit donc, en vertu de la nature même de son instrument, un moindre risque que l'homme qui prête un capital circulant. Si la différence qui existe entre ces deux risques s'élève à un p. c., tandis que l'annuité nécessaire pour entretenir et renouveler le capital fixe n'est que d'un demi p. c., le loyer sera d'un demi p. c. plus bas que l'intérêt. Si, au contraire, l'annuité est supérieure à la différence des risques, le loyer sera plus élevé que l'intérêt. Ces inégalités dépendent à la fois de la nature de l'emploi du capital et de la nature du capital employé.

Mais, en tous cas, le taux du loyer ne saurait dépasser, au moins d'une manière régulière et permanente, le taux de l'intérêt, ni demeurer au dessous. Chacun peut, en effet, donner à la portion de produit net qu'il capitalise, la destination qu'il trouve la plus avantageuse; il peut la mettre sous la forme d'un capital fixe, d'une maison, d'une terre, d'une machine, ou sous la forme d'un capital circulant, d'une provision de blé, de vin, d'huile, ou bien encore d'une somme d'argent. Si la location des capitaux fixes rapporte, toutes choses étant supposées égales, plus que le prêt des capitaux circulants, il la choisira de préférence. Il échangera la portion de produit net qu'il veut capitaliser contre une terre, une maison ou une machine qu'il louera. Dans le cas contraire, il l'échangera contre une provision de blé, d'huile, de vin, ou contre une somme d'argent qu'il prêtera. L'équilibre s'établit ainsi nécessairement entre le taux de l'intérêt et le taux du loyer, c'est à dire entre le prix de l'usage de cette portion du matériel de la production que l'on désigne sous le nom de capital circulant, et le prix de l'usage de cette autre portion du matériel de la production que l'on désigne sous le nom de capital fixe.

Ainsi donc, d'un côté l'intérêt et le loyer tendent incessamment à se mettre en équilibre avec le profit et le dividende, la part assurée avec la part éventuelle ; d'un autre côté, l'intérêt tend, en vertu de la même impulsion, à se mettre en équilibre avec le loyer.

Chose curieuse cependant. Rarement on a attaqué la légitimité des profits ou des dividendes provenant de l'exploitation des capitaux fixes ou des capitaux circulants mis au service de la production. Rarement aussi, on s'est élevé contre le loyer des capitaux fixes. En revanche, depuis les temps les plus reculés jusqu'à nos jours, on a contesté la légitimité de l'intérêt des capitaux circulants ou fongibles. La religion a proscrit le prêt à intérêt, bien avant que le socialisme songeât à réclamer la gratuité du crédit. Et tandis que les législateurs n'ont réglementé que d'une manière accidentelle le taux des profits, des dividendes et des loyers, ils ont presque universellement limité le taux de l'intérêt.

L'Église catholique s'est particulièrement signalée, dès son origine, par la guerre à mort qu'elle a faite au prêt à intérêt. Elle l'a prohibé de la manière la plus formelle, en s'appuyant sur un passage de l'Évangile selon saint Luc où Jésus-Christ s'exprime ainsi :

« Si vous prêtez à ceux de qui vous espérez recevoir quelque service, quel gré vous en saura-t-on, puisque les pécheurs mêmes se prêtent les uns aux autres pour recevoir un pareil avantage?... *Prêtez sans rien espérer* (*mutuum date, nihil indè sperantes*), et alors votre récompense sera très grande, et vous serez les enfants du Très-Haut. » Selon toute apparence, ce n'était là qu'un simple précepte de charité ; mais dès l'origine, il fut interprété d'une manière beaucoup plus rigoureuse. L'Église interdit d'une manière formelle le prêt à intérêt, même à un très bas intérêt. Selon ses pères et ses docteurs, notamment selon saint Thomas, celui-là est un usurier, et, comme tel, passible de toutes les censures de l'Église, qui exige quelque chose en sus du sort principal, c'est à dire de la somme prêtée. Saint Ambroise, Tertullien, saint Basile, saint Jérôme, saint Chrysostôme, toutes les grandes autorités de la primitive Église avaient exprimé à cet égard la même opinion que saint Thomas. Les conciles défendirent en outre à diverses reprises le prêt à intérêt en le flétrissant du nom d'usure.

Cette opinion contraire au prêt à intérêt remonte, du reste, bien plus haut que le christianisme. Ainsi, Moïse défendit aux Juifs de tirer aucun intérêt de l'argent qu'ils prêtaient à leurs concitoyens pauvres; il permit toutefois de tirer un intérêt des prêts faits aux riches et aux étrangers. Le roi David et les prophètes, particulièrement Ézéchiel, fulminèrent l'anathème contre les usuriers. Les mêmes répulsions contre le prêt à in-

térêt se retrouvent chez la plupart des législateurs et des philosophes de l'antiquité païenne. Aristote, par exemple, pose en
principe que l'intérêt est une chose contre nature. Caton, Cicéron, Senèque, Plutarque sont du même avis. Quelqu'un ayant
demandé à Caton ce qu'il pensait du prêt à intérêt, il répondit
qu'à ses yeux c'était à peu près le même crime de prêter à intérêt
et de tuer un homme : *quid fœnerari? quid hominem occidere?*

Le sentiment universel s'élevait dans l'antiquité contre le prêt
à intérêt, et les apôtres du christianisme n'ont fait autre chose
que d'adopter à cet égard l'opinion commune. Cependant les
mêmes philosophes et les mêmes docteurs qui réprouvaient l'intérêt provenant des capitaux circulants, ne songeaient à s'élever ni contre le loyer des capitaux fixes, ni contre le profit des
capitaux fixes ou circulants.

Il est assez curieux de rechercher la cause de cette anomalie.
Examinons donc sommairement de quelle manière on s'y prenait pour justifier le préjugé contraire au prêt à intérêt.

Qu'il soit répréhensible de retirer un intérêt de l'argent ou
des marchandises que l'on a prêtées, tandis qu'il ne l'est point
de retirer un loyer de la maison que l'on a louée, une rente de
la terre que l'on a affermée, ou bien encore un profit de l'argent ou des marchandises que l'on a fait valoir soi-même ; que
l'on commette un délit et un péché dans le premier cas, tandis
qu'on use d'un pouvoir légitime dans les deux autres, voilà ce
qui semble difficile à démontrer. Cette difficulté n'a pas arrêté
cependant les adversaires du prêt à intérêt. Ils ont entassé
volumes sur volumes pour la surmonter, et, grâce à l'ignorance
universelle, ils ont pu avoir raison pendant des siècles contre
le sens commun. Je me bornerai à reproduire quelques-uns des
sophismes dont ils ont fait le plus fréquent usage.

Voici d'abord comment ils justifiaient la différence qu'ils établissaient entre l'intérêt et le loyer. « Quand je loue une maison, une terre, un outil, un cheval ou un âne, disaient-ils, je puis séparer de la chose même l'usage que j'en fais, et il est juste que je vous fasse payer cet usage. Car lorsque vous me restituez ma maison, ma terre, mon outil, mon cheval, mon âne, vous me les avez plus ou moins usés, détériorés. Or n'est-il pas équitable que vous me fournissiez une compensation, une indemnité pour la dépréciation que vous avez fait subir à ma chose en vous en servant? Cette compensation, cette indemnité, c'est le loyer.

« Il y a, en revanche, une autre catégorie d'objets dont l'usage ne saurait être séparé de la chose même, car on ne peut s'en servir sans qu'ils se consomment ou disparaissent des mains de celui qui s'en sert. Ce sont les objets *fongibles*. Tels sont l'argent, le blé, le vin, l'huile, les matières premières nécessaires à l'industrie, etc. Quand je vous prête une somme d'argent, un sac de blé, un tonneau de vin, un baril d'huile, vous ne pouvez me restituer ces choses après vous en être servi comme vous me restituez ma maison, ma terre, mon outil, mon cheval, mon âne. Vous ne le pouvez, parce qu'il est dans la nature de ces choses de se consommer par l'usage. Vous me restituez donc d'autre argent, d'autre blé, d'autre vin, d'autre huile. Mais serait-il juste que vous m'en rendissiez plus que vous n'en avez reçu? On conçoit qu'en restituant la maison, la terre, l'outil, le cheval ou l'âne, vous y ajoutiez une indemnité pour compenser la détérioration, l'usure. Mais si vous remplacez intégralement le capital fongible que je vous ai prêté, puis-je rien exiger de plus? Ne reçois-je pas sinon la chose prêtée elle-même, du moins une chose équivalente? Le prêt des objets *fongibles* ne doit-il pas être gratuit en vertu de la nature même des choses? »

S'agissait-il de justifier la différence qu'ils établissaient entre le profit résultant de l'emploi d'un *capital fongible* et l'intérêt provenant du prêt de ce même capital, les adversaires de l'usure prétendaient que, dans le premier cas, l'on courait des risques, tandis que dans le second on n'en courait point. « En faisant valoir soi-même son capital, disaient-ils, on court risque de faire de mauvaises opérations et de perdre son capital en tout ou en partie, tandis qu'en le prêtant, soit que l'emprunteur fasse de bonnes ou de mauvaises affaires, on reçoit toujours le même intérêt. »

Rien de plus faible, de plus puéril même que ces arguments des adversaires de l'usure. N'était-il pas visible, en effet, que le loyer des maisons, des terres, etc., comprenait autre chose que l'indemnité nécessaire pour les maintenir en bon état? Que le profit provenant de l'emploi des capitaux fongibles dépassait de beaucoup l'indemnité nécessaire pour couvrir les risques de cet emploi? Enfin, qu'en prêtant un capital on n'était pas toujours « sûr de recevoir le même intérêt; » qu'on n'avait aucune certitude de recevoir un intérêt quelconque ou même de récupérer son capital? On aurait pu aisément démontrer aux adversaires de l'usure qu'ils devaient, sous peine de se montrer illogiques, condamner comme usure tout ce qui, dans le loyer d'une maison, d'une terre, d'un outil, d'un cheval, d'un âne, dépassait l'indemnité nécessaire pour compenser la détérioration de la chose louée; tout ce qui, dans le profit d'un capital employé par son propriétaire, excédait la prime du risque. Ils auraient été conduits ainsi à cette conséquence d'une absurdité palpable qu'un fermier, par exemple, qui restituait une terre après l'avoir améliorée, non seulement ne devait aucun fermage au propriétaire, mais encore qu'il pouvait, en bonne justice, exiger de lui une indemnité.

Un troisième argument, qui surpassait encore ceux-là en puérilité, était tiré de la prétendue *stérilité* de l'argent et des autres métaux servant de monnaie. C'est une chose contre nature, disait Aristote, ou lui faisaient dire ses interprètes, que l'argent produise de l'argent. Saint Basile, qui avait adopté pleinement l'opinion attribuée au philosophe grec, rappelait aux fidèles que le cuivre, l'or et les métaux ne produisent rien ; qu'ils ne portent aucun fruit en vertu de leur nature même. Un autre père de l'Église, saint Grégoire de Nysse, faisait remarquer que le créateur n'a dit qu'aux créatures animées : *Croissez et multipliez;* qu'il n'a rien dit de semblable aux créatures inanimées, telles que l'argent. Jérémie Bentham réfute d'une manière originale cet argument attribué à Aristote et répété par la plupart des pères et des docteurs de l'Église ainsi que par un bon nombre de jurisconsultes (1) :

Il arriva, dit-il, que ce grand philosophe, avec tout son talent et

---

(1) Sans parler des poètes. Dans le *Marchand de Venise* de SHAKESPEARE, la question de la légitimité de l'intérêt donne lieu à une discussion des plus curieuses entre le juif Shylock et le marchand chrétien Antonio. Le juif Shylock, qui plaide *pro domo sua* en défendant l'usure, cite à l'appui de sa thèse les profits que Jacob faisait sur ses brebis. Son adversaire lui demande ironiquement si l'or et l'argent sont des brebis? Le juif ne trouve rien à répondre à un argument si péremptoire. Cela ne l'empêche pas de prêter ensuite au marchand de Venise une somme de 3 mille sequins, en stipulant que, si cette somme ne lui est pas restituée à l'échéance, il aura le droit de couper une livre de chair dans telle portion du corps de son débiteur qu'il lui

toute sa pénétration, et malgré le nombre de pièces d'argent qui avaient passé par ses mains (nombre plus grand peut-être que celui qui ait jamais passé avant ou depuis dans les mains d'aucun philosophe), et malgré les peines toutes particulières qu'il s'était données pour éclaircir la question de la génération, ne pût jamais parvenir à découvrir dans aucune pièce de monnaie quelque organe qui la rendît propre à en engendrer une autre. Enhardi par une preuve négative de cette force, il s'aventura à donner au monde le résultat de ses observations sous la forme de cette proposition universelle, que, *de sa nature, tout argent est stérile.* Vous, mon ami, sur qui la saine raison a beaucoup plus d'empire que l'ancienne philosophie, vous aurez déjà remarqué, sans doute, que ce qu'on aurait dû conclure de cette observation spécieuse, s'il y avait lieu d'en conclure quelque chose, c'est qu'on essayerait en vain de tirer 5 p. c. de son argent, et non pas qu'on ferait mal si on parvenait à en tirer ce profit. Mais ce fut autrement que les sages de l'époque en jugèrent.

Une autre considération qui ne s'est point présentée à l'esprit de ce grand philosophe, et qui, si elle s'y fût présentée, n'aurait point été tout à fait indigne de son attention, c'est que, bien qu'une darique (monnaie persane) fût aussi incapable d'engendrer une autre darique que d'engendrer un bélier ou une brebis, un homme cependant, avec

---

plaira de choisir. Antonio qui a consenti à se soumettre à cette usure de cannibale, n'est pas en mesure de rembourser à l'échéance la somme empruntée. Shylock réclame impitoyablement son dû en invoquant la justice et la bonne foi. Le marchand de Venise est sur le point de devenir sa victime, lorsque la jeune et belle héroïne Porcia, déguisée en homme de loi, le tire d'affaire en remarquant que « le sang n'est pas entré dans le marché. » Shylock peut donc prendre sa livre de chair, à titre d'intérêt ou d'usure, mais sans une goutte de sang, — ceci sous peine de mort. Le marchand de Venise est sauvé. Cette fable, dont le génie de Shakespeare a tiré un parti si merveilleux, n'est-elle pas un spécimen curieux de l'ignorance du temps ?

une darique empruntée, pouvait acheter un bélier et deux brebis qui, laissés ensemble, devaient probablement, au bout de l'année, produire deux ou trois agneaux; en sorte que cet homme, venant, à l'expiration de ce terme, à vendre son bélier et ses deux brebis pour rembourser la darique, et en donnant en outre un de ses agneaux pour l'usage de cette somme, devait encore se trouver de deux agneaux, ou d'un au moins, plus riche que s'il n'avait point fait ce marché (1).

Avant Bentham, Calvin avait réfuté, en employant des arguments analogues, le sophisme d'Aristote :

L'argent, dit-on, n'enfante pas l'argent. Et la mer le produit-elle? Est-il le fruit d'une maison, pour l'usage de laquelle pourtant je reçois un loyer? L'argent naît-il, à proprement parler, du toit et des murailles? Non, mais la terre produit, la mer porte des navires qui servent à un commerce productif, et avec une somme d'argent on peut se procurer une habitation commode. Si donc il arrive que l'on retire d'un négoce plus que de la culture d'un champ, pourquoi ne permettrait-on pas au possesseur d'une somme d'argent d'en retirer une somme quelconque, quand on permet au propriétaire d'un champ stérile de le donner à bail moyennant un fermage? Et lorsqu'on acquiert à prix d'argent un fonds de terre, est-ce que ce capital ne produit pas un revenu annuel? Quelle est cependant la source des profits que fait un marchand? Son industrie, direz-vous, et son activité intelligente. Qui doute que l'argent, que l'on n'emploie pas, soit une richesse inutile? Celui qui demande à un emprunteur un capital veut apparemment s'en servir comme d'un instrument de production. Ce n'est donc pas de l'argent même que provient le bénéfice, mais de l'emploi qu'on en fait (2).

_____

(1) *Défense de l'usure*, par JÉRÉMIE BENTHAM, lettre X.

(2) Lettres de Calvin, citées par M. LÉON FAUCHER, article *Intérêt* du *Dictionnaire de l'économie politique.*

L'erreur d'Aristote et de ses disciples provenait, comme on voit, de ce qu'ils se méprenaient sur la signification économique des mots *stérilité, productivité*. L'argent est stérile en ce sens que deux pièces d'argent juxtaposées n'en engendreront jamais une troisième; mais les maisons, les navires, les machines et les outils de toute sorte ne sont-ils pas affectés du même genre de stérilité? Leur productivité réside dans le concours qu'ils apportent à la production, dans l'emploi qu'on en fait, pour nous servir de l'expression de Calvin, et telle est aussi la source de la productivité de l'argent.

C'est donc à grands renforts de sophismes que l'opinion contraire au prêt à intérêt a été soutenue. Il n'en est que plus intéressant de rechercher quelles circonstances l'ont suscitée et lui ont permis de subsister jusqu'à nos jours, malgré la faiblesse vraiment puérile des arguments employés pour la soutenir. Comme dans le cas du salaire, mais en sens inverse, ces circonstances peuvent se résumer en un seul mot : le monopole.

Dans l'antiquité, le monopole agissait à la fois pour surélever le taux du profit et celui de l'intérêt.

La rareté du travail et du capital d'entreprises, au sein de sociétés dont la guerre était la principale occupation, l'espèce de réprobation qui était attachée aux arts industriels, les règlements qui limitaient les professions, enfin l'esclavage qui mettait les travailleurs à la discrétion des entrepreneurs d'industrie, contribuaient, dans l'antiquité, à surélever le taux courant des profits. Or, le taux de l'intérêt devait correspondre exactement au taux des profits, sinon les capitalistes auraient préféré employer leurs fonds pour leur propre compte, plutôt que de les prêter.

La seconde cause de l'élévation du taux de l'intérêt résidait dans le peu de garanties que présentait aux prêteurs la classe nombreuse qui recourait habituellement aux emprunts dans les sociétés anciennes. La guerre était, à Rome et dans la plupart des autres sociétés de l'antiquité, la grande nécessité qui obligeait cette classe à emprunter, et qui, en même temps, l'empêchait de donner des garanties valables aux prêteurs. Le système des armées permanentes était, comme chacun sait, inconnu dans l'antiquité. Lorsqu'une guerre survenait, tous les citoyens valides étaient tenus d'y prendre part. Le petit propriétaire, par exemple, qui cultivait lui-même son champ avec un ou deux esclaves, était obligé de partir pour l'armée. Pendant son absence, sa propriété demeurait à l'abandon. A son retour, il trouvait son petit capital entamé, ses réserves détruites. Il était obligé d'emprunter la somme nécessaire pour subsister jusqu'à la récolte suivante, et il allait frapper à la porte du riche patricien qui se trouvait, lui, dans une situation bien différente ; car, le patricien avait de nombreux esclaves, disciplinés comme une armée et dirigés par des contre-maîtres dont il stimulait le zèle en leur offrant la perspective de l'affranchissement. Quand il allait à la guerre, sa terre continuait d'être cultivée, ses ateliers ne chômaient point ; en outre, la guerre était bien plus profitable pour les patriciens, qui occupaient les principaux grades de l'armée, qu'elle ne l'était pour les plébéiens. Les chefs ne manquaient point de s'adjuger la grosse part des dépouilles des vaincus ; souvent même ils ne laissaient rien aux simples soldats, leurs compagnons de périls et de gloire.

De retour à Rome, la campagne finie, le patricien se retrouvait riche, — riche des dépouilles qu'il avait ravies à l'ennemi, riche aussi des profits que lui avaient rapportés ses terres ou ses ateliers pendant son absence. Le malheureux plébéien, au contraire, ne retrouvait chez lui que la misère. Il empruntait pour se refaire ; il empruntait au riche patricien, sous la condition de rembourser son emprunt à une échéance plus ou moins prochaine. Mais souvent, aux approches de l'échéance, une nouvelle guerre éclatait. Obligé encore une fois d'abandonner son champ ou son atelier, le plébéien ne pouvait acquitter sa dette. Alors il était impitoyablement saisi à la requête de son créancier, et ce vétéran glorieux, ce vainqueur des nations, était vendu à l'encan et attaché à la même chaîne que les ennemis qu'il avait vaincus. On conçoit combien une destinée si cruelle devait émouvoir les masses au sein desquelles se rencontraient tant de débiteurs menacés d'un sort semblable. Les plébéiens, victimes de la rigueur des créanciers, rappelaient bien haut les services qu'ils avaient rendus à la république ; ils énuméraient leurs actions d'éclat ; ils montraient les cicatrices dont ils étaient couverts, et parfois le peuple indigné brisait leurs chaînes. De là des troubles continuels et des plaintes véhémentes dont les échos ont traversé les siècles ; de là aussi ce sentiment de commisération pour le débiteur et de répulsion pour le créancier qui remplissait les âmes et qui n'est pas encore complétement effacé ; de là enfin le préjugé des masses contre le prêt à intérêt et leur haine contre les usuriers. Car les masses remontent rarement jusqu'à la source du mal qu'elles endurent. Elles s'en tiennent communément à la cause apparente. La guerre et l'esclavage, voilà quelles étaient, dans l'antiquité, les causes premières des maux qui accablaient les classes plébéiennes. Mais l'opinion populaire était favorable à la guerre, et l'esclavage était, malgré ses vices, une institution indispensable. On s'en prenait donc à l'usure, et le peuple en tumulte exigeait que l'avidité des prêteurs fût réprimée et punie. Tantôt il réclamait l'abolition des anciennes dettes, tantôt la limitation du taux de l'intérêt. Quand, après de longs débats, on satisfaisait à ces exigences de la démocratie du temps, les emprunteurs s'abandonnaient à la joie ; ils se croyaient pour jamais à l'abri des atteintes de l'usure. Cependant, bien loin d'en être améliorée, leur situation en devenait, presque toujours, plus mauvaise. En effet, lorsqu'on touchait aux anciennes dettes, on augmentait les risques du prêt, partant le taux de la prime nécessaire pour les couvrir. Lorsqu'on limitait le taux de l'intérêt, on contribuait de même à l'élever : d'abord en diminuant le nombre des prêteurs, car les plus honnêtes préféraient retirer leurs capitaux du marché et les employer pour leur propre compte, plutôt que de les prêter au dessus du taux légal. On l'élevait ensuite en augmentant les risques de ceux que ne retenait point ce scrupule et qui s'exposaient du même coup à la réprobation publique et à la vindicte de la loi, en prêtant à un taux prohibé. Les emprunteurs devenaient ainsi victimes des mesures mêmes qui étaient prises pour les protéger.

Ces circonstances réunies expliquent l'élévation excessive du taux de l'intérêt dans l'antiquité. A Rome, le taux légal de l'intérêt fut de 12 p. c. jusqu'au temps de Justinien ; mais le taux auquel on prêtait communément était beaucoup plus élevé. On voit, par exemple, dans les lettres de Cicéron, que Brutus prêta de l'argent dans l'île de Chypre à 48 p. c.

Au moyen âge, la situation n'avait guère changé. Les capitaux étaient tout aussi rares que dans l'antiquité, sinon davantage, et les marchés aussi resserrés. Le prêt des capitaux con-

tinuait d'être à peu près partout le monopole d'un petit nombre
d'individus. Une circonstance particulière contribuait même à
rendre ce monopole plus oppressif et plus odieux que jamais.
A cette époque, les juifs, dispersés sur toute la surface du
monde civilisé, étaient considérés comme une race maudite.
Partout on leur interdisait la possession des capitaux immobiliers, afin de les empêcher, autant que possible, de s'établir à
demeure fixe. Ils ne pouvaient acquérir que des richesses mobilières. La situation que les préjugés du temps faisaient à cette
race intelligente et économe ne lui laissait guère d'autre ressource que de prêter à intérêt pour subsister. D'un autre côté,
l'interdiction canonique de l'usure rendait le métier de prêteur
particulièrement avantageux. Retenus par la menace de la
damnation éternelle qui était fulminée contre les usuriers, les
chrétiens s'abstenaient, pour la plupart, de prêter. Le marché
des capitaux demeurait, en conséquence, à la merci des juifs et
des autres mécréants. C'était un monopole que l'Église leur
conférait sans le savoir et, à coup sûr, sans le vouloir. Ils ne
manquèrent point d'en tirer un bon profit : sur toute la surface
du monde chrétien, on vit ces proscrits, ces maudits s'enrichir
aux dépens des fidèles.

On essaya de limiter leurs bénéfices, d'abord par la violence,
ensuite par des mesures légales. On les dépouilla, on les bannit
après avoir confisqué leurs biens, etc.; mais ces mesures vio-
lentes, en aggravant les risques du prêt, n'avaient d'autre
résultat que d'augmenter encore le taux de l'intérêt. On rétablit
un *maximum* légal du taux de l'intérêt, à l'instar de ce qui
s'était pratiqué dans l'antiquité, mais les prescriptions de la loi
furent éludées. Ainsi, par exemple, les prêteurs ne livraient
qu'une partie de la somme stipulée dans le contrat, ou bien, au

lieu de la fournir tout entière en argent, ils n'en fournissaient qu'une partie. Le complément se composait de marchandises invendables. On trouve, dans l'*Avare* de Molière, une esquisse d'un prêt de cette espèce. La loi était constamment éludée, et d'ailleurs les risques qu'elle faisait courir au prêteur retombaient toujours en définitive sur les emprunteurs, dont la condition devenait de plus en plus mauvaise.

En résumé, l'opinion contraire au prêt à intérêt provenait de ce que les circonstances et les institutions se joignaient communément pour conférer aux capitalistes un monopole qui leur permettait de prêter à un taux excessif. Et comme les moyens que l'on employait pour combattre ce monopole demeuraient le plus souvent inefficaces, comme ils aggravaient même parfois le mal qu'on voulait détruire, on se persuadait que le prêt à intérêt était entaché d'un vice irrémédiable. On lui imputait les maux provenant de l'usure, au lieu de les ramener à leur véritable source, qui était le monopole, et on le frappait d'anathème; puis, faute de bonnes raisons pour motiver cet anathème, on avait recours à des sophismes.

Cependant, la situation économique de l'Europe s'était peu à peu modifiée. L'anarchie qui avait régné pendant le moyen âge dans l'intérieur de chaque État commençait à faire place à l'ordre, les guerres devenaient moins fréquentes, les relations de cité à cité et de pays à pays se développaient. L'industrie et le commerce prenaient un essor rapide. Or, ces deux branches de la production, la dernière surtout, exigent une proportion considérable de capitaux circulants. Les négociants qui pouvaient réaliser de grands profits en employant des capitaux, en demandèrent des quantités de plus en plus fortes. Les capitalistes chrétiens auraient bien voulu leur en fournir; mais ils étaient intimidés par la menace de la damnation éternelle que l'Église fulminait contre les usuriers. La prohibition canonique de l'intérêt fut alors soumise à un nouvel examen et vigoureusement battue en brèche par les intérêts de plus en plus nombreux qu'elle lésait. Deux camps se formèrent dans l'Église et dans la magistrature : les esprits routiniers et infatués du principe d'autorité soutinrent la vieille doctrine ; les esprits avancés, les partisans du libre examen adoptèrent la nouvelle. Les promoteurs de la réformation se prononcèrent, pour la plupart, en faveur de la légitimité de l'intérêt, et ce fait, comme le remarque avec raison M. Léon Faucher, donne en partie l'explication de la supériorité industrielle et commerciale des nations protestantes (1).

Ainsi Calvin déclarait :

1° Que, s'il y a de l'usure et une espèce de cruauté d'exiger des intérêts lorsqu'on prête aux pauvres, il n'y en a pas lorsqu'on prête aux riches ; 2° que l'usure n'est mauvaise et condamnable entre les riches que quand on tire du prêt des intérêts excessifs.

Des théologiens catholiques, parmi lesquels nous citerons Major, Navarro, Launoy, des jurisconsultes, tels que Charles Dumoulin et Grotius, soutinrent hardiment la légitimité du prêt à intérêt ; mais leur opinion fut condamnée par la plupart des assemblées générales du clergé. Bossuet écrivit pour la réfuter un *Traité de l'usure*. Cependant la réaction en faveur de l'intérêt ne s'en poursuivit pas moins. Au xviiie siècle, Turgot et les économistes démontrèrent avec une clarté irrésistible la

_____

(1) Léon Faucher. Art. *Intérêt* du *Dictionnaire de l'économie politique.*

légitimité du prêt à intérêt. Jérémie Bentham leur vint en aide dans son admirable *Défense de l'usure*. L'Église catholique sentit alors la nécessité de mettre sa doctrine un peu plus en harmonie avec les exigences du temps. Elle continua de prohiber d'une manière générale le prêt à intérêt, en invoquant le précepte de l'Évangile : « *Mutuum date, nihil inde sperantes*, « prêtez sans rien espérer; » mais elle admit deux circonstances dans lesquelles le prêteur pouvait recevoir, à titre de dédommagement, une indemnité de l'emprunteur : ces deux circonstances étaient celles du *dommage naissant* et du *lucre cessant*. Par dommage naissant, on entendait le préjudice que le prêteur pouvait éprouver en se dessaisissant de son capital. Ainsi, par exemple, disait-on : « Celui qui, ayant de l'argent pour faire les réparations nécessaires dans sa maison, est assez obligeant pour le prêter à une personne qui le lui demande, ne peut faire de réparations à sa maison et ne peut la louer à cause qu'elle menace ruine : il est juste qu'il reçoive quelque chose au dessus du principal, pour le dédommager de la perte qu'il fait, faute de louer sa maison (1). » Voilà ce que l'Église, suivant en cela la définition des jurisconsultes, entendait par dommage naissant. Le lucre cessant consistait dans la privation d'un gain. Si, par exemple, disaient les casuistes, un négociant prête une somme d'argent dont il aurait retiré un bénéfice assuré en l'employant dans son commerce, il peut légitimement réclamer, à titre de lucre cessant, un dédommagement pour le gain qu'il a manqué de réaliser. Toutefois,

---

(1) *Conférences ecclésiastiques de Paris sur l'usure et la restitution*, établies et imprimées par ordre de Mgr le cardinal de Noailles, archevêque de Paris, 1756, t. I, p. 261.

l'Église mettait au dédommagement pour cause de lucre cessant des conditions assez rigoureuses : « Ce n'est pas assez que le lucre cessant soit possible, disaient les théologiens orthodoxes, ce n'est pas assez, parce qu'il n'y aurait plus d'usure de prêter à intérêt. Tout le monde pourrait alléguer qu'il pouvait faire profiter l'argent qu'il a prêté, et ce serait s'abuser ; ainsi il est absolument nécessaire que le lucre cessant soit prochain, probable, et comme dit le droit, moralement certain et assuré. Tel est le lucre cessant des marchands qui, ayant résolu de mettre leur argent dans le commerce, se privent d'un gain prochain, probable et moralement certain, quand ils prêtent à un ami qui les en sollicite (1). »

Malgré ces restrictions, l'Église, en admettant les circonstances du dommage naissant et du lucre cessant, allait droit à la réhabilitation du prêt à intérêt. Aussi, à l'époque où le bénéfice de ces deux circonstances fut accordé aux prêteurs, c'est à dire, en France, vers la fin du xviie siècle, vit-on une partie du clergé protester contre une innovation si pernicieuse. C'étaient les docteurs de Sorbonne qui avaient admis le dommage naissant et le lucre cessant (2). Les docteurs de province, qui demeuraient plus en dehors du mouvement du siècle, repoussèrent avec indignation une doctrine qu'ils n'hésitèrent pas à qualifier d'infidèle à la tradition de l'Église. Le lucre cessant fut surtout en butte à leurs attaques. Ils prétendirent qu'en légitimant cette circonstance, les docteurs de Sorbonne avaient suivis les errements des casuistes relâchés : « Ni Moïse,

(1) *Conférences*, t. I, p. 271.
(2) Assemblées des docteurs de Sorbonne, du 4 octobre 1665 et du 17 février 1666.

écrivaient-ils dans un mémoire, ni David, ni Ézéchiel, ni les autres prophètes, ni même Jésus-Christ dans l'Écriture, ni les saints Pères, ni le droit canon ou civil n'ont jamais parlé du lucre cessant : il faut donc le rejeter. » En même temps, ils invoquaient l'autorité de plusieurs grands docteurs, tels que saint Thomas, saint Raymond, saint Antonin, qui s'étaient prononcés d'une manière formelle contre le lucre cessant. Les docteurs de Sorbonne ne manquèrent pas de répliquer; ils s'efforcèrent de démontrer que rien dans les Écritures ni dans les Pères de l'Église ne s'opposait à l'adoption du lucre cessant; qu'il était inexact de prétendre que saint Thomas l'eût condamné, et, de plus, que ce grand docteur avait admis le dommage naissant (1). Mieux en harmonie avec les besoins du siècle, la doctrine soutenue par les docteurs de Sorbonne a prévalu dans l'Église. Cette doctrine ne légitime toutefois l'intérêt qu'en partie, et elle laisse une ample carrière ouverte au péché d'usure. Sous les titres de dommage naissant et de lucre cessant, l'Église admet une compensation pour la privation du capital; en revanche, elle se refuse à considérer comme légitime la prime destinée à couvrir le risque du prêt. Ceci est d'autant plus bizarre que l'Église ne fait aucune difficulté à reconnaître la légitimité des bénéfices, souvent énormes, que l'on réalise en prêtant à la grosse aventure, c'est à dire en fournissant une partie de la cargaison d'un navire, en vue de participer aux chances de l'entreprise.

Au moment où nous sommes, la question n'est pas encore résolue canoniquement. Il y a encore au sein de l'Église catho-

(1) Réplique des douze docteurs de Sorbonne, du 7 mai 1672.

lique des adversaires du prêt à intérêt. Le 18 août 1830, la
cour de Rome rendit un arrêt portant que les confesseurs ne
devaient pas inquiéter les prêteurs, mais laissant la question
pendante quant au fond. Cet arrêt souleva un nouvel orage au
sein du clergé. On vit se reproduire en France la vieille que-
relle des docteurs de province et des docteurs de Sorbonne.
Plusieurs membres du clergé, parmi lesquels nous citerons
l'abbé Laborde, vicaire de la métropole d'Auch, et l'abbé Denavit, professeur de théologie à Lyon, protestèrent contre l'arrêt
de la Pénitencerie romaine. « Je refuse l'absolution, écrivait
notamment l'abbé Denavit, à ceux qui prennent des intérêts,
et aux prêtres qui prétendent que la loi civile est un titre suffisant. » La majorité du clergé finit toutefois par accepter cet
arrêt, et l'Église se borne aujourd'hui généralement à condamner comme usuriers les prêteurs qui exigent un intérêt supérieur
au taux légal.

Malheureusement, il faut le dire, les erreurs des légistes en
cette matière continuent à venir en aide à celles des théologiens. La plupart des pays civilisés ont conservé leurs vieilles
lois limitatives du taux de l'intérêt. En France, ces lois, après
avoir été abolies pendant la révolution, furent rétablies en 1807.
Le taux de l'intérêt fut limité à 5 p. c. en matière civile, et à
6 p. c. en matière commerciale. Et, chose fâcheuse! cette législation surannée a encore été renforcée en 1850 par l'assemblée
législative. Cependant, la limitation légale du taux de l'intérêt
devient de moins en moins justifiable. Les capitaux se dissé-
minent de plus en plus et les communications deviennent de
plus en plus faciles. On ne saurait plus citer un seul endroit
où quelques individus exercent le monopole du prêt sans qu'il
soit possible de le leur enlever. Or, la limitation légale du taux

de l'intérêt qui pouvait, dans une certaine mesure, se justifier à des époques où le prêt formait à peu près partout l'objet d'un monopole, cette limitation n'est-elle pas un non sens économique, lorsque rien ne s'oppose plus à l'action de la concurrence? N'est-elle pas un obstacle qui entrave la distribution utile des capitaux dans les diverses parties de l'arène de la production? Ainsi, par exemple, il y a des industries qui ne peuvent emprunter à 5 où 6 p. c., qui doivent payer un intérêt plus élevé, à cause des risques particuliers auxquels les capitaux s'y trouvent exposés. Ces industries n'offrent un intérêt rémunérateur au capitaliste qu'en lui payant 8 ou 10 p. c. et davantage. Que fait la loi en proscrivant ce taux comme usuraire? Elle empêche les capitalistes scrupuleux d'alimenter ces industries; elle les livre aux capitalistes les moins honnêtes, qu'elle oblige à prélever une prime destinée à couvrir les risques supplémentaires qu'elle leur fait courir. Elle empêche encore le capital de se distribuer partout, selon le besoin qu'on en a. Si elle n'existait point, l'élévation extraordinaire, anormale, du taux de l'intérêt dans certaines localités, causée soit par le manque de capitaux, soit par leur concentration excessive, attirerait bientôt dans ces localités les capitaux du dehors. Les premiers arrivés se prêteraient à un taux élevé, mais l'élévation, l'exagération même de ce taux en attirerait de nouveaux, jusqu'à ce que les bénéfices du monopole eussent disparu, jusqu'à ce que le niveau se fût rétabli entre la rémunération des capitaux dans cette localité et dans les autres. La limitation légale du taux de l'intérêt contribue à perpétuer les monopoles, elle les *protége* au lieu de les détruire. Effet ordinaire des lois qui survivent aux circonstances qui les ont provoquées!

Résumons-nous. Comme le service productif du *personnel* de la production, le service productif du *matériel* ou de cette portion du matériel qui a été comprise sous les dénominations de capital fixe et de capital circulant, a un prix naturel et un prix courant.

Le prix naturel du service des capitaux se compose d'abord de la somme nécessaire pour les entretenir et les renouveler, de manière à maintenir intact le matériel de la production. Cette somme comprend, comme nous l'avons vu, outre la portion de produit nécessaire pour rétablir le capital au bout de chaque opération, une prime destinée à compenser la privation de ce capital et une autre prime destinée à couvrir les risques afférents à son emploi. A ces frais de production, il faut ajouter une part proportionnelle de produit net, qui permette d'accroître le matériel de la production, comme la part proportionnelle de produit net afférente au travail permet d'en augmenter le personnel. Tels sont les éléments du prix naturel du service productif des capitaux.

Le prix courant de ce service, le prix auquel il se paye sur le marché tend incessamment à se confondre avec le prix naturel. En effet, quand il demeure au dessous, une portion du capital se détruit ou se dégage de la production, ou bien encore cesse de s'y engager, l'offre du capital diminue relativement à la demande, et le prix se relève. Quand le prix courant s'élève au dessus du prix naturel, une prime extraordinaire est aussitôt offerte soit à la formation des capitaux, soit à leur apport dans les branches de la production où cette rémunération extraordinaire est perçue, l'offre s'augmente et le prix s'abaisse.

Telle est la loi qui règle la rémunération du capital comme celle du travail.

Comme la rémunération du travail encore, celle du capital se perçoit sous différentes formes, lesquelles peuvent cependant être ramenées à deux formes générales : la part éventuelle et la part fixe ou assurée. La part éventuelle porte tantôt le nom de profit, tantôt le nom de dividende ; la part assurée, le nom de loyer quand il s'agit de capitaux fixes, le nom d'intérêt quand il s'agit de capitaux circulants. Nous avons vu qu'il y a toujours équivalence, sauf l'action des causes perturbatrices, entre les rémunérations perçues sous ces différentes formes ; que le profit et le dividende doivent nécessairement se mettre en équilibre avec le loyer et l'intérêt ; que le taux du loyer ne peut de même excéder, d'une manière régulière et permanente, le taux de l'intérêt ni demeurer en dessous, en un mot que la loi qui détermine le taux de la rémunération du capital agit indépendamment de la forme sous laquelle cette rémunération est perçue.

Nous avons vu enfin combien il serait absurde et impossible de vouloir toucher à la rémunération du capital, soit qu'il s'agisse de ses frais de production ou de sa part proportionnelle de produit net ; que néanmoins cette rémunération a été de tous temps attaquée, principalement lorsqu'elle a été perçue sous forme d'intérêt ; nous avons recherché d'où provenait le préjugé contre le prêt à intérêt, et nous avons vu qu'il avait sa source dans les circonstances au sein desquelles se concluait habituellement le prêt ; nous avons vu que le prix naturel de l'intérêt était très élevé autrefois, et que le monopole contribuait, en outre, à rendre le prix courant supérieur au prix naturel. De là les anathèmes fulminés contre l'usure, c'est à dire contre le prix de monopole de l'intérêt, de là encore les lois limitatives du taux de l'intérêt. Nous avons essayé de démontrer que ces lois, qui avaient pu avoir une certaine utilité à l'époque où le monopole du prêt était un produit des circonstances sociales, ont complétement perdu leur raison d'être à l'époque actuelle; qu'elles sont devenues nuisibles au lieu d'être utiles.

Ajoutons quelques mots sur les effets de la guerre que le socialisme moderne a déclarée à la rémunération du capital. Que voulaient, en 1848, les adversaires de la « tyrannie du capital? » Ils voulaient surtout abaisser le taux de l'intérêt et augmenter le taux des salaires. Quels ont été les résultats de l'agitation révolutionnaire dont ils ont été les promoteurs? Ç'a été d'élever le taux de l'intérêt et d'abaisser le taux des salaires. Ces résultats que le socialisme ne prévoyait guère étaient cependant inévitables. Que faisaient les socialistes? Ils menaçaient le capital. Or, menacer le capital, n'est-ce pas augmenter ses risques, et tout supplément de risques ne doit-il pas être couvert par un supplément de rémunération? On aurait, certes, étonné beaucoup les socialistes, si on leur avait dit que chacune de leurs philippiques contre le capital contribuait à augmenter la part de ce « tyran, » et pourtant c'eût été l'exacte vérité. Puisse au moins cet exemple servir de leçon aux agitateurs à venir! Puissent les hommes qui ont à cœur d'améliorer la situation des classes laborieuses, s'abstenir désormais de toucher à l'organisation sociale avant de l'avoir suffisamment étudiée!

TREIZIÈME LEÇON

LA PART DE LA TERRE

Comment se règle la part des agents naturels appropriés ou de la terre. — Analyse des opérations nécessaires pour approprier la terre à la production. — La découverte, — l'occupation, — le défrichement. — Que ces opérations ne procurent pas des profits supérieurs à ceux des autres industries. — Du prix naturel du service productif du sol. — Éléments qui le composent. — Les frais nécessaires d'entretien des fonds de terre, — la privation, — le risque. — La chance heureuse ou l'avantage futur provenant de la plus value que les progrès de la population et de la richesse attribuent au sol. — Comment se distribue cette plus value, selon la situation et la qualité des terres. — Comme elle se déplace. — Autres avantages particuliers qui s'attachent à la propriété territoriale. — Causes de l'infériorité relative du taux du revenu foncier. — De la part proportionnelle de produit net afférente au sol. — Résumé des éléments du prix naturel du service productif des agents naturels appropriés ou de la terre.

Outre les capitaux fixes et circulants, le matériel de la production comprend les agents naturels appropriés ou, pour nous servir du terme générique, « la terre. » Les agents naturels appropriés ont des caractères qui leur sont propres et qui exercent une certaine influence sur les conditions auxquelles ils concourent à la production, mais leur part est réglée, en définitive, par la même loi qui détermine celle des autres agents productifs.

Comme le service productif des facultés humaines et des capitaux fixes et circulants, celui des agents naturels appropriés ou de la terre a son prix naturel ou nécessaire et son prix courant.

Nous nous occuperons, en premier lieu, du prix naturel, ainsi que nous l'avons fait pour les autres agents productifs; mais avant d'examiner quels sont les éléments du prix du service ou de l'usage du sol, il faut que nous recherchions de quoi se compose la valeur du sol même. Il faut, en conséquence, que nous considérions la terre comme un *produit* avant de la considérer comme un *agent productif*.

Comme tous les autres produits, comme les bâtiments, les outils, les machines, les substances alimentaires, etc., la terre a son prix naturel et son prix courant. Son prix naturel se compose de ses frais de production augmentés d'un profit ou d'un produit net.

Quels sont les frais de production de la terre? Voilà donc ce qu'il s'agit de rechercher d'abord.

Dans son célèbre mémoire sur la propriété, M. Proudhon a lancé aux propriétaires fonciers cette apostrophe véhémente :

« A qui est dû le fermage de la terre? Au producteur de la terre, sans doute. Qui a fait la terre? Dieu. En ce cas, propriétaire, retire-toi. »

En énonçant cette proposition, M. Proudhon s'est borné, comme chacun sait, à mettre sous une forme saisissante, le

grand argument que les partisans de la communauté des biens
ont, de tous temps, opposé à la propriété foncière. D'après ces
rêveurs, le propriétaire foncier serait un privilégié qui s'attri-
buerait la meilleure part des dons du créateur au détriment du
reste du genre humain. Tout propriétaire foncier serait un
voleur qui ravirait, pour les attribuer à son usage exclusif, des
biens que Dieu a créés pour tous (1).

Le fondement de cette erreur si répandue réside dans une
autre erreur non moins générale, savoir que l'appropriation
des terres à la production s'opère sans difficulté aucune, et que
le propriétaire foncier recueille, en conséquence, un revenu
qui ne lui a coûté aucune peine. Or, rien n'est plus faux que
cette opinion vulgaire. Les fonds de terre n'ont pas plus été
donnés gratis à ceux qui les possèdent que les bâtiments, les
charrues, les bêtes de somme et les autres parties du matériel

---

(1) M. Proudhon n'appartient point, comme on sait, à l'école communiste,
et, dans ses célèbres mémoires sur *la propriété*, ce grand agitateur d'idées a
voulu seulement faire ressortir l'imperfection des théories reçues en démontrant que la propriété, telle que l'ont comprise de malhabiles défenseurs, n'est
qu'une des formes de la spoliation. Mais il est à regretter qu'après avoir critiqué avec une impitoyable rudesse des théories imparfaites, l'illustre démo-
lisseur n'ait pas su mettre à la place une théorie supérieure. Il n'en a pas
moins rendu service à la science, en travaillant à la faire sortir de son ornière
officielle.

Remarquons, à ce propos, que l'intervention du gouvernement dans l'enseignement et dans les associations scientifiques agit de nos jours à peu près
comme agissaient autrefois le monopole des corporations enseignantes et
l'intolérance religieuse pour empêcher la libre recherche de la vérité, en refré-
nant cette hardiesse aventureuse et sans souci du qu'en dira-t-on, qui peut
seule amener le progrès des sciences. Nos jeunes professeurs craignent de se

de la production. Chaque parcelle de terre employée à la production peut être considérée comme une machine dont les éléments ont été fournis par la nature comme ceux de toutes les machines et de l'homme lui-même, mais dont la formation et l'appropriation au service de la production appartiennent à l'industrie humaine.

La formation de l'instrument-terre est l'objet d'une série d'industries, comme la construction des bâtiments, des machines et des autres agents qui concourent à la production. Seulement nous ne pouvons plus guère observer ces industries en Europe, au moins dans leur ensemble, car celles qui donnent à la terre ses premières façons ont cessé d'exister depuis longtemps. C'est dans le Nouveau Monde qu'il nous faut aller les étudier. Nous pourrons observer là que la production de l'instrument-terre, en d'autres termes, l'appropriation de la terre,

---

compromettre vis-à-vis du corps officiel auquel ils appartiennent et de devenir *impossibles* dans une académie, en hasardant des théories contraires à celles qui sont professées par les notabilités influentes, dont ils recherchent l'appui ou la voix. Quant aux savants qui ont une position acquise, ils marchent moins encore que ceux qui ont une position à acquérir. Marcher, en effet, c'est risquer de faire des faux pas, et les faux pas sont incompatibles avec le *decorum* académique. On préfère donc s'en tenir aux vérités acceptées ou convenues plutôt que d'en chercher de neuves au risque de se tromper, et cependant personne n'ignore qu'il faut bien oser risquer vingt erreurs pour mettre au jour une vérité. Il y a quelque apparence que cette extrême retenue des savants plus ou moins officiels a engendré par contre-coup l'extrême licence des socialistes, en la rendant même dans une certaine mesure nécessaire. Le socialisme a sans doute causé de grands maux. Mais la science, engravée dans l'ornière du patronage de l'État, aurait-elle marché si le socialisme ne l'avait poussée en avant?

se compose de trois opérations bien distinctes et qui font l'objet d'autant d'industries différentes, savoir : 1° la découverte, 2° l'occupation, 3° le défrichement.

A la vérité, l'Amérique était déjà en partie découverte, occupée et défrichée, lorsque les Européens la découvrirent; mais ceux-ci n'ayant point respecté les titres de propriété des anciens habitants, qu'ils chassèrent et détruisirent comme des bêtes fauves, on peut considérer la seconde occupation de cette terre nouvelle comme une occupation primitive.

La découverte est la première opération que nécessite la production de l'instrument-terre. Au xv° et au xvi° siècles, cette opération fait l'objet d'une industrie spéciale. On voit alors des milliers d'aventuriers, suivant les traces de Christophe Colomb, équiper des navires pour aller découvrir de nouvelles terres. Un certain nombre de ces aventuriers réussissent dans leurs entreprises, mais combien périssent misérablement! Aucune industrie n'était alors plus chanceuse, et si l'on avait pu comparer ses profits à ceux des autres branches de la production on n'aurait eu aucune peine à se convaincre qu'ils ne les dépassaient point.

Les aventuriers qui avaient signalé de nouvelles terres tiraient ordinairement parti de leur découverte, en la cédant à la nation dont ils étaient membres. On leur accordait, en échange, des honneurs, des dignités, des gratifications et des pensions. Quelquefois aussi, ces *découvreurs* étaient de simples agents salariés du gouvernement, lequel recueillait alors les profits de ce genre d'entreprises comme il en supportait les pertes.

Les nouveaux territoires du continent américain se trouvèrent donc grevés, en premier lieu, des frais de découverte. Ils furent grevés, en second lieu, des frais d'occupation.

La découverte peut être considérée comme la *première façon* que l'homme est obligé de donner à la terre pour l'approprier à son usage. L'occupation est la seconde.

Il ne suffit pas, en effet, de découvrir un nouveau territoire et d'en reconnaître la configuration, il faut y établir des moyens de défense, soit contre les animaux et les éléments, soit contre les hommes; il faut y percer des voies de communication, y construire des forteresses, etc. Ces divers travaux, qui constituent une seconde façon nécessaire à l'instrument-terre, furent accomplis en Amérique par les gouvernements d'Europe. Comme ceux de la découverte, les travaux de l'occupation devinrent l'objet d'une industrie spéciale. Si cette industrie avait été abandonnée à de simples particuliers, si les gouvernement ne s'en étaient point mêlés, ses profits n'auraient pu évidemment dépasser ceux des autres branches de la production ni demeurer en dessous. Mais, à cette époque, la possession des territoires du Nouveau Monde était regardée comme une source inépuisable de richesses, en sorte que les gouvernements de l'Europe s'empressèrent de mettre la main sur ceux que leurs sujets avaient découverts. Ainsi que toute propriété, celle-ci donna lieu à de nombreux procès, et comme les gouvernements ne reconnaissaient point de tribunal souverain pour juger leurs différends, chacun de ces procès engendra une guerre plus ou moins longue et coûteuse. L'occupation des terres du Nouveau Monde devint en conséquence la moins profitable des industries. Bien peu de gouvernements retirèrent de leurs établissements en Amérique, une rémunération suffisante pour couvrir les frais de découverte qu'ils avaient remboursés et les frais d'occupation qu'ils avaient supportés, avec un profit en harmonie avec ceux des autres industries.

Cette deuxième façon étant donnée à la terre, il fallait encore
la défricher pour l'approprier à la production. Le défrichement
devint l'objet d'une troisième industrie, distincte des deux
premières.

Les gouvernements qui occupaient les territoires du Nouveau
Monde ne possédaient pas, en effet, les ressources nécessaires
pour les défricher et les exploiter eux-mêmes. Cependant ils
voulaient en tirer parti. Qu'en firent-ils? Ils les cédèrent, sous
des conditions diverses, à des hommes disposés à les défricher
et à les exploiter. Après avoir occupé un territoire en bloc, ils
le vendirent ou le concédèrent en détail.

En quoi consiste l'industrie des défricheurs? Ces pionniers
de la civilisation pénètrent dans les solitudes du Nouveau
Monde, où ils choisissent un lot de terre. Les uns choisissent
bien, les autres choisissent mal; c'est leur affaire. Ce lot,
sur lequel ils ont jeté leur dévolu, ils l'achètent aux pro-
chaines enchères, en remboursant ainsi les frais de découverte
et d'occupation de la terre. Ils se mettent ensuite à l'œuvre.
La terre vierge est couverte d'arbres et encombrée des détritus
de la végétation primitive; souvent aussi elle est envahie par
les eaux et exposée aux agressions des animaux sauvages. Le
défricheur déblaye le sol, le dessèche et l'enclôt. Il y construit,
en outre, les bâtiments les plus nécessaires à l'exploitation.
C'est ainsi que la terre reçoit la troisième et dernière façon indispensable pour la mettre au service de la production.

Après que la terre a reçu cette troisième façon, elle peut être
considérée comme un produit achevé. C'est un bâtiment dont
on a couronné le faîte; c'est une machine que l'on a fini d'ajuster et à laquelle on a donné le dernier coup de lime ou de marteau. On peut maintenant l'employer à la production.

Cet instrument, auquel le défricheur a donné la dernière
façon, il l'emploie rarement lui-même. Voici pourquoi. C'est
que le défricheur possède les aptitudes, les connaissances et les
instruments nécessaires pour défricher une terre vierge, mais
qu'il ne possède pas ceux qui sont requis pour l'exploitation
régulière du sol ; c'est qu'il ne possède, communément du
moins, ni les instruments aratoires, ni les semences, ni les
avances de subsistance dont il aurait besoin pour cultiver la
terre qu'il a défrichée. Quand donc il a achevé son œuvre,
quand il a défriché son lot de terre, il le vend ; après quoi, il va
en défricher un autre, et ainsi de suite.

Le prix auquel le défricheur vend son *produit-terre* doit naturellement rembourser les frais de la découverte, de l'occupation et du défrichement, avec adjonction des profits ordinaires. C'est le *prix naturel* de la terre, autour duquel le prix
courant gravite, en vertu de la même loi qui gouverne le prix
de tous les autres produits.

Maintenant, l'homme qui entre en possession de cet instrument nouveau, après en avoir payé le prix courant, le propriétaire de cette machine à fabriquer du blé, de la viande, du lin,
du chanvre, du coton, ou bien encore de l'or, de l'argent, du
fer, du plomb, de la houille, cet homme est-il donc un *privilégié?* Mérite-t-il bien l'apostrophe véhémente que lui adresse
M. Proudhon :

" A qui est dû le fermage de la terre? Au producteur de la terre, sans
doute. Qui a fait la terre? Dieu. En ce cas, propriétaire, retire-toi. "

Non, à coup sûr. Outre le travail de Dieu, qui est toujours
gratuit, soit qu'il s'agisse des agents naturels appropriés, soit
qu'il s'agisse des capitaux fixes et circulants, des bâtiments, des

machines, des outils, des approvisionnements, soit qu'il s'agisse
enfin de l'homme lui-même, dont Dieu a été également le premier ouvrier, la production de l'instrument-terre a exigé l'intervention de l'industrie humaine. Or, cette intervention n'a
pas été gratuite, et le propriétaire foncier n'a acquis la terre
qu'à la charge d'en faire ou d'en rembourser les frais. La valeur de sa terre représente des frais de production et des profits, absolument comme celle des bâtiments, des machines,
des outils, etc. Pourquoi donc le propriétaire foncier qui a créé
cette valeur ou qui l'a remboursée à ceux qui l'ont créée, se re-
tirerait-il pour faire place à Dieu (1)?

La terre doit donc être considérée d'abord comme un simple

---

(1) Quelques économistes, qui ne s'étaient point rendu compte des frais de
production de la terre, ont cru que le travail de Dieu ou de la nature attribuait aux agents naturels appropriés une valeur particulière, dont le propriétaire foncier ne manquait pas de s'attribuer le bénéfice. C'était, comme on l'a
fort bien remarqué, donner gain de cause aux partisans de la communauté
des biens. Ricardo a parfaitement réfuté une opinion si erronée et si dange-
reuse, en démontrant que la collaboration de Dieu ou de la nature se
retrouve dans tous les agents productifs et qu'elle est toujours gratuite.

« La nature, dit-il, ne fait-elle donc rien pour l'homme dans les manufactures? N'est-ce rien que la puissance du vent et de l'eau qui font aller nos
machines et qui aident à la navigation? La pression de l'atmosphère et l'élasticité de la vapeur de l'eau, au moyen desquelles nous donnons le mouvement
aux machines les plus étonnantes, ne sont-elles pas des dons de la nature?
Pour ne rien dire des effets du calorique qui ramollit et fond les métaux, ni
de la décomposition de l'air dans les procédés de la teinture et de la fermen-
tation, il n'existe pas une seule espèce de manufacture dans laquelle la nature
ne prête son aide à l'homme, et elle le fait toujours avec libéralité et gratuitement. » (RICARDO, *Principes de l'économie politique et de l'impôt.* — *De
la rente de la terre.*)

produit que l'industrie humaine façonne, et dont la création et
la mise au marché ne peuvent conférer *aucun bénéfice exceptionnel.*

Que si l'on objecte que j'ai envisagé l'industrie de l'appropriation des terres seulement dans le Nouveau Monde, où les difficultés de l'appropriation ont été considérables pour les Européens, où, d'un autre côté, les hommes disposés à surmonter
ces difficultés ou à en rembourser les frais sont peu nombreux,
je répondrai que la situation était absolument la même dans
l'ancien monde, aux époques où les terres y ont été appropriées
à la production. La seule différence qu'on puisse signaler, —
et cette différence ne touche pas au fond des choses, — c'est que
l'industrie de l'appropriation des terres était alors moins *divisée*
dans l'ancien monde qu'elle ne l'a été depuis dans le nouveau;
c'est que les mêmes hommes qui découvraient de nouvelles
terres se chargeaient aussi de les occuper et de les exploiter. A
ces époques, qui se perdent maintenant dans la nuit des temps,
l'agriculture n'était pas encore inventée. L'homme vivait de la
cueillette des fruits, de la chasse ou de la pêche. Mais pour
exercer l'une ou l'autre de ces industries, il avait besoin du
concours de l'instrument-terre ou de l'instrument-mer, lac,
étang, rivière. Pour se procurer des fruits, des racines, du
gibier ou du poisson, il fallait découvrir, occuper et exploiter
des terres ou des eaux qui en continssent. Ces opérations
diverses étaient accomplies ordinairement par le même individu ou par la même troupe; mais en admettant qu'elles eussent
été séparées, auraient-elles pu donner des profits inégaux? Si
le travail de découverte et d'occupation des pêcheries et des
terrains de chasse avait rapporté plus que la pêche et la chasse
même, les anciennes pêcheries et les anciens terrains de chasse

n'auraient-ils pas été continuellement abandonnés pour les nouveaux? Tout autre travail n'aurait-il pas été délaissé pour celui
de la découverte et de l'occupation des terres et des eaux?
Combien de siècles se sont écoulés cependant avant que la surface de l'ancien monde ait été découverte et occupée! Combien
d'industries diverses se sont élevées et ont fleuri dans l'intervalle! Or, l'existence de ces industries, en concurrence avec
l'appropriation des terres, n'est-elle pas une preuve manifeste
que celle-ci n'était pourvue d'aucun privilége naturel, qu'elle
ne rapportait pas plus, à l'origine, que les autres branches de
la production?

Ainsi donc, on peut affirmer que la propriété foncière n'a
pas plus été investie d'un privilége dans l'ancien monde que
dans le nouveau, aux époques où elle a été formée.

Mais, objectent les adversaires de la propriété foncière, c'est
à la longue que la possession de la terre acquiert les caractères
d'un monopole, en conférant des bénéfices ou des avantages
supérieurs à ceux qui résultent de la possession des autres
agents productifs. Il se peut qu'à l'époque où l'ancien monde
commençait à être découvert, occupé et défriché, l'appropriation des terres ne présentât pas plus d'avantages que les autres
branches de la production; il se peut encore qu'en Amérique
les pionniers qui donnent la dernière façon à l'instrument-
terre, et les cultivateurs qui leur achètent cet instrument pour
l'employer à la production des denrées alimentaires, ne réalisent pas de plus gros bénéfices que les manufacturiers, les
négociants ou les hommes qui exercent des professions libérales; mais franchissons un certain laps de temps, et quel
spectacle s'offrira à nos regards? Nous verrons des terres qui,
après avoir été vendues à vil prix à l'époque où on les a mises

au service de la production, ont acquis une valeur énorme par le fait du développement de la population et des progrès de la richesse; nous verrons leurs propriétaires, *fruges consumere nati*, percevoir, sans se donner aucune peine, la meilleure part des résultats de la production, et ne laisser aux détenteurs des autres agents productifs que la portion congrue. Un tel privilége n'est-il pas exorbitant? Puisque la valeur de la propriété foncière s'accroît par suite du développement de la population et des progrès de la richesse générale, ne serait-il pas juste d'en restituer la plus value à ceux qui l'ont créée? Ne serait-il pas juste de faire rentrer, à la longue, la propriété foncière dans le domaine public?

Une simple observation suffira, je pense, pour faire tomber cette objection, si formidable en apparence. Que dit-on? Qu'il est dans la nature de la propriété foncière de procurer à ceux qui la créent des *avantages futurs* d'une importance considérable. Que telle terre, dont le prix de vente suffit à peine aujourd'hui pour couvrir ses frais de production augmentés des profits ordinaires, aura, dans dix ans, dans vingt ans, dans un siècle, dans dix siècles, une valeur dix fois, vingt fois, cent fois, mille fois plus forte. Cela est possible. Il est possible que les terres qui sont actuellement défrichées en Californie, par exemple, acquièrent dans l'avenir une valeur décuple ou centuple de leur valeur présente; mais cette *chance heureuse,* que courent les hommes qui approprient des terres à la production, constitue-t-elle bien un privilége? N'est-elle pas successivement escomptée? L'espérance d'un avantage futur n'entre-t-elle pas toujours, soit qu'il s'agisse de l'appropriation des terres ou de toute autre industrie, en déduction du bénéfice actuel? Où donc est le privilége?

Ceci deviendra plus clair encore si, après avoir considéré l'appropriation des terres comme une industrie et la terre comme un produit, nous examinons les conditions auxquelles le produit-terre transformé en agent productif concourt à la production. Nous verrons alors se dissiper les derniers nuages qui planent sur la propriété foncière et sur le revenu dont elle est la source.

Voici qu'une terre est produite, c'est à dire découverte, occupée et défrichée. Qu'en va-t-on faire? Celui qui la possède peut en jouir ou l'exploiter pour son propre compte, soit isolément, soit par association, il peut encore l'affermer ou la vendre. S'il l'exploite pour son propre compte, il en retirera un *profit foncier;* s'il l'afferme, il en retirera un *fermage* ou une *rente;* s'il la vend, il en retirera simplement un *prix de vente.* Il s'agit de savoir quels sont les éléments de la part de la terre, lorsqu'elle est perçue sous l'une ou l'autre de ces trois formes? En d'autres termes, quel est le prix naturel ou nécessaire de l'usage ou du service de la terre lorsqu'elle est appliquée à la production?

Le prix naturel de vente de la terre se compose des frais de production de ce genre de produit, augmentés des profits des industries qui ont concouru à l'appropriation du sol.

Le prix naturel d'exploitation ou de location de la terre se compose des frais nécessaires pour engager les détenteurs de cet agent productif à le mettre au service de la production et à l'y maintenir; c'est à dire, comme dans le cas du travail et des capitaux fixes et circulants, d'une certaine somme de frais de production et d'une part proportionnelle de produit net.

Avant d'analyser ces éléments du prix naturel du service ou

de l'usage de l'instrument-terre, ou pour employer une expression plus usitée, du capital foncier, faisons deux remarques essentielles.

La première, c'est que la forme sous laquelle est perçue la rémunération du capital foncier n'influe en rien sur le fond même de cette rémunération ; c'est que le taux du fermage, par exemple, doit nécessairement se proportionner au taux du profit foncier et au prix de vente, sinon celui de ces modes d'emploi de la terre qui présenterait plus ou moins d'avantage que les autres, serait aussitôt recherché ou abandonné, et l'équilibre ne manquerait pas de se rétablir. Ajoutons que le profit foncier est une part éventuelle, tandis que le fermage est une part fixe et plus ou moins assurée. L'un correspond au profit du travail ou du capital ; l'autre au salaire, à l'intérêt ou au loyer.

La seconde remarque à faire, c'est que le profit foncier et le fermage contiennent, le premier toujours, le second communément, une part pour les capitaux fixes et circulants qui sont joints à la terre dans l'œuvre de la production ; dans certains cas même, lorsque la terre est cultivée par des esclaves ou des serfs, le profit foncier et le fermage contiennent une part afférente au travail. On s'est, en conséquence, accordé pour désigner sous le nom de *rente* la part qui est simplement afférente à la terre ; mais cette expression peut malheureusement donner lieu à des confusions ; nous verrons pourquoi, dans la leçon prochaine.

En attendant, recherchons quels sont les éléments du prix naturel ou nécessaire du service productif de la terre.

En premier lieu, apparaissent les frais d'entretien et de renouvellement des facultés productives du sol, s'il s'agit d'un terrain appliqué à la production agricole, et les frais d'amortissement ou de recomposition de ces mêmes facultés productives, s'il s'agit d'une mine. Si ces frais ne sont pas couverts, comme la fécondité d'un terrain ou d'une mine n'est pas inépuisable, la production ne pourra évidemment s'opérer d'une manière continue.

En second lieu, apparaît la privation. Lorsqu'un homme qui a défriché une terre ou acheté une terre défrichée, la consacre à la production, c'est un capital dont il demeure privé jusqu'à ce qu'il puisse le dégager. La privation provenant de ce chef est considérable dans les pays où la vente des terres est difficile, où, d'un autre côté, les emprunts hypothéqués sur la terre sont environnés de formalités coûteuses. Dans ces pays, le taux de la prime nécessaire pour compenser la privation du capital foncier est élevé; il est bas, au contraire, dans les pays où la vente des terres et les emprunts hypothéqués sur le sol s'opèrent aisément et à peu de frais.

En troisième lieu apparaît le risque. Lorsqu'un homme consacre une terre à la production en l'exploitant lui-même ou en la louant à quelqu'un qui l'exploite, il court le risque soit de n'en point tirer de revenu ou de n'en tirer qu'un revenu inférieur à celui sur lequel il avait compté, si les circonstances sont mauvaises, soit même d'en perdre successivement la valeur. En revanche, il court la chance de voir s'accroître, parfois même d'une manière démesurée, et la valeur de son capital foncier et le revenu qu'il en tire (ces deux choses sont, bien entendu, inséparables). Ce risque et cette chance donnent naissance à des primes, dont l'une s'ajoute au prix naturel du service productif de la terre, et dont l'autre s'en déduit.

Dans le cours ordinaire des choses, et par le fait de la nature

particulière de l'instrument-terre, la chance de voir s'accroître
la valeur du capital foncier engagé dans la production dépasse
le risque de la voir diminuer ou se perdre. Qu'en résulte-t-il?
C'est, comme nous l'avons remarqué plus haut, que cette *chance
heureuse* ou cet *avantage futur* attaché à la possession du sol
s'escompte; c'est que le prix naturel du service productif de
l'instrument-terre demeure communément au dessous de celui
du service des autres agents qui composent le matériel de la
production.

Je dis que, dans le cours ordinaire des choses, l'instrument-
terre, bien loin de perdre de sa valeur par l'usage, acquiert
annuellement une plus value. En cela, il diffère de la plupart
des autres instruments qui composent le matériel de la production. Mettez, en effet, des bâtiments, des machines, des outils
au service d'une industrie quelconque, et vous les verrez
perdre successivement de leur valeur, d'abord parce que l'usage
les détériorera plus ou moins, ensuite parce qu'on en con-
struira d'autres plus parfaits que l'on substituera graduellement
aux anciens. De là, une moins value qui doit être couverte ou
compensée par un supplément de rémunération, sinon on
renoncerait à mettre les agents qu'elle atteint, au service de la
production.

En vertu de sa nature particulière, l'instrument-terre se
trouve communément dans une situation différente. D'abord, il
est essentiellement *durable*. Il faut renouveler, au bout d'une
période plus ou moins longue, les bâtiments et les machines;
il n'est jamais nécessaire de renouveler la terre. Sans doute,
lorsqu'une terre est employée à l'agriculture, il faut entretenir
ses forces productives; mais celles-ci s'accroissent à la longue
au lieu de se perdre, quand elles sont convenablement alimen-

tées. Seuls les gisements minéraux s'épuisent, et ils doivent, en conséquence, être amortis. Ensuite, l'instrument-terre joint l'immobilité, la *non-transportabilité* à la durée, et c'est là une nouvelle particularité dont il importe d'apprécier l'influence.

Quand la population et la richesse s'accroissent dans un pays, on voit s'élever graduellement la valeur de la terre. D'où cela vient-il? Cela vient de ce que la demande de la terre et de ses produits s'augmente, tandis que l'offre ne peut pas toujours s'augmenter dans la même proportion. Prenons pour exemple une ville qui est en train de se développer. Les terrains qui forment sa surface et ceux qui environnent son enceinte augmenteront progressivement de valeur. Pourquoi? parce qu'ils seront plus demandés, les uns pour servir d'emplacement aux habitations, les autres pour fournir des substances alimentaires à une population croissante, sans que, en vertu de la nature même des choses, l'*offre* puisse se proportionner à la *demande*. Seulement cette plus value ne sera pas uniforme. Elle sera plus ou moins élevée selon la *situation* et la *qualité* des terres.

Selon la situation des terres. Le développement de la population et de la richesse dans une ville ne s'opère jamais d'une manière uniforme. Le mouvement de la circulation se porte de préférence dans certains quartiers et dans certaines rues. La valeur des terrains qui forment la surface de ces quartiers ou de ces rues s'accroît en conséquence beaucoup plus que celle des terrains des autres parties de la cité. A Paris, par exemple, la circulation s'est principalement développée dans les rues Saint-Denis, Saint-Honoré, Vivienne, Richelieu, sur une partie des boulevards, etc.; à Bruxelles, c'est dans la rue de la Madeleine et aux environs. Dans ces localités favorisées, une certaine étendue de terre rapporte cent fois, mille fois plus qu'une

étendue égale située à quelque distance. Pourquoi? Parce que
les propriétaires des localités bien situées jouissent d'un monopole naturel; parce que la terre n'étant point un instrument
transportable, on n'en saurait augmenter l'offre dans les endroits
où la population et la richesse vont se concentrer. On ne peut
transporter dans la rue Richelieu ou sur le boulevard des Italiens, un supplément de terrain à bâtir provenant de la plaine
Saint-Denis. On ne peut transporter, dans la rue de la Madeleine à Bruxelles, des terrains situés dans le bois de la Cambre
ou dans la forêt de Soignes. La terre ne se déplace point. Il
n'en est pas de même, comme on sait, de la part des autres
agents productifs. Qu'une machine, une somme d'argent, un
tonneau d'huile, une balle de coton, etc., se trouvent dans une
localité où l'on n'en ait pas l'emploi, on pourra les transporter
ailleurs. Sans doute, les circonstances pourront encore investir
les détenteurs de ces agents productifs, d'un monopole naturel
ou artificiel, mais ce monopole sera beaucoup moins durable
que celui dont jouissent les détenteurs des terrains bien situés,
— ceci toujours en vertu de la nature même des choses.

L'observation qui vient d'être faite au sujet des terrains à
bâtir s'applique encore au sol arable. Les terres qui se trouvent
à proximité des grands foyers de consommation des denrées
alimentaires acquièrent toujours une valeur supérieure à celle
des autres. Cette différence s'explique par l'économie que l'on
réalise sur les frais de transport des produits cultivés dans les
endroits les plus rapprochés des centres de consommation. De
là, la valeur extraordinaire qu'ont acquise les terres de la banlieue de Paris, et, en général, de toutes les grandes villes.

La plus value s'élève encore plus ou moins selon la *qualité* des
terres. Quand une population croît en nombre et en richesse,

elle demande certaines denrées dans une proportion de plus en plus forte. Les terres qui sont les plus propres à la production de ces denrées acquièrent naturellement une valeur supérieure à celle des terres qui le sont moins. Quand une terre arable unit à l'avantage de la situation, la supériorité de la qualité, sa plus value peut s'élever au *maximum*.

Ainsi donc la terre est susceptible d'acquérir une plus value à mesure que la population et la richesse se développent, mais cette plus value n'a rien d'uniforme. Elle varie selon la situation et la qualité des terres.

Elle n'est pas non plus fixe. Des causes diverses agissent incessamment, soit pour la déplacer, soit même pour la détruire. Citons-en quelques exemples.

Depuis le moyen âge, les progrès de la sécurité ont opéré toute une révolution dans la valeur des terrains servant d'emplacements aux villes. Nous avons vu (Ve leçon) que les populations, après s'être agglomérées sur les hauteurs, sont descendues successivement dans les plaines. Qu'est-il résulté de ce déplacement? Que le monopole naturel dont jouissaient les propriétaires du sol des villes situées sur les hauteurs, a été transféré aux propriétaires fonciers des plaines où les nouvelles villes ont été fondées. Alors la *non-transportabilité* du sol qui naguère était si avantageuse aux premiers a tourné à leur détriment. La valeur de leur capital foncier, après s'être élevée parfois d'une manière démesurée, est tombée, parfois aussi, presque à rien. Sans doute, les bâtiments et les autres capitaux immobiliers se trouvent exposés à peu près au même risque. On ne peut faire descendre une maison de la montagne dans la plaine. Mais au moins peut-on tirer un certain parti de ses matériaux, tandis qu'un fonds de terre n'est pas susceptible d'être démoli comme

une maison, et vendu pour la valeur de ses matériaux. Les
bruyères et les autres plantes sauvages finissent donc par enva-
hir les emplacements escarpés des anciennes villes et le sol n'y
conserve, le plus souvent, d'autre valeur que celle des mon-
ceaux de débris encore épars à sa surface.

Les progrès de la sécurité ont principalement contribué à
déplacer les monopoles naturels des terrains servant d'emplacements aux habitations; par là même, ils ont agi aussi pour
déplacer ceux des terres employées à la production des denrées
alimentaires. Mais d'autres causes ont contribué encore, soit à
déplacer ceux-ci, soit même à les détruire. Ces causes résident
principalement dans les progrès de l'agriculture et de la locomotion, comme aussi dans la destruction des obstacles artificiels qui entravaient la liberté des échanges.

A l'époque où l'homme était encore réduit à subsister de la
cueillette des fruits ou de la chasse, les terres les plus abon-
dantes en fruits et en gibier furent les premières à croître en
valeur. A mesure que la population s'augmenta, que les fruits
et le gibier furent, en conséquence, plus demandés, leur valeur
s'accrut, tandis que d'autres terres demeuraient sans valeur
parce qu'elles ne pouvaient être utilisées. Mais les premières
méthodes et les premiers instruments agricoles sont inventés.
Aussitôt la situation change. La cueillette des fruits et la chasse
sont, en grande partie, abandonnées pour l'agriculture. Alors
les terres propres à la culture des denrées alimentaires, des
plantes textiles et tinctoriales, etc., acquièrent une valeur, tandis que les terres précédemment employées perdent une partie
de la leur, à moins toutefois qu'elles ne soient susceptibles de
culture. Mais, dans la suite des temps, de nouveaux progrès
s'accomplissent : d'une part l'agriculture se développe et se

transforme, de nouvelles plantes, de nouveaux engrais, de nouveaux instruments et de nouvelles méthodes d'exploitation sont
découverts ; d'une autre part, l'industrie des transports se perfectionne sous le double rapport de la célérité et du bon marché. Enfin, la sécurité devenant plus générale, le domaine de
la civilisation s'étend de plus en plus, et la surface cultivable
s'accroît par là même. Que résulte-t-il de ces progrès?

Les progrès de l'industrie agricole permettent à la fois d'appliquer de nouvelles terres à la production et de tirer un meilleur parti des anciennes. C'est ainsi que les terres lourdes, qui
naguère ne pouvaient être cultivées avec avantage, font maintenant concurrence aux terres légères, grâce aux perfectionne-
ments du matériel et des méthodes d'exploitation. C'est ainsi
encore que des terres longtemps regardées comme stériles sont
devenues cultivables par suite de la découverte de nouveaux engrais. C'est ainsi, enfin, que l'acquisition de nouvelles plantes
a permis de tirer un bon parti de terrains qui étaient auparavant délaissés et sans valeur. Grâce à ces divers progrès, la
sphère de la concurrence s'agrandit successivement aux dépens
du monopole des terres anciennement cultivées, et de la plus
value qui s'y était attachée.

Quant aux progrès de la locomotion, ils étendent la sphère
de la concurrence et pour les emplacements des habitations et
pour la production agricole. Ainsi, par exemple, les industriels,
les négociants, les employés étaient obligés autrefois de se loger
auprès de leurs bureaux ou de leurs comptoirs. A mesure que la
locomotion s'est perfectionnée, ils ont pu aller demeurer plus loin
du foyer de leurs affaires. Les anciens terrains d'habitation ont
perdu ainsi une partie de leur valeur, laquelle est allée se fixer
sur les nouveaux. Le même changement s'opère sous l'influence

de la même cause dans la valeur des terres employées à la production agricole. Les terres situées aux environs des villes avaient autrefois le monopole de la plupart des denrées alimentaires qui entraient dans la consommation journalière des populations urbaines. La difficulté des communications, jointe à l'insuffisance de la sécurité, à l'obstacle artificiel des péages et des droits de traite, empêchaient les habitants des villes de recevoir les denrées alimentaires produites à distance. Il n'en est plus ainsi aujourd'hui. Depuis l'établissement des chemins de fer, la production des légumes, des fruits, du lait, etc., n'est plus le monopole des banlieues; elle s'opère dans un rayon qui s'étend chaque jour davantage, et la valeur des terres baisse en conséquence, relativement du moins, aux environs des villes, tandis qu'elle hausse plus loin. Ce que nous disons des villes et de leurs environs peut s'appliquer aussi à des contrées entières. Depuis l'invention de la navigation à la vapeur et l'avénement de la liberté du commerce, l'Angleterre retire du dehors des masses de subsistances qu'elle demandait auparavant à son agriculture et que celle-ci lui fournissait moins abondamment et à plus haut prix. Les terres qui ont profité de ce nouveau débouché ont augmenté de valeur, tandis que celles qui possédaient jadis le monopole de l'approvisionnement du marché britannique ont subi une dépréciation, ou si elles ont conservé leur valeur intacte, c'est grâce à l'application d'un supplément de capital sous forme d'améliorations de toute sorte.

La plus value que les progrès de la population et de la richesse donnent aux agents naturels appropriés en augmentant à la fois leur rareté (en comparaison des autres agents productifs) et leur utilité, cette plus value n'a donc rien d'uniforme ni de fixe. Elle augmente plus ou moins selon la situa-

tion et la qualité des terres; mais comme ces deux circonstances
se modifient d'une manière incessante, sous l'influence des
progrès généraux de la société, comme telle situation qui peut
être aujourd'hui plus avantageuse que telle autre peut l'être
moins demain, comme telle espèce de terre qui est actuellement classée au premier rang peut être reléguée plus tard à
un rang inférieur, la plus value que le sol acquiert, grâce aux
progrès de la population et de la richesse, se déplace continuellement, parfois même elle se perd. Mais son existence et
son accroissement continu dans une société en voie de prospérité n'en sont pas moins incontestables.

La possession du sol confère encore, dans un grand nombre
de pays, des avantages particuliers dont il faut tenir compte.
Des droits et des priviléges de différentes sortes y sont attachés,
surtout dans les pays où le régime féodal a été en vigueur. La
classe des propriétaires fonciers jouit dans ces pays d'une considération supérieure à celle des autres classes. Enfin, soit par
l'influence de cette cause, soit par l'attrait particulier que
beaucoup de personnes paraissent éprouver pour la propriété
foncière, la terre procure à ses possesseurs des avantages et des
jouissances dont on se montre généralement avide.

Qu'en résulte-t-il? C'est que ces avantages et ces jouissances
donnent naissance à une prime, laquelle se joint à celle qui
résulte de l'expectative d'une augmentation graduelle de la valeur du sol, par suite de l'accroissement de la population et de
richesse, et que cette double prime se déduit de la rémunération nécessaire ou du prix naturel du service productif du sol.
C'est là ce qui explique pourquoi le taux de la rémunération
des agents naturels appropriés, le taux du profit foncier ou du
fermage est généralement inférieur à celui de la rémunération

des autres agents productifs, au taux de l'intérêt ou du loyer par exemple.

Enfin, si aux frais nécessaires d'entretien du sol, à la privation et au risque, déduction faite des avantages particuliers résultant de la nature de l'instrument-terre, nous ajoutons une part proportionnelle de produit net, faute de laquelle nul ne voudrait approprier des terres ni les consacrer à la production, nous aurons tous les éléments du prix naturel du service productif des agents naturels appropriés ou de la terre.

QUATORZIÈME LEÇON

LA PART DE LA TERRE (*suite*)

Que le prix naturel du service productif du sol n'est qu'un point idéal vers
lequel gravite le prix courant de ce service. — Comment s'établit le prix
courant. — Difficulté de reconnaître quand il se confond avec le prix naturel. — De la manière dont il convient de calculer celui-ci. — Dans quel
cas le prix courant du service productif de la terre peut demeurer au dessous
de son prix naturel. — Que cette situation se présente dans les pays d'esclavage et de servage. — Citations relatives à la Russie. — Dans quel cas le
prix courant du service productif peut s'élever au dessus de son prix naturel. — Des obstacles qui empêchent l'équilibre de s'établir, et de leurs
effets. — Théorie de Ricardo, — son application à ce cas particulier. —
Réfutation des attaques dirigées contre cette théorie. — Causes qui agissent
pour rétablir l'équilibre rompu en faveur de la terre dans l'Europe occidentale : — les progrès de l'agriculture et de la locomotion, — la liberté
commerciale, — l'émigration. — Point vers lequel le prix courant des
terres tend de plus en plus à se fixer sur le marché général. — Résumé. —
Impropriété du mot rente pour signifier la part de la terre.

Nous venons d'étudier le *prix naturel* de la terre et du service
qu'on en tire lorsqu'elle est employée à la production. Ce prix
naturel représente la somme des frais nécessaires pour mettre

la terre au service de la production, l'y maintenir, comme aussi pour en augmenter successivement, dans la proportion utile, la surface exploitable.

Mais il ne faut jamais perdre de vue que le prix naturel est purement idéal; que c'est simplement un point vers lequel gravite le prix réel ou le prix courant, et que si ces deux prix tendent incessamment à se confondre, ils ne sont pas cependant toujours confondus; que le prix courant peut être tantôt au dessus, tantôt au dessous du prix naturel. Cette observation s'applique au service productif de la terre, aussi bien qu'à celui des facultés humaines ou des capitaux fixes et circulants.

Si donc nous voulons avoir une idée exacte et complète du revenu que l'on tire de l'application de la terre à la production, il nous faut examiner encore comment s'établit le prix courant de cet agent productif.

C'est le mouvement de l'offre et de la demande qui détermine le prix courant des terres, soit qu'il s'agisse de les vendre ou simplement d'en louer l'usage. Comme toute autre marchandise, la terre hausse de prix lorsqu'elle est beaucoup demandée et peu offerte; elle baisse lorsque l'inverse a lieu.

Mais il n'est pas facile de savoir quand le prix courant de la terre se confond avec son prix naturel, et cette difficulté, qui tient à la nature des choses, a donné lieu aux appréciations les plus erronées sur la légitimité de certaines portions du revenu foncier.

Les erreurs que l'on commet à cet égard proviennent de ce qu'on ne se forme pas une idée bien nette des frais généraux d'appropriation de la terre, non plus que de la manière dont ces frais doivent être répartis sur chacune des parties du sol approprié.

Nous savons de quoi se composent les frais d'appropriation de la terre; étudions maintenant comment ils doivent être distribués pour constituer le prix naturel de chacun des fragments du sol.

Nous avons remarqué dans la leçon précédente que les diverses industries qui concourent à l'appropriation du sol ne peuvent être ni plus ni moins profitables que les autres branches de la production; mais qu'en vertu de la nature même de l'objet auxquelles elles s'appliquent, ces industries ont un caractère essentiellement aléatoire. Nous allons voir pourquoi.

Il existe une extrême inégalité entre les terres. Les unes sont plus propres à servir de siége à la population et à l'industrie soit agricole, soit industrielle ou minérale, les autres le sont moins. Cette inégalité a été niée, je ne l'ignore pas. Quelques novateurs ont proclamé « l'égalité des terres, » comme feu Jacotot avait proclamé « l'égalité des intelligences. » Au dire de ces Jacotots de l'économie politique, toutes les terres contiendraient la même quantité de forces productives, et les différences qui se manifestent entre elles proviendraient seulement du plus ou moins d'intelligence et d'habileté avec lesquelles elles sont exploitées. Je ne m'arrêterai pas à discuter cette opinion qui place sur la même ligne la Normandie et les Landes, les prairies des *polders* et les sables de la Campine, l'île de Cuba et le Spitzberg. Je crois, pour ma part, que les mêmes inégalités qui existent parmi les intelligences se reproduisent parmi les terres. Seulement, je crois aussi que ces inégalités naturelles, dont on essayerait en vain de nier l'existence, n'ont rien de fixe, rien de permanent, soit qu'il s'agisse des hommes ou des terres. Ainsi, dans l'enfance des sociétés, les facultés purement physiques ayant un rôle considérable dans la production, sont particulièrement estimées, tandis que d'autres facultés d'un ordre plus relevé, mais qui ne trouvent pas encore leur emploi, telles que les facultés artistiques ou littéraires, n'ont aucune valeur. C'est dans cette première période de la civilisation qu'Hercule est mis au rang des demi-dieux, tandis qu'Homère est réduit à mendier son pain. Mais que l'on franchisse un intervalle de quelques milliers d'années, et la situation aura bien changé. Des hercules plus robustes que leur fabuleux devancier seront réduits à *travailler* dans les théâtres forains, moyennant un salaire de trente sous par jour, tandis que des poètes qui ne vaudront pas Homère deviendront millionnaires. L'inégalité continuera de subsister dans cette nouvelle phase de la Civilisation ; mais l'ordre dans lequel elle se manifestait jadis se sera modifié. Ce qui est vrai pour les facultés productives de l'homme ne l'est pas moins pour celles de la terre. Lorsque l'industrie humaine était peu avancée, les terres qui fournissaient avec le plus d'abondance les éléments de la subsistance du nombreux personnel requis pour la production étaient généralement préférées, et elles devenaient le siége de la civilisation. C'étaient l'Égypte, la Mésopotamie, l'Inde. Mais plus tard l'industrie humaine s'étant perfectionnée, et la force mécanique ayant peu à peu été substituée à la force physique, les terres qui renfermaient le plus d'éléments propres à la construction et à l'entretien des outils et des machines ont été préférées à leur tour. L'Angleterre, la Belgique, le nord de la France et de l'Allemagne, jadis incultes et presque déserts, sont devenus d'admirables foyers de civilisation, tandis que la barbarie a envahi les vieux berceaux de l'humanité. L'inégalité subsiste toujours, mais c'est en sens inverse.

Cette inégalité naturelle des facultés productives de la terre

n'a donc rien de fixe ni de permanent, mais son existence n'en
est pas moins incontestable. Qu'en résulte-t-il? C'est que les
industries qui concourent à mettre la terre au service de la
production ont un caractère essentiellement chanceux, aléatoire; c'est qu'on peut faire des frais considérables pour découvrir et occuper des terres, dont on ne tirera aucun profit, tandis
que d'autres terres dont la découverte et l'occupation auront été
bien moins coûteuses rapporteront de gros bénéfices.

Je ne saurais mieux comparer, sous ce rapport, les industries
qui concourent à l'appropriation du sol, qu'à la pêche des
perles. Parmi les hommes qui se livrent à cette industrie, les
uns y trouvent à peine de quoi subsister, sans parler de ceux
qui périssent sous la dent des requins; les autres, et c'est le
plus grand nombre, en retirent un profit modéré; quelques-uns
enfin, qui ont « la main heureuse » rencontrent des perles
d'une dimension extraordinaire et ils font fortune. On dit de
ceux-ci qu'ils ont une bonne chance; de ceux-là qu'ils en ont
une mauvaise. Mais, somme toute, ces deux chances se com-
pensent. Si la mauvaise l'emportait sur la bonne, si, en conséquence, l'industrie des pêcheurs de perles ne procurait point
des bénéfices équivalents à ceux des autres branches de la production, elle ne tarderait pas à être abandonnée; si elle donnait
des bénéfices supérieurs, la concurrence y serait attirée jusqu'à
ce que l'équilibre se fût rétabli. On peut donc dire du pêcheur
qui a trouvé une perle d'une dimension extraordinaire, qu'il a
été favorisé par la fortune, mais on ne peut pas dire qu'il soit
un privilégié. Il a mis à la loterie et il a gagné tandis que
d'autres ont perdu. Voilà tout. Eh bien! il en est de même
dans les industries qui concourent à l'appropriation du sol.
Certaines terres ne rapportent pas ce qu'elles ont coûté, d'autres

couvrent leurs frais ni plus ni moins, quelques-unes enfin procurent des profits extraordinaires. Ici, c'est la Terre de Feu ou le Groenland, là c'est Cuba, la perle des Antilles. Mais considérez dans son ensemble l'industrie de l'appropriation des terres, et vous vous convaincrez que ses bonnes chances ne dépassent pas les mauvaises. Examinez, par exemple, ce qu'ont coûté la découverte et l'occupation du Nouveau Monde depuis la Terre de Feu jusqu'au Groenland, examinez encore quels ont été les frais de défrichement des parties du sol américain qui se trouvent maintenant en cours d'exploitation, et vous pourrez vous assurer que c'est tout au plus si le produit, en y comprenant la plus value escomptable que l'avenir réserve à ce vaste continent, a couvert la dépense. Comptez le nombre des navigateurs et des soldats, ainsi que la masse des capitaux qui ont été sacrifiés avant que la découverte et l'occupation fussent achevées ; comptez les tentatives de colonisation qui ont échoué, les établissements qui ont dû être abandonnés avant d'avoir donné un produit, et vous vous trouverez en présence d'un passif énorme. Or, ce passif doit être couvert, et comme dans le cas de la pêche des perles, il ne peut l'être que par les bénéfices extraordinaires que procurent certaines entreprises, et qui balancent les pertes que l'on a éprouvées sur d'autres.

Telles sont les circonstances auxquelles il faut avoir égard quand on calcule le prix naturel des terres. C'est l'ensemble des terres appropriées qu'il faut considérer, et non tel ou tel fragment du sol. De même qu'il serait absurde de considérer isolément la perle d'une dimension extraordinaire, que le plongeur a trouvée sans se donner plus de peine que s'il s'agissait de la perle la plus commune, et qu'il vend cependant mille fois plus cher, de même qu'il serait absurde de dire que le prix courant de cette perle est supérieur à son prix naturel, sans avoir examiné quelle part doit lui incomber dans les frais généraux de la pêcherie, il serait absurde de dénoncer comme inique, comme entaché de privilége, le prix élevé de vente ou de location qu'obtiennent certaines terres, sans avoir préalablement examiné quelle part doit leur être attribuée dans les frais généraux de l'industrie de l'appropriation du sol.

Il n'en est pas moins vrai que dans certaines circonstances le prix courant de vente ou de location de la terre, en tenant compte des inégalités qui viennent d'être signalées, peut tomber au dessous de son prix naturel ou s'élever au dessus.

PREMIER CAS. *Que le prix courant de vente ou de location de la terre peut tomber au dessous de son prix naturel.*

Dans la plupart des pays neufs, la valeur des terres demeure communément bien au dessous de la somme des frais qu'il a fallu faire pour les approprier à la production. C'est à ce point que les gouvernements qui possèdent la plus grande partie du sol de ces pays, non seulement le concèdent gratis à ceux qui veulent le mettre en valeur, mais encore qu'ils accordent aux colons des subventions et des priviléges de diverses sortes. Qu'est-ce que cela prouve? Évidemment que la terre n'a dans ces pays aucune valeur actuelle, puisque ses possesseurs consentent à la donner pour rien, voire même à subventionner ceux qui sont disposés à la mettre en culture. Elle n'a que la chance d'acquérir une valeur, à mesure que la population et la richesse viendront s'y concentrer, mais cette chance peut tarder longtemps à se réaliser. En attendant, la terre coûte souvent beaucoup plus qu'elle ne rapporte, et c'est peut-être alors un bon calcul de la concéder gratuitement ou même avec une subvention, afin de hâter le moment où elle acquerra une valeur, où elle pourra, en conséquence, fournir sa quote-part à l'impôt.

Dans les pays où la terre est exploitée au moyen de l'esclavage ou du servage, elle n'a généralement aucune valeur propre. Cela tient à ce que la quantité en est illimitée par rapport à celle des autres agents productifs et, en particulier, du travail, ou ce qui revient au même, à ce que cette quantité dépasse la proportion utile. Comment donc se fait-il qu'on trouve avantage à la posséder? D'où provient le bénéfice qu'on en retire?

Ce bénéfice provient du capital et du travail qu'on y applique, et c'est la servitude qui en est la source. Les propriétaires d'esclaves ou de serfs ne retirent aucun revenu des terres qu'ils occupent, ou ils n'en retirent qu'un revenu insignifiant; en revanche, ils bénéficient de l'exploitation du travail de leurs esclaves ou de leurs serfs, et c'est grâce à ce bénéfice qu'ils trouvent avantage à posséder la terre. Que l'esclavage ou le servage vienne à être aboli, et les anciens propriétaires cesseront d'occuper le sol, ou ils n'en occuperont plus qu'une faible portion, faute de pouvoir en tirer parti. Tel a été le cas, par exemple, aux Antilles anglaises, et surtout à la Guyane, lors de l'émancipation des nègres. La même situation existait en Russie, où la terre s'évaluait naguère, comme le remarque un économiste russe, M. Alexandre Boutowski, non d'après son étendue, mais d'après le nombre des *âmes* qui y étaient attachées par les liens du servage (1).

---

(1) « Chez nous, dit M. Boutowski, on évalue ordinairement les terres d'après le *nombre* des âmes. Il serait bien plus juste de les apprécier d'après la *qualité* de ces âmes. A l'état de libre culture, la fertilité du sol, la situation

Mais nous avons remarqué déjà, à propos des autres agents productifs, qu'une telle situation ne saurait se perpétuer. Quand un agent productif ne retire pas de la production une part suffi-

---

de la terre et le prix courant des produits seront toujours les régulateurs uniques de la rente foncière : dans la Russie d'Europe, à ces conditions vient s'en joindre une autre infiniment plus importante, et dont l'absence paralyse les avantages inhérents aux premières. Nous voulons parler des qualités morales et physiques des serfs que le propriétaire emploie pour la culture de sa terre. Il n'y a pas à douter qu'à l'aide d'un nombre égal de serfs, sur une égale étendue de terrain, avec le même capital et dans des conditions équivalentes de fertilité, de situation et de prix courant, de deux seigneurs celui-là obtiendra un revenu plus considérable qui aura en partage des serfs plus aptes au travail et d'une conduite meilleure.

« Le revenu d'un bien auquel se trouvent attachés des serfs se décompose en deux parties diverses : en revenu provenant de l'exploitation seigneuriale proprement dite (ousadjba), et en revenu provenant de la redevance que les serfs payent pour eux et pour la terre qu'ils occupent.

« ... Peut-on comparer cette redevance du serf au fermage payé par un libre contractant? Sans aucun doute, une partie de cette redevance présente toutes les propriétés du fermage, mais il y entre un tribut personnel, auquel ne se trouve jamais assujetti le fermier libre. Ce tribut frappe le travail du paysan, même lorsqu'il ne jouit pas de la terre. La domesticité et l'obroc (redevance en argent) payé par les serfs autorisés à se rendre dans les villes pour y exercer certaines industries, sont des modes de paiement de ce tribut, que les serfs jouissent ou non de la terre. Cette contribution personnelle, espèce de capitation, constitue toujours au profit du seigneur un revenu net ; mais là source de ce revenu n'est pas, comme celle de la rente foncière, dans les avantages naturels de la terre occupée par les paysans ; elle est dans le travail de ces derniers. La partie de la redevance du serf, constituant la rente foncière proprement dite, ne peut exister que sous certaines conditions spéciales.

« Si le prix courant des produits est si bas, qu'il couvre à peine les frais de production sur les terres les plus fertiles, le seigneur ne peut exiger du paysan

sante pour couvrir son prix naturel ; quand, en conséquence, les autres agents obtiennent, à ses dépens, une prime ou rente, ceux-ci sont invinciblement attirés dans la contrée où ce

---

aucune rente, et même le tribut personnel doit être très modéré, pour ne pas écraser le paysan sous un fardeau trop lourd. Dans une pareille situation, ce tribut est généralement acquitté en corvées ; le paysan n'est pas en état de payer le moindre obroc en argent, par suite du bas prix des produits, aussi bien que par suite de l'incapacité ou de l'impossibilité dans laquelle il se trouve de les vendre aux marchés les plus rapprochés. Dans de telles conditions, une corvée trop lourde, qui enlèverait trop de travail aux paysans, pourrait les ruiner complétement. Vous entendrez souvent dire aux seigneurs de quelques districts qu'ils ne peuvent supporter la dépense d'un travail loué ; cela se conçoit, car le prix courant de la localité ne leur permet de tirer de la terre que les moyens de subsister, et tout leur revenu net ne consiste qu'en un tribut personnel des serfs, lequel serait complétement, et même au delà, absorbé par le salaire.

« Dans les districts où le prix courant des produits est plus élevé, la corvée fournit aux seigneurs, non seulement un tribut personnel, mais encore une rente foncière. » ALEXANDRE BOUTOWSKI, *Essai sur la richesse nationale et sur les principes de l'économie politique.*

L'auteur des *Études sur les forces productives de la Russie*, M. de Tegoborski, donne sur la situation économique de ce pays, avant l'abolition du servage, des renseignements qui concordent de tous points avec ceux-là :

« Par suite de la disproportion qui existe, dit-il, dans une grande partie de l'empire, entre la population et l'étendue du sol, nous nous trouvons, en ce qui concerne la valeur des terrains productifs et la valeur du travail, dans une situation tout à fait différente de celle de tous les autres pays. Ailleurs le terrain a ordinairement plus de valeur que le travail ; chez nous c'est l'inverse. Dans les estimations des biens-fonds, c'est ordinairement le nombre des paysans, et non l'étendue du sol productif, qui sert de base. La fécondité du sol entre bien pour quelque chose dans cette estimation, et c'est de là que dérive la différence de la valeur du paysan d'un gouvernement à l'autre, mais ce

phénomène se produit, et l'équilibre se rétablit à la longue. Mais, en attendant, la possession de l'agent qui demeure privé d'une portion de sa part nécessaire constitue une charge au lieu d'être un avantage. C'est ainsi que, dans les pays à esclaves, la possession de la terre ne procure le plus souvent aucun bénéfice, qu'elle est même onéreuse quand elle n'est pas accompagnée de celle d'un atelier d'esclaves. C'est le gain que l'on réalise sur les esclaves qui couvre, en ce cas, la perte que l'on subit sur la terre; c'est la *rente* que l'on retire du travail qui couvre la *non-rente* que coûte la terre. Si la première ne dépasse

---

n'est toujours qu'un élément secondaire du prix estimatif. Par une suite naturelle de cet état de choses, on s'attache bien moins à tirer du sol le plus grand parti possible, à en maintenir la fertilité ou à l'augmenter qu'à utiliser le plus avantageusement les bras dont on peut disposer. Ce rapport entre la valeur du sol et celle du travail commence déjà à se modifier dans quelques contrées, car il y a telle province où les terrains, sans paysans attachés à la glèbe, n'avaient presque pas de valeur et se vendaient, il y a vingt ou trente ans, à cinq roubles la dessiatine, qui se payent aujourd'hui au quintuple et même au décuple de ce prix. C'est surtout dans la Nouvelle-Russie que ce changement favorable dans la valeur des biens-fonds s'est opéré avec le plus de rapidité. Ainsi, par exemple, dans le gouvernement de Kherson, une dessiatine de bonne terre se vendait, en 1810, un double assignat et même au dessous. Vers 1815 on la payait déjà cinq ou six roubles assignats. Maintenant le prix est de dix roubles argent, et il n'y a que quelques contrées où l'on puisse en acheter encore à moins de quatre roubles argent la dessiatine.

" Ce progrès s'étendra sans doute de plus en plus avec l'accroissement de la population ; mais il n'en est pas moins vrai que l'état anormal que nous venons de signaler est pour le moment et sera, probablement encore longtemps, dans la plus grande partie de la Russie, le trait caractéristique de notre situation agricole. " L. DE TEGOBORSKI, *Études sur les forces productives de la Russie*, t. Ier, p. 314.

pas la seconde, — et ce cas peut se présenter par exemple
lorsque le prix d'achat et d'entretien des esclaves est élévé, et
le produit de leur travail à bas prix, — il n'y aura aucun
profit à exploiter la terre, même au moyen de l'esclavage.
Il vaudra mieux l'abandonner, à moins que le montant annuel
de ses frais d'occupation ne demeure au dessous de la valeur
future et escomptable que l'état politique et économique
du monde, la direction que prennent la population et la
richesse, pourront lui donner, à une époque plus ou moins
prochaine.

SECOND CAS. *Que le prix courant de vente ou de location de la
terre peut s'élever au dessus de son prix naturel.*

Supposons que les progrès de l'industrie accumulent une
masse croissante de travail et de capital, dans un pays dont la
surface exploitable est limitée, et que des obstacles de différente
sorte, obstacle naturel des distances, obstacle artificiel des barrières douanières, empêchent la population de ce pays de tirer
du dehors une portion de sa subsistance, qu'arrivera-t-il? Il
arrivera que les terres propres à la production des substances
alimentaires y seront de plus en plus demandées, sans que
l'offre puisse se maintenir au niveau de la demande. Si les
grains sont le principal aliment de la population, les terres les
plus propres à la production des céréales seront demandées et
mises en culture les premières. La population continuant à
s'accroître, on appliquera à la même culture des terrains qui y
sont moins propres. Ainsi de suite. Mais à mesure que l'on consacrera à la production des substances alimentaires des terrains de moins en moins propres à ce genre de production, on
verra se manifester les phénomènes que voici : on verra, en
admettant toutefois que l'agriculture demeure stationnaire,

hausser le prix des substances alimentaires et la valeur des terres employées à les produire.

Aussi longtemps que les terres spécialement propres à la production des denrées alimentaires seront seules utilisées, le prix de ces denrées ne haussera point. Mais aussitôt que ces *instruments supérieurs* ne pourront plus suffire, aussitôt qu'on sera obligé de recourir à des *instruments inférieurs,* le prix des subsistances ne manquera pas de s'élever. Ou pour mieux dire, ce sera l'insuffisance des subsistances produites à l'aide des premiers, insuffisance dont la conséquence inévitable sera une hausse du prix, qui permettra d'utiliser les seconds. Ceux-ci cessant à leur tour de suffire aux besoins d'une population croissante, une nouvelle hausse se produira, laquelle permettra d'utiliser des terrains encore plus mauvais, puis d'autres, jusqu'à ce que toute la surface exploitable se trouve utilisée. Pendant toute cette période de hausse du prix des subsistances, occasionnée en premier lieu par l'augmentation de la demande, en second lieu par la nécessité de recourir à des terrains de plus en plus mauvais, eu égard à l'état des ressources et des connaissances agricoles, la terre ne manquera pas de hausser d'une manière parallèle ; mais cette hausse ne se distribuera pas également sur toute la surface du territoire. Elle sera proportionnée à l'aptitude des terres à produire des substances alimentaires. Les terres les plus propres à ce genre de production hausseront davantage, les autres hausseront moins. En d'autres termes, la *prime* ou *rente* dont les détenteurs du sol jouiront dans cet état de la société, par suite de l'insuffisance relative de l'agent productif dont ils disposent, cette *prime* ou *rente* sera plus ou moins élevée selon que la terre sera plus ou moins propre à produire les denrées alimentaires dont la demande se sera augmentée.

Les phénomènes économiques dont je viens de donner un aperçu ont été décrits et formulés avec une netteté et une précision remarquables par Ricardo, qui a fondé, sur l'observation de ces phénomènes, sa célèbre théorie de la rente de la terre, théorie incomplète à divers égards, mais qui s'applique parfaitement au cas particulier dont nous nous occupons (1).

---

(1) Je crois utile de reproduire ici cette théorie, telle que l'illustre économiste anglais l'a formulée lui-même. Il serait impossible d'exposer, dans un langage plus net et plus scientifique, le phénomène de l'accroissement successif du prix courant de vente ou de location du sol, soit que ce prix se borne à atteindre le niveau du prix naturel, soit qu'il vienne à le dépasser.

" La rente est cette portion du produit de la terre que l'on paye au propriétaire pour avoir le droit d'exploiter les facultés productives et impérissables du sol. Cependant on confond souvent la rente avec l'intérêt et le profit du capital, et dans le langage vulgaire on donne le nom de rente à tout ce que le fermier paye annuellement au propriétaire.

" Supposons deux fermes contiguës, ayant une même étendue et un sol d'une égale fertilité, mais dont l'une, pourvue de tous les bâtiments et instruments utiles à l'agriculture, est de plus bien entretenue, bien fumée et convenablement entourée de haies, de clôtures et de murs, tandis que tout cela manque à l'autre. Il est clair que l'une s'affermera plus cher que l'autre; mais dans les deux cas on appellera rente la rémunération payée au propriétaire. Il est cependant évident qu'une portion seulement de l'argent serait payée pour exploiter les propriétés naturelles et indestructibles du sol, le reste représenterait l'intérêt du capital consacré à amender le terrain et à ériger les constructions nécessaires pour assurer et conserver le produit. Adam Smith donne parfois au mot rente le sens rigoureux dans lequel je cherche à le restreindre, mais le plus souvent il l'emploie dans le sens vulgairement usité... Quand je parlerai de la rente, je ne désignerai sous ce mot que ce que le fermier paye au propriétaire pour le droit d'exploiter les facultés primitives et indestructibles du sol.

" Lorsque des hommes font un premier établissement dans une contrée riche

Cette théorie de la rente de la terre, qui est un des plus

---

et fertile, dont il suffit de cultiver une très petite étendue pour nourrir la population, ou dont la culture n'exige pas plus de capital que n'en possèdent les colons, il n'y a point de rente ; car qui songerait à acheter le droit de cultiver un terrain, alors que tant de terres restent sans maître et sont par conséquent à la disposition de quiconque voudrait les cultiver ?

« Par les principes ordinaires de l'offre et de la demande, il ne pourrait être payé de rente pour la terre, par la même raison qu'on n'achète point le droit de jouir de l'air, de l'eau, ou de tous les autres biens qui existent dans la nature en quantités illimitées. Moyennant quelques matériaux, et à l'aide de la pression de l'atmosphère et de l'élasticité de la vapeur, on peut mettre en mouvement des machines qui abrègent considérablement le travail de l'homme ; mais personne n'achète le droit de jouir de ces agents naturels, qui sont inépuisables et que tout le monde peut employer. De même le brasseur, le distillateur, le teinturier emploient continuellement l'air et l'eau dans la fabrication de leurs produits ; mais comme la source de ces agents est inépuisable, ils n'ont point de prix. Si la terre jouissait partout des mêmes propriétés, si son étendue était sans bornes, et sa qualité uniforme, on ne pourrait rien exiger pour le droit de la cultiver, à moins que ce ne fût là où elle devrait à sa situation quelques avantages particuliers. C'est donc uniquement parce que la terre varie dans sa force productive, et parce que, dans le progrès de la population, les terrains d'une qualité inférieure, ou moins bien situés, sont défrichés, qu'on en vient à payer une rente pour avoir la faculté de les exploiter. Dès que par suite des progrès de la société on se livre à la culture des terrains de fertilité secondaire, la rente commence pour ceux des premiers, et le taux de cette rente dépend de la différence dans la qualité respective des deux espèces de terre.

« Dès que l'on commence à cultiver des terrains de troisième qualité, la rente s'établit aussitôt pour ceux de la seconde, et est réglée de même par la différence dans leurs facultés productives. La rente des terrains de première qualité hausse en même temps, car elle doit se maintenir toujours au dessus de celle de la seconde qualité, et cela en raison de la différence de produits

beaux fleurons de la couronne scientifique de Ricardo, quoi-

---

que rendent ces terrains avec une quantité donnée de travail et de capital.
A chaque accroissement de population qui force un peuple à cultiver des terrains d'une qualité inférieure pour en tirer des subsistances, le loyer des
terrains supérieurs haussera.

» Supposons que les terrains nᵒˢ 1, 2, 3, rendent, moyennant l'emploi d'un
même capital, un produit net de 100, 90 et 80 quarters (*) de blé. Dans un
pays neuf où il y a quantité de terrains fertiles, par rapport à la population, et
où par conséquent il suffit de cultiver le nᵒ 1, tout le produit net restera au
cultivateur, et sera le profit du capital qu'il a avancé. Aussitôt que l'augmentation de population sera devenue telle qu'on soit obligé de cultiver le nᵒ 2,
qui ne rend que 90 quarters, les salaires des laboureurs déduits, la rente
commencera pour les terres nᵒ 1 ; car il faut, ou qu'il y ait deux taux de profits du capital agricole, ou que l'on enlève dix quarters de blé ou leur équivalent, du produit nᵒ 1 pour les consacrer à un autre emploi. Que ce soit le
propriétaire ou une autre personne qui cultive le terrain nᵒ 1, ces dix quarters
en constitueront toujours la rente, puisque le cultivateur du nᵒ 2 obtiendrait
le même résultat avec son capital, soit qu'il cultivât le nᵒ 1, en payant dix
quarters de blé de rente, soit qu'il continuât à cultiver le nᵒ 2 sans payer de
loyer. De même, il est clair que lorsqu'on aura commencé à défricher les terrains nᵒ 2, la rente du nᵒ 2 devra être de dix quarters de blé ou de leur
valeur, tandis que la rente du nᵒ 1 devra atteindre vingt quarters ; le cultivateur du nᵒ 3 ayant le même profit, soit qu'il cultive le terrain nᵒ 1 en payant
vingt quarters de rente, soit qu'il cultive le nᵒ 2 en en payant dix, soit enfin
qu'il cultive le nᵒ 3 sans payer de rente.

» Il arrive assez souvent qu'avant de défricher les nᵒˢ 2, 3, 4, ou les terrains
de qualité inférieure, on peut employer les capitaux d'une manière plus productive dans les terres déjà cultivées. Il peut arriver qu'en doublant le capital
primitif employé dans le nᵒ 1, le produit, quoiqu'il ne soit pas doublé ou augmenté de cent quarters, augmente cependant de quatre-vingt-cinq quarters,

(*) Un quarter équivaut à 2 hectolitres 90,784.

qu'elle eût déjà été indiquée par Anderson (1), et reproduite

---

quantité qui surpasse ce que pourrait rendre ce capital additionnel, si on le consacrait à la culture du terrain n° 3.

« Dans ce cas, le capital sera employé de préférence sur le vieux terrain, et constituera également une rente : la rente étant toujours la différence entre les produits obtenus par l'emploi de deux quantités égales de capital et de travail. Si avec un capital de 1,000 l. st. un fermier retirait de sa terre cent quarters de blé, et que par l'emploi d'un second capital de 1,000 l. st., il eût un surcroît de produits de quatre-vingt-cinq quarters, son propriétaire serait en droit, à l'expiration du bail, d'exiger de lui quinze quarters ou une valeur équivalente, à titre d'augmentation de rente ; car il ne peut y avoir deux taux différents pour les profits. Si le fermier consent à payer quinze quarters de blé en raison de l'augmentation de produits obtenue par l'addition de 1,000 l. st. de capital, c'est parce qu'il ne saurait en faire un emploi plus profitable. Ce serait là le taux courant proportionnel des profits ; et si l'ancien fermier n'acceptait pas la condition, un autre se présenterait bientôt, prêt à payer au propriétaire un excédant de rente proportionné au profit additionnel qu'il pourrait retirer de sa terre.

« Dans ce cas, comme dans le précédent, le dernier capital employé ne donne pas de rente. Le fermier paye, à la vérité, quinze quarters de rente, eu égard à l'augmentation du pouvoir productif des premières 1,000 l. st.; mais pour l'emploi des secondes 1,000 l. st., il ne paye pas de rente. S'il venait à employer sur la même terre un troisième capital de 1,000 l. st., produisant en retour soixante-quinze quarters de plus, il payerait alors pour le second capital de 1,000 l. st., une rente qui serait égale à la différence entre le produit des deux capitaux, c'est à dire à deux quarters ; la rente des premières 1,000 l. st. hausserait de quinze à vingt-cinq quarters ; et les dernières 1,000 l. st. ne payeraient point de rente.

« S'il y avait donc beaucoup plus de terres fertiles qu'il n'en faut pour fournir les subsistances nécessaires à une population croissante, ou s'il était possible d'augmenter le capital employé à la culture des vieux terrains, sans qu'il y eût aucune diminution de produits, la hausse des rentes deviendrait impos-

par West et Malthus, a été vivement attaquée à une époque ré-

sible, la rente étant l'effet constant de l'emploi d'une plus grande quantité de travail donnant moins de produits.

« Les terres les plus fertiles et les mieux situées seraient les premières cultivées, et la valeur échangeable de leurs produits serait réglée, comme celle des autres denrées, par la somme de travail nécessaire à leur production et à leur transport jusqu'au lieu de la vente.

« La valeur échangeable d'une denrée quelconque, qu'elle soit le produit d'une manufacture, d'une usine, ou de la terre, n'est jamais réglée par la plus petite somme de travail nécessaire pour sa production dans des circonstances extrêmement favorables, et qui constituent une sorte de privilége. Cette valeur dépend au contraire de la plus grande quantité de travail industriel que sont forcés d'employer ceux qui n'ont point de pareilles facilités, et ceux qui, pour produire, ont à lutter contre les circonstances les plus défavorables. Nous entendons par circonstances les plus défavorables celles sous l'influence desquelles il est plus difficile d'obtenir la quantité nécessaire de produits.

« C'est ainsi que dans un établissement de bienfaisance où l'on fait travailler les pauvres au moyen de dotations, le prix des objets qui y sont fabriqués sera, en général, réglé, non d'après les avantages particuliers accordés à cette sorte d'ouvriers, mais d'après les difficultés ordinaires et naturelles que tout autre ouvrier aura à surmonter. Le fabricant qui ne jouirait d'aucun de ces avantages pourrait, à la vérité, n'être plus en état de soutenir la concurrence, si ces ouvriers favorisés pouvaient suppléer à tous les besoins de la société ; mais s'il se décidait à continuer son industrie, ce ne serait qu'autant qu'il retirerait toujours de son capital les profits ordinaires, ce qui ne pourrait arriver s'il ne vendait ses articles à un prix proportionné à la quantité de travail industriel consacré à leur production.

« ... Ce qui fait donc hausser la valeur comparative des produits naturels, c'est l'excédant de travail consacré aux dernières cultures, et non la rente qu'on paye au propriétaire. La valeur du blé se règle d'après la quantité de travail employée à le produire sur les dernières qualités de terrains ou d'après cette portion de capital qui ne paye pas de rente. Le blé ne renchérit pas,

cente. On a nié que les phénomènes décrits par Ricardo pussent

---

parce qu'on paye une rente ; et l'on a remarqué, avec raison, que le blé ne baisserait pas lors même que les propriétaires feraient l'entier abandon de leurs rentes. Cela n'aurait d'autre effet que de mettre quelques fermiers dans le cas de vivre en seigneurs, mais ne diminuerait nullement la quantité de travail nécessaire pour faire venir des produits bruts sur les terrains cultivés les moins productifs.

⋅ Rien n'est plus commun que d'entendre parler des avantages que possède a terre sur toute autre source de production utile, et cela en raison du surplus qu'on en retire sous la forme de rente. Et cependant à l'époque où les terrains sont le plus fertiles, le plus abondants, le plus productifs, ils ne donnent point de rente ; et ce n'est qu'au moment où ils s'appauvrissent, — le même travail donnant moins de profit, — qu'on détache une partie du produit primitif des terrains de premier ordre, pour le paiement de la rente. Il est assez singulier que cette qualité de la terre, qui aurait dû être regardée comme un désavantage, si on la compare aux agents naturels qui secondent le manufacturier, ait été considérée au contraire comme ce qui lui donnait une prééminence marquée. Si l'eau, l'air, l'élasticité de la vapeur et la pression de l'atmosphère pouvaient avoir des qualités variables et limitées ; si l'on pouvait, de plus, se les approprier, tous ces agents donneraient une rente, qui se développerait à mesure que l'on utiliserait leurs différentes qualités. Plus on descendrait dans l'échelle des qualités, et plus hausserait la valeur des produits fabriqués avec ces agents, parce que des quantités égales de travail industriel donneraient moins de produits. L'homme travaillerait plus de son corps, la nature ferait moins, et la terre ne jouirait plus d'une prééminence fondée sur la limitation de ses forces.

⋅ Si l'excédant de produit qui forme la rente des terres est réellement un avantage, il est à désirer alors que, tous les ans, les machines récemment construites deviennent moins productives que les anciennes. Cela donnerait, en effet, plus de valeur aux marchandises fabriquées, non seulement avec ces machines, mais avec toutes celles du pays ; et l'on payerait alors une rente à tous ceux qui posséderaient les machines les plus productives.

⋅ La hausse des rentes est toujours l'effet de l'accroissement de la richesse

se produire. On a affirmé que toutes les terres étaient « égales » et, selon toute apparence aussi, également propres à la production du blé et des autres substances alimentaires, ou que si elles étaient inégales, bien loin de mettre les meilleures en culture les premières, on commençait par les plus mauvaises ; en sorte que le prix des subsistances devait inévitablement baisser partout et toujours à mesure que l'on mettait de nouvelles terres en culture (1) ; que cette dernière assertion se trouvait d'ailleurs confirmée par les faits, le prix des subsistances

---

nationale et de la difficulté de se procurer des subsistances pour le surcroît de population : c'est un signe, mais ce n'est jamais une cause de la richesse ; car la richesse s'accroît souvent très rapidement pendant que la rente reste stationnaire, ou même pendant qu'elle baisse. La rente hausse d'autant plus rapidement que les terrains disponibles diminuent de facultés productives. Là où la richesse augmente avec le plus de vitesse, c'est dans les pays où les terres disponibles sont le plus fertiles, où il y a le moins de restrictions à l'importation, où, par des améliorations dans l'agriculture, on peut multiplier les produits, sans aucune augmentation proportionnelle dans la quantité de travail, et où, par conséquent, l'accroissement des rentes est lent (*). »

Ricardo remarque ensuite que les améliorations en agriculture, et particulièrement celles qui développent les facultés productives du sol, ont pour résultat de diminuer la rente, en permettant d'abandonner la culture des terrains de qualité inférieure. Si ces améliorations étaient considérables, il pourrait arriver, ajoute-t-il, que la rente de la terre baisserait quand même la population croîtrait en nombre et en richesse.

(Note de la page 378) Dans un ouvrage intitulé : *An inquiry into the nature of the cornlaws*, etc. — Recherches sur la nature des lois relatives aux céréales, etc. Édimbourg, 1777, in-8°.

(1) Assertion de M. Carey.

(*) RICARDO, *Principes de l'économie politique*, chap. II. — *De la rente de la terre.*

n'ayant cessé de baisser, particulièrement en Europe (1); enfin qu'il n'était pas possible que la terre se trouvât, en aucun temps et sur aucun point du globe, en déficit relativement aux autres agents productifs; qu'elle ne pouvait, en conséquence, jamais rapporter au delà de la somme nécessaire pour la mettre au service de la production et l'y maintenir; qu'elle ne pouvait, en un mot, jamais donner une *rente*.

Il est bien vrai que l'inégalité des terres n'a nullement un caractère fixe, permanent; nous avons remarqué déjà qu'elle se modifie d'une manière incessante sous l'influence de progrès; mais il n'en faut pas moins être singulièrement aveuglé par l'esprit de système pour nier son existence. Il est bien vrai aussi que le soin de leur sécurité oblige fréquemment les hommes, dans les premières périodes de la civilisation, à cultiver les terres les plus faciles à défendre, alors même qu'elles ne sont pas les plus fertiles; il est bien vrai enfin, et à cet égard les assertions de M. Carey joignent au mérite d'être neuves celui d'être exactes, que les progrès de l'agriculture et de l'industrie permettent, à certaines époques, d'utiliser avec grand profit des terres dont on ne pouvait auparavant tirer aucun parti; mais il n'en est pas moins avéré qu'eu égard à l'état

---

(1) Assertion de M. Fontenay. — *Du revenu foncier.*

Dans cet ouvrage, où se manifestent d'ailleurs les plus rares qualités de style et de pensée, M. de Fontenay prétend encore que le salaire des ouvriers a *triplé* depuis un siècle. Or, comme il y a un siècle, les ouvriers ne pouvaient recevoir moins que la somme nécessaire pour s'entretenir et se renouveler, il s'ensuivrait qu'ils recevraient de nos jours trois fois plus qu'il ne leur faut pour subvenir à leur entretien et à celui de leur famille. Je laisse à juger si les faits s'accordent avec la théorie de M. de Fontenay.

actuel de l'agriculture et de l'industrie, on va généralement des
meilleures terres aux plus mauvaises; en outre, qu'il peut arriver que les terres spécialement propres à la production des
subsistances ne suffisent pas dans un pays pour subvenir aux
besoins de la consommation. Quant à l'assertion de M. de Fontenay, qui sert de preuve aux précédentes, savoir que le prix
des subsistances n'a cessé de baisser, sous l'influence de la mise
en culture successive de terrains meilleurs à l'aide de méthodes
et d'instruments agricoles plus parfaits, elle me paraît être tout
juste à l'opposé de la vérité.

C'est un fait malheureusement avéré que le prix des subsistances a été continuellement en hausse depuis un siècle, du
moins dans la partie du monde où nous vivons. Cependant,
dans cette période, les progrès des instruments et des méthodes
agricoles ont été incessants et considérables. Eh bien ! tandis
que le progrès industriel abaissait dans la proportion de la moitié
ou des deux tiers, les prix de la plupart des objets manufacturés,
tout ce que le progrès agricole a pu faire, ç'a été de neutraliser
en partie la tendance des substances alimentaires à hausser de
prix, tendance qui était visiblement un résultat de la nécessité
où se trouvait une population croissante d'appliquer à la
production agricole des instruments-terres de moins en moins
efficaces. Si les adversaires de la théorie Ricardo étaient dans
le vrai, si la population croissante de l'Europe occidentale
avait, comme ils l'affirment, appliqué successivement à la production agricole des instruments-terres de plus en plus puis-
sants, n'est-il pas évident que le progrès réalisé dans les méthodes et dans l'outillage de l'agriculture venant s'ajouter à
celui-là, les prix des subsistances auraient baissé comme ceux
des objets manufacturés, dans la proportion de la moitié ou

des deux tiers? Or, qui donc, à part les adversaires systématiques de la théorie de la rente, oserait affirmer que le prix du
blé ou de la viande ait baissé de la moitié ou des deux tiers
depuis un siècle, et qu'il continue, au moment où nous sommes,
à baisser progressivement?

Cependant, ressort-il des phénomènes observés par Ricardo
qu'il doive y avoir enchérissement progressif et continu des
substances alimentaires, hausse progressive et continue du revenu territorial, au détriment de la part des autres agents productifs? En aucune façon. Si l'on a bien étudié la loi qui détermine l'équilibre du monde économique, on se convaincra que
cette situation ne saurait être que purement temporaire; que
si le prix courant de vente ou de location de la terre peut s'élever au dessus de son prix naturel, l'équilibre tend néanmoins
toujours à se rétablir. Tout nous annonce, par exemple, qu'il
ne saurait plus demeurer longtemps rompu, à l'avantage des
détenteurs du sol, dans les pays que nous avons cités.

Nous voyons, en effet, s'opérer depuis un quart de siècle un
double mouvement des plus remarquables, parmi les populations de l'Europe occidentale.

D'une part, ces populations s'efforcent d'abattre les obstacles
naturels ou artificiels qui confèrent à certaines terres le monopôle de la production des denrées nécessaires à la consommation. C'est ainsi que les progrès de l'agriculture et de la locomotion ont permis d'exploiter des terres qui n'auraient pu être
cultivées auparavant avec avantage, et que le monopole des
terres, considérées autrefois comme *les plus fertiles* et *les mieux
situées*, a été par là même entamé, en attendant qu'il soit détruit. C'est ainsi encore que l'abaissement ou la suppression
des barrières douanières qui protégeaient dans chaque pays les

terres à blé de l'intérieur contre celles du dehors, a concouru
au même résultat.

D'une autre part, les masses agglomérées sur le territoire
limité de l'Europe occidentale ont commencé à renverser les
obstacles naturels ou artificiels qui s'opposaient jadis à leur déplacement, et elles débordent à flots pressés sur le Nouveau
Monde. Cinq cent mille individus passent maintenant, chaque
année, d'Europe en Amérique et en Australie, et ce mouvement
d'émigration, qui existait à peine il y a un demi-siècle, ira sans
cesse croissant avec la facilité et le bon marché des communications.

Que doit-il résulter de ce double mouvement, qui met une
quantité croissante de nouvelles terres à la disposition du travail et du capital de l'Europe, soit que les subsistances produites sur ces terres nouvelles émigrent vers les populations qui
doivent les consommer, soit que les populations émigrent vers
les subsistances? Évidemment que la valeur des anciennes terres
doit s'abaisser et celle des nouvelles s'élever, jusqu'à ce qu'il y
ait équilibre, jusqu'à ce que les anciens instruments-terres,
maintenant dépouillés du monopole dont les circonstances les
avaient investis, ne puissent plus se vendre ou se louer plus
cher que les nouveaux. Déjà, on le sait, ce phénomène commence à se produire. En Angleterre, par exemple, où la valeur
du sol n'avait cessé de croître depuis un siècle, ce mouvement
ascensionnel s'est arrêté depuis la suppression des lois-céréales
et le développement prodigieux de l'émigration. Beaucoup de
propriétaires ont été obligés soit de consentir à une réduction
de la rente du sol, soit, ce qui revient au même, d'appliquer
au sol un supplément de capital, sans exiger une augmentation
de fermage. A mesure que les effets de la liberté commerciale,

des progrès de la locomotion et de l'émigration se feront sentir davantage, la dépréciation des anciennes terres deviendra plus considérable.

Jusques à quand cette dépréciation inévitable pourra-t-elle continuer? Jusqu'à ce que le prix de vente ou de location des anciennes terres de l'Europe occidentale se trouve en équilibre avec celui des nouvelles terres de l'Amérique ou de l'Australie. Et celui-ci vers quel niveau tend-il à se placer? Vers le niveau marqué par le prix naturel du sol, c'est à dire par la somme des frais qu'il a fallu faire pour le découvrir, l'occuper et le défricher, avec l'adjonction des profits ordinaires.

Au moment où nous sommes, le prix courant de vente ou de location des terres de la plus grande partie de l'Amérique et de l'Australie ne représente pas encore leur prix naturel. Dans plusieurs parties de l'Amérique, au Brésil, au Pérou, etc., la plupart des concessions de terres sont encore gratuites, ce qui signifie que les gouvernements de ces pays n'exigent rien, quant à présent du moins, pour se rembourser des frais de découverte et d'occupation de leurs domaines. Aux États-Unis, c'est tout au plus si ces frais sont couverts par le prix de 1 1/2 dollar l'acre, auquel les terres publiques sont mises en vente. Mais il est vraisemblable qu'à mesure que l'émigration prendra des proportions plus vastes, que les terres seront plus demandées dans le Nouveau Monde, leur prix courant haussera. Seulement, la surface exploitable est tellement vaste, que les émigrants auront pendant longtemps encore le choix des emplacements, et que les gouvernements possesseurs des terres disponibles se feront concurrence pour attirer les acheteurs. Or, chacun sait que dans une situation semblable le prix courant d'une denrée ou d'un agent productif ne peut s'élever, au moins d'une manière régulière et permanente, au dessus de son prix naturel.

Le prix naturel des terres de l'Amérique et de l'Australie semble ainsi destiné à devenir le point central vers lequel gravitera de plus en plus le prix courant des terres soit de l'ancien monde, soit du nouveau.

Ceci nous amène à une conclusion du plus haut intérêt, savoir que le prix courant du service productif du sol, partant la part de la terre doivent à la longue s'abaisser d'une manière continue. En effet, les frais d'appropriation des terres sont en vertu de la nature même des choses, de moins en moins élevés. Ainsi, il y a apparence que les terres du Nouveau Monde ont moins coûté à découvrir, à occuper et à défendre que celles de l'ancien ; il y apparence aussi que le défrichement, accompli à l'aide de procédés et d'instruments de plus en plus perfectionnés, coûte de moins en moins cher. On peut donc affirmer que le prix naturel des terres du Nouveau Monde est inférieur à celui des terres de l'ancien, et qu'il le sera chaque jour davantage. Mais nous venons de remarquer que ce prix devient de plus en plus le régulateur du marché des instruments-terres, le point vers lequel le prix courant doit graviter sur le marché général. Qu'en résultera-t-il? C'est que le prix courant des terres de l'ancien continent finira par ne plus couvrir entièrement leur prix naturel; c'est qu'à une époque plus ou moins éloignée dans l'avenir, la propriété foncière de l'Europe occidentale, par exemple, après avoir obtenu au delà de sa rémunération nécessaire, n'obtiendra plus une rémunération suffisante pour couvrir les frais qu'il a fallu faire pour la constituer et la maintenir au service de la production ; c'est que le prix courant de terres tendra de plus en plus à se mettre au niveau du prix naturel de celles dont les frais de production auront été le moins élevés ; d'où la conclusion que *le progrès a pour résultat final d'abaisser la part de la terre, aussi bien que celle du capital, tandis qu'il élève celle du travail.*

A la vérité, il est possible que la population et la richesse finissent par s'accumuler de telle façon sur notre globe que la terre vienne à manquer à ses habitants ; en d'autres termes, que la proportion des agents naturels appropriés finisse par tomber au dessous de celle du travail et du capital. Que se passera-t-il alors ? Évidemment que les agents naturels appropriés obtiendront une *prime* ou *rente* aux dépens des autres agents productifs ; que ce phénomène qui s'est manifesté en Europe, d'une manière partielle et temporaire, deviendra universel et permanent. Mais, en premier lieu, des siècles se passeront avant qu'une semblable situation puisse se produire, car, au moment où nous sommes, une faible portion de notre globe seulement est assujettie à une exploitation régulière ; encore est-elle fort imparfaitement exploitée. En second lieu, cette situation venant à se produire, l'accroissement de la population et du capital se trouverait découragé jusqu'à ce que l'équilibre se fût rétabli.

Résumons-nous. La terre est un des agents nécessaires de la production. Cet agent n'est point gratuit, car on ne peut le mettre au service de la production et l'y maintenir, sans avoir à supporter et à couvrir des frais d'appropriation et d'entretien plus ou moins élevés. Ces frais augmentés d'une part de produit net, proportionnée à celle qui est afférente aux autres agents de la production, constituent le prix naturel du service productif de la terre. Il faut que ce prix naturel soit couvert par le prix courant, ou qu'on ait l'espoir suffisamment fondé qu'il le sera un jour, de manière à compenser les frais supportés dans l'intervalle, pour que la terre soit appropriée. Communément, le prix courant n'atteint qu'à la longue le niveau du prix naturel. Il se passe quelquefois fort longtemps avant qu'une terre appropriée soit assez demandée, pour que son prix courant atteigne le niveau des frais qu'il a fallu faire pour la découvrir, l'occuper et la défricher, comme aussi pour utiliser toutes les facultés productives qu'elle recèle. La terre acquiert, en conséquence, une *plus value*, ce qui signifie qu'une partie de sa valeur réside dans l'avenir, mais s'escompte dans le présent pour couvrir ses frais d'appropriation et d'entretien ou son prix naturel. Cette plus value n'est pas uniforme; elle n'est pas non plus fixe. De là, le caractère aléatoire attaché à l'appropriation et à la possession des terres.

Quelquefois le prix courant de la terre ne suffit point pour couvrir son prix naturel, même en tenant compte de sa plus value future. Alors la terre ne peut être appropriée et exploitée, que dans le cas où ses possesseurs peuvent s'attribuer la rente du monopole d'un autre agent productif. C'est le cas de l'esclavage. Quelquefois le prix courant de la terre dépasse son prix naturel, et la plus value qu'elle acquiert comprend alors une rente qui est prise sur la part de l'agent productif qui surabonde relativement à elle. C'est ainsi que dans l'Europe occidentale, la part de la terre a visiblement empiété depuis un siècle sur la part du travail. Mais ces deux situations opposées ne peuvent se perpétuer, et, en dépit de l'influence des causes perturbatrices, l'équilibre, soit qu'il se trouve rompu en faveur de la terre ou à son détriment, finit toujours par se rétablir.

D'après ce qui vient d'être dit, on comprendra que le mot *rente* soit tout à fait impropre à signifier la part afférente aux agents naturels appropriés ou à la terre. Ou bien il faut se servir du mot *rente* uniquement pour signifier la part qui revient à la terre dans la production et le restreindre à cet usage, ou bien il faut employer un autre terme, profit foncier, fermage ou loyer, par exemple, pour exprimer la part de la terre, et réserver, comme j'ai eu soin de le faire, le mot *rente* pour exprimer la part supplémentaire ou la *prime* qui s'ajoute au prix naturel de tout agent productif en déficit relativement aux autres. Cette part supplémentaire ou cette prime est, ainsi que j'ai cherché à le démontrer, toujours un résultat de la rupture de l'équilibre économique, mais, toujours aussi, elle détermine le rétablissement de cet équilibre juste et nécessaire, en provoquant une augmentation de la quantité, partant de l'offre des agents productifs, auxquels elle se trouve attachée.

QUINZIÈME LEÇON

THÉORIE DE LA POPULATION

Que la loi qui régit le renouvellement de la population est la même que celle qui gouverne les différentes branches de la production. — Analyse du phénomène du renouvellement de la population. — Que la population est naturellement limitée dans son nombre et dans sa durée. — Des agents productifs dont la coopération est nécessaire pour renouveler la population : la force reproductive, le travail, le capital. — De quoi se compose le prix naturel d'une génération nouvelle. — Du prix courant. — En quoi consistent la demande et l'offre de la population. — Limites du débouché ou de la demande de la population. — De la connaissance de ce débouché sous le régime des marchés limités, — du marché général. — De l'offre de la population. — Ce qui la détermine, — dans le cas d'une population esclave, — dans le cas d'une population libre. — Imperfection du *self-government* de la population. — Comment il est pratiqué dans les classes supérieures, — moyennes, — inférieures. — Que l'offre de la population n'en a pas moins une tendance irrésistible à se mettre en équilibre avec la demande au niveau du prix naturel ou nécessaire. — Raison de cette tendance. — Comment agit la *loi des quantités et des prix* pour déterminer l'équilibre de la population avec ses moyens d'existence et de reproduction.

La même loi qui maintient l'équilibre entre les différentes branches et les différents agents de la production, en attribuant à chacun de ceux-ci, sauf l'action des causes perturbatrices, sa part juste et nécessaire dans la richesse produite, gouverne aussi le renouvellement de la population. Comme dans toutes les autres branches de l'activité humaine, on retrouve dans la reproduction de la population les deux phénomènes des *frais de production* et de l'*offre et la demande*, régis par la *loi des quantités et des prix*, de telle sorte que les générations qui naissent tendent incessamment à remplacer, dans la proportion nécessaire, ni plus ni moins, les générations qui périssent, en reconstituant et en accroissant, dans la proportion nécessaire aussi, les éléments qui ont été employés à les produire.

On peut dire de chaque génération qu'elle a son *prix naturel* représentant la somme des frais qu'il a fallu dépenser pour la produire, avec adjonction des profits ordinaires (part proportionnelle de produit net) pour les agents divers qui ont concouru à sa production.

On peut dire de même de chaque génération qu'elle a son *prix courant* déterminé, d'un côté, par la *demande* de la population nécessaire pour remplir les emplois disponibles au sein d'une société, dont le personnel va sans cesse s'usant et se détruisant par la vieillesse et la mort ; d'un autre côté, par l'*offre* du personnel nouveau qui se présente incessamment aussi pour remplir les emplois anciens à mesure qu'ils deviennent vacants, et les emplois nouveaux à mesure qu'ils se créent.

On peut dire enfin que l'offre de la population tend incessamment, par l'action de la loi des quantités et des prix, à se mettre en équilibre avec la demande au niveau du prix naturel de chaque génération, c'est à dire à un prix qui non seulement couvre les frais d'entretien de cette génération, ou, ce qui revient au même, qui lui procure les moyens de subsistance nécessaires,

mais encore qui lui permette de renouveler intégralement les
agents productifs employés à sa formation et de les accroître au
besoin dans la proportion utile pour former, à son tour, la
génération suivante.

Pour établir la vérité de ces propositions, analysons le phénomène du renouvellement de la population.

Ce qui caractérise toute population, c'est qu'elle est limitée à
la fois en nombre et en durée, ou, ce qui revient au même,
dans l'*espace* et dans le *temps*.

Le nombre des hommes n'est point illimité. Comme nous
l'avons constaté au début de ce cours, le nombre utile de la
population est déterminé par la proportion naturelle des agents
dont la production exige le concours, c'est à dire du *personnel*
et du *matériel* nécessaires à l'ensemble des entreprises de production.

La *durée* de l'homme est, de même, naturellement limitée.
Chaque génération n'a qu'une durée moyenne d'un certain
nombre d'années, tantôt plus tantôt moins, selon les conditions
d'aisance, de salubrité, de sécurité où elle se trouve placée.
En moyenne, la durée de la population dans les pays civilisés
et à notre époque varie entre trente et quarante ans environ.

Que résulte-t-il de là? C'est que la population doit être incessamment reproduite, renouvelée, dans son nombre utile et
en raison de sa durée, dans l'espace et dans le temps.

Cela étant, il s'agit de savoir par le concours de quels agents
se reproduit ou se renouvelle la population.

La reproduction ou le renouvellement de la population exige
le concours de trois agents productifs, associés dans des proportions déterminées, quoique variables selon le degré de civilisation, et par conséquent selon la nature des occupations de la

population qu'il s'agit de reproduire. Savoir : 1° un agent naturel approprié, la force reproductive de l'homme; 2° du travail; 3° du capital.

Examinons successivement ces trois agents dont la coopération est nécessaire au renouvellement de la population.

I. La force reproductive de l'homme.

La force reproductive ou le pouvoir de reproduction existe au sein de la race humaine comme dans toutes les races vivantes, végétales ou animales, sinon en quantité illimitée du moins en quantité surabondante. Toutes les espèces possèdent des moyens de reproduction bien supérieurs à leur reproduction effective. La nature a prodigué les germes. Ainsi, par exemple, un seul pied de maïs fournit deux mille grains, un pavot trente-deux mille, un orme cent mille; une carpe fait trois cent quarante-deux mille œufs; deux harengs rempliraient la mer en dix ans, si tous leurs œufs étaient fécondés et si aucune cause de destruction n'arrêtait leur multiplication. Cette exubérance de fécondité n'est pas la même, à la vérité, dans toutes les espèces. Les baleines ne peuvent se multiplier avec la même rapidité que les harengs, les éléphants ne peuvent pulluler autant que les lapins. Il serait intéressant d'établir l'échelle de la fécondité des espèces végétales et animales; mais, dès à présent, en se fondant sur les notions acquises dans cette branche de l'histoire naturelle, on peut conjecturer que les espèces sont d'autant plus fécondes qu'elles sont soumises à des causes de destruction plus nombreuses, et qu'elles sont moins pourvues des moyens nécessaires pour y résister.

La fécondité varie selon les espèces; mais la règle générale c'est qu'elle est exubérante; c'est que l'homme, aussi bien que les animaux inférieurs, pourrait se multiplier avec une rapidité extrême, en admettant que son pouvoir de reproduction fût le seul agent nécessaire à sa multiplication. Si la reproduction de l'espèce humaine n'était pas autrement limitée, la population du globe doublerait tous les vingt-cinq ans, en moins de temps encore, et elle croîtrait en progression géométrique.

C'est ainsi qu'aux États-Unis, par exemple, la population qui n'était que de 3,929,827 individus en 1790, s'est élevée à 22,806,000 en 1850. Si l'on déduit de ces chiffres les quantités qui proviennent des immigrations, on trouvera que la population des États-Unis a quintuplé en soixante ans, qu'elle a plus que doublé en vingt-cinq ans (1). Eh bien! en supposant qu'elle continuât à se développer en suivant la même progression, elle serait de quarante-quatre millions dans vingt-cinq ans; de quatre-vingt-huit millions dans cinquante ans, de cent soixante-seize dans soixante-quinze ans, de trois cent cinquante-deux dans un siècle, de cinq milliards six cent trente-deux millions dans deux siècles, de quatre-vingt-dix milliards cent douze millions dans trois siècles; de 1,441,792 millions dans quatre siècles, et ainsi de suite, selon le cours de la progression géométrique. Cependant, les États-Unis ne posséderont pas, à coup sûr, 1,441,792 millions d'habitants dans quatre siècles. Cela est évident, car les animaux et les plantes nécessaires pour alimenter et vêtir une population si formidable ne pourraient subsister sur notre globe, car la place même manquerait pour la loger, non seulement aux États-Unis, mais encore dans le reste du monde. Il nous est impossible de pré-

(1) Voir à ce sujet une savante note de M. Joseph Garnier, dans l'appendice de l'*Essai sur le principe de la population de Malthus*. — Collection complète des principaux économistes. T. VII, p. 654, 2ᵉ édition.

dire combien d'habitants les États-Unis posséderont dans quatre siècles, mais nous pouvons affirmer qu'ils n'en auront pas 1,444,792 millions. S'ils en ont trois ou quatre cent millions, ce sera beaucoup. Or, pour que ce dernier chiffre ne soit pas dépassé, il faudra :

Ou que la puissance spécifique de reproduction de la population américaine vienne à diminuer ;

Ou que la population américaine utilise moins sa puissance de reproduction ;

Ou, en supposant qu'elle continue à l'utiliser autant, qu'une portion plus considérable de son accroissement annuel soit détruite, avant de pouvoir concourir, à son tour, à la reproduction.

Selon toute apparence, ces deux dernières éventualités seules se réaliseront. Ne les voyons-nous pas, en effet, se réaliser dans la plupart des autres contrées du globe, particulièrement en Europe ? Le développement de la population suit, comme on sait, en Europe, une progression infiniment plus lente qu'aux États-Unis (1). Quelle conclusion faut-il tirer de ce fait ?

---

(1) La période moyenne de doublement de la population des seize États les plus importants de l'Europe, d'après la proportion d'accroissement constatée pendant des périodes diverses, est, en chiffres ronds, de 109 ans. Ce terme varie entre 49 ans pour l'Angleterre et 185 ans pour la Bavière. Après l'Angleterre, les États pour lesquels la période de doublement est le plus rapide sont : la Norwége (54 ans); la Saxe (59) ; la Prusse (69) ; le Danemark (72); la Suède (78) ; la Belgique (82) ; la Suisse (101); le Hanovre (107) ; le Wurtemberg (120) ; le Portugal (123) ; les États Sardes (124) ; la France (128); l'Autriche (172) ; la Bavière (185). (ALF. LEGOYT, *Dictionnaire de l'économie politique*, art. *Population*.)

Que la puissance spécifique de reproduction de la population des États-Unis est supérieure à celle des populations de l'Europe? Rien n'est moins probable, car la race qui se multiplie avec une rapidité si grande aux États-Unis provient d'une souche européenne; elle appartient, en majorité, à la souche anglo-saxonne. Cette fécondité si active n'est donc pas particulière à la race qui occupe aujourd'hui le territoire des États-Unis. Est-on mieux fondé à prétendre qu'elle est due au sol ou au climat. Non; car les races autochtones dépérissent aux États-Unis, au lieu de s'accroître, et la race anglo-saxonne elle-même s'y développait bien moins rapidement dans le siècle dernier, quoique le sol et le climat de l'Amérique du Nord fussent alors à peu près les mêmes qu'aujourd'hui. Si donc la population de l'Europe s'accroît plus lentement que celle des États-Unis, à quoi cela tient-il? Cela tient évidemment, d'une part, à ce que les Européens utilisent à un moindre degré que les Américains du nord leur puissance reproductive; cela tient, d'une autre part, à ce qu'une portion plus considérable de la génération nouvelle périt avant d'avoir pu servir à la reproduction.

On peut donc affirmer que l'espèce humaine est pourvue d'une puissance reproductive plus que suffisante pour la maintenir et la développer dans la proportion utile. Une partie de ce pouvoir de reproduction demeure sans emploi; une autre partie est anéantie dans ses résultats après avoir été employée. On conçoit fort bien, au surplus, que la puissance reproductrice de l'espèce humaine dépasse les nécessités auxquelles elle doit pourvoir, car l'homme étant soumis à l'influence d'une multitude de causes de destruction, son espèce aurait depuis longtemps disparu, si la Providence

n'avait pris soin de la munir d'une force reproductrice surabondante (1).

---

(1) Bien que quelques espèces soient actuellement en voie de s'accroître en
nombre plus ou moins rapidement, il n'en saurait être de même pour la généralité, car le monde ne les contiendrait pas. Cependant c'est une règle sans
exception que chaque être organisé s'accroisse selon une progression si rapide,
que la terre serait bientôt couverte par la postérité d'un seul couple, si des
causes de destruction n'intervenaient pas. Même l'espèce humaine, dont la
reproduction est si lente, peut doubler en nombre dans l'espace de vingt-cinq
ans; et, d'après cette progression, il suffirait de quelques mille ans pour qu'il ne
restât plus la moindre place pour sa multiplication ultérieure. Linnée a calculé
que si une plante annuelle produit seulement deux graines, et il n'est point de
plante qui soit si peu féconde, que si ces deux graines, venant à germer et à
croître, en produisent chacune deux autres l'année suivante, et ainsi de suite,
en vingt années seulement l'espèce possédera un million d'individus. On sait
que l'éléphant est le plus lent à se reproduire de tous les animaux connus, et
j'ai essayé d'évaluer au minimum la progression probable de son accroissement.
C'est rester au dessous du vrai que d'assurer qu'il se reproduit dès l'âge de
trente ans et continue jusqu'à quatre-vingt-dix ans, après avoir donné trois
couples de petits dans cet intervalle. Or, d'après cette supposition, au bout de
cinq cents ans il y aurait quinze millions d'éléphants descendus d'une première
paire.

Mais nous avons d'autres preuves de cette loi que des calculs purement
théoriques : ce sont les cas nombreux de multiplication étonnamment rapide
des divers animaux à l'état sauvage, lorsque les circonstances ont été favorables pendant deux ou trois saisons successives seulement. L'exemple de plusieurs d'entre nos races domestiques redevenues sauvages en diverses parties
du monde est encore plus frappant. Si les faits constatés dans l'Amérique du
sud et dernièrement en Australie, sur la multiplication des bœufs et des chevaux, n'étaient parfaitement authentiques, ils seraient incroyables.

Il en est de même des plantes : on peut citer des espèces végétales nouvelle-
ment introduites en certaines îles où elles sont devenues très communes en

II. Le travail. La force reproductive ou le pouvoir de reproduction, si essentiel qu'il soit à l'œuvre du renouvellement de la

---

moins de dix années. Plusieurs plantes, telles que le cardon culinaire et un
grand chardon, qui sont maintenant extrêmement communs dans les vastes
plaines de la Plata, où elles recouvrent des lieues carrées de surface presqu'à
l'exclusion de toute autre plante, ont été apportées d'Europe ; et je tiens du
docteur Falconer que, dans l'Inde, certaines plantes qui s'étendent aujour-
d'hui depuis le cap Comorin jusqu'à l'Himalaya, ont été importées d'Amérique
depuis sa découverte.

En ces divers cas, et en chacun des exemples sans fin qu'on pourrait donner,
nul n'a jamais supposé que la fécondité de ces plantes ou de ces animaux se
fût soudainement et temporairement accrue d'une manière sensible. La seule
explication satisfaisante de ce fait, c'est d'admettre que les conditions de vie
leur ont été extrêmement favorables, qu'il y a eu conséquemment une moindre
destruction des individus vieux ou jeunes, et que presque tous ces derniers
ont pu se reproduire à leur tour. En pareille occurrence, la raison géométrique d'accroissement, dont le résultat ne manque jamais d'être surprenant,
rend compte de la multiplication extraordinaire et de la grande diffusion de ces
espèces naturalisées dans leur nouvelle patrie.

A l'état de nature, presque chaque plante produit des graines, et parmi les
animaux il en est peu qui ne s'accouplent pas annuellement. On peut en toute
sécurité en inférer que toutes les plantes et toutes les espèces d'animaux tendent
à se multiplier en raison géométrique, que chacune d'entre elles suffirait à
peupler rapidement toute contrée où il leur est possible de vivre et que leur
tendance à s'accroître selon une progression mathématique doit être contreba-
lancée par des causes de destruction à une période quelconque de leur existence.

La seule différence entre les organismes qui produisent annuellement des
œufs ou des graines par milliers, et ceux qui n'en produisent qu'un petit
nombre, c'est que les plus lents producteurs auraient besoin de quelques
années de plus pour peupler une contrée entière, si étendue qu'elle fût, les
circonstances étant favorables. (Ch. Darwin, *De l'origine des espèces*, trad.
de Mlle Royer, chap. III ; *Concurrence vitale*, p. 94.)

population, n'en est cependant qu'un des éléments. Cette force n'agit, en effet, que pour la formation d'un embryon qui n'est que le germe d'un homme. Pour transformer cet embryon en un homme utile, il faut mettre en œuvre une quantité notable de travail : travail naturel de gestation au sein de la mère, travail du médecin ou de la sage-femme qui préside à l'accouchement, travail de l'allaitement, de l'élève, de l'éducation et de l'apprentissage d'un métier ou d'une profession. Ces différents travaux pour la plupart si pénibles et si difficiles occupent la grande majorité de la population féminine et un fort contingent de la population masculine, soit que les pères et les mères de famille élèvent eux-mêmes leurs enfants, soit qu'ils se fassent assister par des nourrices, des bonnes d'enfants, des gouvernantes, des instituteurs, des professeurs, etc. Il n'est certainement aucune branche de la production, sans excepter même l'agriculture, qui exige l'application d'une quantité plus considérable de travail physique, intellectuel et moral que celle qui a pour objet de mettre au monde, d'élever et d'instruire la nouvelle génération nécessaire pour remplacer, en la continuant, la génération existante.

III. LE CAPITAL. Il n'en est point non plus qui exige l'application d'une quantité plus considérable de capital, surtout dans une société parvenue à un certain degré de civilisation, où l'homme ne peut remplir une fonction utile et se procurer ainsi des moyens d'existence qu'à la condition d'être pourvu de connaissances plus ou moins nombreuses et variées, les unes générales, les autres spéciales. Même dans les couches les plus basses de la population, et dans les pays où les obligations naturelles de la paternité sont le plus imparfaitement remplies, les enfants ont exigé, au moment où ils commencent par leur travail hâtif à

subvenir eux-mêmes à leur entretien, l'application d'un capital
composé de l'ensemble des frais de nourriture, d'habillement,
de chauffage, de logement, d'instruction et d'apprentissage, que
les parents, et, à leur défaut, la charité publique ou privée, ont
dû avancer dans une période de sept à huit ans au minimum.
Dans les classes supérieures, les frais d'*élève* de la génération
nouvelle sont infiniment plus considérables, d'abord parce que
les éléments constitutifs de l'élève, nourriture, entretien, surveillance, etc., sont plus nombreux et plus raffinés, ensuite
parce que la génération nouvelle, issue des classes supérieures,
ne commence à occuper des fonctions utiles et rémunératoires
que vers l'âge de 18 ou de 20 ans, souvent même plus tard
encore. Enfin, aux frais d'élève proprement dits viennent
s'ajouter ceux d'une instruction développée et d'autant plus
coûteuse qu'elle est trop souvent surchargée de branches
parasites. Il en résulte que les rejetons des classes supérieures
ont exigé communément, avant de pouvoir subvenir eux-
mêmes à leur entretien, soit par la mise en œuvre de leur
travail, soit par l'exploitation de leurs capitaux mobiliers et
immobiliers, une avance de capital qui s'élève de 15,000 fr. à
50,000 fr. et davantage. Que si on joint par la pensée tous
les capitaux qu'a exigés la formation de la génération nouvelle
jusqu'au moment où les individualités qui la composent
prennent la place de celles qui composaient la génération précédente, en y ajoutant les capitaux absorbés par l'élève et l'éducation des enfants de la même génération morts avant l'âge, on
arrivera à un capital véritablement énorme. On trouvera,
comme pour le travail, que cette branche particulière de la
production, qui a pour objet le renouvellement nécessaire de
la génération existante, exige peut-être, en comparaison des

autres branches, l'application de la plus forte part du capital
de la société.

En résumé donc, la reproduction ou le renouvellement de la
génération existante exige la coopération de trois agents également indispensables, savoir : la force reproductive de l'homme
(composée du pouvoir fécondant d'un sexe, de la fécondité de
l'autre); le travail nécessaire pour former la génération nouvelle, en la rendant propre à remplir, à son tour, les fonctions
productives qui fournissent à la génération présente ses moyens
d'existence; le capital, consistant dans l'ensemble des frais qu'il
a fallu avancer pour faire subsister la génération nouvelle et lui
donner l'éducation et l'apprentissage requis pour les fonctions
que doivent occuper ses différents membres, jusqu'au jour où,
prenant leur place dans le grand appareil de la production, ils
parviennent à subsister par eux-mêmes.

Ces trois agents sont, disons-nous, également nécessaires au
renouvellement de la population. Ainsi, par exemple, que la
force reproductive soit utilisée, sans l'auxiliaire d'une quantité
suffisante de travail et de capital, les enfants périront avant
d'arriver à l'âge d'homme; que le travail et le capital existent,
mais que la force reproductive fasse défaut, les unions formées
en vue de la reproduction demeureront stériles ; que le travail
soit insuffisant, les enfants périront encore, faute d'être convenablement soignés, surtout dans la première enfance, alors
même que la force reproductive et le capital seraient employés
dans la proportion requise.

Mais de ces trois agents, dont la coopération est nécessaire
pour renouveler la population, le premier, savoir : la force
reproductive, peut être considéré comme existant et pouvant
être employé en quantité illimitée, ou, si l'on veut, surabon-

dante, tandis que les deux autres, le travail et le capital, et particulièrement le capital, sont essentiellement limités.

D'où cette conclusion :

*Que la multiplication de l'espèce humaine s'opère toujours en
proportion non seulement de son pouvoir de reproduction, mais
encore et surtout des quantités de travail et de capital dont chaque
génération dispose et qu'elle consent à appliquer à son renouvellement.*

Et cette formule :

*Que la génération nouvelle a exigé, pour être formée, des frais
de production consistant dans la somme des agents productifs,
pouvoir reproducteur, travail et capital, qu'il a fallu dépenser
pour la produire; que la totalité de ces frais de production, avec
adjonction des profits ordinaires, constitue son prix naturel ou
nécessaire.*

Mais qu'il s'agisse de l'homme comme de tout autre produit,
les frais de production ou le prix naturel ne sont qu'un point
idéal vers lequel gravite incessamment le prix réel ou le prix
courant. Celui-ci est déterminé par le mouvement de l'offre et
de la demande.

Recherchons donc en quoi consistent la *demande* et l'*offre*
d'une population.

I. La DEMANDE. Comme nous l'avons remarqué déjà, le débouché ouvert à la population n'est pas illimité. Il faut pour produire toutes les choses nécessaires à la consommation de
l'homme non seulement un personnel de travailleurs, mais
encore d'autres éléments de production, savoir des capitaux
mobiliers et immobiliers (parmi lesquels on peut comprendre
les agents naturels appropriés). Chaque entreprise exige le
concours de ces divers agents productifs, dans une proportion

déterminée par sa nature. D'où il résulte qu'en examinant l'ensemble des entreprises dans un moment donné, on trouve qu'elles exigent une certaine proportion de *personnel* et une certaine proportion de *matériel*. Si le personnel qu'on leur offre dépasse la quantité qu'elles demandent, l'excédant demeurera évidemment sans emploi, et la présence de cet excédant agira pour comprimer la rémunération du personnel employé. Objectera-t-on que le nombre des entreprises n'est pas limité? Sans doute. Mais pour créer de nouvelles entreprises dans lesquelles on demande la portion excédante du personnel, il faut aussi du matériel, c'est à dire des capitaux mobiliers et immobiliers. Si ces capitaux manquent, les nouvelles entreprises ne pourront être fondées, et, quoi qu'on fasse, l'excédant du personnel demeurera sans emploi. Objectera-t-on encore que la *demande* de population ne comprend pas seulement les travailleurs dont le concours est nécessaire, dans une proportion déterminée, à chaque entreprise, mais qu'elle comprend aussi les détenteurs du matériel de la production, c'est à dire les capitalistes et les propriétaires fonciers? Sans doute encore, mais le nombre des hommes qui peuvent subsister du produit des capitaux mobiliers et immobiliers (déduction faite des frais nécessaires pour les maintenir intacts au service de la production) est limité comme ce produit même; en sorte que, si ce nombre venait à s'accroître sans mesure, il ne tarderait pas à déborder la *demande* de la population des capitalistes et des propriétaires fonciers. En admettant donc qu'il existât, en même temps, un nombre suffisant de simples travailleurs, il en résulterait encore un excédant de population.

Le *débouché* ou la *demande* de la population a donc ses limites naturelles, et il importe d'y ajuster la *production* et l'*offre*, absolument comme lorsqu'il s'agit de bâtiments, de machines, de matières premières ou de tout autre agent productif.

Cela étant, il s'agit de connaître l'étendue et la nature de ce débouché, en d'autres termes, de connaître l'étendue et la nature du *marché de la population*. Nous nous trouvons à cet égard, sous le régime actuel, en présence de difficultés beaucoup plus grandes que celles qui se présentaient sous l'ancien régime. Alors, en effet, la limitation et la séparation soit naturelles soit artificielles des marchés étaient partout et pour toutes choses la loi prédominante. Chacun possédait une industrie ou une fraction d'industrie avec un débouché auquel nul concurrent ne pouvait toucher. Les membres des classes aristocratiques monopolisaient les terres, ainsi que les emplois civils et militaires, qu'ils se transmettaient de génération en génération et qui constituaient pour leur population un débouché facile à apprécier. Quand ils se reproduisaient de manière à excéder ce débouché, les corporations religieuses leur servaient communément de déversoirs, les préjugés nobiliaires (préjugés qui avaient leur raison d'être dans cet état de la société) s'opposant à ce qu'ils offrissent leur excédant aux autres branches de la production, où l'affluence de la population surabondante des classes supérieures aurait été une cause de perturbation. Les industriels, les artisans et les commerçants avaient de même un débouché assuré et à peu près invariable dans le marché de la cité, où leur nombre était limité par les statuts de leurs corporations, et où la difficulté des communications d'abord, les règlements ensuite empêchaient qu'on ne vînt leur faire concurrence. Enfin, les classes agricoles attachées à la glèbe possédaient de même un marché d'une étendue bien déterminée, et lorsqu'elles se reproduisaient de manière à le déborder, le seigneur intervenait pour modérer le mouvement de leur population, en limitant le nombre des mariages, tandis que la religion et les mœurs agissaient pour prohiber les unions illicites. Dans une société ainsi constituée, chacun connaissait donc le débouché ouvert à sa population, et tandis que les uns y proportionnaient librement leur offre, les autres étaient contraints par les lois, les règlements, les coutumes ou la volonté de ceux dont ils dépendaient à titre de compagnons ou de serfs à l'y proportionner.

Mais, de nos jours, cet état de choses a disparu sans retour. Ce qui tend à s'établir partout et de plus en plus, c'est le régime de la communauté illimitée des marchés. Non seulement, dans chaque pays, les clôtures qui séparaient les différents emplois et les différentes industries ont été rompues, l'agriculteur peut placer ses enfants dans l'industrie, dans le commerce et dans les professions libérales, l'industriel, le commerçant, etc., peuvent placer les leurs dans l'agriculture; mais encore les clôtures qui séparent les différents pays, tant pour les hommes que pour les choses, s'abaissent et tendent à disparaître, à la fois par le progrès inouï des voies de communication et par la suppression graduelle des entraves du régime prohibitif. Qu'en résulte-t-il? C'est qu'à une multitude de marchés de population partiels et clos, partant faciles à connaître et à approvisionner régulièrement, se substitue de plus en plus un marché général et ouvert, dont la situation paraît au premier abord impossible à apprécier. Ce marché n'est point sans doute accessible à tous dans toutes ses parties : des différences de mœurs, de langues, de climats viennent encore faire obstacle à son universalisation; mais cet obstacle n'est point infranchissable. Des millions d'Européens, par exemple, se sont répandus depuis cinquante

ans dans les autres parties du globe pour y offrir leurs services ;
un plus grand nombre d'autres y ont trouvé un débouché croissant pour leurs produits, ce qui a agrandi d'autant le marché
de leur population en Europe même. Des millions d'Asiatiques
et d'Africains ont, de même, été transportés, soit de gré, soit
de force, dans d'autres régions du globe, devenues ainsi des
annexes aux marchés primitifs de leur population. Que cette
pénétrabilité réciproque et cette communalisation progressive
des marchés de population soient essentiellement bienfaisantes,
il est superflu de le démontrer. D'ailleurs, c'est en vain que le
nationalisme, le nativisme, le prohibitionnisme et les autres
utopies rétrogrades de l'esprit de routine voudraient y faire
obstacle, la force irrésistible des choses nous y pousse. A moins
de supprimer toutes les grandes inventions qui, depuis un siècle
surtout, sont en train de changer la face du monde, la machine
à vapeur, les machines à filer et à tisser, le matériel perfectionné de l'agriculture, la locomotive, le bateau à vapeur, le
télégraphe électrique, etc., etc., on n'en peut plus revenir au
régime des marchés séparés. Il faut accepter, pour la population
comme pour toutes choses, le régime du *marché général*.

Cependant, il ne faut pas se le dissimuler, le problème de
l'équilibre de l'offre et de la demande de la population, sur
l'axe du prix naturel, est plus difficile à résoudre dans ce nouvel
état économique de la société qu'il ne l'était dans l'ancien. Car,
pour nous en tenir au premier terme de ce problème, la
demande sur un marché général et ouvert à tous n'est-elle pas
moins facile à connaître qu'elle ne l'était sur les marchés limités
et fermés de l'ancien régime? Est-ce à dire toutefois qu'elle ne
puisse l'être au moins d'une manière approximative et suffisante? Non, sans doute, et ce qui se passe à cet égard pour

les autres marchés est de nature à nous rassurer. Il y a quarante ans, M. de Sismondi considérait comme impossible l'établissement d'un équilibre de la production et de la consommation des produits de l'industrie sous un régime de concurrence universelle. Il était convaincu que, sous ce régime, un désordre inévitable et funeste régnerait incessamment dans l'arène agrandie de la production; que tantôt on produirait trop, et tantôt trop peu. L'expérience a pu nous éclairer déjà sur la vanité de ces craintes. A mesure que les débouchés se sont élargis, soit pour les produits agricoles, soit pour les produits industriels, nous avons vu s'accroître aussi les moyens d'arriver à la connaissance du marché, et de proportionner de plus en plus exactement la production à la consommation. Or, pourquoi ce qui a lieu pour les produits n'aurait-il pas lieu aussi pour les hommes? Si le marché ouvert à la population s'est étendu et s'il s'étend chaque jour davantage, pourquoi les moyens de le connaître ne s'accroîtraient-ils pas en proportion?

La connaissance de toute espèce de marchés est un *besoin*. Or, ne savons-nous pas qu'aussitôt qu'un besoin existe et à mesure qu'il devient plus général et plus intense, à mesure, en conséquence, qu'on en *demande* davantage la satisfaction, et qu'on est disposé à la mieux payer, une *offre* se crée et se développe pour le satisfaire, jusqu'à ce qu'il obtienne un apaisement régulier, en payant pour être apaisé le prix nécessaire, ni plus ni moins. Du moment donc où la connaissance du marché agrandi de la population deviendra un besoin assez général et assez intense pour provoquer la naissance et le développement d'une industrie spéciale qui y pourvoie, cette industrie naîtra et se développera dans la proportion requise.

En résumé, le *débouché* ouvert à la population n'est pas illimité, il est déterminé par le nombre des emplois à remplir
dans l'ensemble des entreprises de production. Ces emplois
constituent le marché de la population. L'état de ce marché ou
la *demande* de la population est plus facile à connaître sous un
régime de marché restreint et fermé que sous un régime de
marché général et ouvert, mais dans le dernier cas comme dans
le premier, on peut arriver à le connaître, et, par conséquent,
à proportionner utilement, sans perturbations, sans crises,
l'*offre* de la population à la *demande*.

II. L'OFFRE. Si la demande de la population dépend de
l'étendue du marché qui lui est ouvert, l'offre dépend, comme
nous l'avons vu, de la quantité des agents reproductifs qu'une
population peut et veut consacrer à son renouvellement. Ces
agents existent, l'un, en quantité ordinairement surabondante,
les deux autres, le travail et surtout le capital, en quantité limitée. Il s'agit, en définitive, de savoir sous l'influence de quels
mobiles une population applique à son renouvellement les
agents reproductifs dont elle dispose, et comment il se fait que
l'offre de la population reproduite, tende incessamment, comme
lorsqu'il s'agit de tout autre produit, à s'équilibrer avec la
demande au niveau du prix naturel.

Si la production des hommes était une industrie ordinaire,
la solution de ces questions ne présenterait aucune difficulté :
il est évident, en effet, qu'en admettant que l'état du marché
fût bien connu, et qu'il y eût entre les entrepreneurs de population concurrence libre, ils proportionneraient toujours aussi
exactement que possible, sauf l'action des causes perturbatrices, l'offre à la demande. En ce cas, la production des
hommes ne différerait en rien de celle de bêtes de somme, des

machines, etc. Le travail et le capital d'entreprises y afflue-
raient ou s'en détourneraient selon qu'elle serait plus ou moins
avantageuse que les autres branches de la production ; d'où il
résulterait que *l'offre* de la population reproduite tendrait perpétuellement à se mettre en équilibre avec la demande, au
niveau du prix naturel, c'est à dire des frais de production augmentés d'une part de produit net proportionnelle à celle que
l'on retirerait en appliquant le travail et le capital d'entreprises
à d'autres branches de la production. C'est ainsi que les choses
se passent lorsqu'il s'agit de la reproduction des travailleurs
esclaves. Aux États-Unis, par exemple, où cette branche de
l'activité humaine a subi comme les autres l'influence de la
division du travail, où l'élève des esclaves est une industrie spéciale comme ailleurs celle de certaines variétés de bétail (1),
elle suit exactement dans son développement le mouvement de
la demande. Les esclaves servant principalement de machines à
l'usage de la production cotonnière, à mesure que la demande
du coton s'est accrue en Europe, et que la production s'en est
développée en Amérique, la demande des machines humaines
nécessaires pour le produire s'est accrue dans la même proportion. Les prix des esclaves ont haussé, les profits de *l'élève* se
sont augmentés de manière à attirer des quantités supplémentaires de travail et de capital d'entreprises, et l'accroissement
graduel de l'offre a suivi ainsi celui de la demande. Que la
demande vienne à diminuer sous l'influence de la concurrence
du coton des autres provenances ou par toute autre cause, les
prix des esclaves baisseront, les profits de l'élève diminueront

---

(1) *Dictionnaire de l'économie politique*, art. *Esclavage*.

et les capitaux se retireront ou se détourneront de cette branche
d'industrie pour se porter vers d'autres branches plus avantageuses. Alors la production des esclaves diminuera, jusqu'à ce
que *l'offre* se soit remise en équilibre avec la demande au niveau
du prix naturel ou nécessaire.

Mais, tandis que le mobile qui pousse les éleveurs d'esclaves
à investir leur travail et leur capital d'entreprises dans la production des hommes réside uniquement dans le profit que procure cette branche particulière d'industrie, le mobile qui pousse
les hommes libres à mettre au monde, à élever et à former des
êtres libres comme eux, en consacrant à cette destination une
portion de travail et de capital dont ils ne retirent aucun profit
industriel, ce mobile est d'une nature fort différente : il consiste dans le penchant physique de la reproduction allié au
sentiment moral de l'amour de la famille. Cet instinct et ce
sentiment ont une énergie telle qu'ils suppléent, chez les populations libres, au mobile intéressé qui détermine la reproduction des populations esclaves. Ils n'existent point toutefois et
surtout ils ne s'associent point au même degré chez tous les
hommes et au sein de toutes les races. Ils ne sont pas toujours
non plus soumis à un *self-government* suffisamment capable de
les diriger et de les contenir. Pour qu'ils agissent aussi sûrement et aussi régulièrement pour déterminer la reproduction
utile de la population libre, que le mobile industriel auquel
obéit l'éleveur d'esclaves agit pour déterminer la reproduction
utile de la population asservie, que faudrait-il? Il faudrait que
l'homme qui appelle à la vie un supplément de créatures
humaines envisageât, avec maturité, les conséquences de cet
acte : c'est à dire qu'il se rendît compte d'abord de la situation
du marché de la population; qu'il calculât ensuite la quantité

de travail et de capital que sa situation et ses ressources lui permettront d'appliquer à l'élève et à l'éducation de ses enfants ; et qu'il ne contractât point comme père de famille plus d'obligations naturelles qu'il n'est capable d'en remplir, absolument comme s'il s'agissait d'obligations commerciales. En d'autres termes, il faudrait que l'homme qui se dispose à fonder une famille se mît à la place de ses enfants à naître et qu'il agît dans leur intérêt comme il le ferait dans le sien propre : en conséquence qu'il ne les appelât à la vie qu'autant qu'il serait en mesure de les pourvoir de toutes les forces et de toutes les aptitudes physiques, intellectuelles et morales nécessaires pour en faire des hommes utiles, comme aussi de les placer dans un milieu où ces forces et ces aptitudes pourraient trouver un débouché.

Mais avons-nous besoin d'ajouter que ce *self-government* de la population demeure ordinairement fort imparfait ; que bien peu d'hommes ont la notion claire de la nature et de l'étendue des obligations naturelles qu'ils contractent envers les êtres qu'ils appellent à l'existence ; que les plus honnêtes établissent toujours à cet égard une distinction immorale et nuisible entre leurs enfants légitimes et leurs enfants naturels ; et qu'alors même qu'ils connaissent les obligations que la paternité impose, ils n'ont pas toujours la force morale nécessaire pour les remplir avec une exactitude égale à celle dont ils font preuve, lorsqu'il s'agit, par exemple, d'obligations au non acquittement desquelles est attachée une répression pénale. Examinons, pour nous en convaincre, comment est pratiqué dans les différentes classes de la société, le *self-government* en matière de population.

Dans la classe supérieure, l'intervention de la prévoyance en matière de population se manifeste d'une manière sensible.

Avant de céder au penchant qui pousse les créatures humaines à fonder une famille, l'homme de la classe supérieure calcule, et, en tous cas, ses parents calculent pour lui. On ne se marie gère dans cette classe avant d'avoir réuni un capital ou de s'être assuré une position qui suffise pour subvenir, en premier lieu, aux besoins de l'association conjugale, en second lieu, à l'élève, à l'éducation et à l'avenir des enfants. Sous ce double rapport même, on exagère trop souvent la prévoyance. La constitution du capital de l'association conjugale est la préoccupation dominante, la sympathie naturelle des futurs associés ne vient qu'après; d'où résulte l'affaiblissement de la race sous l'influence d'une mauvaise *sélection*, etc. Ensuite, ce capital constitué, les unions sont rendues trop souvent, en partie, artificiellement stériles, soit que les époux ne veulent point s'imposer le labeur qu'exigent l'élève et la direction d'une famille nombreuse, et la dépense considérable qu'elle implique dans une classe où l'orgueil et l'ostentation sont les principaux mobiles de la conduite de l'homme, soit que les préjugés de noblesse ou de fortune poussent les parents à vouloir maintenir, quand même, leurs enfants dans une condition sociale supérieure.

Dans les classes moyennes, la prévoyance agit, en général, d'une manière plus rationnelle ; on y a mieux égard aux sympathies naturelles nécessaires au maintien et au progrès de la race, sans oublier cependant les conditions requises pour mettre les futurs associés en état de remplir les obligations auxquelles ils auront à pourvoir. Ces conditions étant suffisamment remplies, l'accroissement des familles agit comme un stimulant qui pousse les pères à augmenter leurs ressources en proportion de leurs charges. C'est donc, communément, dans les classes moyennes, que le *self-government* en matière de population est le mieux compris et le plus judicieusement exercé. Qu'en résulte-t-il? C'est que les familles des classes moyennes (au moins dans les pays où elles n'ont pas, en acquérant la prépondérance politique, contracté les vices de la classe supérieure) deviennent de plus en plus fortes et nombreuses, tandis que les familles de la classe supérieure s'éteignent par l'excès de la prévoyance, et que celles de la classe inférieure se dégradent et s'affaiblissent par l'excès de l'imprévoyance.

Dans cette dernière classe, le *self-government* en matière de population est, naturellement, beaucoup plus imparfait que dans les autres. L'homme du peuple n'a généralement aucune notion de l'étendue du débouché qui est ouvert à sa population; il ne se rend pas compte davantage des quantités de travail et de capital qu'il devra appliquer à l'élève et à l'éducation de ses enfants pour en faire des hommes. Il n'a enfin qu'une notion extrêmement confuse de ses obligations naturelles envers eux. Il s'unit hâtivement à un être aussi dépourvu de ressources qu'il l'est lui-même, et il n'impose aucune limite à son pouvoir de reproduction. Les familles des classes inférieures sont donc communément nombreuses : mais une partie des enfants meurent avant l'âge faute des soins et d'un entretien suffisants, les autres sont appliqués hâtivement à un travail qui ruine leurs forces physiques, intellectuelles et morales. Tandis que, dans la classe supérieure, on emploie un capital surabondant à la formation d'un trop petit nombre d'hommes, dans la classe inférieure on emploie un capital insuffisant à la formation d'un trop grand nombre. Les secours que la charité publique ou privée accorde de préférence aux familles nombreuses et, progressivement, en raison de leur nombre, encouragent encore cette imprévoyance endémique des classes inférieures, comme, en général; toutes les mesures qui ont pour effet de diminuer le poids des obligations naturelles des pères de famille envers les êtres auxquels ils donnent le jour.

Mais, si imparfait que soit le *self-government* en cette matière, l'*offre* de la population, qu'il s'agisse d'hommes libres ou d'esclaves, n'en a pas moins une tendance irrésistible à se mettre en équilibre avec la *demande*, au niveau du prix naturel ou nécessaire : c'est à dire à un niveau tel que la génération nouvelle puisse non seulement subvenir à son entretien, mais encore reconstituer le capital employé à sa formation pour l'appliquer, à son tour, à la formation de la génération suivante. Car, à mesure que l'offre de la population dépasse la demande ou tombe au dessous, elle est ramenée vers ce centre d'équilibre par une impulsion qui agit en raison geométrique, pendant que l'écart se produit seulement en raison arithmétique. Ainsi, un excédant ou un déficit de population qui se produit comme 1, 2, 3, 4, etc., engendre une baisse ou une hausse de la valeur de cette population, qui se produit comme 1, 2, 4, 8, 16. Quand il s'agit d'une population asservie, cette hausse ou cette baisse se manifeste dans le prix de vente ou de loyer des esclaves; quand il s'agit d'une population libre, elle se manifeste dans le taux des salaires. Mais, dans l'un et dans l'autre cas, l'équilibre tend irrésistiblement à s'établir entre l'offre et la demande de la population au niveau du prix naturel ou nécessaire.

Trois cas peuvent se présenter, soit qu'il s'agisse de la production des choses nécessaires à l'homme ou de la production de l'homme même : ou cet équilibre existe, ou l'offre de la population dépasse la demande, ou la demande dépasse l'offre.

Examinons ce qui arrive dans ces deux derniers cas.

Lorsque l'offre dépasse la demande, c'est à dire lorsque la génération précédente a mis au service de la production un personnel surabondant, les salaires baissent, tandis, au contraire, que les profits des capitaux mobiliers et immobiliers s'élèvent, chose aisée à expliquer, puisque le matériel de la production est *rare,* tandis que le personnel *abonde.* Cela étant, quel est l'effet de cet abaissement de la rémunération du personnel d'une part, de cette augmentation de la rémunération du matériel de l'autre? C'est que la génération existante est plus intéressée à employer ses capitaux à l'accroissement du matériel qu'à celui du personnel de la production; c'est que le fonds consacré au renouvellement de la population tend à diminuer, tandis que le fonds consacré au renouvellement des capitaux mobiliers et immobiliers tend à s'augmenter. Cette double tendance se manifeste avec d'autant plus d'intensité que l'excédant de population est plus considérable. S'il devenait tel que la rémunération du personnel de la production ne comprît plus qu'une partie de la somme strictement nécessaire à son renouvellement, l'excédant ne tarderait pas à disparaître, à moins que la société n'affectât un fonds spécial à sa reproduction et à son entretien. Dans ce cas, ces frais de reproduction et d'entretien seraient seulement avancés par les classes capitalistes : ils seraient, en dernière analyse, prélevés sur la rémunération du personnel, dont les salaires se trouveraient déprimés par la présence de cet excédant de population. Que s'il venait à s'accroître encore, comme le fonds qui pourrait être appliqué à son entretien serait limité par le produit net de la production, un moment arriverait toujours où le surplus devrait périr. Sur quoi, en effet, les frais d'entretien de ce surplus seraient-ils prélevés? Sur la rémunération nécessaire des agents productifs? Sur les aliments et les matériaux indispensables pour entretenir et renouveler les ouvriers, les outils, les machines, les bâtiments, etc., consacrés à la production? Non, évidemment. Car les agents productifs, personnel et matériel, qui façonnent la masse des produits destinés à l'alimentation et à l'entretien de la communauté, ces agents seraient alors entamés et la production diminuerait. Sur quoi donc la subsistance de l'excédant inutile peut-elle être prélevée? Uniquement sur le produit net.

Chaque nation peut disposer de son produit net comme bon lui semble. Elle peut l'employer à se procurer un supplément de jouissances actuelles; elle peut s'en servir pour constituer un supplément d'agents productifs, — travailleurs, outils, machines, matières premières, agents naturels appropriés, — en vue d'augmenter sa production, partant ses jouissances futures; elle peut encore le jeter dans le gouffre des révolutions et des guerres, ou l'employer à nourrir dans l'abjection et la souffrance un excédant de population.

Les nations européennes nourrissent, pour la plupart, un excédant de population; mais elles ne consacrent à cet usage qu'une portion probablement assez faible de leur produit net. La preuve en est qu'elles croissent en richesse, ce qui n'aurait point lieu si tout le montant de leur produit net se trouvait absorbé par l'entretien d'un excédant de population. Selon toute apparence, la portion de produit net qui est consacrée à cette destination ne dépasse jamais celle qui est attachée à la part du travail, d'où il résulte que c'est toujours uniquement sur la classe ouvrière que retombe le fardeau de l'entretien d'une population surabondante.

En tous cas, lorsqu'une population se reproduit avec excès,

son accroissement, à mesure qu'il a lieu en raison arithmétique, engendrant d'une part une baisse de la rémunération du personnel de la production, d'une autre part, une hausse de la rémunération du matériel, qui se développent l'une et l'autre en raison géométrique, il en résulte une tendance des plus énergiques pour rétablir l'équilibre de l'offre et de la demande de la population au niveau du prix naturel ou nécessaire.

L'effet contraire se produit lorsque la demande vient à dépasser l'offre. Dans ce cas, la rémunération du personnel de la production s'élève, tandis que celle du matériel (capitaux mobiliers et immobiliers) s'abaisse. Il devient alors profitable d'appliquer au renouvellement du personnel une portion du capital qui était consacrée à celui du matériel. Cette opération est d'autant plus avantageuse que le déficit du personnel est plus considérable, et elle se pratique jusqu'à ce que l'équilibre de l'offre et de la demande de la population se trouve rétabli au niveau du prix naturel ou nécessaire.

L'équilibre de la population avec les emplois qui lui fournissent ses moyens d'existence et de reproduction s'établit, comme on voit, par l'action de la même loi qui détermine l'équilibre de la production et de la consommation, c'est à dire par l'action de la *loi des quantités et des prix*.

SEIZIÈME LEÇON

THÉORIE DE LA POPULATION (*suite*)

Causes perturbatrices de la loi de la population. — Des institutions et des lois qui suppléent à l'insuffisance du *self-government* de l'homme en matière de reproduction. — De l'esclavage et de son action utile sur la multiplication des races inférieures. — Du servage. — Des lois qui restreignent la liberté de la reproduction, et, en particulier, de celles qui empêchent les mariages hâtifs. — La liberté de la reproduction doit-elle être laissée entière? — Maux du régime actuel. — Nécessité d'une législation et d'une opinion publique suffisamment répressives des *nuisances* causées par l'abus de la liberté de la reproduction. — Théorie de Malthus. — Exposé et examen critique de cette théorie. — En quoi elle est erronée. — Qu'il n'est pas vrai que la population ait une tendance organique et virtuelle à dépasser ses moyens d'existence. — Qu'elle tend, au contraire, toujours, irrésistiblement, à s'y proportionner. — Autre erreur de Malthus. — Que la population ne tend à se multiplier en raison géométrique qu'autant que ses moyens d'existence se multiplient dans la même proportion. — De l'influence perturbatrice de l'incontinence sur le mouvement de la population. — Qu'elle a toujours pour résultat de diminuer le nombre des hommes et non de l'accroître. — Comment elle peut être combattue. — Que le vice et le malheur aggravent les maux qu'elle cause. — Que la contrainte morale seule peut lui être opposée d'une manière efficace et utile. — Que la

contrainte morale sainement appliquée a pour résultat de permettre à la
population de recevoir son maximum de développement. — De l'application de la contrainte morale, — sous l'ancien régime, sous le régime
actuel. — Que la contrainte libre doit se substituer à la contrainte imposée.
— Réfutation de diverses objections relatives à l'exercice de la contrainte
morale et à l'application d'une législation répressive des abus de la liberté
de la reproduction. — Que la contrainte morale n'est contraire ni à la
morale ni à la religion.

Nous avons constaté que la même loi d'équilibre qui gouverne la production de toutes choses gouverne aussi celle de
l'homme; qu'en vertu de cette loi, l'*offre* des générations nouvelles tend incessamment à se mettre en équilibre avec la
demande, au niveau des frais de production, augmentés des
profits ordinaires, c'est à dire à un niveau tel que la nouvelle
génération mise au marché de la population puisse non seulement couvrir ses frais d'existence, mais encore reconstituer le
capital employé à sa formation, pour l'appliquer à celle de la
génération suivante, dans la proportion requise. Est-ce à dire
cependant que le jeu de cette loi régulatrice ne puisse être
troublé et qu'aucune part ne soit laissée, en cette matière, à
l'action de la liberté humaine? Non, sans doute.

S'il ne dépend pas de l'homme d'augmenter au delà de certaines limites sa population; si, lorsqu'elle demeure insuffisante, il est irrésistiblement poussé à l'accroître, il n'en peut
pas moins exercer une influence considérable sur le nombre, la
composition et par conséquent sur les destinées des générations
qui doivent succéder à la sienne, et cette influence qu'il exerce
sur la condition des générations futures réagit, en bien ou en
mal, selon qu'elle est bonne ou mauvaise, sur la sienne propre.

S'il ne tient point compte de l'état du débouché qui est

ouvert à sa population, s'il obéit aveuglément à l'instinct physique et même aux sentiments moraux qui le poussent à se
multiplier au delà du nécessaire ; s'il applique à sa reproduction une portion trop considérable de sa force reproductive, de
son travail et de ses capitaux ; s'il produit en conséquence une
génération trop nombreuse eu égard au débouché dont elle dispose, il en résulte, comme nous l'avons démontré, une baisse
désastreuse de la rémunération du personnel de la production,
la misère et la dégradation des masses, et finalement la destruction, soit rapide, soit lente, de l'excédant. Ou bien encore, en
admettant que cet excédant soit entretenu oisif sur la part de
produit net qui serait revenue à la classe des travailleurs dans
l'hypothèse d'une population normale, il en résulte une consommation improductive des capitaux ainsi absorbés par l'entretien
d'une population inutile. Dans cette hypothèse, la production
ne peut se développer autant qu'elle le ferait si l'entretien de
l'excédant de population ne prélevait point une dîme sur les
capitaux en voie de formation, et par conséquent elle ne peut
offrir un aussi grand nombre d'emplois à la population future.
De même, — et ce cas est plus fréquent encore, — lorsque la
force reproductive, le travail et le capital ne sont point convenablement et dans la proportion requise appliqués au renouvellement de la population, lorsque la force reproductive est
employée, par exemple, sans l'auxiliaire d'une quantité suffisante
de travail et de capital, les générations nouvelles contiennent
un grand nombre de *non valeurs* ou de *demi-valeurs*, c'est à dire
d'individus, ou qui périssent hâtivement, sans avoir couvert
leurs frais d'existence et reconstitué le capital employé à les
former, ou qui demeurent jusqu'à la vieillesse, entièrement ou
en partie, à la charge de leurs semblables : dans ce cas encore,

disons-nous, une partie du capital de la société étant absorbée par l'entretien de ces *non valeurs* ou de ces *demi-valeurs*, la production ne peut s'augmenter, les emplois disponibles se multiplier et la population croître autant que si le renouvellement de la génération existante s'opérait d'une manière saine et utile.

Enfin, si l'homme, cédant non à l'imprévoyance, mais à des penchants égoïstes et dépravés, se refuse à fonder une famille et à remplir les obligations de la paternité, afin de réserver ses ressources à la satisfaction de ses besoins personnels, si les femmes redoutent les labeurs de la maternité et s'y soustraient, s'il en résulte, en conséquence, un renouvellement insuffisant de la population, qu'arrive-t-il? C'est qu'une partie des capitaux mobiliers et immobiliers constituant le matériel de la production deviennent inactifs et, finalement, se détruisent faute d'un personnel assez nombreux pour les mettre en œuvre, et que la société s'appauvrit d'autant, à moins qu'elle ne réussisse à combler au moyen d'une immigration le déficit de sa population. Si l'immigration n'est point possible, et si les vices préventifs de la multiplication de l'espèce continuent à agir, en dépit de l'encouragement que la rareté des bras et des intelligences donne à la formation d'un personnel nombreux, la société tombera en décadence et elle finira par s'éteindre.

L'homme doit donc agir pour se conformer à la loi qui gouverne la production de l'espèce humaine comme celle de toutes choses. De même que, industriel ou commerçant, il doit éviter de mettre au marché une quantité de produits qui dépasse la quantité demandée au niveau du prix rémunérateur, s'il ne veut s'exposer à des pertes et à une banqueroute, de même encore qu'il doit s'efforcer de produire toujours et de mettre au

marché des marchandises en qualité et en quantité suffisantes,
s'il ne veut point s'exposer à être supplanté tôt ou tard par des
concurrents plus intelligents et plus actifs, tandis que son stock
de marchandises invendables ira grossissant, père de famille,
il doit éviter, à la fois, d'encombrer le marché d'un personnel
surabondant, et de n'y mettre qu'un personnel insuffisant en
nombre ou en qualité, c'est à dire impropre à satisfaire à la
demande. Dans le premier cas, il voue à la misère l'immense
majorité de la génération qui succède à la sienne; dans le
second, il prépare et rend inévitable la substitution à sa
descendance affaiblie de races ou de classes concurrentes, dont
la reproduction aura été mieux gouvernée.

Si nous nous rendons bien compte des conditions naturelles
du renouvellement utile de la population, et des obstacles que
l'ignorance et les penchants vicieux de l'immense majorité des
hommes ont de tous temps opposés à leur accomplissement,
nous ne nous étonnerons pas que cette espèce particulière d'industrie ait, de tous temps aussi, attiré l'attention des législateurs, et provoqué l'établissement d'une réglementation destinée
soit à assurer la bonne formation de ses produits, par l'application de quantités suffisantes de travail et de capital, soit à en
proportionner le nombre aux besoins du marché de la population. Cette réglementation, incarnée dans une multitude
d'institutions, de lois, de coutumes, de prescriptions civiles ou
religieuses dont le sens nous échappe trop souvent aujourd'hui,
avait, en général, sa raison d'être, quoiqu'elle ne fût toujours ni pleinement intelligente ni pleinement efficace. Elle
constituait une mise en tutelle des individus incapables de gouverner eux-mêmes utilement leur reproduction ou considérés
comme tels. Cette tutelle, tantôt supprimait complétement la

liberté d'initiative de l'individu en matière de reproduction,
tantôt se bornait à la restreindre, en lui imposant des règles
dont l'expérience avait démontré l'utilité, soit pour la conclusion des associations nécessaires à la formation des familles,
soit pour la consécration des obligations des associés, etc., etc.
Il nous faudrait des volumes pour esquisser l'histoire de ce gouvernement de la reproduction de l'espèce humaine (1). Bornons-
nous à quelques indications essentielles.

On trouve, par exemple, dans les nécessités du gouvernement de la reproduction de l'espèce humaine, la principale
raison d'être de l'esclavage. Moins l'homme se différencie des
espèces animales inférieures, et moins il est capable d'accumuler et de bien appliquer le capital nécessaire à sa reproduction.
Quand donc les races inférieures demeurent abandonnées à
elles-mêmes, quand des hommes appartenant à des races plus
intelligentes ou parvenues à un degré plus élevé de civilisation,
ne se chargent point de les gouverner, qu'arrive-t-il? C'est que
les races inférieures ne maîtrisent pas plus que ne le font les
animaux eux-mêmes le penchant qui les pousse à se multiplier;
mais, comme elles ne possèdent point les ressources nécessaires
pour élever tous les êtres auxquels elles donnent le jour, ou
elles les laissent périr ou elles les détruisent par l'avortement,
l'infanticide et d'autres pratiques odieuses (2). Dans cet état de

_____

(1) On trouvera dans les *Principes d'économie politique* de M. Guillaume
Roscher, si élégamment traduits par M. L. Wolowski, une profusion de renseignements sur ce sujet, que M. Roscher a traité en déployant toutes les ressources de l'érudition germanique. T. II. *Histoire et politique de la population.*

(2) Les Jaggas de Guinée dévorent leurs propres enfants. BURDACH, *Traité
de physiologie*, t. V, p. 85.

choses, l'esclavage est un progrès, non seulement en ce qu'il améliore la condition des enfants et des femmes, mais encore en ce qu'il permet aux races asservies de se multiplier davantage, en augmentant les ressources nécessaires d'abord pour renouveler et accroître leur population, ensuite pour l'utiliser. L'éleveur d'esclaves ne tolère ni l'avortement ni l'infanticide, il s'abstient même d'assujettir les enfants à un labeur hâtif et meurtrier (non point, il est vrai, sous l'impulsion de sentiments particuliers de moralité et d'humanité, mais simplement pour empêcher la détérioration de son personnel, comme fait l'éleveur de bétail). Il n'autorise la reproduction de ses esclaves que dans la proportion utile, et il veille à ce qu'elle s'opère dans de bonnes conditions; enfin, il applique à la formation de ses « produits » le capital nécessaire pour leur donner la plus grande valeur possible. L'esclave ne gouverne donc, en aucune manière, sa reproduction. Son maître se charge de la gouverner pour lui.

Lorsque le servage succède à l'esclavage, le gouvernement de la reproduction de la classe asservie se partage entre le serf et le seigneur. Celui-ci n'autorise les mariages qu'autant qu'il le juge utile ; mais, cette autorisation accordée, le serf en use comme bon lui semble, et il forme à sa guise la génération qui doit remplacer la sienne. Enfin lorsque le servage disparaît, lorsque l'homme des classes inférieures est affranchi de la tutelle du seigneur, il acquiert, du même coup, la liberté de gouverner sa reproduction à ses risques et périls. Cependant cette liberté n'est point partout entière : dans beaucoup de pays, la tutelle de l'autorité communale ou gouvernementale remplace à cet égard celle du seigneur. Témoin ce relevé des lois préventives des mariages hâtifs et imprévoyants, que reproduit M. John Stuart Mill :

On ne sait pas généralement, dit M. Stuart Mill, dans combien de pays européens des obstacles légaux directs s'opposent aux mariages imprévoyants. Les communications faites à la première commission pour la loi des pauvres par nos consuls et ministres dans les divers pays de l'Europe fournissent des renseignements abondants sur cette matière. M. Senior, dans la préface dont il a fait précéder le recueil de ces renseignements, affirme que dans les pays où le droit à l'assistance est légalement reconnu, le mariage est interdit aux personnes qui reçoivent cette assistance, et qu'on laisse marier seulement un petit nombre de celles qui ne semblent pas posséder les moyens de vivre par elles-mêmes. Ainsi, on nous dit qu'en Norvége nul ne peut se marier s'il ne constate, au jugement du prêtre, qu'il est établi de manière à faire penser que très probablement il aura le moyen d'élever sa famille.

Dans le Mecklembourg, les mariages sont retardés par la conscription jusqu'à la vingt-deuxième année et par le service militaire pendant six ans de plus; en outre, les futurs époux doivent avoir un domicile, faute de quoi le prêtre n'a pas le droit de les marier. Les hommes se marient de 25 à 30 ans, et les femmes presqu'au même âge, parce que les uns et les autres doivent gagner d'abord de quoi s'établir.

En Saxe, l'homme ne peut se marier avant 21 ans, s'il est propre au service militaire. A Dresde, *les professionnistes* (expression qui désigne sans doute les artisans) ne peuvent se marier qu'après être passés maîtres.

Dans le Wurtemberg, l'homme assujetti au service militaire ne peut se marier avant 25 ans que par une permission spéciale obtenue ou achetée : à cet âge même il est tenu de se procurer une permission qu'il obtient en prouvant que lui et sa future possèdent ensemble de quoi s'établir et élever une famille. Dans les grandes villes, il faut posséder de 800 à 1,000 florins; dans les petites, de 400 à 500 florins, et 200 florins dans les villages.

Le ministre d'Angleterre à Munich dit : « La grande cause qui maintient à un chiffre si bas le nombre des pauvres en ce pays est la loi qui empêche les mariages, dans le cas où il est prouvé que les futurs n'ont pas des moyens suffisants d'existence; cette loi est observée strictement dans toutes les localités et en tout temps. L'observation constante de cette règle a eu pour effet d'empêcher l'accroissement de la population de la Bavière, population qui, en effet, est peu nombreuse par rapport à l'étendue du territoire, mais elle a eu pour effet heureux d'éloigner l'extrême pauvreté et, par suite, le paupérisme. »

A Lubeck, les mariages entre pauvres sont retardés, premièrement par l'obligation imposée à l'homme de prouver qu'il a un emploi, un métier ou une profession régulière qui le met en état de soutenir un ménage; secondement, par l'obligation où il est de se faire recevoir bourgeois et d'acquérir l'uniforme de la garde bourgeoise qui coûte environ 4 liv. A Francfort, le gouvernement ne fixe point d'âge avant lequel on ne puisse se marier, mais on n'accorde la permission de se marier qu'à celui qui prouve qu'il a de quoi vivre.

Lorsque ces documents parlent des devoirs militaires, ils indiquent un obstacle indirect opposé aux mariages par les lois particulières de certains pays où l'on n'a point établi de restrictions directes. En Prusse, par exemple, les lois qui obligent tout homme qui n'est pas physiquement impropre au service militaire à passer plusieurs années dans les rangs de l'armée à l'âge où les mariages imprudents sont le plus souvent contractés, exercent probablement sur le mouvement de la population la même influence que les restrictions légales des petits États de l'Allemagne.

Les Suisses, dit M. Ray, savent si bien par expérience qu'il est convenable de retarder l'époque du mariage de leurs fils et de leurs filles, que les conseils de gouvernement des quatre ou cinq cantons les plus démocratiques, élus, il ne faut pas l'oublier, par le suffrage universel, ont fait des lois par lesquelles tous les jeunes gens qui se marient sans avoir prouvé au magistrat du district qu'ils sont en état d'entretenir une famille sont passibles d'une grave amende. A Lucerne, à Argovie, dans l'Unterwald, et, je crois, à Saint-Gall, Schwytz et Uri, des lois semblables sont en vigueur depuis longues années (1).

Un bon nombre d'institutions ou de coutumes contribuent, de même, directement ou indirectement, à restreindre dans les pays où l'esclavage et le servage ont cessé d'exister, la liberté de la reproduction. En général, on peut opposer à la réglementation ou aux institutions préventives du renouvellement libre de la population, les mêmes arguments que l'on dirige contre le régime préventif dans ses applications aux autres branches de l'industrie humaine. Cependant, peut-on affirmer qu'il existe parmi les hommes de toutes les classes de la société une capacité suffisante pour pratiquer utilement le *self-government* en cette matière? L'expérience qui s'est faite à cet égard dans les pays où les obstacles préventifs de la multiplication de l'espèce humaine ont disparu n'a pas été, il faut le dire, des plus satisfaisantes. Les classes inférieures surtout se sont montrées fort peu propres à gouverner utilement leur reproduction. En cette matière plus qu'en aucune autre, elles ont cru que la liberté signifiait absence de frein et de règle. Elles n'ont pas paru et elles ne paraissent pas encore se douter (qui donc, à la vérité, le leur aurait appris?) que ce frein et cette règle que le maître ou le seigneur ou finalement la loi leur imposaient naguère, elles doivent se les imposer à elles-mêmes, sous peine de tomber dans une condition pire que celle dont elles sont sor-

---

(1) JOHN STUART MILL. *Principes d'économie politique*, traduit par H. Dussard et Courcelle Seneuil, t. Iᵉʳ, p. 402.

ties. Elles ne paraissent pas croire qu'en s'abandonnant sans
prévoyance au penchant physique qui les pousse à se reproduire, elles travaillent à leur ruine absolument comme feraient
les *éleveurs* d'esclaves, s'ils ne réglaient point la multiplication
de leurs « produits, » conformément à l'état du marché. Que
résulte-t-il de cette ignorance des conditions naturelles de la
reproduction et de cette absence, trop générale aussi, d'une
force morale suffisante pour les observer? C'est que les classes
inférieures gouvernent fort mal leur reproduction ; c'est que,
d'une part, elles se multiplient sans s'enquérir de l'état du
débouché ouvert à leur population, d'une autre part, sans
s'assurer préalablement les quantités de travail et de capital
nécessaires à la formation de la génération nouvelle. Le plus
souvent, ces quantités de travail et de capital sont insuffisantes :
aussi plus de la moitié des enfants des classes inférieures meu-
rent-ils avant l'âge, et les survivants sont-ils appliqués à un
travail hâtif et meurtrier qui dévore en germe leurs forces physiques et leurs facultés intellectuelles. La race dégénère ainsi
et s'affaiblit de plus en plus. Il y a apparence même que si cet
état de choses ne se modifiait point, les classes inférieures proprement dites disparaîtraient à la longue, devant la concurrence
des classes moyennes qui gouvernent mieux leur reproduction,
comme s'éteignent les peuples sauvages abandonnés au gouvernement d'eux-mêmes, en présence de la concurrence des
peuples civilisés. Que faire donc? Faudrait-il en revenir à
l'esclavage, au servage ou, tout au moins, au régime des lois
préventives en matière de population? Non, sans doute. Mais il
faudrait, d'un côté, — et la chose est plus urgente qu'on ne
suppose, — réformer le régime soi-disant protecteur des classes
pauvres qui encourage artificiellement leur multiplication, en

affaiblissant le poids des obligations de la paternité ; d'un autre
côté, il faudrait compléter et renforcer la *législation repressive*
des « nuisances » provenant de l'usage abusif de la liberté, en
matière de reproduction. Cette législation repressive existe déjà
à la vérité ; mais elle présente de nombreuses lacunes, et elle
n'est qu'imparfaitement appliquée. Elle punit l'avortement et
l'infanticide ; mais, dans la pratique, elle ne réprime point
assez sûrement ces crimes, qui affaiblissent l'espèce en la
dépravant ; elle impose aux parents l'obligation de nourrir et
d'élever leurs enfants, mais elle ne spécifie point suffisamment
les limites de cette obligation, et elle leur permet trop aisément
de l'éluder ou de s'y soustraire. Complétée et fortifiée, la législation répressive agirait certainement, surtout si l'opinion
publique lui venait en aide, pour réduire le nombre et la gravité des nuisances que cause aujourd'hui l'usage abusif de la
liberté en matière de reproduction. Enfin, la tutelle volontaire
ou pénale apparaîtrait comme une ressource dernière contre
ceux-là qui se montreraient décidément incapables de porter le
poids de la responsabilité attachée à l'exercice de cette branche
de la liberté humaine (1).

En résumé, si l'incapacité originaire de l'immense majorité
des hommes à gouverner utilement leur reproduction a pu
donner une raison d'être à des institutions et à des réglementa-
tions préventives, en matière de population, on peut aujour-
d'hui abandonner à la liberté le soin de la multiplication de

---

(1) Voir au sujet des lacunes de la législation répressive, en matière d'obligations paternelles, la *Discussion sur l'enseignement obligatoire* entre MM. G. de
Molinari et Frédéric Passy. Dernières observations de M. G. de Molinari,
pag. 149.

l'espèce humaine, mais avec l'auxiliaire d'une législation et d'une opinion publique suffisamment répressives des « nuisances » que peut engendrer en cette matière un mauvais *self-government*.

La théorie que nous venons d'exposer n'est qu'une application à la production de l'homme lui-même de la loi générale d'équilibre qui gouverne la production de toutes choses. Nous ne devons pas dissimuler qu'elle diffère par un point fondamental de la théorie de Malthus qui fait actuellement autorité dans la science. Il nous reste donc à montrer en quoi consiste cette différence et à la justifier.

Voici les deux propositions essentielles dans lesquelles se résume la théorie de Malthus :

" *Première proposition*. Nous pouvons tenir pour certain que, *lorsque la population n'est arrêtée par aucun obstacle, elle va doublant tous les vingt-cinq ans, et croît de période en période suivant une progression géométrique.*

" *Seconde proposition*. Nous sommes en état de prononcer, en partant de l'état actuel de la terre habitée, que *les moyens de subsistance, dans les circonstances les plus favorables à l'industrie, ne peuvent jamais augmenter que selon une progression arithmétique.*

" La conséquence inévitable de ces deux lois d'accroissement comparées, ajoute Malthus, est assez frappante. Portons à onze millions la population de la Grande-Bretagne, et accordons que le produit actuel de son sol suffit pour maintenir une telle population. Au bout de vingt-cinq ans, la population serait de vingt-deux millions ; et la nourriture étant aussi doublée, suffirait encore à son entretien. Après une seconde période de vingt-cinq ans, la population serait portée à quarante-quatre millions et les moyens de subsistance n'en pourraient plus soutenir que trente-trois. Dans la période suivante, la population, arrivée à quatre-vingt-huit millions, ne trouverait des moyens de subsistance que pour la moitié de ce nombre. A la fin du premier siècle, la population serait de cent soixante-seize millions, et les moyens de subsistance ne pourraient suffire à plus de cinquante-cinq millions; en sorte qu'une population de cent vingt et un millions d'hommes serait réduite à mourir de faim.

    " Substituons à cette île qui nous a servi d'exemple, la surface entière de la terre; et d'abord on remarquera qu'il ne sera plus possible, pour éviter la famine, de recourir à l'émigration. Portons à mille millions le nombre des habitants actuels de la terre; la race humaine croîtrait comme les nombres 1, 2, 4, 8, 16, 32, 64, 128, 256; tandis que les subsistances croîtraient comme ceux-ci : 1, 2, 3, 4, 5, 6, 7, 8, 9. Au bout de deux siècles, la population serait aux moyens de subsistance comme 256 est à 9; au bout de trois siècles, comme 4,096 est à 13, et après deux mille ans, la différence serait immense et comme incalculable.

    " On voit que, dans nos suppositions, nous n'avons assigné aucune limite aux produits de la terre. Nous les avons conçus comme susceptibles d'une augmentation indéfinie, comme pouvant surpasser toute grandeur qu'on voudrait assigner. Dans cette supposition même, le principe de population, de période en période, l'emporte tellement sur le principe productif des subsistances, que, pour maintenir le niveau, pour que la population existante trouve des aliments qui lui soient proportionnés, il faut qu'à chaque instant une loi supérieure fasse obstacle à ses progrès; que la dure nécessité la soumette à son empire; que celui, en un mot, de ces deux principes contraires, dont l'action est si prépondérante, soit contenu dans certaines limites. "

Cette loi supérieure se résume dans l'action d'obstacles, de nature diverse, qui se mettent en travers de la tendance de la population à dépasser ses moyens de subsistance, et qui ont pour effet de l'y proportionner.

    " Ces obstacles à la population, qui agissent constamment, avec plus ou moins de force, dans toutes les sociétés humaines, et qui y maintiennent le nombre des individus au niveau de leurs moyens de subsistance, peuvent être rangés sous deux chefs. Les uns agissent en prévenant l'accroissement de la population, et les autres en la détruisant à mesure qu'elle se forme. La somme des premiers compose ce qu'on peut appeler l'*obstacle privatif;* celle des seconds, l'*obstacle destructif*.

" .... Les obstacles privatifs et destructifs peuvent se réduire aux trois suivants : *la contrainte morale, le vice et le malheur*.

" Parmi les obstacles privatifs, l'abstinence du mariage, jointe à la chasteté, est ce que j'appelle *contrainte morale (moral restraint)*. J'emploie ici le mot *moral* dans un sens limité. J'entends par contrainte morale celle qu'un homme s'impose à l'égard du mariage par un motif de prudence, lorsque sa conduite pendant ce temps est strictement morale.

" Le libertinage, les passions contraires aux vœux de la nature, la violation du lit nuptial, en y joignant tous les artifices employés pour cacher les suites des liaisons criminelles ou irrégulières, sont des obstacles privatifs qui appartiennent manifestement à la classe des *vices*.

" Parmi les obstacles destructifs, ceux qui paraissent une suite inévitable des lois de la nature composent exclusivement cette classe que je désigne par le mot de *malheur (misery)*. Ceux au contraire que nous faisons évidemment naître nous-mêmes, comme les guerres, les excès de tous genres et plusieurs autres maux inévitables, sont d'une nature mixte. C'est le vice qui les suscite, et ils amènent à leur suite le malheur.

" La somme de tous les obstacles privatifs et destructifs forme ce que j'appelle l'*obstacle immédiat* à la population. Dans un pays où la population ne peut pas croître indéfiniment, l'obstacle privatif et l'obstacle destructif doivent être en raison inverse l'un de l'autre, c'est à dire que dans les pays malsains ou sujets à une grande mortalité, quelle qu'en soit d'ailleurs la cause, l'obstacle privatif aura peu d'influence. Dans ceux au contraire qui jouissent d'une grande salubrité et où l'obstacle privatif agit avec force, l'obstacle destructif agira faiblement, et la mortalité sera très petite.

    " En tous pays, quelques-uns des obstacles que nous avons énumérés agissent avec plus ou moins de force, mais d'une manière constante, et malgré l'influence de cette action permanente, il y a très peu de pays où l'on n'observe pas un constant effort de la population pour croître au delà des moyens de subsistance. Cet effort, constant dans son action, tend non moins constamment à plonger dans la détresse les classes inférieures de la société, et s'oppose à toute espèce d'amélioration de leur état (1). "

En définitive, Malthus affirme que « la population tend à s'accroître en raison géométrique, tandis que les subsistances ne peuvent s'augmenter qu'en raison arithmétique, » ou, pour nous servir d'une formule de son savant commentateur et abréviateur M. Joseph Garnier, que « la population a une tendance organique et virtuelle à s'accroître plus rapidement que les moyens d'existence (2), » tendance que combattent incessamment les

---

    (1) Malthus, *Essai sur le principe de population*, traduit par MM. P. et G. Prévost, liv. I, chap. I et II.

    (2) " Les propositions de Malthus sont vraies, dit M. Joseph Garnier dans son excellent abrégé encyclopédique *Du Principe de la population*, si ce n'est dans la lettre au moins dans l'esprit. Et ici encore nous pouvons nous débarrasser tout d'abord de quelques objections moins solides qu'on ne pense, en faisant observer que Malthus, lorsqu'il s'est servi d'une progression géométrique pour formuler l'accroissement de la population, et d'une progression arithmétique pour formuler l'accroissement des subsistances, n'a pas voulu faire autre chose qu'exprimer une *tendance*. Il y a des personnes qui ne l'ont pas compris ainsi, mais leurs dissertations à cet égard portent scientifiquement à faux.

    " Malthus n'attachait aucune importance à cette formule mathématique,

obstacles privatifs et destructifs, mais qu'ils combattent rarement, remarque Malthus, avec une efficacité suffisante.

Il ressort, au contraire, de nos démonstrations que « la population a une tendance organique et virtuelle à se proportionner toujours à ses moyens d'existence, ou, ce qui revient au même, à son *débouché*. Car, à mesure qu'elle s'en écarte en raison arithmétique, soit en plus soit en moins, elle y est ramenée sous l'impulsion d'une force qui se développe en raison géométrique. » D'où il résulte que l'intervention des obstacles privatifs ou destructifs n'est point nécessaire pour proportionner la population à ses moyens d'existence ou à son débouché.

---

inutile à son raisonnement. C'est ce dont peut se convaincre tout lecteur de bonne foi.

« On a également critiqué l'expression de subsistances comme trop restreinte; mais il est évident que Malthus a entendu tout ce qui est indispensable à l'homme pour vivre : la nourriture, le vêtement, l'habitation, *cibaria et vestitus et habitatio* du jurisconsulte romain. Mais il est plus clair de dire avec Destutt de Tracy : *moyens d'existence.*

« En d'autres termes donc nous pouvons formuler le principe de population ainsi :

« I. La population, si aucun obstacle physique ou moral ne s'y opposait, se développerait incessamment suivant une progression géométrique et sans limites assignables.

« II. Les moyens de subsistance, au contraire, ne se développent en général que suivant une progression bien moins rapide.

« III. En d'autres termes, la population a une tendance organique et virtuelle à s'accroître plus rapidement que les moyens d'existence.

« IV. De là résulte l'obligation de limiter préventivement le développement de la population, pour éviter la destruction brutale de l'espèce par suite des privations qu'impose la nature. » (JOSEPH GARNIER, *Du principe de population*, p. 11-15.)

L'erreur de Malthus provient, comme nous allons nous en convaincre, d'une analyse insuffisante des éléments de la production de l'homme. Son attention s'est portée d'une manière trop exclusive sur l'un de ces éléments, savoir la force reproductive, et il a négligé les deux autres, savoir le travail et le capital, qui concourent avec elle à la formation d'une génération nouvelle. La force reproductive existant et devant exister en quantité surabondante, si elle suffisait seule pour former des hommes, la population tendrait incessamment et virtuellement à dépasser ses moyens d'existence. Mais il n'en est pas ainsi : la force reproductive ne peut former qu'un embryon, et il faut pour faire de cet embryon un homme utile, c'est à dire un homme capable de trouver un débouché, une quantité plus ou moins considérable de travail et de capital, selon que l'emploi auquel on le destine est plus ou moins relevé. Or la quantité de travail et de capital que l'on peut appliquer à la formation d'une génération nouvelle n'est point, comme celle de la force reproductive, naturellement surabondante ou illimitée ; elle est, au contraire, naturellement rare ou limitée. Elle ne peut, en aucun cas, dépasser une certaine portion de la quantité totale, — naturellement limitée aussi, — du travail et du capital dont la société dispose. En effet, la plus grande partie de ce travail et de ce capital est nécessairement absorbée par l'entretien de la génération existante, et c'est l'excédant seulement qui peut être appliqué à la formation d'une génération nouvelle.

Cela étant, peut-on dire qu'il existe au sein de la population une tendance organique et virtuelle à consacrer à la formation d'une génération nouvelle, non seulement au delà de la proportion utile de la force reproductive mais encore au delà de la proportion utile du travail et du capital, qui sont aussi indis-

pensables à cette œuvre que la force reproductive elle-même?
Sans doute, l'espèce humaine est affligée du vice de l'incontinence, comme elle est sujette à l'ivrognerie, à la gourmandise,
à l'orgueil, à la paresse, à la prodigalité et à l'avarice. Mais ce
vice, débordement ou déviation maladive d'un penchant nécessaire, a-t-il et peut-il avoir le pouvoir de déterminer ceux qui
en sont atteints à mettre au service de la reproduction, les
quantités de travail et de capital requises pour produire autant
d'hommes qu'il les pousse à former d'embryons? Non, à coup
sûr. D'abord, le plus souvent, ceux qui s'abandonnent à leur
incontinence ne disposent ni du travail ni du capital nécessaires
pour former autant d'hommes qu'ils risquent d'en mettre au
monde. Ensuite, alors même qu'ils possèdent ce travail et ce
capital, ils sont généralement peu disposés à les détourner des
emplois auxquels ils les affectent pour les appliquer à cette destination, et *ils le sont d'autant moins que l'homme coûte plus cher
à former*. Admettons toutefois, par hypothèse, que l'incontinence ait le pouvoir de déterminer une génération à appliquer
à sa reproduction non seulement une quantité excessive de
force reproductive, mais encore une quantité excessive de travail et de capital, et qu'elle mette, en conséquence, sur le marché de la population, une nouvelle génération surabondante.
Qu'en résultera-t-il? C'est que l'excédant pèsera sur la rémunération du personnel nouveau, de manière à diminuer la portion
de cette rémunération, applicable au renouvellement de la
population. A quoi il faut ajouter que le capital en voie de formation sera énergiquement sollicité par l'appât de la rente, qui,
dans cette situation, s'attachera aux capitaux immobiliers, à
augmenter le matériel plutôt que le personnel de la production.
Le capital reproductif diminuant sous cette double influence,

la reproduction devra inévitablement se ralentir. Sans doute, ce
ralentissement peut être arrêté temporairement si l'on alloue
un fonds spécial comme celui de la taxe des pauvres, par
exemple, à la reproduction de la classe inférieure, ou ne se
produire que d'une manière insensible si, comme en Irlande,
l'homme coûte peu de chose à former, mais un moment
arrive toujours, où, sous l'influence de ces deux causes, diminution de la rémunération du personnel, augmentation de celle
du matériel, le ralentissement a lieu. Ceci se remarque notamment chaque fois que, par le fait d'une crise ou d'une calamité
quelconque, le débouché de la population diminue. On voit
alors diminuer le nombre des mariages et des naissances, tandis
que le phénomène opposé se manifeste chaque fois que la production se développe et, par conséquent, que le débouché de la
population s'accroît. Dans le premier cas, la baisse de la rémunération du personnel amenée par le retrécissement du débouché,
diminue la quantité de capital disponible pour la reproduction,
tandis que dans le second cas, cette quantité se trouve augmentée. L'équilibre tend ainsi continuellement et de lui-même à
s'établir par l'accroissement ou la diminution, l'apport ou le
retrait du capital nécessaire à la reproduction. En tous cas, les
perturbations que l'incontinence, c'est à dire l'exercice immo-
déré et déréglé de la force reproductive peut causer, en déterminant l'application d'une quantité surabondante de travail et
de capital au renouvellement de la population, ces perturbations sont de moins en moins à redouter à mesure que la civilisation progresse : d'une part, les sacrifices que l'homme est
obligé de s'imposer pour former une créature semblable à lui
s'augmentant, il est plus excité à résister à l'excitation qui le
pousse à commettre un acte dont les conséquences se trouvent

pour lui aggravées; d'une autre part aussi, il devient plus
capable de gouverner utilement ses appétits, et peut-être enfin
est-il sollicité avec moins de véhémence par ses penchants matériels, en se spiritualisant davantage.

La population n'a donc point, comme l'affirme Malthus, une
tendance organique et virtuelle à se multiplier plus rapidement
que ses moyens de subsistance, ou ce qui revient au même, à
déborder le débouché qui lui est ouvert, au niveau de la rémunération nécessaire pour l'entretenir et la renouveler. Si cette
tendance existait, remarquons le bien, et si elle se manifestait
d'une manière constante, l'accroissement de la population
serait impossible, car l'entretien de l'excédant en entamant
progressivement le capital disponible pour la reproduction ne
permettrait même point à celle-ci de s'opérer dans la proportion
utile. Sans doute, l'incontinence pousse à une multiplication
excessive de la population, mais son pouvoir ne va point jusqu'à neutraliser l'action de la loi économique qui sert de régulateur à la production des hommes comme à celle de toutes
choses. Dès que la population se multiplie avec excès, en proportion de son débouché, le capital spécial de la reproduction
compris dans la rémunération du personnel diminue, et le
capital général est attiré, par l'appât d'une prime croissante,
vers la formation du matériel; dès que la multiplication de la
population devient insuffisante, au contraire, le capital spécial
de la reproduction compris dans la rémunération du personnel
augmente, et le capital général est attiré comme vers l'emploi
le plus avantageux, du côté de la formation du personnel. Sous
cette double impulsion qui agit en raison géométrique, alors
que les écarts en plus ou en moins se produisent simplement
en raison arithmétique, l'équilibre tend perpétuellement à s'éta-

blir entre la population et ses moyens de subsistance, ou ce qui revient au même, entre la population et les emplois qui lui fournissent les moyens de subsister comme aussi de reconstituer le capital nécessaire pour se renouveler.

Cette inexactitude de son analyse des éléments constitutifs de la production de l'homme a conduit Malthus à formuler l'hypothèse peu scientifique de la multiplication de l'espèce humaine en progression géométrique et sans limites assignables. Cette hypothèse est aussi oiseuse que pourrait l'être celle de la multiplication des grains *en admettant que la production des céréales n'exigeât l'application d'aucun capital*. La multiplication des grains n'aurait, dans ce cas, selon toute apparence, d'autres limites que celles de la force productive du sol et peut-être de la place nécessaire pour faire pousser le blé. Mais quelles lumières une telle hypothèse apporterait-elle sur le développement possible de la production du blé, *dans les conditions réelles où elle peut s'opérer*, c'est à dire avec l'auxiliaire indispensable d'un capital. Quand Malthus assure que la population peut s'accroître en raison géométrique, il avance une proposition applicable aussi bien à tout autre genre de produits, — bien qu'il affirme à tort que les subsistances, par exemple, ne peuvent croître qu'en raison arithmétique. En effet, on peut admettre telle situation où, le capital croissant en raison géométrique, la production croîtrait dans la même proportion, soit qu'il s'agit d'hommes, de bêtes de somme, de machines, de tissus ou de subsistances. C'est ainsi que les choses se sont passées depuis soixante ans dans les États-Unis. Grâce à l'augmentation progressive du capital américain, le débouché ouvert à la population s'est accru de même. La *demande* du personnel des entreprises allant ainsi croissant, les salaires étaient élevés et ils

contenaient un fort tantième applicable à la reproduction, en
sus de la somme nécessaire à l'entretien des travailleurs. Mais
que le capital cesse de croître avec la même rapidité aux États-
Unis,—et il y a apparence que cela ne tardera guère,—que le
débouché ouvert à la population se rétrécisse, que la rémunération du personnel baisse, que le capital reproducteur diminue en conséquence, et l'accroissement de la population deviendra plus lent. Le phénomène de la multiplication si rapide de
l'espèce humaine aux États-Unis prouve sans aucun doute que
l'homme possède une force reproductive extrêmement intense
et élastique; mais comme cette force illimitée ne suffit pas seule
pour produire une population, comme il lui faut l'auxiliaire
d'un capital, qui est essentiellement limité et dont l'accroissement échappe à toute formule mathématique, on ne peut inférer de ce que la multiplication de la population américaine s'est
opérée depuis soixante ans en raison géométrique que la population ait une tendance générale et permanente à s'accroître en
raison géométrique; pas plus que l'on ne pourrait inférer du
phénomène du développement de la production de la laine,
en raison géométrique aussi, dans les immenses solitudes de
l'Australie, qu'il existe une tendance générale et permanente
à multiplier les moutons en raison géométrique et sans limites
assignables.

Cependant, si l'incontinence n'exerce point l'influence prépondérante que Malthus lui attribue, s'il est hors de son pouvoir de déterminer, d'une manière générale et constante,
l'application d'une quantité excessive de capital à la reproduction de l'espèce humaine, et, par conséquent, de provoquer
une surabondance continue de population, elle n'en exerce
pas moins une action perturbatrice et nuisible qu'il importe

de combattre. Quelle est cette action? Elle consiste principalement dans la consommation improductive d'une partie du capital employé à la reproduction.

Ou l'incontinence détermine l'application à la reproduction d'une quantité surabondante de travail et de capital : dans ce cas, qui est le plus rare et qui se présente de moins en moins, à mesure que la quantité de travail et de capital nécessaire à la production d'un homme vient à s'accroître, il se forme une génération nouvelle trop nombreuse. De deux choses l'une, ou l'excédant inutile de cette génération périt ou il subsiste. S'il périt, il y perte du capital reproducteur employé à le former; s'il subsiste, il y a perte non seulement du capital employé à le former, mais encore du capital employé à l'entretenir à l'état oisif. Dans les deux cas, il y a consommation improductive, destruction d'une partie du capital de la société.

Ou, comme c'est le cas le plus ordinaire, l'incontinence contribue seulement à mettre au monde plus d'êtres vivants qu'il n'y a de travail et de capital disponibles pour en faire des hommes utiles. Dans ce cas, qu'arrive-t-il encore? De deux choses l'une, ou l'excédant meurt avant l'âge faute de soins et d'entretien, et dans ce cas, le travail et le capital dépensés à le former jusqu'au moment où il périt est encore consommé d'une manière improductive, ou cet excédant ne peut être qu'imparfaitement formé, et il constitue une population incapable de subvenir, entièrement du moins, à ses frais d'existence, et qu'il faut, en conséquence, soutenir au moyen de ressources spécialement affectées à cet usage stérile : dans ce cas encore, il y a consommation improductive, destruction d'une partie du capital de la société.

Or que faut-il à une société pour croître et se développer au *maximum?* Il lui faut une quantité croissante, au maximum aussi, d'agents productifs, travail, capital et agents naturels appropriés, ou, en d'autres termes, une quantité croissante du matériel et du personnel nécessaires pour établir, mettre en activité et développer les entreprises de production, qui fournissent des moyens d'existence à la population. Que fait donc l'incontinence en détruisant du capital? Elle ralentit la formation et le développement des entreprises, et elle diminue ainsi le nombre des emplois qui pourraient fournir des moyens d'existence à la génération nouvelle. Elle diminue le *débouché* de la population, et, par une conséquence inévitable, la population elle-même.

Maintenant, de quelle manière l'incontinence peut-elle être combattue? Selon Malthus, elle peut l'être d'une manière préventive et d'une manière répressive, par des obstacles qu'il nomme *privatifs* et *destructifs*, et qui se résument dans « la contrainte morale, le vice et le malheur, » en comprenant, sous ces deux derniers chefs, tous les fléaux, la guerre, les épidémies, les famines, etc., que le vice et le malheur engendrent.

Tout d'abord, on est choqué comme d'une dissonnance dans les lois de la nature de cette association hétérogène de la contrainte morale, du vice et du malheur pour l'accomplissement d'une œuvre nécessaire, savoir l'établissement de l'équilibre entre le population et les subsistances. Que les voies de la Providence soient impénétrables, nous ne l'ignorons point. Mais que le vice soit employé par elle aux mèmes fins que la vertu, dans le gouvernement économique du monde, voilà ce qui renverse toutes nos notions sur l'harmonie du juste et de l'utile, en impliquant un désaccord profond et irrémédiable entre la morale et l'économie politique, puisque le vice que la morale condamne quand même et toujours, peut, dans certains cas, à défaut de la contrainte morale, par exemple, remplir dans l'économie de la société une fonction nécessaire.

Mais, hâtons-nous de le dire, cette dissonnance n'existe pas. La contrainte morale que Malthus recommande avec raison, et c'est là son grand mérite, exerce sur la multiplication de l'espèce humaine une action précisément opposée à celle du vice et du malheur. Elle contribue toujours, du moins quand elle est sainement appliquée, à perfectionner et à *augmenter* la population, tandis que le vice et le malheur contribuent toujours, au contraire, à la dégrader et à la *diminuer*. Elle exerce toujours une action *utile*, tandis que le vice et le malheur (en y comprenant tous les fléaux qu'ils engendrent) exercent toujours une action *nuisible*.

Que le vice et le malheur aggravent les maux causés par l'incontinence au lieu de les faire disparaître, rien n'est plus facile à démontrer. En effet, les fléaux, les calamités et les infections dont ils sont la source ont pour résultat uniforme de détruire du capital, soit que le capital se trouve investi dans le matériel ou dans le personnel de la production. La guerre, par exemple, détruit du personnel et du matériel. La peste et toutes les infections analogues atteignent spécialement le personnel, mais sans remédier davantage aux effets nuisibles de l'incontinence. Comme ces fléaux n'atteignent pas le vice dans sa racine, il subsiste et repousse plus dru que jamais : une population luxurieuse et imprévoyante ne tarde guère, après une épidémie, à mettre au monde plus d'êtres vivants qu'elle n'en peut former utilement, eu égard à la quantité existante de capital. En attendant, une portion supplémentaire de ce capi-

tal a dû être consacrée à réparer les brèches que l'épidémie a
faites dans le personnel employé ou en voie de formation : d'où
une diminution du capital applicable aux entreprises productives de moyens d'existence, un rétrécissement du débouché
de la population et, par conséquent une aggravation du mal
causé par l'incontinence et non point un remède à ce mal. Si
les fléaux engendrés par « le vice et le malheur » n'étaient
point intervenus pour détruire une partie de la population déjà
produite, et dont la production a occasionné une dépense de
capital plus ou moins considérable, que serait-il arrivé? C'est
que la pression de l'excédant provenant d'une reproduction
surabondante aurait agi pour diminuer la quantité du capital
reproducteur, qu'il y aurait eu moins de mariages et moins de
naissances, et que la population se serait remise en équilibre
avec ses moyens d'existence, sans perdre le capital investi
dans le personnel que l'épidémie a fauché.

Ceci nous amène à ce passage fameux de la première édition
de l'*Essai sur le principe de population*, retranché dans les édi-
tions suivantes, quoiqu'il résume parfaitement l'esprit de la
doctrine de Malthus, mais qui n'en a pas moins largement contribué à rendre l'économie politique impopulaire :

" Un homme qui naît dans un monde déjà occupé, si sa famille n'a
pas le moyen de le nourrir, ou si la société n'a pas besoin de son travail,
cet homme, dis-je, n'a pas le moindre droit à réclamer une portion quelconque de nourriture : il est réellement de trop sur la terre. Au grand
banquet de la nature, il n'y a point de couvert mis pour lui. La nature
lui commande de s'en aller, et elle ne tarde pas à mettre elle-même cet
ordre à exécution. "

Il en serait ainsi assurément si, comme l'affirme Malthus, la population pressait incessamment sur ses moyens d'existence, avec une force d'impulsion qui se développe en raison géométrique, tandis que la force de résistance que lui opposent les moyens d'existence ne peut se développer qu'en raison arithmétique; s'il fallait en conséquence, incessamment aussi, faire obstacle à l'empiètement de la population sur les subsistances, soit en, empêchant de naître la folle végétation humaine, soit en la fauchant, d'une main impitoyable, quand elle est née. Mais cette pression formidable, — si formidable que Malthus lui-même, tout en recommandant l'exercice de la contrainte morale pour la combattre, semble désespérer de la victoire; car, déclare-t-il, *cet effort, constant dans son action, tend non moins constamment à plonger dans la détresse les classes inférieures de la société et s'oppose à toute espèce d'amélioration de leur état,* — cette pression formidable qui livrerait fatalement. l'humanité à la faux tranchante du vice et du malheur, n'existe point. Sans doute, il peut se glisser dans la salle du banquet plus de convives qu'il n'y a de couverts préparés : et si les derniers venus sont repoussés de la table par un égoïsme étroit et sans pitié, ils ne feront que traverser tristement la salle en glaçant la joie sur les lèvres des conviés. Mais la table est immense, le nombre des couverts n'est point limité, et, à chaque instant, les places occupées se vident. Pendant que les uns arrivent, les autres s'en vont. Quand les invitations ont été lancées en trop grand nombre, il n'est donc pas nécessaire d'expulser brutalement l'excédant des invités, il suffit de se serrer un peu, en attendant que ceux qui sont rassasiés laissent des places vacantes. Et le grand ordonnateur du banquet ayant ainsi arrangé les choses, que les convives sont obligés non seulement de pourvoir à leur dépense, mais encore de faire à ceux qu'ils invitent à les remplacer l'avance des frais de route, ils ne peuvent, si hospitaliers qu'ils soient, multiplier indéfiniment les invitations. Trop souvent, à la vérité, ils négligent de remplir cette obligation ou ils ne la remplissent qu'à demi. Alors, une partie des invités périssent soit dès le point de départ, soit en chemin, quelques-uns même aux abords de la salle. Ils ont beau partir en grand nombre, ils n'arrivent que clairsemés, et comme la dépense faite pour les conviés qui n'arrivent point est perdue, la somme à l'aide de laquelle il est pourvu aux frais du transport et à ceux du banquet se trouve diminuée d'autant. On se ruine en faux frais d'invitations, et la longue avenue qui conduit au banquet est assombrie par une multitude de petites croix, pendant que la salle demeure à moitié vide.

Il faut donc réprimer le penchant hospitalier qui pousse les convives à lancer sans cesse de nouvelles invitations, mais en omettant trop souvent d'y joindre le viatique nécessaire. C'est à quoi sert la contrainte morale. A-t-elle, comme le suppose Malthus, pour résultat de diminuer le nombre des convives? Non! elle agit, au contraire, pour l'accroître. Lorsque les hôtes attablés s'appliquent à proportionner leurs invitations au nombre des places disponibles, comme aussi à joindre scrupuleusement à chacune la somme requise pour amener l'invité, frais et dispos, jusqu'à la porte de la salle, quel est le résultat? C'est que la somme à l'aide de laquelle il est pourvu à cette double dépense n'étant point grevée de faux frais, peut servir à convoyer et à nourrir un nombre maximum de convives, jusqu'au moment où la nature, après les avoir laissés se réconforter à leur aise, leur commandera de continuer leur voyage vers une destination inconnue.

Mais peut-on espérer de voir jamais la contrainte morale

triompher de l'incontinence qui nous pousse à multiplier nos
invitations au banquet de la vie, sans y joindre le viatique
nécessaire? Non! pas plus qu'on ne peut espérer de la voir triompher jamais de nos autres penchants et de nos autres appétits,
dans ce qu'ils ont d'excessif et de nuisible aux autres et à nous-
mêmes; pas plus qu'on ne peut espérer de la voir empêcher
jamais le besoin et le goût de l'alimentation d'engendrer l'intempérance, et le besoin de repos, la paresse. Quelque parfait
que puisse devenir le gouvernement de l'homme sur lui-même,
quelles que soient les lumières et la force morale qu'il y déploie,
ce serait une utopie de croire qu'il réussisse un jour à maîtriser
et à diriger ses penchants, de façon à n'en faire qu'un usage
sain et utile. L'incontinence continuera donc de subsister,
comme l'intempérance et la paresse, en dépit de la contrainte
morale, et de contribuer comme elles à appauvrir et à avilir les
créatures faites à l'image de Dieu. Mais elle n'agira point et
elle n'a jamais agi pour accélérer la multiplication de l'espèce
humaine, elle agira et elle a toujours agi pour la ralentir. D'où
il résulte qu'en recommandant l'exercice judicieux de la contrainte morale pour refréner l'incontinence, on ne contribue
point à diminuer le nombre des hommes, on contribue, au
contraire, à l'accroître.

En résumé, nous croyons avoir établi :

1° *Que la même loi d'équilibre qui gouverne la production de*
toutes choses, gouverne aussi celle de la population; qu'en vertu
de cette loi, l'offre de la population tend incessamment à se
mettre en équilibre avec la demande, *au niveau du prix remu-*
nérateur, c'est à dire à un niveau tel que la génération nouvelle
puisse non seulement subsister, mais encore reconstituer au profit
de la génération suivante le capital employé à sa formation, et

*l'accroître dans la proportion utile; en d'autres termes, que la
population a une tendance organique et virtuelle à se proportionner toujours avec ses moyens d'existence et de renouvellement;*

*2° Que l'incontinence agit comme une cause perturbatrice de
cette tendance, en déterminant la multiplication imprévoyante de
l'espèce humaine;*

*3° Qu'en poussant les hommes à mettre au monde plus d'en-
fants qu'ils n'en peuvent élever et placer utilement, l'incontinence
provoque, entre autres maux, une consommation improductive
d'une portion du capital à l'aide duquel la société s'entretient et
se multiplie;*

*4° Qu'elle a ainsi pour résultat final de ralentir les progrès
de la population, en diminuant ses moyens d'existence et de renouvellement;*

*5° Qu'il importe, en conséquence, de la combattre comme tout
autre penchant excessif et nuisible; qu'elle a été, au surplus, de
tous temps combattue, au moyen d'une contrainte morale incarnée
dans les institutions, dans les coutumes et dans les lois;*

*6° Que ces institutions, ces coutumes et ces lois qui consti-
tuaient un régime préventif des abus de la reproduction de l'espèce
humaine ayant disparu ou étant en train de disparaître; il
importe de substituer à la contrainte morale, générale et imposée,
qu'elles établissaient, une contrainte morale, individuelle et volontaire, et, à son défaut, une législation et une opinion suffisamment répressives des nuisances occasionnées par l'usage impré-
voyant et abusif de la liberté de la reproduction (1).*

---

(1) La contrainte morale en matière de population n'est point, comme
l'ont prétendu certains socialistes, une « invention malthusienne. » Elle est

aussi ancienne que la société elle-même. Seulement, l'introduction toute moderne du principe du *self-government* a dû changer son mode d'application. Autrefois, elle se trouvait incarnée dans des institutions, dans des coutumes, dans des lois civiles ou religieuses, ayant pour objet de suppléer au défaut d'aptitude des individus, — considérés, bien qu'à des degrés divers, comme mineurs et placés sous la tutelle d'un État, d'une Église, d'un maître ou d'un seigneur, — à bien gouverner leur reproduction. En obéissant strictement aux prescriptions qui imposaient la contrainte morale par voie préventive et dont nous sommes trop portés, dans notre ignorance de l'économie de l'histoire, à méconnaître la sagesse, les « sujets » de l'État, les « fidèles » de l'Église, les esclaves ou les serfs pouvaient se multiplier sans se préoccuper des destinées de la génération qu'ils mettaient au monde. Leurs tuteurs y avaient pourvu pour eux. En s'immisçant dans une affaire que l'autorité compétente avait réglée, ils auraient troublé, d'une manière nuisible, l'action des règles établies, absolument comme il arriverait si des pupilles s'avisaient de modifier à leur convenance les décisions de leurs tuteurs. Mais dans les pays où l'ancien régime de tutelle a cessé d'exister, où les unions sont dégagées de toute entrave préventive, sinon de toute réglementation autoritaire, — car le régime de la liberté des contrats est encore loin de prévaloir en cette matière, — la contrainte morale devient l'affaire de chacun et la branche la plus essentielle peut-être du *self-government*. Puisqu'il n'existe plus de tuteur qui se charge de pourvoir au bon gouvernement de la reproduction, chacun est tenu de se faire à cet égard son propre tuteur et de remplacer, par sa contrainte libre et particulière, la contrainte obligatoire et générale qu'imposait l'ancien régime. S'il manque à ce devoir envers les autres et envers lui-même, qu'en résulte-t-il? C'est que les maux que la contrainte imposée avait pour objet de prévenir et qu'elle prévenait avec plus ou moins d'efficacité ne peuvent manquer de renaître, au grand dommage et peut-être au grand péril de la société. Ils n'y manquent pas, en effet. A moins de fermer de parti pris les yeux à la lumière, il est impossible de n'être pas frappé de l'affaiblissement physique et de la dégradation morale des couches inférieures de la population dans les pays où la contrainte imposée a cessé d'exister, sans que la contrainte volontaire ait suffisamment pris sa place. Ces maux appellent un remède prompt et énergique si l'on ne veut point que l'homme aille se détériorant de

plus en plus, pendant que ses bêtes de somme et ses machines se perfection-
nent. Mais quel peut être ce remède? Est-ce le retour au système préventif?
Non, il n'y faut point songer. Le système préventif a fait son temps, et l'on
ne peut pas plus rétrograder vers les étapes du passé qu'on ne peut franchir
d'un bond celles de l'avenir. Que faire donc? S'appliquer à instruire les
hommes devenus libres des obligations particulières que la liberté leur impose
en matière de population comme en toute autre, et tâcher de développer en eux
la force morale nécessaire pour les remplir. Mais, en attendant, comme l'éducation et la force morale ne s'improvisent pas, réprimer les *nuisances* qu'ils
commettent en abusant de leur liberté, substituer, en matière de population,
à la *législation préventive* une *législation répressive*.

Cette législation existe, au surplus, déjà en partie : il suffirait de la compléter et de la revêtir d'une sanction pénale proportionnée à la gravité des
nuisances qu'elle a pour objet de réprimer. Dans tous les pays civilisés, la loi
punit l'avortement, l'infanticide et l'abandon des enfants, quoique, dans la
pratique, on apporte à la répression de ces crimes, d'autant plus vils et plus
odieux qu'ils atteignent des êtres impuissants à se défendre, une mollesse et
une indulgence peu excusables. Mais, du moment où il ne s'agit point d'un
attentat brutal à la vie des enfants, la loi s'abstient presque toujours. Elle ne
réprime que dans un petit nombre de pays, encore est-ce d'une manière fort
imparfaite, l'exploitation hâtive et meurtrière du travail des enfants; elle ne
spécifie même point, d'une manière précise, en quoi consiste l'obligation
paternelle et elle la laisse dépourvue de sanction pénale. Elle fait pis encore.
Au lieu d'assurer le strict accomplissement des obligations paternelles, elle
en encourage trop souvent la désertion, d'abord en interdisant la recherche
de la paternité et en concentrant ainsi le fardeau de la dette de l'élève et de
l'éducation sur l'être le moins capable de la payer (*) ; ensuite, en permettant

(*) Les lois interdisent la recherche de la paternité précisément dans les pays où l'abandon de
la législation préventive en matière de population et le relâchement des mœurs la rendraient le
plus nécessaire. Cette interdiction a principalement pour objet de diminuer le nombre des
enfants naturels, en augmentant l'intérêt qu'ont les femmes à se défendre contre la séduction.
Mais n'atteindrait-on pas mieux encore le même but en créant pour les hommes un intérêt à ne
point les séduire?
    Le célèbre Zachariæ n'est point, à la vérité, de cet avis et voici quels agréables arguments ce
grand jurisconsulte, — en admettant qu'on puisse être un grand jurisconsulte sans avoir la
notion de la justice, — faisait valoir en faveur de l'interdiction de la recherche de la paternité :
    « Pour contribuer à la diminution des enfants naturels, est-il préférable d'affaiblir les atta-

trop aisément à ceux qui ont contracté de semblables dettes d'en confier l'acquittement à la charité publique, ou, ce qui revient au même, d'obliger les contribuables à les solder à leur place.

Mais que résulte-t-il de l'absence de répression et, le plus souvent aussi, de l'encouragement des *nuisances* qu'engendre l'usage abusif de la liberté de la reproduction? C'est, en premier lieu, que la possibilité de s'exonérer en tout ou en partie du fardeau de la responsabilité qui s'y trouve attachée encourage la classe la moins éclairée et la moins morale de la population à en user d'une manière excessive, en contractant plus d'obligations paternelles qu'elle n'a les moyens d'en acquitter; c'est, en second lieu, que le non-acquittement ou l'acquittement imparfait de ces obligations, en entraînant soit la mort hâtive des enfants, soit la débilitation physique, intellectuelle et morale d'une portion plus ou moins considérable de la génération nouvelle, occasionne directement à la société une double perte : perte du capital consacré improductivement à l'entretien de la multitude des enfants qui meurent avant l'âge,

ques contre la pudeur des femmes ou de fortifier les femmes contre la séduction? Je me permettrai une comparaison pour mieux faire saisir la question ainsi posée. (Qu'on me passe la légèreté de cette comparaison, elle rend l'idée et épargne les mots.) Par rapport à notre question, on peut comparer toute femme nubile et non mariée à une forteresse; celui qui a le dessein de la séduire, qui la séduit à la fin, ou même tout homme non marié, peut être considéré comme l'armée par laquelle la forteresse est assiégée. (Il arrive même quelquefois qu'un homme marié forme l'armée de siège.) Les femmes, ces citadelles supposées, tombent, comme les véritables citadelles, quand l'attaque est bien dirigée, ou quand elles sont mal défendues. Il s'agit de savoir si, en terme moyen, ces forteresses se rendent le plus souvent par suite de la vigueur de l'attaque ou de la faiblesse de la défense.

« On a toutes les raisons de croire cette dernière supposition fondée, et de se prononcer en faveur d'une législation qui imposerait à la femme seule l'obligation d'entretenir son enfant naturel, afin de l'encourager au combat par la crainte des conséquences d'une faiblesse. Car, où le séducteur prend-il ses armes les plus redoutables? Dans cette même faiblesse de caractère qui abandonne sans défense aux impressions du moment le cœur d'une femme savourant avec délices le poison de la flatterie, et se confiant aveuglément aux serments d'un amour éternel. Le succès de l'homme est encore favorisé autant et plus peut-être par le désir physique, qui a plus de force chez la femme que chez l'homme. Mais je laisserai parler Ovide qui, de ce côté au moins, a peut-être mieux connu les femmes que tout autre. Dans le passage que je vais transcrire (Métamorph., L. III, v. 318 et suiv.), le poète ne porte pas de jugement; il raconte seulement un événement de l'Olympe. Mais je pourrais démontrer par une foule d'autres passages que ce conte était l'expression de sa propre conviction.

« Un jour, Jupiter, égayé par le nectar, déposa, dit-on, les soucis de son empire pour s'abandonner avec Junon, qui alors n'avait pas d'occupation, à des amusements depuis longtemps oubliés. Sans doute, lui dit-il, la volupté a pour vous plus d'attraits que pour les hommes? Junon ne veut pas l'avouer. On convient de s'en rapporter à la sentence de Tirésias qui pouvait en juger par expérience. Un jour il avait, de son bâton, frappé deux serpents accouplés au fond d'un bois touffu; tout à coup, quel prodige! d'homme il fut changé en femme; puis il resta femme pendant sept années. La huitième, il revit des serpents, et s'écria : Si vous avez le pouvoir de changer le sexe de celui qui ose vous frapper, je vais vous frapper de nouveau. A

perte du capital employé à soutenir une population imparfaitement formée, qui ne peut subvenir entièrement à ses frais d'existence. C'est enfin qu'à ces pertes directes vient se joindre une perte indirecte, infiniment plus considérable encore, résultant de l'affaiblissement et de la détérioration du personnel de la production. Le tout constituant la *nuisance* qu'inflige à la société l'inobservation ou la méconnaissance des conditions de responsabilité naturellement attachées à l'exercice de la liberté de la reproduction. — Nous ne saurions mieux comparer la situation que nous créent en cette matière l'insuffisance et les vices de notre législation qu'à celle qui se produirait si les industries dangereuses ou insalubres, encore soumises chez nous au régime préventif, venaient à en être affranchies sans que des mesures suffisantes fussent prises pour *réprimer* et par là même prévenir les *nuisances* qu'il est dans leur nature de causer. Dans cette éventualité, la liberté de l'industrie, si féconde et bienfaisante qu'elle soit d'ailleurs, ne manquerait pas de devenir une source intarissable de désordres et de dommages. A quoi on peut ajouter que le mal

peine les eût-il touchés de son bâton, qu'il reprit sa forme première, et de femme redevint homme. Choisi pour arbitre dans cette joyeuse dispute, il se rangea de l'avis de Jupiter. La fille de Saturne en éprouva, dit-on, une douleur bien vive, trop vive peut-être, pour si peu de chose ; elle condamna les yeux de son juge à une éternelle cécité. »

La rigueur de cette punition prouve mieux que toute autre chose que Tirésias avait dit la vérité (a). »

Le jurisconsulte allemand qui invoque ainsi gravement l'autorité d'un poète érotique, à l'appui de ses conclusions contre la recherche de la paternité, ne se demande pas, bien entendu, s'il est équitable de faire supporter à la femme seule les conséquences d'un acte qu'elle n'a pas été seule à commettre ; il ne se demande pas, non plus, si l'intérêt du tiers innocent qui est ainsi appelé à la vie, ne mérite point d'être pris en considération. (Et peut-il bien être rendu passible de l'irrégularité légale de sa naissance ?) Or, imposer à la mère seule le fardeau de l'entretien de ce fruit d'une union provoquée le plus souvent par un abus moral de sa faiblesse, n'est-ce pas, en exagérant injustement sa part de responsabilité et de sacrifices, l'exciter à s'en décharger soit par l'avortement, l'infanticide ou l'abandon ? On l'a si bien compris qu'en Belgique, le nouveau Code pénal établit une excuse en faveur de la femme qui tue son enfant illégitime, et que partout les hospices d'enfants trouvés offrent aux filles-mères un moyen facile de s'exonérer d'une obligation que la loi fait peser exclusivement sur elles et qu'elles sont presque toujours incapables de remplir seules.

Cette législation barbare qui exonère le père de toute obligation au détriment de la femme et de l'enfant, en protégeant ainsi le fort aux dépens des faibles, encourage au plus haut point les fredaines des fils de famille, à qui elle livre, moyennant un *minimum* de frais, les filles du peuple, en l'absence d'une surveillance rendue trop souvent impossible par les exigences du travail d'atelier et les tentations de la misère. Que penser donc d'un jurisconsulte qui va chercher jusque dans les polissonneries d'Ovide des arguments pour mettre la loi au service de la luxure associée à l'avarice des classes dominantes ?

(a) *Archives de Droit et de Législation.* — Le droit commun en Allemagne sur les enfants naturels, comparé au droit français et anglais, en ce qui concerne la recherche de la paternité, par Zachariæ. T. 1ᵉʳ, p. 292. Bruxelles, 1837.

s'accroîtrait singulièrement si la multiplication des établissements dangereux ou insalubres était encouragée d'une manière spéciale par des subventions que seraient obligées de fournir les communes mêmes au sein desquelles ils apporteraient leurs périls et leur infection.

Objectera-t-on qu'en achevant de substituer, en matière de population, le régime répressif au régime préventif, on porterait atteinte à « la liberté des pères de famille? » Nous avons déjà répondu à cette objection dans la discussion que nous avons soutenue contre notre honorable et savant confrère, M. Frédéric Passy, à propos de l'*Enseignement obligatoire : « Si le père a,* disions-nous, des obligations formelles et positives à remplir envers ses enfants, des obligations qu'il ne peut répudier sans commettre une *nuisance,* est-ce donc porter atteinte à sa liberté que de le contraindre à s'en acquitter complétement et sans fraude? Est-ce porter atteinte à la liberté des débiteurs que de les contraindre à payer leurs dettes (*)? » Objectera-t-on encore, — et cette objection nous a été posée dans toute sa force par M. Fréd. Passy, — l'impossibilité de déterminer exactement les limites des obligations naturelles de la paternité, comme on peut déterminer celles des obligations conventionnelles? Mais cette impossibilité est plus apparente que réelle. Du moment, en effet, où l'obligation n'est pas intégralement remplie, il y a dommage causé, *nuisance.* Or, toute nuisance, tout dommage peut être constaté et délimité. Remarquons à ce propos que l'obligation paternelle peut varier en étendue selon l'état de la société. Il se peut, par exemple, que la condition économique de la société soit telle que les enfants des classes inférieures n'aient point besoin de savoir lire, écrire et calculer pour devenir des hommes utiles et trouver un *débouché,* et que la privation d'une instruction élémentaire ne leur cause, en conséquence, aucun dommage; mais il se peut aussi qu'ils ne puissent s'en passer sans subir une *moins value.* Dans le premier cas, l'instruction élémentaire peut n'être pas comprise dans l'obligation paternelle; elle doit l'être dans le second. Objectera-t-on enfin la pauvreté du plus grand nombre des débiteurs et l'impossibilité matérielle où ils se trouvent d'acquitter intégralement cette sorte de dettes? Mais si la pauvreté du débiteur peut être une circonstance atténuante, quand il s'agit du recouvrement d'une créance,

---

(*) *De l'enseignement obligatoire,* deuxième partie. Dernières observations de M. G. de Molinari, p. 168.

est-elle un argument qu'on puisse invoquer pour laisser impunies les banqueroutes (*)?

Supposons maintenant que les lacunes et les défectuosités de la législation
répressive en cette matière fussent comblées, supposons que les obligations
naturelles de la paternité fussent mises sur le même pied que les obligations
conventionnelles, qu'en résulterait-il? C'est évidemment que le régime répressif agirait comme autrefois le régime préventif, mais en laissant à la liberté
son action féconde, pour opposer un frein à la multiplication imprévoyante
de la population, — frein qui, pour le dire en passant, serait d'autant plus
énergique que l'opinion prêterait davantage son concours à la loi, — c'est qu'on
éviterait, sous la double influence de la crainte de la loi et de l'opinion, de
créer plus d'obligations qu'on n'en pourrait intégralement acquitter, et que
l'on verrait diminuer la somme des non valeurs ou des demi-valeurs qui
encombrent aujourd'hui le marché de la population en absorbant improductivement une bonne part des ressources de la société, en ralentissant par conséquent avec le développement des capitaux la multiplication des hommes.

Cependant, une dernière objection se présente ici, et ce n'est pas la moins
grave. — Si vous atteignez rigoureusement, nous dit-on, dans ses conséquences, l'abus d'un des appétits les plus véhéments de la nature humaine; si
non seulement vous punissez les parents qui se débarrassent des obligations
paternelles par l'avortement ou l'infanticide, mais encore ceux qui ne s'en
acquittent point loyalement et intégralement, qui négligent de fournir à leurs
enfants la somme d'instruction nécessaire, qui les vouent à un travail hâtif, etc.,
qu'en résultera-t-il? C'est qu'en rendant plus rigoureux l'accomplissement des
obligations de la paternité, en augmentant par là même le poids de ces obligations, sans diminuer cependant l'intensité du penchant qui pousse à les créer,
ce qui est hors du pouvoir de la loi, vous exciterez ce penchant à se satisfaire
sans résultats; en d'autres termes, vous encouragerez la débauche stérile, et
vous aboutirez ainsi simplement à substituer une immoralité à une autre.

Cette objection touche, comme on voit, au point le plus délicat de la question. — Sans doute, répondrons-nous, il est possible que tel soit, en partie du
moins, l'effet d'une législation qui assure davantage et mieux l'accomplisse-

(*) Voir encore pour la réfutation de cette objection l'*Enseignement obligatoire*, pages 57
et 62.

ment des obligations de la paternité : ce qui semblerait l'attester, c'est que les classes aisées, au sein desquelles on acquitte généralement cette sorte de dettes, sont particulièrement adonnées à la débauche stérile. Mais cette pratique vicieuse n'est, remarquons-le bien, une *nuisance* que pour ceux qui s'y adonnent; tandis que la fécondation imprévoyante nuit à un tiers qu'elle condamne soit à une mort hâtive, soit à une existence misérable, sans parler du dommage qu'elle cause à la société entière. Si condamnable que soit la débauche stérile, elle l'est donc moins que la fécondation imprévoyante.

Cette opinion a été, nous ne l'ignorons pas, taxée d'immorale, et elle est devenue le thème des plus virulentes attaques contre les économistes partisans de la contrainte morale. On a été jusqu'à les accuser de préconiser la débauche stérile, et de demander la solution du problème de la population à « la violence faite à l'action de la nature (*). » C'est absolument comme si l'on reprochait aux jurisconsultes d'établir une échelle dans la criminalité et de condamner le vol moins sévèrement que l'assassinat. C'est, en particulier, comme si l'on avait accusé les jurisconsultes progressistes du XVIIIᵉ siècle, qui réclamaient l'adoucissement des pénalités barbares qui frappaient les voleurs, de recommander la substitution du vol à l'assassinat. Peut-être, à la vérité, quelques partisans de la contrainte morale ont-ils montré trop d'indulgence pour cette forme de la débauche stérile que l'Ancien Testament condamnait ainsi, à propos d'Onam : *Semen fundebat in terram, ne liberi nascerentur, et idcircò percussit eum (Onam) Dominus, quod rem detestabilem faceret,* et contre laquelle le révérend père Boone, de la Compagnie de Jésus, s'élevait naguère en ces termes qui ne valent pas ceux de l'Ancien Testament :

« Hélas! pour combien d'époux le mariage est-il aujourd'hui le voile de désordres honteux qui provoquent la colère divine et corrompent la société dans sa source? Privant à la fois l'État de citoyens, l'Église d'enfants et le Ciel d'élus, ils pèchent contre la société, contre la terre et contre le Ciel, atta· quant Dieu directement et lui disputant les créatures que sa puissance se préparait à produire et les âmes que sa miséricorde voulait sauver (**). »

(*) C'est une chimère aussi monstrueuse qu'immorale que de demander à la violence faite à *l'action de la nature* une sauvegarde contre les dangers d'un excédant de la population.
(*Journal de Bruxelles,* 7 février 1855.)
(**) *Des devoirs de la femme chrétienne,* conférences de P. J. B. Boone de la Compagnie de Jésus. Bruxelles, 1855, p. 23.

Nous ne trouverions rien à redire, pour notre part, aux anathèmes du rév. P. Boone s'ils étaient moins ornés de fleurs de rhétorique et si l'orateur catholique avait eu soin, du même coup, de prémunir « la femme chrétienne » contre le mal plus funeste encore de la multiplication imprévoyante. Nous ne condamnons pas moins formellement que le rév. P. Boone lui-même l'espèce de vol fait à la nature qu'il dénonçait en des termes si touchants à son auditoire féminin, et nous ne partageons pas l'opinion de ceux qui considèrent cet acte plutôt comme vain que comme nuisible. Nous y voyons une cause de dégradation physique et morale qui diminue d'une manière positive la valeur de la population. A l'appui de notre opinion nous pourrions citer plus d'une autorité médicale. Nous nous bornerons à renvoyer nos lecteurs à l'excellent livre de M. Alex. Mayer sur les *rapports conjugaux*. Ils y verront que les « artifices préventifs de la fécondation » engendrent des désordres pathologiques souvent fort graves, céphalalgie, affaissement d'intelligence, etc., chez l'homme, névroses, dégénérescences de la matrice, polypes et squirrhes chez la femme, sans parler de leurs fâcheuses conséquences morales (*).

Mais objectera-t-on enfin, si la multiplication imprévoyante et la débauche stérile doivent être condamnées, quoiqu'à des degrés différents, il ne reste donc que l'abstinence, et l'abstinence est-elle possible? Qu'elle soit difficile nous ne le contestons point; mais l'accomplissement d'aucun de nos devoirs envers les autres ou envers nous-mêmes n'est précisément chose facile. La vie est une lutte : lutte contre les puissances de la nature et contre les puissances animales de notre être que nous devons les unes et les autres maîtriser et utiliser après en avoir fait nos esclaves, sous peine de traîner une existence misérable et précaire sous la domination brutale et stupide de ces agents inférieurs. Du reste, si la Providence nous a imposé des devoirs difficiles, elle a cependant en toutes choses mesuré à nos forces le fardeau qu'elle nous impose, et si les observations de certains physiologistes sont exactes, en matière de fécondation, les rigueurs de la contrainte morale pourraient être beaucoup atténuées.

(*) *Des rapports conjugaux, considérés sous le triple point de vue de la population, de la santé et de la morale publique,* par le docteur Alex. Mayer, médecin de l'inspection générale de la salubrité et de l'hospice impérial des *Quinze-Vingts.* — *Des artifices préventifs de la fécondation.* Paris, 1860, 4° édition.

Il résulte, dit encore le docteur Mayer, des recherches de plusieurs physiologistes, et entre autres d'un travail de M. le professeur Pouchet de Rouen, couronné par l'Académie des sciences en 1845 :

1° *Que la fécondation offre un rapport constant avec la menstruation ;*

2° *Que, sur l'espèce humaine, il est facile de préciser rigoureusement l'époque intermenstruelle où la conception est physiquement impossible, et celle où elle peut offrir quelque probabilité* (*).

Pour établir cette loi, l'auteur s'appuie sur les données expérimentales que nous allons rapporter.

Il est généralement admis que les ovules des mammifères sont émis à des époques déterminées, en rapport avec la surexcitation de l'appareil sexuel, et que cette surexcitation correspond à la menstruation chez la femme ; par conséquent, il faut reconnaître aussi que l'ovulation dans l'espèce humaine est subordonnée à la fonction cataméniale, et qu'il est possible d'en assigner rigoureusement l'époque.

D'autre part, il est hors de conteste : 1° que les vésicules de Graaf, chez la femme, n'émettent leurs œufs qu'à l'issue de la menstruation, soit immédiatement après, soit, un, deux, trois ou même quatre jours plus tard ; et 2° que les trompes emploient de deux à six jours pour transmettre l'œuf à l'utérus. Si cet œuf a rencontré dans son trajet quelques parcelles de fluide séminal, s'il est fécondé par conséquent, il reste dans la matrice et s'y développe. Dans le cas contraire, après avoir séjourné dans cet organe pendant un certain temps, il en est expulsé avec la *decidua* (produit de l'exsudation qui se dépose sous forme d'une membrane éphémère, à la surface interne de l'utérus, vers le déclin de l'irritation qui suit l'époque cataméniale). Celle-ci l'entraîne dans sa chute qui s'opère dix à douze jours après la cessation de l'écoulement mensuel.

Or, comme il ne se produit point d'œufs à d'autre époque, la conception ne peut évidemment avoir lieu que dans les premiers jours qui suivent la menstruation et avant la chute de la *decidua* ; après celle-ci, la fécondation est matériellement impossible. L'œuf a disparu.

Déjà ce phénomène avait été pressenti dès les temps les plus reculés, et les physiologistes aussi bien que les accoucheurs, s'accordaient à considérer comme particulièrement favorables à la conception, les premiers jours qui suivent l'époque menstruelle ; le père de la médecine avait érigé en précepte, pour les femmes stériles, de rechercher les rapprochements conjugaux, aux époques qui suivent immédiatement la cessation des règles ; mais il était réservé à notre siècle de préciser un fait vaguement soupçonné et de l'étayer sur des preuves respectables.

..... De ce qui précède, il résulte donc incontestablement que la conception ne peut avoir lieu après le douzième jour qui suit la cessation des règles et jusqu'à l'apparition de la période menstruelle suivante. On peut ajouter encore qu'elle est tout aussi improbable pendant la durée de l'écoulement sanguin, parce que l'ovule ne parvient habituellement dans l'utérus que plusieurs jours après la cessation du flux cataménial. Il reste donc environ huit jours par mois, — du quatrième au douzième — après la période menstruelle, pendant lesquels les rapprochements sexuels ont chance d'être féconds.

C'est à la connaissance ou plutôt à la prescience de ce fait que l'histoire attribue le conseil

_____

(*) *Théorie positive de l'ovulation spontanée et de la fécondation des mammifères et de l'espèce humaine, basée sur l'observation de toute la série animale.* Paris, 1847, p. 270.

donné par Fernel à Henri II qui, après onze ans de mariage demeuré stérile, vit, en se conformant aux recommandations de son médecin, sa femme, Catherine de Médicis, lui donner plusieurs héritiers.

Boërhave avait dit déjà : *Feminæ semper concipiunt post ultima menstrua et vix ullo alio tempore.*

Haller, Burdach et plusieurs autres avaient émis la même opinion.

Enfin, les expériences les plus récentes, entreprises pour la solution de ce problème éminemment digne d'intérêt, s'accordent à sanctionner la découverte de la période intermenstruelle comme propice à la fécondation chez les femmes et chez la plupart des femelles des mammifères.

Il en découle naturellement que la *contrainte morale* peut être bornée à ce laps de temps, ce qui la rendra certes bien plus facile à observer.

..... Ajoutons toutefois que la théorie de M. le professeur Pouchet, si précise et si séduisante à l'esprit, n'est pas admise dans toute sa rigueur par la généralité des physiologistes actuels, et que M. Coste, entre autres, lui oppose certaines objections fondées sur son expérience personnelle. Ce savant prétend, en effet, que la régularité du phénomène de l'ovulation peut être troublée chez maintes espèces animales, et chez la femme en particulier, par des circonstances nombreuses, telles que certaines conditions d'abri, de température, d'alimentation, et, par dessus tout, par le rapprochement sexuel. Notons cette restriction d'un investigateur habile en ces sortes de matières ; mais gardons-nous, jusqu'à plus ample informé, de nous prononcer sur cette grave question autrement qu'en disant : Si la doctrine de M. Pouchet n'est pas *absolument* vraie, elle l'est du moins dans l'immense majorité des cas (*). »

Il ne nous appartient point de porter un jugement sur la théorie de M. Pouchet ; mais il est évident que les propositions émises par le savant défenseur du principe des *générations spontanées* mériteraient un examen sérieux. En tous cas, et quoi qu'il en soit de la théorie de M. Pouchet, il demeure bien entendu qu'en recommandant la contrainte morale nous ne voulons point préconiser la débauche stérile, comme nous en avons été accusé par l'*Univers*, le *Journal de Bruxelles* et quelques autres feuilles plus zélées qu'intelligentes, lors de la publication de la première édition de ce cours. Nous recommandons la contrainte morale comme l'instrument nécessaire d'un bon *self-government* en matière de population, mais nous n'avons jamais songé certes, pas plus que ne l'a fait Malthus lui-même, à recommander la « contrainte immorale. »

La théorie que nous venons d'exposer n'a, croyons-nous, rien de contraire à la morale la plus sévère. Est-elle davantage en désaccord avec la religion ?

(*) DES RAPPORTS CONJUGAUX, etc. *Des obstacles à l'extension excessive de la population,* p. 133. — *Des rapports conjugaux pendant l'époque menstruelle;* p. 365.

Si la contrainte morale a pu effaroucher les âmes religieuses, lorsqu'on lui assignait un but opposé au précepte de l'Écriture : *Crescite et multiplicabimini*, en devra-t-il encore être de même lorsqu'il sera clairement démontré, — et cette démonstration nous croyons l'avoir faite d'une manière suffisante, — que la contrainte morale est au contraire indispensable à l'accomplissement du précepte que l'Église opposait, non sans quelque raison, à la théorie de Malthus? De tous temps, remarquons-le bien, l'Église a sanctionné et fortifié par ses institutions et ses préceptes la contrainte morale, codifiée dans le régime préventif en matière de population. Aujourd'hui que le régime préventif s'écroule; que la reproduction de l'espèce humaine n'est plus gouvernée par un État, un maître ou un seigneur; qu'elle est abandonnée au *self-government* de chacun, l'Église doit-elle se comporter comme si le régime préventif était encore debout? Ne doit-elle pas fortifier de sa sanction et de ses préceptes les règles volontaires que chacun est tenu de suivre pour la bonne solution du problème de la population, comme elle fortifiait autrefois de sa sanction et de ses préceptes les règles qui étaient, dans le même but, imposées à chacun? Pourquoi, après avoir prêté son appui à la contrainte morale imposée, le refuserait-elle à la contrainte morale volontaire? Ne se montrerait-elle pas, en agissant ainsi, singulièrement illogique et, chose plus grave, ne ferait-elle pas positivement obstacle à l'accomplissement du précepte : *Crescite et multiplicabimini ?*

APPENDICE

RAPPORT FAIT PAR M. CHARLES DUNOYER A L'ACADÉMIE DES SCIENCES MORALES ET POLITIQUES
(SÉANCE DU 16 FÉV. 1856) SUR LE COURS D'ÉCONOMIE POLITIQUE DE M. G. DE MOLINARI (1)

Je m'étais chargé, au commencement de l'année qui vient de finir, de
faire hommage à l'Académie du premier volume du *Cours d'économie
politique* que professe M. de Molinari au Musée royal de l'industrie
belge. Un dérangement grave survenu alors dans ma santé, et depuis
des préoccupations de famille de la nature la plus cruelle, m'ont successivement fait perdre de vue l'engagement que j'avais pris, et ce n'est
que fortuitement, en quelque sorte, que l'ouvrage que je devais vous
offrir a été replacé sous mes yeux et est venu me rappeler la promesse
que j'avais faite. Je regrette véritablement, malgré les circonstances
qui m'ont si tristement servi d'excuse, d'avoir autant différé de la remplir; car l'auteur a droit à beaucoup d'égards et d'estime. M. de Molinari n'est pas seulement un écrivain de talent, un économiste éclairé;
c'est un homme recommandable par les sentiments non moins que par
les lumières, et dont le caractère mérite tout à fait d'être honoré. C'est

---

(1) La première édition, sur laquelle ce rapport a été fait, présente quelques différences
notables avec celle que nous publions aujourd'hui. Nous y avons ajouté une leçon sur la propriété et refait, en les développant, les leçons sur la part du travail et la population.

notamment un ami par excellence des idées d'ordre, d'autant plus
dévoué à ces idées qu'il ne les sépare pas des idées de liberté; qui
n'estime pas, et il a raison, qu'en dehors de la liberté il puisse exister
d'ordre véritable; qui croit la liberté nécessaire surtout au bon enseignement des sciences, en particulier des sciences morales et sociales; et
c'est même sa manière de sentir à cet égard, et la sorte d'impossibilité
où il craignait d'être, dans la situation où nous venions de nous placer,
de s'expliquer sur ces sciences avec un degré suffisant de sincérité, qui
l'ont déterminé, à la suite de nos derniers revirements politiques, à aller
s'établir plus loin et à porter ses pénates en Belgique. Je signale cette
circonstance parce qu'elle se lie naturellement à mon sujet, et parce que
c'est l'espèce d'expatriation (1) à laquelle s'est volontairement condamné
M. de Molinari, qui est devenu l'occasion du cours qu'il fait à Bruxelles,
et de la publication dont il m'a prié de vous offrir la première partie.

Ce n'est pas sans une certaine hésitation que M. de Molinari s'est
décidé à faire imprimer son ouvrage. Il s'est demandé si, après Adam
Smith, J.-B. Say, Ricardo, Malthus et nombre d'autres, il y avait
encore lieu de publier des traités d'économie politique; et il répond
qu'il se fût abstenu de composer et de mettre au jour le sien, s'il n'avait
été entraîné par la réaction anti-libérale et néo-réglementaire de l'école
socialiste à envisager la science sous un point de vue spécial; s'il n'avait
voulu rechercher ce qu'au fond il y avait sujet de penser du régime de
liberté que les maîtres de la science économique avaient uniformément
présenté comme la loi naturelle du travail, et s'il était vrai, comme
l'affirmait le socialisme, que, sous l'empire de cette loi, la production
dût être fatalement vouée à l'anarchie, que la liberté du travail ne fût bonne
qu'à enfanter le désordre et à écraser les faibles au profit des forts.

« Il me semble, observe M. de Molinari, que les ouvrages d'économie
politique publiés jusqu'à ce jour présentent une lacune importante. Je
veux parler de l'absence qui s'y fait remarquer d'une démonstration suf-

_____

(1) L'honorable rapporteur commet ici une erreur involontaire. L'auteur de ce cours est Belge.

fisamment claire de la loi générale qui, en établissant un juste et nécessaire équilibre entre les différentes branches de la production, comme
aussi entre les rémunérations des divers agents productifs, fait régner
l'ordre dans le monde économique. « Or, l'objet qu'il s'est proposé,
c'est précisément de remplir cette lacune. » J'ai essayé de démontrer,
dit-il, que ce monde économique, où le socialisme n'aperçoit aucun
principe régulateur, est gouverné par une loi d'équilibre qui agit incessamment et avec une irrésistible puissance pour maintenir une proportion nécessaire entre les différentes branches et les différents agents de la
production. J'ai essayé de montrer que, sous l'impulsion de cette loi,
l'ordre s'établit de lui-même dans le monde économique, comme il
s'établit dans le monde physique en vertu de la loi de la gravitation. »

Si donc M. de Molinari a publié un nouveau cours d'économie politique après tous ceux qui avaient déjà paru, ce n'est pas, semble-t-il, et
l'auteur a même soin de l'observer, « dans la pensée de refaire ce que
les maîtres de la science avaient déjà fait et bien fait, » mais c'est dans
le dessein de vérifier un point de doctrine particulier et considérable,
c'est à dire dans la vue d'examiner si l'un des principes les plus fonda-
mentaux qu'ils ont assignés à la science a eu ou serait susceptible d'avoir
les effets que le socialisme lui attribue. Ami de la liberté, mais ami assez
éclairé pour bien comprendre à quelles conditions elle est possible, il
sait fort bien qu'elle ne peut exister qu'à la condition qu'on réprimera
du mieux qu'on pourra tout ce qu'il pourrait s'y mêler de faits nuisibles
et naturellement réprimables. Mais, ce point admis, et il n'est pas dou-
teux qu'il ne l'admette, que le premier besoin de la communauté est de
définir, de défendre, de punir, dans tous les travaux, tout ce qu'il
pourrait se commettre de mauvaises actions, il est d'avis, avec les principaux maîtres de la science, que la liberté est la vraie loi de tous les
travaux, que l'initiative en doit être laissée à tout le monde; et non seulement, en se renfermant dans ces limites, il n'admet pas que la produc-
duction, abandonnée à elle-même, soit, comme le disent les socialistes,
fatalement vouée à l'anarchie, qu'elle doive avoir pour résultat inévi-

table d'écraser les pauvres et les faibles au profit des riches et des forts; mais il soutient, tout au contraire, qu'au milieu de son activité la plus spontanée, elle contient en elle-même un principe régulateur d'une efficacité souveraine, et que loin d'être particulièrement et partialement favorable à certaines de ses branches et à certains de ses agents, elle tend à maintenir l'équilibre entre toutes ses branches et tous ses agents avec une continuité et une énergie qui ont la force et la durée des lois physiques les plus constantes. Telle est la donnée du livre de M. de Molinari, à en juger du moins par la dédicace qui sert de préface à l'ouvrage; et, par la manière dont l'auteur s'exprime, on serait porté à croire qu'elle est spécialement et pour ainsi dire exclusivement celle qu'il s'est proposé de développer.

Or, si cette donnée peut, sous quelques rapports, être critiquée, elle est, à d'autres égards, foncièrement irréprochable et de nature à fournir matière à d'heureux et utiles développements. Seulement, et pour dire toute ma pensée à M. de Molinari, dont la parfaite sincérité est si bien faite pour encourager la mienne, j'ai, après avoir lu attentivement son ouvrage, quelques doutes à lui proposer :

Le premier, c'est que la donnée même qu'il a eu le dessein de développer fasse suffisamment l'objet de son livre. — Le second, c'est qu'elle y soit suffisamment expliquée. — La troisième enfin, c'est que, l'eût-il assez expliquée, elle fût la meilleure réponse qu'il y eût à faire aux reproches qu'adresse à la liberté le socialisme.

Au vrai, l'ouvrage de M. de Molinari est un traité *général* beaucoup plutôt que *spécial* d'économie politique. C'est un exposé plus ou moins complet de la science, telle que les derniers maîtres l'ont enseignée, et qui, pour le fond des idées, offre de grandes analogies avec ceux entre autres de J.-B. Say et surtout de Rossi. L'auteur, avec le talent d'écrire qui lui est naturel, et dans un langage heureux et lucide, expose successivement ce qu'il faut entendre par les mots production, produits, richesse; quels sont les instruments généraux de la production; quelle force elle puise dans le travail, dans les capitaux, dans les agents naturels ; sous quelles formes diverses elle s'exerce, etc. Seulement, dès ses premières remarques sur la production et ses agents, et beaucoup trop tôt à mon avis, quoiqu'il ne fasse en cela qu'imiter les maîtres, il se laisse conduire par ce qu'il dit du travail et de la division du travail à traiter aussitôt des échanges et de tout ce qui s'y rapporte, des marchés, des débouchés, de la valeur, de la demande, de l'offre, du prix, de la manière dont les prix se forment, de celle par suite dont la production s'asseoit ; et il arrive ainsi, d'une façon tout incidente, à s'occuper de l'objet fondamental de son livre, c'est à dire de l'*équilibre* que la loi de la formation des prix tend à établir entre la production et la consommation, observant que cet *équilibre* s'établit d'autant mieux que le travail et les échanges sont plus laissés à leur propre impulsion ; et il revient plus loin à son objet, considéré sous un autre aspect, dans une série de chapitres, où il traite tour à tour de la part qu'obtiennent dans la production le travail, la terre, le capital, et où il est conduit à observer que, sous l'empire de la liberté, la richesse tend à se répartir toujours plus également entre les diverses classes de producteurs comme entre les diverses classes d'agents productifs, bien qu'ici même et dans cette partie de son travail il s'occupe moins de développer la proposition spéciale qu'il avait entrepris de prouver, que de traiter les questions ordinaires qui se rattachent au sujet de la distribution des richesses.

Il n'est donc pas contestable, je crois, que l'ouvrage de M. de Molinari ne soit devenu, contre son intention, un traité général d'économie politique, plutôt qu'il n'est resté une œuvre spéciale destinée, comme la préface l'avait annoncé, à établir une proposition dont l'auteur jugeait la démonstration d'une importance majeure pour la science.

Ma seconde remarque, c'est qu'au tort de se trouver mêlée dans l'ouvrage à un grand nombre de sujets qui lui sont plus ou moins étrangers, la proposition capitale a, je crains, celui de ne pas y être établie d'une manière suffisante.

A dire vrai, l'auteur parle de la *loi d'équilibre* qu'il voulait démontrer plus qu'en réalité il ne l'expose et ne la démontre, et c'est surtout dans les détails, c'est à dire dans le développement de la proposition, que l'insuffisance dont je parle se fait sentir. Il ne manque pas de clarté, en effet, dans ce qu'il dit en termes généraux de l'assiette de la production et de la manière dont la production et la consommation se mettent en équilibre. Il énonce cette proposition naturellement juste que, sous l'empire de la liberté, il n'y a foncièrement rien d'arbitraire ni d'anarchique dans la manière dont se passent à cet égard les choses ; que l'assiette de la production se détermine par la loi qui préside à la formation des prix, par la loi de l'offre et de la demande, et que c'est par l'effet des mêmes lois que la production tend sans cesse à se mettre en harmonie avec les besoins de la consommation.

« Sans doute, observe-t-il, cette harmonie est parfois troublée. Différentes causes agissent incessamment pour la rompre. Tantôt, c'est l'inconstance des saisons qui rend la production agricole insuffisante ou surabondante. Tantôt, c'est l'ignorance de la situation du marché qui rétrécit ou qui exagère d'une manière nuisible l'approvisionnement. Tantôt enfin, ce sont des monopoles naturels ou artificiels qui occasionnent un déficit de certaines denrées. Mais ces causes perturbatrices sont énergiquement combattues par la loi des quantités et des prix. Sous l'empire de cette loi, tel est l'intérêt des producteurs à ce qu'il n'y ait jamais surabondance d'une denrée, et tel est l'intérêt des consommateurs à ce qu'il n'y ait jamais déficit de cette même denrée, que la production et la consommation tendent constamment à se mettre en équilibre. C'est ainsi que se résout de lui-même, par une impulsion naturelle, le problème de l'équilibre de la production et de la consommation, que M. de Sismondi, et les socialistes après lui, ont regardé comme insoluble sous le régime du laisser faire. Cette solution si simple d'un problème qui paraît si compliqué n'est-elle pas véritablement admirable? Les produits les plus divers entrent dans la consommation de chacun des membres de la grande famille humaine, et ces produits sont créés sur tous les points du globe. Des nègres, des Indous, des Chinois, produisent des denrées qui sont consommées par les Anglais, les Français, les Belges, et en échange desquelles ceux-ci leur fournissent d'autres denrées. Au premier abord, ne semblerait-il pas que ces échanges, qui s'opèrent à de si longues distances et parfois à de si longs intervalles, devraient être impossibles à ajuster; qu'il devrait y avoir tantôt surabondance, tantôt déficit des denrées offertes en échange. Pourtant il n'en est rien, ou du moins les perturbations de ce genre sont l'exception, et même, dans les échanges à distance, c'est l'ordre qui est la règle. »

L'auteur va peut-être bien loin dans ces dernières lignes, et je ne sais si l'on peut affirmer que c'est effectivement l'ordre qui est ici la règle. Ce qui est indubitablement la règle, j'en conviens, c'est la tendance de la production à se mettre en équilibre avec la consommation. Mais ne serait-il pas difficile de soutenir que le fait ici est habituellement d'accord avec la tendance? En fait, non seulement il arrive sans cesse que l'ordre soit troublé dans la production par l'action de causes naturelles, sur lesquelles l'homme ne peut rien ; mais il l'est aussi par l'action de causes dont il lui est moins impossible de tenir compte, et, par exemple, par l'ignorance presque insurmontable où il est si souvent du véritable état du marché, de la véritable étendue des besoins, de celle des moyens qui sont employés à les satisfaire, du moment où il conviendrait d'agir, de celui où il serait à propos de se ralentir ou de s'arrêter ; ignorance dont le résultat est, si fréquemment et sur tant de points, d'amener des embarras commerciaux, du vide ou du trop plein, de l'encombrement ou de la disette. Et néanmoins il ne faut pas croire, à cet égard même, que l'activité des populations se conduise absolument au hasard, qu'elle ne tienne aucun compte de l'étendue des débouchés, de l'état de l'offre et de la demande. Il est indubitable, loin de là, que sa tendance instinctive, énergique, persévérante, est de régler l'étendue de ses efforts sur celle des besoins éprouvés, et que le résultat de cette tendance est, dans une certaine mesure, de maintenir entre la production et la consommation cet *équilibre* dont parle M. de Molinari, et qu'il présente, sous l'empire de la liberté surtout, comme une loi du monde économique. Il n'y a, je crois, rien que de foncièrement juste dans l'affirmation de l'existence de cette loi. Seulement il est permis de ne pas trouver l'exposition qu'il en fait suffisamment explicite, et de trouver, au contraire, la conclusion à laquelle il arrive un peu absolue.

L'auteur est moins explicite encore, et, je le crois aussi, moins exact dans ce qu'il dit à propos de la distribution des richesses, d'un autre *équilibre* qui, suivant lui, se ferait naturellement, sous l'empire de la liberté surtout, et les choses étant laissées à elles-mêmes, entre les parts afférentes aux diverses classes de travailleurs comme entre les diverses classes d'agents productifs. J'ai de la peine, je l'avoue, à me rendre bien compte de la manière dont l'auteur entend que cet équilibre s'établit. Il développe successivement et d'une manière en général satisfaisante les causes diverses qui font varier le prix du travail, les profits des capitaux, les revenus des fonds de terre. Mais de cette diversité, qui est précisément la chose sensible partout, comment arriver à la conclusion qu'il y a partout égalité, balance, équilibre, entre les parts faites à ceux qui concourent à la production? M. de Molinari semble quelquefois vouloir réduire sa pensée sur l'équilibre qu'il signale ici à affirmer que le niveau vers lequel gravite le prix des services productifs de toute espèce est le même, quelle que soit la forme sous laquelle ce prix est perçu, et, par exemple, que l'ouvrier reçoive le prix de son travail sous forme de *profit*, de *dividende* ou de *salaire*, que le capitaliste reçoive le prix du service de son capital sous forme d'*intérêt* ou de *loyer*. Ceci est possible, et je ne le conteste pas. Mais la pensée de l'auteur, qui n'offre rien d'inexact, ainsi restreinte, ne répond plus, sous cette forme amoindrie, à ce qu'il dit d'une manière générale, à savoir que *la loi d'équilibre* dont il poursuit la démonstration *joue dans la distribution des richesses le même rôle que dans leur production*, et que, de même que cette loi maintient une sorte de balance entre la production et la consommation, *de même elle fait graviter vers un certain niveau le prix de tous les services;* qu'elle tend sans cesse, par exemple, à faire que *la rémunération du salarié se proportionne à celle de l'entrepreneur*, etc. Or, c'est ici surtout que des justifications seraient nécessaires, et ici surtout qu'elles me semblent faire défaut. Il est certain que l'équilibre entre les parts afférentes aux diverses classes de producteurs, affirmé par l'auteur à maintes reprises, n'est nulle part, dans cette partie de son ouvrage, véritablement démontré. Bien plus, il ne semble pas qu'il soit susceptible de l'être, et, loin de là, s'il est une chose qui paraisse évidente dans la manière dont les richesses se doivent distribuer entre ceux qui les produisent, c'est la diversité des parts à faire à chacun, selon l'importance du concours que chacun apporte à la production. De sorte qu'à vrai dire, la loi qui doit dominer ici c'est une loi, non pas d'équilibre, non pas d'égalité, mais de proportionnalité.

M. de Molinari observe, il est vrai, et la justesse de l'observation n'est pas contestable, qu'*à mesure que la société fait des progrès, la position de tout le monde s'améliore.* Mais en tenant pour juste cette observation, qui est en effet très exacte, comment ne pas voir que toutes les positions peuvent s'améliorer sans cesser pour cela d'être inégales, et qu'en réalité c'est l'inégalité, c'est l'absence de niveau, à prendre ces mots dans leur acception rigoureuse, qui est ici la vraie loi du monde laborieux?

Aussi l'équilibre que M. de Molinari croit apercevoir dans la manière dont les richesses se distribuent fût-il exposé dans son travail plus explicitement qu'il ne l'a été, et démontré vrai dans la mesure et sous les aspects où à la rigueur il pouvait l'être, resterait-il encore à dire, et c'est là ma dernière observation, que la démonstration de cet équilibre n'était pas la meilleure réponse qu'il y eût à faire ici aux reproches que le socialisme adresse à la liberté.

Il est en effet très essentiel de bien reconnaître que la liberté n'est pas et qu'elle ne peut pas être, surtout d'une manière absolue, un obstacle à l'inégalité. Elle peut faire, nous l'avons dit, que toutes les conditions deviennent meilleures; elle ne peut pas faire qu'elles deviennent toutes égales. L'inégalité, dans une mesure très étendue, est la plus essentielle, la plus générale, la plus constante des lois qui président au développement de l'humanité. A quelque époque de son histoire que l'on considère la société, on y voit les hommes, pour arriver à certaines fins que tous veulent plus ou moins atteindre, au bien-être, à la fortune, à la considération, à l'importance, partir des points les plus différents, se trouver placés dans les conditions les plus diverses, agir avec les moyens les plus inégaux. Il est donc impossible, non pas, j'espère, qu'ils avancent tous plus ou moins vers les biens qui sont l'objet de leur commune poursuite, mais qu'ils en approchent d'un pas égal, qu'ils les atteignent avec un succès semblable; et la seule chose qu'ils puissent justement et sensément demander à la communauté, c'est de les protéger assez, dans le légitime usage de leurs facultés naturelles et de leurs ressources légitimement amassées, pour qu'ils en puissent tirer le meilleur parti possible. Il ne résultera pas de là sans doute qu'ils aient rigoureusement la même destinée : cela ne peut pas être et, en plus d'un sens, il n'est pas même désirable que cela soit; mais il en devra résulter, et que peut-on exiger davantage? qu'ils aient le degré de bonheur auquel leur donnera droit l'usage plus ou moins intelligent et bien réglé qu'ils sauront faire de leurs facultés.

Encore une fois donc, ce qu'avait à soutenir ici M. de Molinari pour défendre victorieusement la liberté contre les agressions du socialisme, ce n'est pas qu'elle tend à niveler le prix des services et à rendre égale la condition des travailleurs. Non, ce n'est pas cela, ce n'est pas là l'effet essentiel qu'elle produit; elle ne tend pas précisément à rendre la condition des travailleurs égale; elle se contente de les placer tous dans une situation où il leur devienne plus aisé de la rendre meilleure, où tous l'aient aussi bonne, en tenant compte de leur point de départ et des moyens d'action dont ils disposent, que le comporte l'emploi fait par eux de leurs moyens. Les inégalités naturelles et trop souvent indestructibles qu'elle laisse subsister entre eux ne sont un obstacle à l'avancement proportionnel de personne. Ce n'est pas, il s'en faut, un mal pour les faibles et pour les moins bien doués qu'il existe, en plus ou moins grand nombre, dans la société, des natures d'élite, des esprits éminents qui découvrent d'utiles vérités, d'habiles chefs d'industrie qui, sans nuire à qui que ce soit, parviennent à accumuler de grandes ressources ; c'est, au contraire, un notable avantage pour tous, en particulier pour les impuissants et les pauvres, et il ne serait certes pas plus heureux pour ceux-ci qu'il n'y eût dans la société que des gens faibles et dénués comme eux. En général, « les supériorités qui ne sont dues qu'à un usage plus intelligent et mieux réglé de nos facultés naturelles, loin d'être un mal, sont un véritable bien ; elles sont la source de tout ce qui se fait de grand et d'utile. C'est dans la plus grande prospérité qui accompagne un plus grand ou plus heureux effort qu'est le principe de tout développement. Rendez les conditions pareilles, et nul ne sera intéressé à mieux faire qu'un autre. Réduisez tout à l'égalité, et vous aurez tout réduit à l'inaction, vous aurez détruit tout principe d'activité, d'honnêteté, de vertu parmi les hommes (1). »

C'est plutôt, je le crois très sérieusement, en se livrant à des considérations de cet ordre que la liberté peut être solidement et heureusement défendue, qu'en essayant d'établir qu'elle tend à mettre un certain niveau entre les existences, d'autant que ceci n'est vrai qu'à un point de vue très général, très incomplétement exact, et qu'en réalité la loi qu'elle a introduit et qu'elle devra introduire de plus en plus dans la distribution des richesses est une loi de proportion et non une loi de parité.

Je crains donc beaucoup que ma dernière observation sur le travail de M. de Molinari, et la plus essentielle, ne soit aussi la mieux fondée, et que la donnée particulière qu'il s'est proposé de développer ne joigne, comme je l'ai dit, au tort *de ne pas faire assez essentiellement l'objet de son livre, et de n'y avoir pas été suffisamment expliquée,* celui peut-être *de n'avoir pas été heureusement choisie,* au moins pour ce qui tient à la distribution des richesses. Considéré comme œuvre spéciale, l'ouvrage, malgré son incontestable mérite, laisserait donc plus ou moins à désirer.

---

(1) V. le *Traité de la liberté du travail,* liv. IX, ch. IX, p. 394. V. aussi le chapitre V du même livre, *Sur les effets attribués à la concurrence.*

Il est, comme traité général, plus complétement irréprochable, au moins à prendre la science dans l'état où l'ont laissée Smith et ses principaux successeurs. C'est en effet en la formulant comme eux et en la renfermant à peu près dans le même cadre qu'il en a fait une nouvelle exposition. Il s'est contenté, pour le fond essentiel des idées et pour l'arrangement général des matières, de suivre les errements des anciens maîtres. Il me fait, il est vrai, dans sa classification des formes de la production, l'honneur d'approuver la nouvelle division que j'en ai faite, et il comprend expressément, avec moi, dans la nomenclature des revenus productifs, ceux qui épuisent leur activité sur l'homme aussi bien que ceux qui agissent uniquement sur la matière. Mais cette adoption, en principe, d'idées qu'il ne s'est pas, je crains, suffisamment appropriées, ne tire pas précisément à conséquence dans son travail, et il ne fait pas plus figurer dans son exposition des phénomènes de la production les arts qui s'occupent de l'éducation de l'homme, que ne l'avaient fait avant lui la plupart de ses prédécesseurs ; il ne prend, comme eux, ses exemples et ses preuves que dans des faits empruntés aux arts qui agissent sur le monde matériel, et l'idée qu'il donne de l'économie de la société laborieuse ne rappelle dans son ouvrage, comme dans ceux de ses anciens devanciers, que des idées de richesse matérielle. Son exposition d'ailleurs, pour qui veut considérer la science ainsi que je l'ai fait, n'a pas seulement le tort de ne rouler que sur des travaux et des produits de l'ordre le moins élevé ; elle a plus sensiblement encore celui de ne faire des agents de la production qu'une analyse à la fois inexacte et incomplète, qui continue à tout rapporter à l'action originaire des trois forces désignées par les appellations banales de *travail, terre* et *capital,* et de réduire à ces trois forces tous les moyens d'action du genre humain. J'aurais donc, sans parler d'autres lacunes et d'autres incorrections essentielles que présentent les traités ordinaires d'économie politique, et que je retrouve dans celui de M. de Molinari, plusieurs sérieuses observations à faire sur son ouvrage considéré comme traité général. Mais ce procès, qui ne s'adresserait pas plus à lui qu'à beaucoup d'autres économistes, me mènerait infiniment plus loin que je ne peux avoir ici la pensée d'aller, et je me borne à redire, en prenant la science dans l'état où l'ont laissée les maîtres, que l'exposition qu'il en a faite, et dont il a puisé les idées principales dans leurs meilleurs traités, est un travail recommandable qui semble ne laisser à désirer, comme exposition des idées reçues, que des corrections peu nombreuses.

Je souhaiterais, par exemple, que pour l'établissement de certaines de ses propositions, M. de Molinari ne partît pas, comme il l'a fait à maintes reprises, de l'hypothèse de l'*homme isolé;* hypothèse gratuite, essentiellement contraire à la vérité des faits, et qui, en donnant un caractère peu scientifique à ses démonstrations, doit naturellement les affaiblir un peu.

Je souhaiterais aussi que, pour l'illustration de ses idées, il ne lui arrivât pas d'emprunter des exemples, ainsi qu'il le fait quelquefois, à des professions naturellement odieuses ou immorales, telles que la profession de bourreau ou l'industrie des courtisanes, dont on ne conçoit pas même que le nom ait pu arriver à la pensée d'un homme de goût comme M. de Molinari.

J'aurais voulu quelquefois, en parcourant son livre, trouver l'auteur plus au courant de l'ensemble des faits commerciaux, plus complétement familier avec les procédés de la société laborieuse. Mais il vit dans un pays où il acquerra rapidement ce qui pourrait, sous ce rapport, manquer à son expérience, et l'on ne peut que féliciter nos voisins, non seulement de l'avoir accueilli, mais de lui avoir confié l'enseignement important dont il est chargé à Bruxelles.

Je ne doute pas qu'il ne soit destiné à honorer également l'hospitalité qu'il reçoit et la chaire qu'on l'a appelé à remplir, et que, dans un avenir prochain, il ne compte au nombre des meilleurs instituteurs de la science économique. C'est en effet un esprit essentiellement ouvert à cet ordre d'idées, qui en a naturellement l'intelligence, qui apporte à l'étude qu'il en fait un esprit dégagé de toute préoccupation intéressée, et à qui notamment ne font jamais défaut la sincérité, la droiture et l'honnête amour de la liberté qu'un tel enseignement réclame. Ce sont des témoignages que je suis heureux d'avoir l'occasion de lui rendre ici, et qui justifient d'une façon toute spéciale l'hommage que je me suis chargé de faire de sa part à l'Académie.

CH. DUNOYER.

FIN DU TOME PREMIER.

TABLE DES MATIÈRES

SECONDE PARTIE

DE LA DISTRIBUTION DES RICHESSES